国家社会科学基金“十二五”规划（教育学）一般课题“中美研究型大学通识教育模式比较研究”（BDA120026）成果

中美大学通识教育模式研究

吴　坚◎著

科 学 出 版 社
北　京

内 容 简 介

全书论述了通识教育的基本内涵、不同学科视角的理论基础、时代要义演变历程及实践模式，研究了通识教育的组织理念、管理机制和基本策略，并结合多所高校案例，分析了中美大学通识教育的课程与机制，探讨影响通识教育的文化与目标因素，阐述与通识教育实践密切相关的文化目标、文化政策和文化人口，结合我国国情强调人的全面发展和通识教育的人文关怀，并在全面理解与把握中美大学通识教育模式的基础上，对中国大学通识教育的未来发展趋势做出判断。

本书适合从事通识教育相关领域研究与教学及对通识教育感兴趣的人士阅读参考。

图书在版编目(CIP)数据

中美大学通识教育模式研究/吴坚著. —北京：科学出版社，2019.3

ISBN 978-7-03-060918-2

I. ①中… II. ①吴… III. ①高等学校－通识教育－教育模式－对比研究－中国、美国 IV. ①G640

中国版本图书馆 CIP 数据核字（2019）第 050957 号

责任编辑：郭勇斌 欧晓娟/责任校对：杨 赛
责任印制：张 伟/封面设计：无极书装

科学出版社出版
北京东黄城根北街 16 号
邮政编码：100717
http://www.sciencep.com
北京凌奇印刷有限责任公司印刷
科学出版社发行 各地新华书店经销
*
2019 年 3 月第 一 版 开本：720×1000 1/16
2019 年 3 月第一次印刷 印张：18 3/4
字数：350 000

POD定价： 128.00元
（如有印装质量问题，我社负责调换）

序

如果要列出高等教育研究热门话题的清单，通识教育定处于前列。但是，对于通识教育的定义、价值及其历史渊源，知者不多；对于通识教育的模式及其运作，则更是各有各的理解，各有各的做法。

通识教育的初始理念，在人类文化历史的长河中，可以追溯至古希腊时期的自由教育（liberal education）。这一理念一直盛行于欧洲。中国将之翻译为“博雅教育”，很能体现其精神特质。美国这一实用主义的国家，缺少欧洲的文化渊源，难于引入“博雅教育”，只能在进行科学技术教育的同时，兼顾普通教育（general education）。中国将之翻译为“通识教育”，也比较能体现其精神特质。

中国的通识教育，是从美国借鉴的。美国提倡通识教育，已有近百年历史；而中国是从20世纪末才有所研究，虽然取得一定成果，但仍然存在大量亟待解决的问题。

吴坚教授近年来对通识教育的理论与价值、实践与发展、管理与组织，以及实施通识教育的国情等问题进行研究，并选择美国、中国各5所研究型大学作为通识教育模式案例，构建通识教育课程体系。这些研究成果，即将汇集为《中美大学通识教育模式研究》。该著作的出版，必将有助于当前正在推进的高等教育内涵式发展。

潘懋元

2018年5月5日于厦门大学高等教育研究基地

前　　言

人类社会从农业社会进入工业社会的重要特征就是社会分工的出现，社会分工提高了个体、部门、地区和国家的劳动效率，也节省了社会成员之间、组织之间和不同国家之间的交易成本，推动了财富的积累和社会的进步。

在社会分工大发展的工业化时代，教育的专业化和学科化日益强化，越来越多的国家和地区走向了教育专门化道路，其中一个显著的例子就是各种社会科学不断从哲学中分离出来，并纷纷走上了学科专门化的发展道路。毋庸置疑的是，教育的专门化和专业的学科化推动了社会生产的大繁荣和大进步，人类从生产力低下和生活水平较低的阶段逐步走上了现代化和文明化的道路，创造了前所未有的社会财富和人类文明。

随着信息技术、移动互联网的迅速发展，后工业社会和信息社会的来临，综合性知识而非专业化技能成为社会生产的主轴，拥有综合信息处理能力、能够应付复杂事务的能力，具有复合学科专业技能的人才成为最能推动社会进步和发展的新型人才。与此同时，高校对专业化知识的要求反映出了一些问题：过于重视技术教育，忽略了人文教育；过于重视知识教育，忽略了价值教育；过于重视技能教育，忽略了人格教育；过于重视知识传授，忽略了心理教育；过于重视单一专业教育，忽略了综合性通识教育。随着科学技术的进一步变革和社会生产力的进一步发展，培养通识性人才使其兼备综合性才能、人格化魅力等多要素必将成为大学教育进行人才培养和学科教育的指导原则和施教纲领。

因此，在未来的信息时代，大学通识教育将会成为高等教育体系的重要组成部分，并将成为高等教育多样化和全球化的重要动力。对中国来说，这条道路任重道远，主要体现在以下几方面。

一是中国的大学教育的工具化和市场化依旧存在。马克思主义认为人的需要即人的本性，这意味着满足人的需要也就是尊重人的本性，而只有真正满足人的需要，才是真正符合人的本性。因此，随着经济基础、社会结构、科学技术等外在环境的变化，社会和个体对大学教育的需求必然也会发生变化，教学需求的变化突出体现在人本教育观念的兴起和扩散上，这就要求对建立在工业社会基础上的高等教育进行变革，在教育过程中尊重人性，在教育内容上围绕人的全面发展进行设置，在教育方法上破除技术之上的工具理性，在教育理念上贯彻落实通识教育。

二是大学教育需要进一步提升学生的主体性，全面贯彻落实学生本位的发展理念。通识教育对学生主体性地位的提升具有重要意义。未来要贯彻落实通识教育，需要充分发挥大学教师和学生的主体性，做到师生间主体性的相辅相成，进而形成良性耗散的通识教育主体系统。只有充分发挥教师的主体性，才能够发挥教师的创新性和开展通识教育的积极性；只有充分重视学生的主体性，才能激发学生的求知欲和参与通识教育的主动性。

新时期、新态势和新技术对高等教育提出了挑战，也给大学教育的进一步发展带来了机遇，是固守成规，对原有的教育体系修修补补，还是巩固创新，在新的起点重构通识教育体系，这是摆在高等教育工作者、高等教育研究者面前的一道难题。为此，本书基于中国大学教育的发展现状，借鉴美国大学通识教育的成功经验，通过对比寻找差距，通过比较展现亮点，通过参照探索找到方法，通过学习进行变革，为中国的大学通识教育的本土化探寻出路，进而为推动中国大学通识教育，培养新时代面向未来的创新型现代化人才作出贡献。

目　　录

第一章　理论与价值

第一节　通识教育的基本内涵

通识教育是应对工业时代教育危机的重要变革，也是令传统古典教育适应当代社会进行的现代化改造，更是未雨绸缪适应信息化社会发展新态势的产物，从其诞生之初就一直面临着争议，有关其内容、功能和组织实施等存在较多争议，但对其基本理念、社会价值等则能够达成共识。作为当代教育理论和教育实践广为关注的问题，认识其内涵是什么，其概念又是如何发展和变迁的，既是理清通识教育的基础性工作，也是更好地指导实践的重要工作。

一、通识教育的内涵分析

正如文化概念备受争议一样，通识教育概念自诞生至今一直都广受教育理论界、教育管理部门、高等院校的争议。通识教育作为一种教育价值或教育理论，最早源于欧洲的自由教育，通过对自由传统和人文传统的传递来达至通识教育的目的。从某种程度来看，通识教育等同于自由教育，即通过教育来实现人的自由全面发展，通过教育来培养人文精神和公民意识，通过教育来实现人的主体性，最终实现自由价值和人文主义的实践和传承。

（一）通识教育的定义解读

究竟什么是通识教育，仁者见仁，智者见智。学界普遍认为通识教育思想起源于古希腊哲学家亚里士多德提倡的自由教育（liberal education）。自由教育仅提供给少数不从事生产的人，目的是发展理性、心智，探求真理。19 世纪以前，“通识教育”（general education）一词一般是指中小学教育。美国鲍登学院（Bowdoin College）的帕卡德（Packard）教授首次把“通识教育”与大学教育联系起来，他在 1829 年发表于《北美评论》的文章指出，“我们学院预计给青年一种通识教育，一种古典的、文学的、科学的，尽可能综合的教育，它使学生对知识的总体状况有一个全面的了解，作为学生学习专门知识前的准备”[1]。这是通识教育最初被赋予的含义。此后，美国的大学时常把恢复共同必修课程的教学改革冠以“通识教育”之名。1945年哈佛大学发表的《自由社会中的通识教育》（*General Education in a Free Society*）研究报告被认为是现代通识教育的起点。该报告提出通识教育的目的在于培养“完整的人”，这里的“完整”强调具备四种能力：一是有效的思考能力；二是清晰的思想沟通能力；三是作出适切性判断的能力；四是辨识普遍性价值的能力。这个报告也被称为《哈佛通识教育红皮书》，在美国引起广泛关注，通识教育由此蓬勃发展。专家学者越来越热衷于讨论通识教育的理论与实践问题，但对于通识教育内涵的理解众说纷纭，至今仍未有一个公认的、规范的表述。

总体来讲，对通识教育的理解分为广义和狭义两种。在广义的理解中，通识教育是一种大学教育理念；而狭义的理解将通识教育看作非专业教育的部分。《自由社会中的通识教育》对通识教育所作的规定是“学生在整个教育过程中，首先作为人类的一个成员和一个公民所应接受的那部分教育”[2]。在熊庆年看来，“通识教育有时是指一种教育的理念，有时又强调是一种教育方式，有时又被认为是特定的课程安排或者某一类课程”[3]。作为一种教育理念，通识教育是一种综合性概念，它同时强调知识的理性和人文的理性，注重大学生人格、精神和气质的涵养，防止人的异化；作为一种教育方式或课程安排，通识教育又是一种分析性概念。前者指出要对学生成才的社会环境进行建构和营造，这样做的目的是期望通过一定形态的学校生活和文化氛围来对学生进行熏陶。后者认为要通过科学的、结构性的专业课程来建构学生合理的认知基础，造就其良好的思维品质。因此，通识教育兼具综合性概念和分析性概念的二重性特征，一方面，需要在教育理念、教育价值等思想价值层面重构一种全新的理论；另一方面，需要在教育方式、课程设置等教育过程层面进行一种科学的教育实践。

在中国台湾地区，教育管理部门对通识教育的定义是：通达贯穿之知识，以使学生将来能具备在基础知识之间自我演绎的能力，进而扩展其知识视野，强化公民社会的“向心力”[4]。台湾的黄俊杰教授认为通识教育是一种建立人的主体性并与客体情境建立互为主体性关系的教育，也就是一种完成“人之觉醒”的教育[5]。香港中文大学何秀煌教授认为“通识教育是一种观念、思想……当我们论及通识

① Packard A S. The substance of two reports of the faculty of amherst college to the board of trustees，with the doings of the board thereon[J]. North American Review，1829，(28)：300.

② 哈佛委员会. 哈佛通识教育红皮书[M]. 李曼丽，译. 北京：北京大学出版社，2010.

③ 熊庆年. 通识教育的理念与实践[N]. 中国教育报，2014-09-15，(11).

④ 董宇艳，陈杨，荣文婷. 台湾地区高校通识教育理念与模式[J]. 高校教育管理，2012，6(5)：25-28.

⑤ 黄俊杰. 大学通识教育的理念与实践[M]. 武汉：华中师范大学出版社，2001：38.

教育时我们的意思是大学不应该太专门了”[①]。

中国大陆的南京师范大学鲁洁教授认为“通识教育就是一种教育的理念，教育所指向的价值目标，而不是指某一项教育的举措，如增加某门课程，改变某种方法之类”[②]。还有许多学者认为“通识教育就是大学阶段对学生进行共同科目课程的教育”[③]。李曼丽和汪永铨教授采用理想类型方法分析了 19 世纪以来的约 50 种代表性论著中的通识教育内涵，得以从通识教育的性质、目的和内容三个方面总结出一个特征性界定：“就性质而言，通识教育是高等教育的组成部分，是所有大学生都应接受的非专业性教育；就目的而言，通识教育旨在培养积极参与社会生活的、有责任感的、全面发展的人和公民；就内容而言，通识教育是一种广泛的、非专业性的、非功利性的基本知识、技能和态度的教育。”[④]本书把通识教育界定为既是一种教育理念，又是一种人才培养模式，涉及思考力、感受力、理解力、分析力、想象力、创造力等多种能力的培养，指向人的全面、充分、自由的发展。

（二）通识教育的内涵视域

从内涵来看，通识教育注重的是一种教育理念和教育方式，通过建立一种不同于工业化时代以专业化、职业化和功利化教育为显著特征的综合性教育理念，实现学生对人文艺术知识和科学知识的双贯通，在培养专业能力和职业技能的同时，加强对学生人格品质的熏陶、对公民意识的塑造和社会责任感的培育，最终塑造一种以学科融合为基础、以知识整合为特征、以精神提升为目的的教育体系。具体来看，通识教育涵盖理念型、实践过程和本土化三种视角。

1. 理念型通识教育

通识教育作为一种教育理念或管理价值，是市场转型的产物，也是中国经济高速发展过程中对原有教育管理和教育发展的改进和提升。1952 年院系调整适应了计划经济时代生产要素化的经济社会发展理念，人作为劳动力，作为社会主义建设的积极分子，成为经济社会发展的政治工具、劳动单元和经济要素。

随着改革开放的发展和市场经济体制的建立，教育理念和大学管理发生了根本性的变化，人的主体性和能动性得到极大发挥和发展，通识教育的出现正满足了人和社会发展的需求。通识教育理念强调大学教育不仅要包含知识的理性，而且要包含人文的理性，更要注重大学生的人格、精神和气质方面的涵养，从而防

---

① 何秀煌. 大学通识教育再思考：华人地区大学通识教育的理念、制度、课程与教学[C]//华人地区大学通识教育学术研讨会与会论文集. 香港：香港中文大学通识教育办公室，1997.

② 鲁洁. 通识教育与人格陶冶[J]. 教育研究，1997，(4) ：16-19.

③ 周平. 通识教育：新时期的高等教育观[J]. 中国成人教育，2010，(5)：10-11.

④ 李曼丽，汪永铨. 关于“通识教育”概念内涵的讨论[J]. 清华大学教育研究，1999，(1)：96-101.

止人的异化。

从一定程度上来看，理念型通识教育强调教育要与个体的情感经历和社会实践经验联系起来，通过对自由传统和人文传统的传递来实现人的全面发展。通识教育认为要在个体生命周期的不同阶段，给学生持续提供价值判断的机会，给学生稳定提供人文知识的内容，帮助学生树立理性的逻辑思维，同时在道德伦理层面上能够判断事物的“正确”或“错误”，做到自主地区分事实判断和价值判断。

2. 实践过程的通识教育

通识教育的理念和实践分属不同层次，一般来说，通识教育的理念会主导和指引通识教育的实践，而通识教育的实践会提升和改进通识教育的理念，最终建立起理念和实践的良性互动关系。具体来说，在大学教育中，通识教育与专业教育之间是一种互补的关系。然而，在具体的实践中，通识教育难以避免对专业教育的忽视、冷落。究其原因，应该就在于人们简单地把通识教育视作一般性的素质修养课程。而思其实质，大学意义上的通识教育恰恰应该是一种各种专业人才都必须具备的、超越一般专业层面的、普遍性的、有关科学和学术的学识深层要求的教育。

因此，实践过程的通识教育往往呈现诸多问题，一定程度上是通识教育的设计者或主导者忽视了通识教育的内涵和不足。从实践性的教育方式来说，通识教育强调营造一种利于学生成才的环境，希望通过特定的学校生活形态和文化方式来达到熏陶学生的目的；从科学性的课程设计来说，它强调通过一定结构化的专门课程来帮助学生建构一种合理的认知基础，造就一种良好的思维品质；从一种思想性的教学活动来说，它强调通过人文性、艺术性的知识内容来形塑大学生的思维方式和价值取向。

3. 本土化通识教育

本土化通识教育强调了知识教育的重要性，通常强调对知识的掌握重于对方法的掌握。目前，学生的思考深度普遍不够，对各类学科经典解读认知的能力低下，没有掌握对知识分析批判的一般方法，创新意识缺乏等都是高等教育质量提升中的棘手难题。近年来，国家层面已经在不断增强对本科生教育的质量监管，新近出台的本科生教育质量政策等都具有明显的导向意义。笔者认为，还应该改进现行的教学体制内容，推行新的课程模块势在必行。如果将此视为通识教育，那么，推进这种通识教育的目标应是推进一种以深度为标准的，不能仅仅拓展知识面，而是要包含能够提高学生学术融汇能力和创造力的，涉及核心性学术知识的，以及合理的跨专业和跨学科的基础教育。

此外，通识教育的本土化，更多地将责任和实施让渡给了高等院校。通常来说，通识教育的核心课程一般由大学统筹并建立在学校一级课程架构上，绝不是一般知识方面的拾遗补阙。事实上，这是一种具有一定深度的、学术性的、对经典进行普及的，同时兼容了专业和一些通用的学术方法的知识课程，这种课程应面向全校学生或者大学里的某种科类的学生。这种课程的地位应当比一般院系的主干基础课、专业课或专业选修课的更高。另外，这类课程通常有两个目标：一是要纠正大学生自中学时代就形成的僵化的知识模式和惯性思维；二是要提高学生的思想深度及对经典的解读能力，使学生掌握分析批判的方法，还要培养其创新的思维意识。

综上所述，强调大学通识教育应该走深度化的路线并不是置学生的知识宽度和广度及一般素质问题于不顾，而是建议各种门类的教育要有所分工，通识教育也同样如此①。笔者的观点是，大学的教育时间和课程学分有限，面对艰巨的学术使命，要使其全面地担当起无限拓展和延伸学生知识面的责任是不大可能的。因此，基于知识广度构建的一般素质教育任务，还是应该交还给中学、小学、社会和家庭。至于大学，可以从适应当代全球化社会竞争需求的立场出发，下功夫去解决学生开放性、跨越性、普遍性的深度知识获得等难题，同时着重培养学生高深专业本领和科学学术创新能力①。否则，在高等教育大众化发展趋势下，大学将会沦落成一间复制知识的厂房。

（三）通识教育的概念辨析

学界对通识教育的理解不仅不一致，还很模糊。有的学者认为通识教育是一种大学教育理念，贯穿大学教育的各个部分和始终；有的学者则认为通识教育仅指非专业、非职业准备的那部分教育；有的学者认为通识教育就是自由教育；有的学者认为通识教育是共同科目课程的教育；有的学者认为通识教育是一种人才培养模式，与专才培养模式对立；有的学者认为通识教育就是人文素质教育。几乎“每一个使用这个术语的人头脑中都有某种限定性的概念”②。因此有必要理清通识教育与其相关概念之间的关系。通识教育思想与自由教育思想一脉相承，渊源深厚，两者有什么区别？现代通识教育是在与专业教育的论争中蓬勃发展起来的，两者有什么样的关系？在中国，通识教育究竟是不是“文化素质教育”的代名词？带着这些问题，本节主要探讨通识教育与自由教育、博雅教育、专业教育

---

① 陈跃红. 大学通识教育面向广度还是面向深度[J]. 探索与争鸣，2009，(6)：54-57.

② Eurich A C. A renewed emphasis upon general education[J]. Teachers College Record，1939，40(10)：3-14.

和文化素质教育四个概念的关系。

1. 通识教育与自由教育

通识教育与自由教育是不同时代的产物。通识教育起源于自由教育，可以说是民主社会的自由教育。哈佛大学前校长詹姆斯·B. 科南特（James B. Conant）就认为自由教育是通识教育的早期阶段。自由教育是在古希腊奴隶制时代背景下产生的一种教育思想，是一种“使人成为人”的理想型教育，只有少数闲暇的自由人才能接受这种教育，具有明显的阶级意志，遭到新的追求平等的美国民主社会的激烈批判；而其排斥功利和实用的思想也不再适应新的工业社会的发展需求。在新的民主社会中，“通识教育”一词更具优势，它与自由教育注重陶冶情操和培养道德品质、达到身心和谐发展的含义一样，其核心是传递自由传统和人文传统，但是通识教育是全民性的教育，是一种共同基础性的教育，而不是贵族教育。尽管通识教育与自由教育一样含有追求理性的目标，但通识教育不排斥实用学科和现代人文科目，它涵盖了自然科学和社会科学领域。所以说，通识教育可以看作新时代自由教育在美国的发展，它的本质和精神内涵还是“自由”，但突破了自由教育思想的历史局限，有了新的方法和内容。

2. 通识教育与博雅教育

通识教育历史发展演变中，人们对于通识教育与博雅教育的区别一直模糊不清，对两者的认识不深刻。在一些学者看来，博雅教育即通识教育。另一些学者认为，通识教育和博雅教育是有区别的。

一些人认为，通识教育是非职业性及非专业性的教育，它是中学及大学在学术上探讨的问题。一些学者认为，通识教育，就分类必修课程（distribution requirement courses）而言，包括三个领域：人文科学、社会科学和自然科学。一些学者认为，通识教育应设置以问题为中心的综合的课程。还有些学者认为，通识教育与博雅教育不是不同种类的教育类型，它们的区别更多的是程度的问题，他们认为博雅教育深化了通识教育的价值观与内容。毫无疑问的是，理性主义和实用主义的通识教育与博雅教育在学习目的、内容和方法上有异曲同工之处，但是两者也存在一些真正的区别。

通识教育与博雅教育呈现出互补功能。通识教育与博雅教育是不同程度的教育类型，而不是相互冲突的教育类型，每种教育都有其特有的作用和功能，两者可以互补。从课程角度来看，通识教育的课程不是专业性的课程，而是作为专业教育补充的课程，它与博雅教育中的基础入门课程（introductory course）不同，通识教育课程主要招收那些需要学习通识知识来平衡专业化的学生。基础入门课程则是为了实现它原初的目标。

博雅教育首先关注的是来源于西方文化中的大量的科目内容（subject matter content），而通识教育首先关注的是学习者，是对具有特定需要和欲望并不同于他人的个人的培养。博雅教育关注的是西方文化，而通识教育关注的是学生。因此，博雅教育的学习方法要具有逻辑性，它的课程内容是独立学科领域中经过系统组织起来的知识。通识教育的学习注重学习动机等心理行为，它的学习内容范围更广，涉及不同领域不同学科的知识。

博雅教育有一个相对固定的内容，严格意义上可以称之为文化。古典的博雅教育包括七门人文自由科目，即“三艺”（trivium）和“四艺”（quadrivium）。近代以来，博雅教育的内容在一定程度上吸收了现代实验科学和心理学的知识。通识教育的内容则广泛多样，并随着个人及时代的变化而改变。

博雅教育的目的在于对文化遗产的传授及对创造性和批判性思维的培养和发展。通识教育与博雅教育有一些共同的目标，通识教育更多地关注于个人的智力、情感、个性的发展及个人经验和行为的统整。

博雅教育是为博雅教育的爱好者准备的，它追求的不是实用主义，而是有益的价值观念和广博的知识。通识教育虽然也关注个人能力的发展，但是更加注重这些能力能使他们更好地探索、评估这个世界，并运用所学的知识成功地解决现实中的问题，具有一定的实用性。通识教育更多关注的是把信息的利用作为一种方式和工具来实现人的目标。博雅教育关注的是思想，而通识教育关注的是行为。

只有少数具有学术天资和素养的人才能接受博雅教育，这些人掌握全面广博的知识，并知道如何学习知识。通识教育的教育对象更广泛，包括所有致力于挖掘自身潜力的个体。美国高等教育委员会（National Commission on Higher Education）认为在适合接受教育的年龄群体中，接受通识教育的人数比例应该达到二分之一。①博雅教育无论在理论上还是在实践中，都具有“贵族”气息，而通识教育更加普遍化和大众化。通识教育尤其适合非主修专业的学生，或者是那些经过两年的大学教育后可能结束正式教育的学生。

博雅教育比通识教育更注重深入透彻地了解知识，通识教育在知识的综合程度上要求更高，这一点足以区分博雅教育与通识教育。博雅教育注重对文化中特定方面的知识进行深入的学习，尤其是文科。通识教育的知识领域更广，涉及文化环境中各方面的知识。完成博雅教育需要更长的时间和更多的精力，学生在高

① Zook G F. The president's commission on higher education[J]. Bulletin of the American Association of University Professors，1947，33(1)：10-28.

中毕业后，至少需要四年才能完成博雅教育，然而完成通识教育只需两年时间。

尽管博雅教育源于正式课堂学习以外的课外活动，它在理论上关注的是学生的知识及其智力的发展，而不是学生的活动过程。博雅教育不鼓励课外活动和业余课程。通识教育正好相反，它倡导课外活动和业余课程，认为这些活动和课程能够激发和补充、加强学生对课程的学习。

此外，麦克拉伦（Maclaren）把“艺术能力”分为四种：分析能力、创造力、解释能力和理解能力。传统的博雅教育课程注重对分析能力和创造力的培养，但是通识教育的课程涉及以上四种能力的培养，注重对个体综合能力的培养。通识教育更加关注学生的内心发生了什么变化，博雅教育更多地关注个体学习的水平和层次。以上是博雅教育和折中派与工具主义派的通识教育的区别，对两者概念进行区分有利于更好地明确各自的目的。博雅教育的课程科目相对集中，并且有相对固定的逻辑严密的教材内容（content material），它的目标是对批判性思维能力的培养，但是较少注重行为举止，它的教育对象是具有知识和智力的精英。通识教育更加关注学习者而不是学习内容。通识教育的目标在于个体多方面的发展，它强调个体行为和对社会的有用性，以及个体通过学习获得的知识和智力上的发展。通识教育是高等教育民主化的体现，因为它有更广泛的教育对象，可以培养个体更多的能力。

3. 通识教育与专业教育

通识教育的出现与扩散是对过分专门教育的反思。18 世纪欧洲进入工业社会，社会分工的细化和高度的学科分化奠定了教育专业化的社会基础，与此同时“高等教育民主化”运动致使传统自由教育日益衰弱，专业教育很快发展成为高等教育的主流。专业教育体系带来一些严重的弊端：一是学科过度分化导致知识割裂；二是浓厚的工具主义教育理念导致对人性的忽视。大学教育逐渐沦为另一种形式的职业培训。作为匡正时弊的呼唤，通识教育得到普遍关注。中国通识教育出现的原因同样是大学教育专精本行而对一般教育内容不太重视。新中国成立初期，由于政治上的亲苏政策和经济建设中人才的匮乏，我国仿照苏联建立起专业教育体系，迅速培养了大批专业技术人才，对当时的国家建设作出巨大贡献。专业教育由此成为我国高等教育的主流。然而急功近利、专业狭隘的弊端越来越不适应社会的发展，20 世纪 90 年代教育部提出文化素质教育思想（视为中国早期的通识教育），以针对专业教育的不足，改革高等教育人才培养模式。

我国学者对通识教育的定义可分为广义和狭义两类：广义的通识教育包括专业教育和非专业教育；狭义的通识教育指专业教育以外的那部分教育。这里面反映了通识教育与专业教育的几种关系。第一，通识教育是专业教育的统帅和灵魂，通识教育是专业教育的上位概念。这种观点认为通识教育是一种贯穿教育始终的理念，目的是培养“全人”（total person），即同时包括了专业教育和非专业教育。第二，通识教育是专业教育的补充和矫正，两者是同位概念。这种观点认为通识教育的目的是扩大学生的知识面，使专门人才具有较高文化素质。第三，通识教育是专业教育的拓展与深化，通识教育是专业教育的下位概念。这种观点目的是使专业教育通识化，帮助学生形成知识的整体观。

对“专业教育”这一概念内涵的不同理解也导致对专业教育与通识教育关系的不同理解。例如，在黄坤锦教授看来，专业教育（professional education）包括专门教育（special education）和通识教育（general education）两方面的内容，专门科目和通识科目结合起来，才配称作专业。[①]在这里，专业教育是通识教育的上位概念。陈向明则认为通识教育与专才教育（specialized education）是相对立的两种人才培养模式；专业教育（specialty education）指按专业划分提供的教育，是一种教育内容，与通识教育课程是同一维度的概念。但无论是通识教育模式还是专才教育模式，从人才培养和现实发展需要等多个角度来看，都需要实施专业教育。而这里的专业教育是通识教育的下位概念，通识教育的内涵大于专业教育。国内外的大多数学者认为专业教育就是培养专门人才的教育。在哈佛大学《自由社会中的通识教育》报告中，专业教育便被定义为旨在为学生将来从事某种职业做准备的教育，并同时提到“通识教育是一个有机体，是整体的、完整的，而专业教育是器官，是为实现整体的目的而存在的一个部分。……通识教育应该贯彻在大学教育的始终”[②]。也就是说，该报告同样把专业教育作为通识教育的下位概念。北京大学前校长许智宏则提出，专业教育告诉学生可以做什么和怎么做，通识教育告诉学生应该做什么和为什么做。[③]这里将专业教育和通识教育视作同位概念。当前普遍的观点认为通识教育与专业教育是相互联系、相辅相成的关系，对专业教育和通识教育持多维度的概念，认为通识教育担任着扩展知识、专业教育通识化及培养“全人”的三重使命。

对通识教育的重视并不等于或导致对专业教育的忽视。相反，良好的专业教育不仅是必要的，还是受人关注的。正如美国学院和大学协会（Association of American Colleges & Universities，AACU）所指出的，“今天，自由教育通常包

① 黄坤锦. 大学通识教育的基本理念和课程规划[J]. 北京大学教育评论，2006，4(3)：26-37.

② 张东海. 通识教育：概念的误读与实践的困境——兼从全人教育角度理解通识教育内涵[J]. 复旦教育论坛，2008，6(4)：20-23.

③ 中国新闻网. 北大前校长许智宏：高校专业设置不合理影响就业[EB/OL]. http://www.chinanews.com/edu/kong/news/2009/03-10/1595440.shtml（2009-02-10）[2018-09-08].

括通识教育课程，提供多学科的广泛学习和认识方式，以及在一个专业里的更深入的研究”[①]。这在中国的大学尤其如此。将通识教育与专业教育、科学与人文相结合的重要性和必要性被广泛认可，并已成为当前大学改革的一个主题。以相互影响的方式融合两者的方式和信念，与古时候天人合一、文理结合、知行合一的理念紧密相关。

4. 通识教育与文化素质教育

文化素质教育与通识教育是不同地域的产物。文化素质教育是中国特有的一个概念。中国学者普遍把1995年国家教育委员会推行文化素质教育视为中国现代通识教育的起点。对于文化素质教育的定义，教育部在1998年《关于加强大学生文化素质教育的若干意见》中这样阐述：“我们所进行的加强文化素质教育工作，重点指人文素质教育。主要是通过对大学生加强文学、历史、哲学、艺术等人文社会科学方面的教育，同时对文科学生加强自然科学方面的教育，以提高全体大学生的文化品位、审美情趣、人文素养和科学素质。”[②]

因此，中国学者认为文化素质教育与通识教育的基本宗旨是相通的，对其关系的论争主要集中在两者的内涵延伸上。一种观点认为，文化素质教育是比通识教育更为宽泛的一个概念，通识教育可以作为开展文化素质教育的一种形式或具体措施[③]。这种观点把通识教育视作一种教育内容，甚至等同于通识教育课程。另一种观点则认为文化素质教育比通识教育内涵要窄，文化素质教育强调人文精神和素养的养成，强调的是教育的内容和实施形式，是通识教育的核心内容。这种观点则把文化素质教育视作一种教育方案。此外，还有学者认为文化素质教育和通识教育具有相同的哲学观，可以算作中国通识教育的另一个称谓。通识教育是美国最先提出的一个概念，由欧洲传统的自由教育演变而来，第二次世界大战后特别是20世纪90年代传播到日本和中国香港及台湾地区并产生广泛影响，进而被中国内地（大陆）引入，与内涵不断发展的文化素质教育概念混用，21世纪以来，“通识教育”一词逐渐取代“文化素质教育”得到广泛使用。尽管文化素质教育与通识教育具有某些相同的功能，但其历史背景、教育理念和实施方法仍有区别。正如把自由教育看作美国通识教育的早期阶段，文化素质教育也可看作中国通识教育的早期阶段。

文化素质教育的一个重要成果是它促进中国高等教育通识教育的回归。从

① Association of American Colleges & Universities. What Is a Liberal Education?[EB/OL]. https://www.aacu.org/leap/what-is-a-liberal-education[2018-05-28].

② 教育部. 关于加强大学生文化素质教育的若干意见[EB/OL].http://www.chinalawedu.com/news/1200/22598/22615/22796/2006/3/qi65515213026136002 3475-0.htm[2018-01-06].

③ 王义遒. 大学通识教育与文化素质教育[J]. 北京大学教育评论，2006，4(3)：2-8，188.

2000年以来的发展形势来看，通识教育被用来对中国几所顶尖大学的大学教育进行重新定位和改革。北京大学于2000年左右通过大量公选课实施通识教育。复旦大学于2005年设立复旦学院，以保证大学第一年的通识教育。中山大学于2009年创办了博雅学院，是中国的大学中第一批人文学院之一。2001年清华大学将它的学院教育重新定义为立于坚实的通识教育基础上的更广泛的专业教育，然后在2006年率先建立了文化素质教育核心课程。紧跟其后，其他大学如东南大学、南开大学和哈尔滨工程大学设置了类似的核心课程。新雅书院以通识教育为核心的试点住宿学院，于2014年在清华大学成立，推动通识教育进一步成为本科生教育的核心。随着新雅书院在清华大学成立，人们认为通识教育在中国顶尖大学的最后突破已经实现。北京大学元培学院、复旦大学复旦学院、中山大学博雅学院，而后清华大学新雅书院加入，形成所谓的中国通识教育的“四辆马车”。事实上，无论它们各自的历史和资源如何不同，这些中国大学都使用“通识教育”和“素质教育”这两个术语。尽管中国和西方对这两个概念的名义有争议，中国大学教育改革的愿望，以及无论其专业或其关注的领域，为所有学生科学和文化知识打下共同的基础，这两点是共通的并为中国大学所追求的。

（四）通识教育模式探析

“模式”一词的使用相当广泛，当某种现象反复出现时，人们就会对其进行抽象与概括，使之提高到一般性或规律性的层面上加以表达。在学术研究中，模式指理论的一种简化形式，是对现实事件的内在机制和事件之间关系的直观、简洁的描述，能够向人们表明事物结构或过程的主要组成部分及其关系。[①]因此，模式包含一些相对稳定的要素，以及要素间的组合和运行方式，是要素、结构和过程的统一。有学者提出，模式是理论与实践的中介与结合，是被理论加工后的一种可模仿、推广、借鉴的标准样式，并随着环境变化而不断修订完善。对模式的研究不只是对其结构的探索，还要解决一些重要的实际问题。[②]

通识教育模式就是通过对通识教育实践的理论加工，形成实施通识教育过程中所遵循的一个框架体系，即有效开展通识教育的教育策略集合。美国通识教育课程模式是现有研究中最为常见的通识教育模式，其中包括自由选修制、分布必修制、核心课程制和经典阅读制，或者是以高校实践为范本的模式，如哈佛大学模式、哥伦比亚大学模式、北京大学模式，抑或是一种总结式的模式，如基于能力的模式、基于学科的模式等。不同的模式反映了其不同的教育思想和观念。研

① 韩明安. 新语词大词典[M]. 哈尔滨：黑龙江人民出版社，1991：451.
② 邹丽琴. 中国八年制医学教育培养模式研究[D]. 重庆：第三军医大学，2013.

究者通过分析通识教育的研究和实践，总结出通识教育包含通识教育理念、通识教育课程设置、通识教育教学实施和通识教育管理机制四个稳定因素，是通识教育模式的四个维度。教育理念指通识教育为实现其教育目标所持有的一种理念，它决定了通识教育在高等教育中的地位，决定了通识教育课程设置的结构，也指导着课程建设发展的方向。课程设置包括课程的结构、内容调整、课程模式的建立及课程管理等方面。教学实施是对教师的要求，在实施过程中，教师的素养、专业分布及对通识教育的理解对最后的结果都有很大的影响。管理机制关系到通识教育的实施程度与保障。这四个维度是分析通识教育的重要因素。

二、通识教育的发展与变迁

（一）生产方式变革及知识需求调整，通识教育应运而生

在技艺职业教育时代，人既作为生产的工具，也作为劳动力，成为生产生活的要素，而通过教育将人培养成为适应劳动力市场需求的、合格的劳动者，就成为高等学校重要的任务。在培养和管理学生的过程中，高校强调更多的知识教育和更有效的技能教育。

当然，强调知识教育和技能教育，并不意味着高等教育只拥有技艺教育和职业教育，也包含艺术、人文等领域，这是通识教育的雏形。例如，“四书”“五经”这样的经典已被广泛纳入大学教学的科目中。这就说明，在大学阶段，职业技能固然重要，然而对于一名大学生来说，更重要的是超越了职业技术层次之上的人文精神。换言之，唯有人的精神得到了解脱，人本身才能获得自由。这里说的“自由”，并不是无拘无束、无所节制，而是指人的精神、心理要超越人本就受限的生理本体。职业教育虽能教会我们提高物质层面的技能，但唯有文雅教育，即专注人的生命和灵魂的教育，方能使人解放。

工业革命之后，这种只关心技能教育的教育思维发生了改变。那时，职业教育开始受到重视。例如，夸美纽斯（Comenius，1592—1670），是一位伟大的教育家，他大力提倡泛智教育，认为文雅学科不仅应该出现在大学课程里，还应该出现在职业教育之中。另一个例子来自哈佛大学的霍华德•加德纳（Howard Gardner）教授，他主张多元智能理论，认为技术、体育、音乐等都归属于智力的范畴。

美国实用主义教育的兴起，也表明人们认为职业教育不仅应存在于中学，更应该延伸到大学阶段中去。[①]美国学者认为，像欧洲大学那样，大学里只开设神学

① 黄坤锦. 美国大学的通识教育：美国心灵的攀登[M]. 北京：北京大学出版社，2006：25.

院、文学院、法学院是很荒谬的。他们认为，一个国家生产发展的许多方面都需要系统化的高层次研究，比如，如何更好地开发土地、种植农作物、进行动植物的研究、研发机器，以及如何出口、营销等。因此，在美国，许多大学纷纷成立了农学院、工学院、商学院，而欧洲人却嘲笑说，因为设置了农学院，美国的大学满是牛粪味和马粪味，工学院则充满机油味，商学院充满铜臭味。欧洲人十分不解，这些"五味杂陈"的现象怎么可能存在于高雅的学术殿堂里呢？其实这并不难理解，因为美国是一个主张和推崇实用主义的国家，在美国人看来，但凡是日常生活中有需要的，就可以探究，这便是所谓的泛智教育。

所以说，在学术领域，值得探究的不仅是文学、法学、艺术，还应该包括职业技术方面的知识。从医生、律师到贩夫走卒，都是职业，都是每个人需要深入了解和探究的。所以农学院、工学院、商学院陆续在美国大学中成立和发展壮大后，反过来又对欧洲产生了影响。因此，现在欧洲的大学，即使是古典和传统的大学，也同样设置了农学院、工学院和商学院。

从开设科目来看，以前人们认为值得传授与研究的只有神学、文学、法学、理学和医学，不包括农学、工学、商学；但是，正如黄坤锦所说：工业革命兴起和美式新兴大学建立之后，学校划分了科系，反而又觉得工学、农学、商学最重要，文科反倒无关紧要了。从学生修课这个角度看，以前只要求学生专精于自己的科系，可以自由选课，不受限制。久而久之，人们又觉得这样不好，有矫枉过正之嫌。对于大学生而言，不管是学工、学农、学商或者是学文，大家都应该有一个共同的学习领域，应有共同必修的科目，这些科目是全校学生必修的，叫作"common course"，"共同科目"这一名称就源自此。这样做的目的就是避免学生在学习上太过于专一或太过自由泛滥，应该让学生在自由选课的同时，还保持在一个适度的规范之内。"共同科目"这种说法很长时间存在于大学教育中，甚至到几年前，还有很多学校这样称呼它。

可久而久之，学者们注意到，"文雅教育"（liberal education）好像太过古板，似乎是专属于文学院的科目；但"共同科目"这一名称好像也不太恰当。对此黄坤锦评价道："似乎每个人都被限定共同修大一英文、大一中文，或者马克思主义思想、中国历史等，所修的科目大家都一样。其实大家不一定要共同修同样的科目，而是要在共同的领域范围里面仍可以有不同科目的选择"，因此，就有了现在"通识教育"名称的出现。①

① 黄坤锦. 美国大学的通识教育：美国心灵的攀登[M]. 北京：北京大学出版社，2006：25.

（二）教育自身的变革和调整，推动通识教育改革

经济社会的发展变化，改变了教育环境，也影响了教育目的。教育所处的环境的变化，如技术的进步、产业结构的调整、人口的代际更替等因素，都会影响教育目标及内容的设置与运行。此外，教育目的也随着时代的变化而不断调整，从传统社会到现代社会，从农业社会到工业社会，教育目的都在不断发生变化。

因此，教育作为社会的子系统，其自身会随着社会整体的变化而不断调适自身的功能，以推动教育更好地服务社会和满足教育人口的需求。当前国外通行的通识教育大致有三种模式：面向广度的通识教育、面向深度的通识教育和介于两者之间的通识教育。如陈跃红所言，面向广度的通识教育与专业教育有明显的、严格的区分。例如，日本在20世纪90年代之前在各大学设立的所谓教养学部及其课程制度等，到了20世纪90年代后期，由于批评声音较多，国立大学首先取消了教养学部，随之而来的私立大学，还保留由学校一级根据需要重新组织有关通选性课程教育的体制。面向深度的通识教育的代表是美国芝加哥大学的伟大的经典名著课程计划。这是一种以精读精讲的研讨性为特色的通识教育课程制度；介于两者之间的通识教育的特点是以深度为主，同时兼顾宽广度，就如我们熟知的欧美住宿学院制度和哈佛大学的“核心课程”等。然而，随着通识教育的发展，以及研究的不断深入，可以发现，凡是被学校和师生不断称道的通识课程，其特点往往是大多数学生的参与度较高，课程的形式包括研讨课或专门小组讨论课。陈跃红还评论道：“这种课程的主要目标并非扩展学生的知识面，而是让学生从对经典名著和课程内容的精读式、互动式和研究性学习的过程中，学会参与，学会思考，学会批判并尝试研究的一系列课程。这种课程具有明显的知识深度把握和方法学训练的特点。虽然课程量较少，学分也不多，但几乎都是名师和名著珠联璧合的精品课程，效果显著。”①

三、通识教育普世与本土

（一）向外借鉴推动本土教育的实践进步

借鉴可以管窥差异，并立足现实，创生本土教育之道。但是如果不假思索地照搬先进国家的通识教育经验，也不可取。我们应洞悉其前期的实践并进行深入研究，对成功经验进行分类，列出真正值得学习的成功经验及可以规避的问题，

① 陈跃红. 大学通识教育面向广度还是面向深度[J]. 探索与争鸣，2009，(6)：54-57.

并结合自身教育的问题、社会条件和目标需求对通识教育方向做出选择，设计课程模块，进而构建符合中国国情、具备中国特色的通识教育。

中国的高等教育已经跨过了大众化入学率的门槛，就总量而言，中国已经是全球受高等教育人口数最多的国家，可是与发达国家相比仍有很大的差距，这些差距主要表现在高等教育的教育理念、财政投入、师资及各种相关的硬件和软件方面。更为严峻的是，大学内部发展也参差不齐，符合当代国际化教育学术文化发展趋势和要求的优质师资及优质课程极其稀缺。即便是我们一直引以为荣的专业教育，基本上也依然固守在一般性知识传承的旧模式中。在这样的客观条件下，就连教师队伍自身也面临深度通识教育再培训的迫切需求，可想而知，对于学生而言，如果不立足于从知识接受的深度方面去推进通识教育，而只是试图从广度的层面上去解决知识面的缺失问题，增加一些素质性的熏陶，显然不可能从根本上改变僵化的专业细分教育所造成的专业人才复制模式化和创造能力匮乏的教育弊端。由此，需要我们集合全世界智慧结晶，在比较中既传扬普世价值，又发现彼此之间的差异，同时立足本土教育历史和现状，从理论和实践两方面，促进通识教育本土化，走出适合中国本土发展的特色通识教育道路。

（二）内生发展形成本土通识教育的新机制

就整体而言，中国的大学通识教育是选择知识扩散型、组合型的广度模式，还是选择以学科把握、思维训练、学术对话和学术训练为主导的深度模式？这是一个亟待解决的问题。笔者倾向于选择后者。这并非个人主观臆断，而是由中国大学教育改革的内在需求所决定的。与此同时，中国的大学多倾向知识导向教育，在思维逻辑训练和学术批判等方面存在缺位。

已有通识教育的实验表明，在大学有限的时间及空间环境中，选择广度教育，往往会在所谓学习时间和空间矛盾中无法自拔，导致学习中出现“走过场”现象。而选择深度教育则不同，这意味着我们选择了一条坚定不移的知识学习和思维改造途径，以及一种值得期待的学术训练突破的可能。大学只有选择了面向深度的通识教育，才有可能得到师生认同，才有可能和专业教育有机结合，也才有可能在一定程度上改变现有部分中学应试教育培养模式的一些弊病，最终逐渐适应和满足当代中国向创新型国家发展过程中的现代化人才需求。

陈跃红认为，这样做的必要性有以下几点。第一，基于知识广度的大学通识教育无法根治中学模式化教育所引发的问题①。我国考试制度的严格程度堪称世界之最。多年来我国的文理分科制度影响学生的全面发展，其中最为明显的便是文

① 陈跃红. 大学通识教育面向广度还是面向深度[J]. 探索与争鸣，2009：(6)：54-57.

理互不相通。理科生不知道地理、历史，文科生不懂物理、化学的局面长期存在。这对于学生的长远发展和未来社会所需人才的培养来说是极为不适的。进入 21 世纪后，不断有省份开始试点先行，探讨解决这一问题的方案。其中在高校不断受到重视的便是通识教育。通识教育志在培养“全人”，其全面深邃的特点是突出的，对于缩小因文理分科所造成的差异有明显作用。

第二，基于知识广度的大学通识教育基本无益于学生专业选择的理性化改造。我们必须清醒地意识到，社会需求趋势的制约和利益引领是家庭和学生专业选择的主要动力。在一个利益分割和竞争的社会，个人兴趣从来都不可能居于主导地位。笔者从事高考招生工作多年，近 10 年从工商、金融到经济、法律，从生物科学、计算机科学到电子科学，从理工到人文，从热门的英语到各个小语种，专业录取的阶梯格局与学生的入学成绩分数差异（顺序）基本平行。

第三，基于知识广度的大学通识教育注定会遭到大学教师和学生的冷落。基于教师关于学术本位的基本立场和人们对于大学功能的直觉理解，大学都注定不会给基于知识广度的通识教育以重要地位。尽管人们一再呼吁院士教授要上本科生课程，可当下依旧是较为少见的。教授与本科生课堂之间的距离绝非是教授和“大牛”们刻意为之，客观上的制度要求和规约是造成这一问题的主要原因之一。在大学校园里，一些新进教师一路披荆斩棘、过关斩将，希望早日提升职称，然后便可以做一些符合自身兴趣的研究工作。教授则需在科研课题上付出较多精力，难免对本科生课堂缺少关注。这些情况除了直接拉低通识教育的质量以外，还将衍生更多的问题。

总之，大学通识教育的战略方向受家庭教育、学校教育的决定和制约。我们必须清楚地意识到，无论是素质教育还是通识教育，都不仅是大学所要做的事情，四年的本科教育自然对于学生的成长具有关键性的影响，但是往往难以改变基础教育阶段一些根深蒂固的印记。因此，大学教育必须突出重点，作出最有利于学生培养的选择。

第二节　通识教育的理论基础

培养全面发展的人和实现人的自由全面发展，这既是现代高等教育的理想，也是人类追求的目标。通识教育作为一种新型的教育理念和教育实践，通过建构一种综合性的知识、价值、思维教育体系，从而促进人的全面发展，造就适应于现代社会的高素质人才，实现知识教育和价值教育的全面融合。因此，通识教育的理论基础与多种学科发展有关。多种学科的知识和理论构成了当前通识教育的资源素养，也成为通识教育不断发展的前提和基础。

一、哲学视域下的通识教育

通识教育的理念来源于博雅教育，博雅教育也称为文雅教育或自由教育，它起源于古希腊。在古希腊，存在自由人和奴隶之分。古希腊人认为，自由人有学习博雅学科的时间，能够进行清晰且合乎逻辑的思考，进行理智的阅读和生动的演讲。而奴隶作为古希腊社会的低等人群，他们只有劳动的义务，而绝不能享有自由人的权利，他们要服从和服务于自由人，更要遵守整个联邦的制度和规则。

亚里士多德认为，博雅教育与“职业”教育是相对的教育观念，博雅教育设立的目的就是为了人的自由，这表明博雅教育不仅兼具职业性和适应性，而更应该以“使用闲暇从事理智活动”为目的。“在《苏格拉底的申辩》中，苏格拉底试图区分两种知识：一种是基于某种职业的、专门的知识与技艺，包括政治家的演说技艺、诗人的技艺、匠人的技艺，这些技艺及其所代表的相关知识都不是苏格拉底所追问的真正的知识。”[①]苏格拉底所追问的知识在这些泛指职业、专业的知识之上，是那种事关美好和善好的知识，也就是关于何谓美好生活的知识。苏格拉底的申辩其实就是针对作为专业人身份的政治家、诗人和工匠与作为全面的人两者之间难以弥合的裂缝而展开的，期待人们尽可能地超越作为专业人的存在，去寻求以美善为中心的普遍性知识，以超越个体作为专业人的局限而上升到整全的人存在。通识教育之通识就是超越专业局限而达到普遍知识，由普遍知识达到人对自我存在之全面的认识，正因为人恒久地面临着有限与无限、理想与现实、专业与全面的矛盾，怎样理想地活在现实之中，完整地活在现实的诸种挤压之中，超局限活在局限之中，由此而通达个体人性的自由，就成了人生须臾不离的基本姿态，这意味着通识教育实际上是贯穿个体一生的内在要求。通识教育就是开启人性不断自我回复的路径，以对全面的追求来促进人的自我理解。倡导通识教育，思考通识教育，最基本的问题就是认识自己，并在不断自我开启中成就自己。

纵观美国通识教育的缘起和几次大的变革，不管是维护大学追求理性的培养目标，还是重建通识教育课程的连贯统一性，或者重塑共同的文化价值理念，都有一种相应的哲学先导，并且不乏现代倡议者和追随者。理清通识教育的哲学基础有助于理解其内涵。对通识教育哲学基础的探讨，有三种代表性观点：第一是美国的加夫（Gaff）在总结 300 所大学通识教育课程模式及其论争的研究中提出理想主义学派、进步主义学派、精粹本质主义学派、实用主义学派四种极具特色

---

① 刘铁芳. 大学通识教育的意蕴及其可能性[J]. 高等教育研究，2012，33(7)：1-5.

的通识教育哲学理论；第二是哈罗德·泰勒（Harold Taylor）在其著作《通识教育的哲学基础》（*The Philosophical Foundations of General Education*，1952）中提出理性主义、折中主义/新人文主义、自然主义/工具主义三种类型的通识教育哲学理论；第三是黄俊杰在其专著《大学通识教育的理念与实践》中提出精义论、均衡论、进步论和多元文化论四种通识教育哲学理论。

（一）加夫的通识教育哲学理论[①]

1. 理想主义学派

这个学派以纽曼（Newman）成立的理想主义大学为标志，把大学作为一个有利于众多教师、学者教授学生知识的场所，认为大学的目的是把学生从对当前社会环境的偏见、无知及地方狭隘主义中解放出来。因此，传统的课程更多倾向于人文学科，为每个学生个体的整个人生提供不包括职业训练与指导在内的通识教育课程计划。对于理想主义者，自由教育和通识教育可能并不是同义语，但在很大程度上两者的理念是一致的。

2. 进步主义学派

这个学派以哲学家怀特海（A. N. Whitehead）和杜威（J. Dewey）成立的进步主义学校为标志。他们坚信教育应该与学生的日常生活息息相关，也就是说任何教育构想和行为必须从学生当前的角度出发，站在学生的立场考虑，或者是对学生未来发展有重要影响。“实用性”是进步主义代表者的核心词汇，但这种实用性并不完全是与学生当前生活状况无关的世俗性、功利性，在某种程度上，这种实用性是指与学生当前生活息息相关的，可以激发对课程设置有最终裁决作用的学生的兴趣。

3. 精粹本质主义学派

这个学派以教育家罗伯特·梅纳德·哈钦斯（Robert Maynard Hutchins）提出并创立的精粹本质主义性质学校为标志。他坚持的理念是：每一位接受教育的学生都必须明确和把握人类知识体系中最基本、最核心和最普遍的内容，或者说，在某种程度上，提倡设计一种最基本的，适用于教授任何时代、任何情况下的学生的课程教材体系。美国芝加哥大学的经典名著课程计划是精粹本质主义代表者所提倡的经典的通识教育课程计划，尽管可能经典名著课程计划并不是他们所提出的唯一的、主流的课程模式，但其提出的通识教育课程计划都

① 马早明. 周边国家科技大学通识教育模式研究[M]. 广州：中山大学出版社，2015：42-68.

是在精粹本质主义的思想指导下形成的，因此无论对于厄内斯特·博耶（Ernest Boyer）、马丁·开普兰（Martin Kaplan）还是阿瑟·莱文（Arthur Levine），以及最近的提倡者阿兰·布鲁姆（Alan Bloom）或者是其他的学者来说，提出的通识教育课程计划无一不透露着精粹本质主义所倡导的理念。

4. 实用主义学派

在实用主义哲学思潮中，威廉·詹姆斯（William James）是最有影响力的人，同时代的提倡者还有克拉克·克尔（Clark Kerr）和大卫·里斯曼（David Riesman）等。他们认为高等教育界中所呈现的多元化特征是有利于美国社会稳健地向前发展的，在这里，克尔使用了“多元巨型大学”（multiversity）一词，来描述同时代高等教育界内的环境状况及多样化的学生群体。这些实用主义的代表者认为，高等教育界持续不断地发生的这些变化，满足了这些多样化大学所在的社区的利益，同时相应的课程改革也在一定程度上有利于特殊环境背景下的高等院校的发展。对于实用主义的代表者来说，他们的重要原则、观点则是从现实角度出发考虑课程设置的有效性，反对那些建立在乌托邦式的设想基础上的课程设计。

（二）泰勒的通识教育哲学理论[①]

1. 理性主义学派哲学思想

理性主义学派哲学思想（The Philosophy of Rationalism）的代表是以雅克·马里坦（Jacques Maritain）为主的一批新托马斯主义者，是纯粹的理性主义的代表者。在一定程度上，他们为教会学校的通识教育课程计划及罗马天主教学院的传统经典人文学科课程提供了神学与形而上学的哲学思想基础。在泰勒看来，经典名著课程来自人类伟大的精心杰作，最具永恒和普遍价值，在任何时代和任何地方都能够启迪人的心智，是人类内心深处的共同理念和经验。为此，对人类理性素质能力的培养成为教育或人类生活的唯一终极目标。对于通识教育课程计划内容来说，首要的选择就是那些关注并强调人类终极目标，以及人与自然关系的古代经典文学与哲学著作。而教授这些人类经典著作的应该是那些在语言、文学、科学等方面颇有造诣并擅长运用教学法的专家、教师、学者等。理性主义学派提倡的通识教育课程实践模式则是让学生通过演讲、讨论及阅读的方式来记忆、理解、掌握这些来自传统文学、哲学、科学与艺术等领域的经典著作，且最终以考试的方式对学生进行考查，他们关注的是学生从中掌握并获得对人类活动的反思、分析能力，而并不是实证社会科学所关心的，诸如同时代的社会问题或者与实践

① 马早明. 周边国家科技大学通识教育模式研究[M]. 广州：中山大学出版社，2015：42-68.

相关方面的理论等。他们认为学生通过学习名著获得的真理与道德标准是普世通用的，是在任何时代都行得通的宇宙世界的规律法则。此外，他们希望学生可以对那些涉及西方传统文明的知识进行合理推理、分析，从而更好地履行公民的职责。一些大学开始教授包含人文学科的通识教育核心必修课程。例如，芝加哥大学提倡的经典名著课程计划，以及哥伦比亚大学制订的两年人文课程计划。

2. 折中主义/新人文主义

折中主义（Eclecticism），亦称新人文主义（Neo-Humanism）思想。它一方面继承了欧洲的传统哲学思想，另一方面在二元论思想（肉体与灵魂两部分组成）的影响下，认为在浩瀚无边的知识体系中，存在着部分合理的、对学生的心智训练与培养有着独特作用的相关特定主题科目知识。虽然对于新人文主义学派来说，并没有专门特定的哲学基础用来指导其提倡的通识教育的课程计划模式，但是正如理性主义学派一样，他们都在尽力试图避免自己的课程出现专业化或职业化倾向，使其与普通的专业知识课程区别开来。新人文主义学派认为，西方传统文明或传统文化遗产是人类在文学和哲学等领域才智发展的结果，而不是源于社会的历史环境变迁。在某种程度上，是人类思维意识的发展导致了社会的变化。而他们所提倡的通识教育课程计划基本上涵盖了文学、哲学、科学与艺术四种学科领域的知识内容。他们希望学生通过对文学、哲学学科的学习，从中领悟西方传统文明的重要精髓，从而有利于构建西方的民主社会。另外，通过学习科学与艺术，他们日后可以成为相关领域的专家，并同时承担一定的社会责任。此外，如阿德勒（Adler）所认为的那样，当前教育要致力于在西方传统文明与科学技术创新发展教育中寻找一种平衡。由此，相对于新人文主义学派来说，其提倡的通识教育课程计划更具有灵活性与包容性。

3. 自然主义/工具主义学派

自然主义（Naturalism）/工具主义（Instrumentalism）学派在教育方面重点强调的是对知识的使用。工具主义学派主张对概念与事实进行重新检验与验证，经过验证的即为真命题，反之则为假命题。对工具主义学派来说，不存在绝对真理或者绝对价值，认为教育的目的是促进学生个体身心成长和发展，以及提高个人素质，而不仅着眼于学生理性思维能力的培养，且提出，只有在实践中得到验证的才是合理的知识与道德标准。工具主义学派认为，人类的理性和情感只是人类有机体在自然环境中的一种本能反应，不应该将两者区分开来。要将诸如理智与情感、思想与行动、过去与现在，以及知识与价值、物质与意识等统一起来对待，在某种程度上，这种看法与理性主义学派有着些许不同。论及美国社会的通识教育课程知识内容的选择问题，工具主义学派提出了两条原则标准：其一，什么样的知识可以充实并丰富学生的美好生活；其二，公民获得什么样的知识可以有利于自由和谐社会的构建。基于此，工具主义学派提倡通识教育课程要更多地关注当前社会所出现的一些问题与困境，然后综合运用科学、艺术、人文等领域的知识去解决这些问题。不同于理性主义学派与新人文主义学派所提倡的教育有着固定目的、课程教材需要有固定内容，工具主义学派认为课程要根据社会的发展及学生个体的兴趣需要不断地做出调整、课程处在一个不断变化的过程中。

（三）黄俊杰的通识教育哲学理论

黄俊杰在其专著《大学通识教育的理念与实践》中提出精义论、均衡论、进步论和多元文化论四种理论。通识教育的精义论是以哈钦斯在芝加哥大学所提倡的经典教育为代表。精义论认为有一套永恒不变的核心价值，保存于经典作品中，因此通识教育课程应以经典的阅读、分析与讨论为核心。均衡论主张知识是不可分割的统一体，通识教育是沟通人文社会科学和自然科学的桥梁，该理论试图通过通识教育为学生提供全面且完整的知识图像。进步论认为教育应为受教育者解决问题。通识教育内容应具有前瞻性，为学生应对未来生活而做准备。多元文化论强调包容性，即对于不同文化的开放和包容，允许不同文化在同一体系中的生存和发展。显然，黄俊杰所提出的这四种理论与西方学者所提出的本质主义、进步主义等理论思想有异曲同工之处，但他也关注到全球化背景下通识教育发展趋势：整体主义和多元文化，为新时期通识教育的改革与发展提供了理论基础。

二、教育学视域下的通识教育

通识教育理念及其课程模式必须有相应的组织结构来支持，没有具体的组织结构来支持的教育理念都是空中楼阁，只能停留在课程模式与理念研究的文本层面。通过变革组织结构来推进改革是对通识教育改革认识上的深化。传统的以专业院系为主体的组织是通识教育课程的结构性障碍。这种架构下，学生、各专业教师及行政官员难以配合与协调，使在纸面上设计得非常漂亮的通识教育核心课程最终是“没有教师愿意上，没有学生愿意听，没有学校领导愿意管”。改革者发现仅仅将重心放在课程改革上效果并不理想，因此开始尝试各种形式或渐进或激进的组织结构变革。这种变化反映了通识教育改革的核心问题，即必须存在相应的组织制度的保障与规制。伯顿·克拉克（Burton Clark）对改革的困境早有深刻的分析，他在其经典著作《高等教育系统：学术组织的跨国研究》中精彩地论述道：专业化学部组成的大学是不适合推行通识教育的组织。追溯历史可以发现，欧洲等地区学术系统中的专业院系被严重地制度化，对通识教育的摒弃也在组织结构中被固定下来，因而通识教育的任何改革都变得举步维艰。[①]而相较之下，通识教育在美国即使处于其最衰落的时期，也得到了两种关键组织强有力的保障，那就是大量四年制的小型私立文理学院和公立或私立综合性大学中核心的文理学院。学院的组织构架在各独立学系构建了一个基本的平衡，在组织制度上保障通识教育得以开展。大学通过将从事各学科或领域基础理论教育和研究的“学系”设置在文理学院内部的方式为通识教育的运行提供了组织架构。在以哈佛大学和耶鲁大学为代表的传统文理学院转变为大学的过程当中，现代科学各个基础学科并没有建制为独立的研究所或专业院系，而是以“学系”的组织形式仍然被置于实行通识教育的文理学院中。只有法学院、商学院、医学院等面向社会职业、传授和发展实用知识的专业院系才在文理学院之外单独建制。这些大学的文理学院最终形成了一个能够保证通识教育在大学中稳定实施的、学院包含学系的“矩阵结构”：各学系从事专业的基础理论研究和研究生教育并提供本科生通识课程，而学院则统筹规划以文理基础学科为核心的通识教育。学者既属于学系，又属于文理学院，在学系从事学术研究的同时必须接受学院的监督，为本科生上通识课程。这就在一定程度上避免了在专业院系各自独立自治的线性组织模式下整合通识教育时所面临的困境，形成了一个开展通识教育的基本的制度保障和组织结构。

中国的大学近些年效仿美国一流大学的做法，试图在组织结构上进行新的探索，在学院成立专门负责通识教育的组织。同为开展通识教育的独立学院，中国大学的这类新设组织与美国大学的文理学院存在较大差别。它无力打破院系分立的线性组织模式与格局，只是在各专业院系之外成立专门的学院。在师资上仍需依靠各专业院系，对教师行为并无约束与规制能力，在薪资与职称晋升等事关教师切身利益的问题上更无话语权。这导致这类学院依旧无法从制度上保证通识课程的质量，只能依靠教师的职业道德和对通识教育的理念认同与内心热爱。因此，它虽然超越了调整或重构通识课程的浅层次改革而在组织结构上寻求突破，却与以往通识教育的“全校公选课”形式并无本质区别，其运行方式并未改变，很大程度上是一个扩大版的全校公选课，变革组织结构的努力往往成为形式效仿，而非有力推动通识教育的实质性改革。而美国大学文理学院的组织模式是历史长时段演变的结果，同时，除了独特的学院结构之外，它们还有一系列配套的组织制

① 伯顿·克拉克. 高等教育系统：学术组织的跨国研究[M]. 王承绪，等译. 杭州：杭州大学出版社，1994：47-49.

度来支持通识教育实践，如小班研讨制、住宿学院制等，甚至大学之外也存在对通识教育进行评估的专门机构。中国大学要探索保证通识教育有效施行的整体性结构变革还有较长的路要走。

教育学视域下的通识教育注重人的发展。随着教育的国际化和全球化发展，通识教育意在拓展学生的全球视野，培养“世界公民”与“全人”思想，这也反映在麻省理工学院、哥伦比亚大学和哈佛大学等多所知名大学的通识教育改革理念中。2016 年 1 月，哈佛大学通识教育评审委员会（General Education Review Committee）发表的最终报告中指出当前哈佛大学通识教育的目标就是为学生未来能够适应不断变化的世界做好准备。[①]美国大学通识教育课程的理念目标侧重培养完整、自由的“人”，这种“人”具备一定的逻辑思维能力、创造力、审美力、适应力、领导力和个性，培养的是民主制国家具备“全人”能力的公民。例如，哈佛大学通识教育的目标是促使学生成为全球社会民主制度下的公民；麻省理工学院通识教育目标中也指出，充分认识作为有效公民和创新者与社会个体间的相互作用；哥伦比亚大学核心课程不仅培养学生适应和应对多元且快速变化的世界的基本的能力，而且为学生终身学习奠定基础。这些大学的目标都着眼于“人”的基本能力和“人”全面发展的素养，是对“人”基本伦理的诉求。而中国大学通识教育课程旨在培养创新型且具有良好品格的“人才”，重在培养学生的道德素质。比如，武汉大学旨在通过通识教育，为学生提供涉猎更多不同学科领域的机会，拓宽学生的知识面，提高其审美情趣，强化其适应能力和养成健全人格；中山大学博雅学院也旨在培养具有宽厚人文社会科学综合基础且具有较强适应能力的高素质人才；清华大学新雅书院也提出要努力培养学生具有健全人格和创新思维。诚然，培养创新型人才的健全人格和高素质，都是为其提供通识教育基础，进而推进其可持续发展。由此看来，我国创新型人才培养首先应注重的是“人”的发展，包括人的个性、人的核心素养、人的各项能力等。对应地，通识课程理念也应在“人”的完整、自由中促进个性成长，进而为培养创新型人才奠定基础。

三、社会学视域下的通识教育

相比教育学视域通识教育改革中人的发展取向，社会学视域关注的则是社会发展的取向。美国文理学院神话的盛行与扩散和通识教育改革的全球浪潮，使通识教育改革逐渐成为一种象征性符号。这是以组织分析中新制度主义的“合法性理论”来审视通识教育。当改革话语反复出现并约定俗成了的时候，通识教育所

① General Education Review Committee Final Report[EB/OL]. http://generaleducation.fas.harvard.edu/files/gened/files/gerc_final_report.pdf[2017-10-18].

表达的主观内容就被客观化、符号化为社会事实，即被感知为客观、外在的意义与认知图式。因此，通识教育作为理念与制度被广为接受之后，就演变为客观的社会事实或者如迈耶（Meyer）和罗恩（Rowan）所说的“理性神话”，但通识教育的理念并不一定为行动者在主观上接受。首先，观念一旦成为象征性符号或社会认知图式，就作为制度环境而成为合法性的源泉。在美国，首先，优质的通识教育定义了文理学院和一流大学的社会认知图式，作为这类组织的合法性来源，代表着其在社会中的“身份”与地位。其次，符号化了的通识教育以“模仿”为扩散机制，其他行动者自然而然地对其进行采纳。

通识教育作为符号的象征性力量在美国小型文理学院的变革上体现得淋漓尽致。一项关于美国 303 所声称以实行通识教育为组织使命的文理学院的调查发现，有 68%的学校已经以提供劳动力市场所需技能的专业课程为主导（专业课程占 60%以上）①。文理学院中文理学科的招生比例呈下降趋势，传统的以文理学科为主的文理学院成为冷门学院。从通识教育到专业教育的转换是 20 世纪 80 年代以来这几百所文理学院的主导性趋势，所谓的小型文理学院几乎成了小型专业院系。这是由于这一阶段联邦政府降低资助，财政上相对脆弱的学院不得不面向市场进行改革，大幅增加专业课程来吸引学生。然而，有趣的现象是：虽然专业课程已经在文理学院中占据主要地位，但这些学院依然声称自己以通识教育为主。原因就在于通识教育是美国文理学院百年来打造的一个象征符号或“理性神话”，这个神话被认为既凸显了文理学院的高贵身份，又明确了高等教育的本质，象征着文理学院所具有的合法性地位，文理学院要在环境中立足就必须沿用这个神话。然而由于生存需要，学校又不得不多开设满足学生和市场需求的专业课程，这就出现了组织使命与技术性活动之间不一致的问题，组织采取的解决方法就是迈耶提出的“分离”策略。学院声称以通识教育为宗旨来应付社会大众、学生和评估与咨询机构，而实际以专业教育为主。这表明虽然通识教育的主要阵地文理学院已经受到市场经济和工具理性的巨大冲击，但是通识教育作为象征符号依然是美国大学和学院基本的逻辑制度，这是美国乃至世界各大学进行通识教育改革的合法性之基与动力之源。而有学者认为中国一流大学进行通识教育改革正是源于此种合法性的象征力量。在全球化的背景下，中国大学积极进行通识教育改革是出于建设世界一流大学的需要，因为“世界一流大学具有独立的文理学院对本科生进行通识教育”已经被建构为客观的社会事实，中国大学竞相效仿，不管是通识教育学院还是一个漂亮的核心课程计划都是极具象征意义的举措。

因此，在条件允许的情况下，国内的一流的院校可以设计一批经过精心挑

① 崔乃文. 组织理论视域下的通识教育改革[J]. 江苏高教，2015，(2)：17-21.

选的，由一流教师开设的精品课程，来培养学生的学术方法和科学思维。这些课程应该既包含对经典著作的精讲精读，也包含对学术史和学科史的专题性研讨。当然，对于条件尚不具备的院校来说，则可以通过对现行课程体系和教学内容的深度改革，去贯彻基于知识深度的通识教育目标理念。通识教育和核心课程间不能简单画等号。真正的通识教育应贯穿于整个教育过程。因此，通过对普遍学术知识深度训练的专业先行课程和教学内容的改革，也可以收获通识教育的果实。

第三节 通识教育的时代要义

当前，世界正发生着时代巨变，“美国世纪”已让位于全球经济，市场支配权将被离散分割，全球经济萧条得到恢复，而这种恢复却受到地区间、国家间发展不平衡及需求区域分散所限，影响教育的不仅限于经济和技术方面，也包括社会和文化方面。同时，教育对经济、文化、科学技术及社会发展的影响和推动作用将愈加明显，教育与社会的关系更为紧密，教育将成为社会发展舞台的核心关注点之一，我国的现状更是体现了全社会对教育的关切。

伴随科技的发展和社会的进步，人类文明已踏入一个新阶段，这一阶段的特征是高度综合化，因此也可以称为综合化阶段。多种学科交叉，多方面知识综合，已日益成为主要趋势。学科内部的综合，学科外部的综合，人文社会学科、自然学科、技术学科的综合，是发展的必然趋势，当前国际上的一些伟大的成就已证明了这种趋势的必然。因此，作为一种教育方式，通识教育通过改变学生原有的单纯接受式的学习方式，形成一种主动探求和思考的学习方式，也可以说是借助开展探究性学习，充分激发学生的潜力。学生探究问题的过程必然也对教师提出了相应的要求，而且这些要求还更加针对教师的特点，要求教师改变旧的教学观念和方式。而提倡探究性学习具有双重目的：改变学生的学习方式和转变教师的教学方式，提出这样的目的也是我国教育应对时代发展要求的必然选择。探究性学习意味着对教育观念和教学模式进行一场深刻的变革。

一、全球化发展的必由之路

随着工业革命向信息革命的转型和拓展，以计算机技术、光纤通信、互联网及微电子技术为代表的高科技发展突飞猛进，使得经济、社会等方面的发展水平，以及人的思维和生活方式等多个方面发生了深刻的变化。这种变化促进了世界各国的经济合作与交流，使其往更广泛和更紧密的层次深入，提升了全球经济的一体化水平，改变了国家间经济活动相对隔离的局面，也加速推进了各国之间在教育方面的合作与交流。

当前对“全球化”概念没有一致界定和统一认识，有关“全球化”的界定和表述也难以覆盖当前经济社会文化发展各方面的情况，一定程度上还存在“全球化”概念的泛化和滥用。不过，不容置疑的是，经济领域的全球化正在深刻影响着社会政治、文化、技术和教育等各国社会生活的多个方面，打破了地区和国家的内在平衡，并且各国尤其是发达国家与发展中国家所受的影响也存在差异。当然，教育也不例外，中国的高等教育发展不仅逐渐卷入全球化的发展浪潮，而且受到全球化发展趋势的全方位塑造和影响，中国的高等教育不仅面向本国的工业生产和社会发展，而且需要不断适应、参与、推进全球化的发展。

从教育的视角出发可知，全球化不仅可能扩大国与国之间不平衡发展的程度，更有可能在个体层面产生更为明显的影响，加大个体的差异。信息和通信渠道的扩展，一方面变革了工作性质，凸显了团队协作和现代技术的重要性；另一方面也加剧了社会排斥现象，使许多人由于失业、就业环境差或工资不理想而无法融入社会。在知识经济的背景下，人才这一概念的内涵发生了变化，传统意义上的学校教育已经不能为个体生存和社会发展提供所需的知识和技能。对以知识灌输与技能训练为基础的学校教育的改革已是“不得不发”的一支箭。通识教育的出现和发展可以说是应运而生，强调态度、精神与能力的形成，重视社会关切和思考，看重人文教育、价值教育、知识教育和技术教育的结合成为高等教育的发展常态。

尽管目前我国已经实施了基础教育课程改革，但全球化的态势要求课程改革不仅要遍及各级各类的教育领域，更要成为持续的和不断深化的教育发展的重要领域，不断完善学校教育的内容与方法。但通识教育与基础教育的理念必须转化为实践行动。目前我国社会对通识教育并没有形成良好的社会观念，更谈不上建立起完善的通识教育体系，在政策措施上落后于发达国家。例如，通常将高等教育理解为专业的、科学的和技术的教育，高等教育直接服务于社会经济建设的需要。但是，“一个高等教育系统应当满足数个不同的目标”，即实现“学生对逐渐复杂化的和有回报的教育的满意性的需求；培养需要驾驭现代社会并且有助于社会进步的人；提供一个论坛，在此，社会能检讨其问题，并且确立合适的解决方案；提供一套能研究和发展社会文化和价值观的体系”[①]。因此，高等教育中要强调“通识教育的重要性”，而且通识教育也适应发展中国家的现实需要，因为

① 李淳燕. 对民办高校内源发展问题的思考[J]. 黄河科技大学学报，2003，5(2)：10-17.

“高质量的通识教育为进一步的学习和专业化提供坚实的基础，从而加强了专业训练，并为不同专业的人们提供了一个相互交流的平台”①。撇开数量不论，目前我国的高等教育在结构、质量与适切性上与国家和时代的要求存在一定差距，则是不争的事实。

因此，全球化要求我们在通识教育的框架下，确立各级学校教育的方向与内容。遵循通识教育的理论，必须重新审视各级各类教育的职能，各级学校教育不仅是为了向上级学校培养、输送人才，也应该为个体生命可持续发展、个体可持续性学习奠定基础。学校与其笼统地说是教与学的场所，不如说是教师为学生学而教和学生为未来学而学的场所。终身学习的价值取向，需要我们思考、重构各级各类学校教育及其相互关系，促进教育的可持续发展，为个体提供可持续学习与发展的制度。在基础教育成为“走向生活的通行证”的同时，处于“人生的十字路口”的中等教育必须具有多样性，高等教育则必须在实现“传统使命和新使命”上对其功能进行重新思考。大学要“培养学生从事研究和教学工作；提供适合于经济生活和社会生活需要的高度专业化的培训；向全民开放，以满足最广义的通识教育各个方面的需要；国际合作”②。

二、信息社会的必然要求

当前，全世界逐步迈入“信息社会”。通常来看，信息社会建立在信息化的基础上，信息逐渐成为社会发展的主轴。其中，信息化是指信息技术和信息产业在经济和社会发展中的作用日益加强，并发挥主导作用的动态发展过程。信息社会或者后工业社会是指脱离工业化社会以后，信息将起主要作用的社会。在农业社会和工业社会中，物质和能源是主要资源，所从事的是大规模的物质生产，而在信息社会中，信息成为比物质和能源更为重要的资源，以开发和利用信息资源为目的的信息经济活动迅速扩大，逐渐取代工业生产活动而成为国民经济活动的主要内容。信息经济在国民经济中占据主导地位，并构成社会信息化的物质基础。以计算机、微电子和通信技术为主的信息技术革命是社会信息化的动力源泉。信息技术在生产、科研教育、医疗保健、企业和政府管理，以及家庭中的广泛应用对经济和社会发展产生了巨大而深刻的影响，从根本上改变了人们的生活方式、行为方式和价值观念。

此外，信息社会也常被称为知识社会，但两个概念的侧重点略有不同。在知

① 朱益明. 全球化下的教育发展选择[J]. 当代教育论坛，2006，(10)：23-25.
② 联合国教科文组织. 教育：财富蕴藏其中[M]. 联合国教科文组织总部中文科，译. 北京：教育科学出版社，2014.

识社会，知识、创新成为社会的核心；信息社会的概念建立在信息技术进步的基础之上。“知识社会”的概念则包括更加广泛的社会、伦理和政治方面的内容，信息社会仅仅是实现知识社会的手段；信息技术革命带来社会形态的变革从而推动面向知识社会的下一代创新（创新 2.0，即信息时代、知识社会的创新形态）。在知识社会里，每个人都要学会在信息海洋里来去自如，培养认知能力和批评精神，以便区分有用信息和无用信息，拥有新知识；知识社会也使得创新的来源从少数科技精英拓展到广泛的大众，推动了创新的民主化进程；知识社会作为网络社会必将更加关注全球问题：通过国际合作和科学协作，环境破坏、技术风险、经济危机和贫困等问题有望得到更好的解决；知识共享是知识社会的拱顶石，以大众创新、共同创新、开放创新为特点的创新 2.0 是知识社会的实质，而知识社会是人类可持续发展的源泉。

对于通识教育来说，信息社会重构了传统教育观和人才观，在教育理念、管理机制、组织架构、发展目标等方面都有重大的变化。信息社会的变化主要体现在两个层面：一方面是技术进步和硬件改善，越来越多的信息技术和信息设备进入教育领域，尤其是通识教育领域；另一方面是社会观念更新和软件优化，越来越多兼具信息社会价值理念和精通先进技术的人才进入高校从事通识教育的教学和管理，越来越多的社会化人才的出现优化着通识教育的人才结构。具体来看，信息对教育信息化的影响主要体现在以下几方面。

（一）推动形成适应信息社会的新型教育观和人才观

信息化所带来的教育观念的变革表现在很多方面。21 世纪以来，教育观念的变革主要表现为四大趋势，即教育的个性化、终身化、国际化和大众化；未来教育将从精英教育向普及教育、平民教育发展；教育本身将更多地要从以教师为中心向以学习者为主体转变；适应信息社会发展要求的终身教育体系将逐步形成。也就是说，终身教育观念将彻底革新传统的终结性教育，创新教育将成为新时期教育发展的主旋律。

传统的学校教育表现为教育被限定在人生的一个特定的阶段，教育期与工作期被人为地分割。然而知识和信息的不断更新，使得个人从学校所获得的知识不再可能受用终身。现在各种现代化的教育技术媒体的出现，为人们的教育期与工作期的转换和灵活选择提供了技术基础，从而使教育终身化变为可能。

克林顿第二次当选美国总统后便提出了让每个 18 岁的学生必须能进入大专院校、每个成年美国人必须能够终身学习的目标。1994—1997 年，世界已经召开了两次世纪终身学习的会议。会议强调：“终身学习是 21 世纪人类的生存概念。”

一些教育家也认为，终身教育的观念是21世纪最具革命性的观念，“终身教育概念的提出可以与哥白尼式的革命相比”[①]。他们认为，终身教育的观念改变了教育的时空观，人们从终身教育观念出发，可以真正地把一切具有教育功能的机构（子系统）连接起来，构建人类学习的完整系统；还可以从人的一生来考虑学习的安排。总之，把“终身学习”提到“生存概念”和“生活方式”的高度，是人类对信息社会的积极响应。

许多国家在实现向终身教育转化的热潮中，不仅强化了继续教育和终身教育的职能，而且还特别注重从终身教育观念出发研究如何进行创新教育。它们普遍认为，要发展终身教育，在现有的学校教育中，应当重视培养学生的终身学习能力，即自学能力和创新精神。习近平总书记强调：“创新是一个民族进步的灵魂，是一个国家兴旺发达的不竭动力，也是中华民族最深沉的民族禀赋。”[②]在信息社会中，创造性教育是信息化高度发展的必然要求。没有教育信息化，教育的主体性和创造性就失去了载体；而没有这种载体的所谓“创新与个性追求”，也不能适应信息社会对教育的要求。因此，在信息社会，创新教育具有重要的现实意义。

（二）塑造新型的信息化人才培养规格

信息化对传统人才培养规格的影响表现为从知识结构单一型人才向复合型、创新型人才的转变，人才培养从专业型向通识专业型转变。国际21世纪教育委员会针对未来信息社会中的教育新使命，提出了学会认知、学会做事、学会协作和学会生存的教育原则，这一原则也是针对传统学校教育所培养的知识面窄、能力结构单一、适应性差的人才规格而提出的。信息化的高度发展要求现代学校教育培养一种不断追求新知、讲究思维效率、掌握现代科学技术的多规格的复合型、创新型人才。这种新型人才规格，在知识结构上，应该是较宽的知识结构和精深的专业知识的统一；在意志品质上，应该是创新精神和求实态度的统一；在综合能力上，应当是自主创新能力和团结合作能力兼具。这种复合型、创新型人才的培养已经成为制约和影响知识生产与创新的直接原因，因此学校教育必须从单纯地注重学生的认识能力的培养转向注重学生的创新精神、合作态度、人文素养、健全的体魄、高尚的伦理价值观和人生观的培养。

另外，还必须强调，信息社会所需要的复合型、创新型人才，在信息素质方面必须达到如下要求：一是要求学习者具有运用信息工具的能力，掌握从图书馆

① 查尔斯·赫梅尔. 今日的教育为了明日的世界：为国际教育写的研究报告[M]. 王静，赵穗生，译. 北京：中国对外翻译出版公司，1983.

② 人民网. 习近平以创新点燃改革引擎[EB/OL]. http://politics.people.com.cn/n1/2018/0813/c1001-30224962.html（2018-08-13）[2018-09-15].

资料的检索到计算机信息处理软件和网络通信工具软件的使用方法；二是要求学习者具有主动获得信息的能力，能够根据需要去发现信息、筛选、鉴别、使用、表达和输出信息；三是要求学习者具有信息创新能力，能通过对众多信息的归纳、综合和抽象等思维活动，得出创新的结论；四是要求学习者具有21世纪的协作意识和新时代的价值观念，能够通过校园和互联网扩展合作和学习的范围，在面向世界和未来，在纷繁复杂的社会发展和信息海洋中形成正确的世界观和人生观。以上这些方面统称为“信息能力”，是21世纪公民的基本生存能力，它将通过系统的信息教育将这些能力内化为自身的思维方式和行为习惯，从而形成影响人的一生的品质，即“信息素质”。

三、文化强国的必经阶段

中国拥有自己独特的文化传统和强大的文化凝聚力，近代以来的自我批判并不意味着中国没有竞争优势。这些优势主要包括人口众多等基础优势、强劲的文化持续力、强大的文化包容力等。而且，中国文化中“多元一体”的宽广胸襟、“和而不同”的开放视野、“天人合一”的高远追求等，也是值得现代世界追求的价值理想。因此，中国要发展成为世界文化强国和文明强国，就必须要大力发展通识教育，通过通识教育提升文化竞争潜力和培育核心文化软实力，才能够在全球性的文化竞争中取胜。

（一）提升教育竞争力和全球影响力

通识教育有助于积累竞争优势，培养竞争实力，强化中国在全球竞争格局中的地位。“竞争”首先是生物学概念，然后才转用到人类世界，尤其是经济领域。恩格斯曾在《政治经济学批判大纲》中提出，竞争是经济学家的主要范畴，是他最宠爱的女儿，他始终安抚着她。[①]19世纪后期，“竞争”已扩张到社会各领域，并形成社会达尔文主义。但是，优胜劣汰、适者生存的生物竞争的扩张使用，只会使人类社会屈从于弱肉强食的丛林法则，为赤裸裸的帝国主义、殖民主义张目。即使在经济领域，如果没有政府干预和社会抵抗，市场竞争的结果只能是垄断。所以，不能以生物竞争解释文化竞争。因此，教育竞争力，既是教育变革的能力，包括价值观念变革、知识体系变革、思维方式变革、体制变革四个方面；又是教育创新的能力，即教育在交往与冲突中完成的自我蜕变，是破旧基础上的立新。

① 马克思，恩格斯. 马克思恩格斯全集（第一卷）[M]. 中共中央马克思恩格斯列宁斯大林著作编译局，译. 北京：人民出版社，1956：611-612.

教育竞争的后果，不是恃强凌弱、以大吃小的“教育霸权”，而是一种相互学习、彼此共存的境界，是一种吸引与共存、冲突与合作的教育兼容。所以，教育竞争虽然也是各种教育体之间相互较量、争取优胜的角逐，但“并不是非此即彼的绝对排斥式的冲突，相反，只有善于兼容、博采众长，形成自己的独特优势，才能在竞争中取胜”①。

教育竞争力是一个多层次的统一体，主要包括五个方面的内涵：教育生产力、教育消费力、教育传播力、教育创造力和教育持续力。能够在竞争中取胜的关键之一便是提高国家的软实力，而发展通识教育就是提高国家软实力的一种途径，这两者是相辅相成的。发展通识教育，需要以国家实力为基础，通识教育能够推动国家实力的跃迁，不断强化国家的整体实力。在这个相互推动的过程中，不仅要保持和传承我国优秀的传统文化，还应注重对我国文化的变革与创新，使之在全球范围内被认同、被学习。

陈寅恪在分析中国文化的命运时指出：“吾中国文化之定义，具于《白虎通》三纲六纪之说，其意义为抽象理想最高之境，……夫纲纪本理想抽象之物，然不能不有所依托，以为具体表现之用；其所依托以表现者，实为有形之社会制度，而经济制度尤其最要者。……近数十年来，自道光之季，迄乎今日，社会经济之制度，以外族之侵迫，致剧疾之变迁；纲纪之说，无所凭依，不待外来学说之掊击，而已销沉沦丧于不知觉之间。虽有人焉，强聒而力持，亦终归于不可救疗之局。”②通识教育的全方位开展和全球性互动，能够极大地将中国的先进文化、教育模式和发展理念推向全球，同时也将全球性范围内的知识、科技、教育、文化等融入中国通识教育，进而实现教育发展和国家实力的同步提升。

近代以来，中国以西方为师，广泛学习西方的现代技术、制度与理念，这无疑是中国积弱的反映。而当代中国在经济上的崛起，则为中国教育转型、教育选择的自主地位提供了物质基础和精神自信。但中国还处于崛起的初级阶段，中国教育的强大生机还有待焕发。如果我们不能在行政管理制度、权力制衡制度等方面做更进一步的改革，如果对行政权力的制约没有实质性进展，不能为市场经济和教育发展提供更可靠的法治保障，中国的发展不一定是非常乐观的。问题的症结在于制度，而不是教育观念。这就需要我们不断完善民主政治、发展市场经济，建设一个强大的国家以为中国教育的载体，以更好地服务和推动通识教育的发展，进而为教育竞争奠定基础。

① 汪慧. 全球化与青年文化发展[J]. 北京青年政治学院学报，2004，13(2)：25-29.
② 引自陈寅恪的《王观堂先生挽词•序》。

（二）强化中国主体性和提供文化强国资源

发展通识教育，能够强化中国的主体性，不断提供文化强国所需要的文化资源。在现阶段的全球化进程中，各民族国家是主要的行动者，它们立足于各自的教育传统和现实需要。由于相互依赖的不平衡性，发达国家和发展中国家之间将产生不可调和的利益矛盾和价值观冲突。在这种情况下，只有通过社会的多样性压力，具有全球行动能力的行动者的自我意识才会发生改变，才会日益把自己视为一个能相互合作和相互兼顾利益的共同体成员。当前，面对已经形成或正在形成的文化霸权，我们理应采取的方式不是一般意义上的“反对”“对抗”“抵制”，而是伸张中国文化的自主性要求，彰显中国文化的独特价值。这一过程既不是五四运动以来对传统的“一破再破”，也不是另一极的儒学“再中心化”，而是费孝通所说的“文化自觉”：文化自觉只是指生活在一定文化中的人对其文化有“自知之明”，明白它的来历、形成过程、所具的特色和它发展的趋向，不带任何“文化回归”的意思。不是要“复旧”，同时也不主张“全盘西化”或“全盘他化”。自知之明是为了加强对文化转型的自主能力，取得决定适应新环境、新时代文化选择的自主地位。在推动文化自觉的过程中，通识教育的地位和作用非常重要，这是梳理中国文化自主和教育自信的前提。

因此，在认知方式上，通识教育需要借助空间向度。在现代性思维中，现代是对传统的克服，这是一个不可逆的时间过程。而在全球化语境中，现代又是一个“空间”问题，即全球与地方的关系问题。正如现代由传统演化而来、传统与现代对立的范式是一种人为地构筑起来的“分析差距”一样，全球化不是淹没了地方，而是激活了地方。事实上，当代全球的趋势是摆脱单一中心主导的格局，逐步形成多元推动、多元共存的强大潮流。与经济全球化一起相伴相生的，正是文化多样性。通识教育的广度和深度为文化的多样性提供了有力的资源支撑。

在行动目标上，通识教育需要落实为中国文化的重建。本书认为，中国文化利益的核心包括民族文化共同体的建构、文化创造力的培育、文化软实力的辐射等，这也是中国文化自主性的基础。我们反对把不同文化的关系直接与国家利益挂钩。但也要承认，文化价值是国家利益之一，如果说多样性是文化不朽的保证，那么在现阶段，全球范围内的多样性又通常是由不同国家来代表和支撑的。现在的问题是，传统儒家文化的适应性有待商榷，曾经中国追求的阶级性、意识形态性文化也已在改革后全面调整，从而中国文化的自主性并不是本质性的已然存在，而是在全球化的压力和动力面前当代中国的自我表达和自我叙述、当代中国人生活方式和价值理想的自主选择和自主追求，它存在于我们的创造之中。

中国文化的优势在于有一套宏观理想，西方文化的竞争优势在其完善的文化生产体系，可以通过文化产品将其意识形态和文化理想向全球传播。文化权力在很大程度上是通过文化产业的规模和竞争力来评估的。要强化中国在世界舞台的角色分量和参与权利，关键是需要我们拿出文化产品来。所以要特别重视企业文化的竞争力。从近代以来中西文化交往的实践来看，观念、理论之争固然重要，但中国文化的落实需要依靠一大批拥有自主知识产权、体现中国文化精神和风格的文化产品。文化之“理”要与文化之“力”相配合，才能走向世界。简言之，通识教育在中国的本土化，有利于确保中国文化的主体性，坚守和创新中华多元文化资源，为我国建设高等教育强国注入一剂强心针。

第四节 通识教育的研究向度

通识教育的研究向度反映了国内外研究者对通识教育的研究现状与发展取向。当前，通识教育的研究向度主要有：通识教育作为一种人才培养模式、通识教育校本实践模式的探索、境外通识教育模式研究向度、“泛知”到“精悟”通识教育模式走向及通识教育模式研究趋向微观。

一、通识教育作为一种人才培养模式

通识教育作为一种人才培养模式是国内通识教育模式研究的起点。早期大量的通识教育模式研究把通识教育作为一种人才培养模式，基本观点是通识教育是一种与专业教育相区别的人才培养模式，以通识教育模式与专业教育模式的关系为论点，普遍提倡通识教育与专业教育的融合。笔者搜集到的最早文献是 1994 年刘智勇在《教育科学》上发表的《通识教育与专业教育——论新体制下高等教育供给模式的选择》，他认为通识教育与专业教育是两种相对的教育模式，通识教育模式更符合社会人才需求，应加大通识教育的权重，但不能矫枉过正，因为专业教育必要且关键。2000 年出现的第二篇文献——张艺、毕晓光发表的《专业教育与通识教育相结合——新世纪人才培养模式的探讨》，论述新世纪的人才培养模式应该是通专结合的模式。此后直到 2012 年，一共有 16 篇该类文献。早期关于通识教育模式的这类探讨逻辑起点在于“通识教育是一种人才培养模式”，这是我国早期通识教育理论研究中一个达成广泛共识的观点，严格来说，这并非实质的

通识教育模式研究，可以算作模式研究的一个上位延伸。值得注意的是，近些年（2008—2015 年）有关通识教育与人才培养模式的研究转向具体问题，另有 19 篇文献，探讨了通识教育培养某类人才的模式，如创新型人才、高等职业人才、小学教师、中医人才、英语专业人才、会计人才、计算机人才、公共管理专业人才、数学人才、传媒人才等。总体趋势是越来越微观。

二、通识教育校本实践模式的探索

中国通识教育处于校本探索阶段，实践模式丰富。中国实施的通识教育主要是吸取美国的经验进行本土化探索。自 2001 年北京大学启动元培计划实验班以来，复旦大学、武汉大学、清华大学等众多高校率先进行通识教育的探索和实践，逐渐形成颇具特色的实践模式。

刘梅提出在中国率先开展通识教育并产生积极影响的三所高校实践模式：北京大学模式、复旦大学模式和顺德职业技术学院模式。[①]北京大学元培计划实验班是最为著名的通识教育实验，实施①大类招生、不分专业；②自主择课；③学分制和弹性学制；④导师制；⑤混合居住等，取得成功，其后高校多有效仿。复旦大学则于 2005 年最先创设以通识教育为目的的复旦学院，对学生通识教育进行集中管理和教学，取得制度上的突破性进展，被视为中国通识教育的真正开端。顺德职业技术学院于 2002 年率先开展通识教育，构建“课堂上学习、生活中体验、环境中熏陶”的立体化、三维度的通专结合的人才培养模式，是高等职业院校通识教育的开路先锋。

黄素芳总结了三种具有典型性的通识教育实践模式：北京大学模式、复旦大学模式和武汉大学模式。[②]第一，北京大学模式特点是“通选课＋实验班（书院）”，一方面在实验班以通识教育为目的小范围地进行人才培养模式改革；另一方面开设全校性通选课对所有本科生进行通识教育。清华大学、中国农业大学、北京航空航天大学，以及南京大学匡亚明学院、浙江大学竺可桢学院和求是学院、中山大学博雅学院都属于该类模式。第二，复旦大学模式的特点是成立以通识教育为目的的本科学院，与北京大学的实验班或书院制的小规模探索不同，复旦大学进行的是一次大刀阔斧的改革，在全校范围内实施一年通识教育后，再进入专业院系学习。复旦大学发动全校资源，从管理机构、课程体系、教学制度、专业教育等各个方面进行了一次系统的高等教育体制改革。第三，武汉大学模式，其特点是开展学分制管理的全校性通选课。北京师范大学、华中科技大学、华东师范大

① 刘梅. 中国通识教育实践模式述评[J]. 湖南环境生物职业技术学院报，2007，13(4)：70-73.

② 黄素芳. 试析中国大陆高校通识教育的模式[J]. 广东工业大学学报（社会科学版），2011，11(1)：15-18，27.

学、广东工业大学等诸多学校采取了这种模式。此外，还有清华大学、武汉大学、复旦大学和广东工业大学四大模式之说[①]，复旦大学、中山大学、北京航空航天大学三模式说[②]。有学者把这些实践模式总结为三类：第一类是以学分制管理为特色的全校通选课模式；第二类是以学生管理制度为特色的书院模式；第三类是面向部分学生的实验班模式。总之，中国目前的通识教育模式多为校本探索，各校各具特色，对通识教育模式的分类多以高校实践模式为依据。

三、境外通识教育模式研究向度

美国的现代通识教育是一个范本。我国通识教育模式主要是借鉴美国通识教育的经验。Levine 把美国通识教育四种主要实施模式总结为自由选修型、分布必修型、名著课程型、核心课程型。[③]经李曼丽介绍，在我国得到广泛的共识，我国关于通识教育课程模式的研究大多以这四种模式为框架。[④]自由选修型是不加限制地选修课程，学生可制订属于自己的通识教育计划；分布必修型是在不同的学科领域中修习规定数量的课程；名著课程型则是选用经典著作深入研习；核心课程型是综合独立学科中的基本内容，向所有学生提供共同知识背景的课程。这四种实施模式在美国通识教育发展史上先后出现，分别反映了一种当代美国通识教育思想和哲学观，同时体现出一种层层递进的发展脉络。熊耕把美国大学的通识教育分为基于学科的、混合的、基于能力的模式三类，他认为这三种模式在同一所大学具有历史发展顺序，基于学科的模式是一种早期的模式，针对其弊端和学校能力的提升，通识教育会渐进发展为混合的模式，再到基于能力的模式。[⑤]常甜和马早明提出20 世纪 90 年代后，通识教育转向以主题、模块和小组为基础的跨学科学习，他们将其总结为“主题联结式课程模式”。[⑥]杜克大学的 FOCUS（First-year Opportunity for Comprehensive Unified Study）课程就属于这种模式，FOCUS 课程通过跨学科研讨的学习系列培养学生的好奇心和求知欲。比如，“科学面面观”学习系列设置五门研讨课：“哲学、宗教与科学”“科学伦理学：善、恶、丑”“现代科学的诞生，1700—1905”“科学的艺术”“FOCUS 特别主题：科学面面观”，从哲学、宗教、伦理学、历史、艺术等多个学科视角考察科学问题。[⑦]不同于美国的实

① 骆少明，刘淼. 2008 中国大学通识教育报告[M]. 广州：广东人民出版社，2009：21-24.
② 张翠荣，张比. 通识教育的理念、困难和模式探讨[J]. 华北科技学院学报，2012，9(4)：75-78.
③ Levine A. Handbook on Undergraduate Curriculum[M]. San Francisco：Jossy-Bass Publisher，1978：9.
④ 李曼丽. 美国大学通识教育实践研究[J]. 高等工程教育研究，2000，(1)：45-49.
⑤ 熊耕. 美国研究型大学通识教育课程设置模式的分析及启示[J]. 高教探索，2012，(4)：47-51.
⑥ 常甜，马早明. 美国大学通识教育课程实践模式及哲学基础探析[J]. 清华大学教育研究，2014，35(6)：85-91.
⑦ 王俊. 跨学科通识教育课程模式探析：以杜克大学 FOCUS 课程为例[J]. 高教探索，2011，(2)：89-93.

践，欧洲的大学认为通识教育是一种理念，它们否定美国大学共同课程的有效性，不设置专门的通识课程，而是把传统的自由教育精神与理性主义和科学实证主义融合，以专业教育的形式实现通识教育的理念，形成了独特的欧洲通识教育模式。

四、“泛知”到“精悟”通识教育模式走向

通识教育模式常常被等同于通识教育课程模式进行探讨，因为当前通识教育的理论研究和实践聚焦于知识学习，着力点在如何优化教育的内容和学科上，这具有明显的“知识中心倾向”。李会春对此进行了批判，认为当前以知识为中心的通识教育模式忽略学习内容和现实问题及个人体验的联系，缺乏对知识内部统一性和沟通性的思考，将逐渐远离通识教育培养完整的人的初衷。他提出“以问题为基础的学习”（problem-based learning，PBL）作为通识教育的新模式。[①]这种模式将来自生活世界的具体问题情境作为课程的单元，每个单元包含一个项目和若干门互相联系的课程（图 1-1）。项目是学生在整个学习过程中对问题情境的细化和分析，以形成自己的问题。PBL 单元可以灵活设置，供不同学科背景的学生选择。这种新的模式对现有学分体系触动较小，具有较大可行性，同时还避免了贪多求大的时弊，实现小而精。基于此，李会春以批判的观点把通识教育分为现行的“知识中心倾向”模式和新的“以问题为基础的学习”模式。

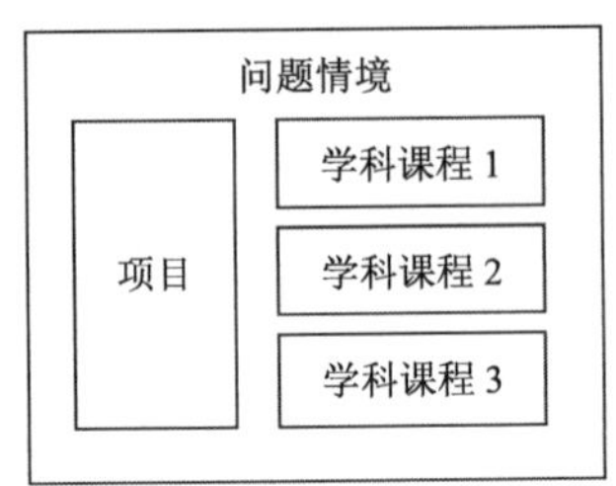

图 1-1　PBL 通识教育模式

基于同样的批判视角，魏传光把现行的“一切非专业课程归入通识教育，追求知识广博程度”的现象称为通识教育的广度模式进行批判，提倡通识教育的深度模式。[②]江琴认为“泛知”的通识教育应该朝“精悟”转变，提倡将通识教育模式从“概论型”转变到“经典精读型”。[③]甘阳认为美国通识教育的实质是西方文明的传承，普遍采取深度经典阅读的方式。他大力提倡以中国文明为核心内容开

① 李会春. 通识教育的知识中心倾向及新通识教育模式初探[J]. 复旦教育论坛，2011，9(6)：30-35.
② 魏传光. 通识教育的深度模式论略[J]. 科学经济社会，2011，29(3)：68-70.
③ 江琴. 通识教育模式的转变：从“概论型”到“经典精读型”[J]. 吉林省教育学院学报，2012，28(6)：29-30.

展经典阅读模式的通识教育。[①]其他对经典阅读模式和书院制模式的讨论也愈来愈热烈。从“泛知”到“精悟”成为我国通识教育模式的趋势。

五、通识教育模式研究趋向微观

早期通识教育模式的讨论集中在理论层面和宏观层面，比如，通识教育作为人才培养模式的理论探讨，通识教育模式的分类与哲学基础，国外通识教育模式的考察等。近些年来通识教育模式研究越来越趋向微观，一是研究内容上更为微观，深入通识教育结构各个要素的研究，包括通识教育管理模式的研究、教师模式研究、教学模式、扩散模式研究等。二是研究对象上更为微观，从以国家、地区为单位的研究转向以高校为单位的研究，或是以某类特色高校为单位，如财经类高校通识教育模式、农业类高校通识教育模式等，或是某个高校的通识教育实践模式总结。有关通识教育课程的研究也具体到某门课程的通识教育实施模式。三是视角上更为微观，对通识教育模式的探讨从理论层面转向应用层面，如研究某个专业、某类人才培养的通识教育模式。

第五节　通识教育的比较价值

人们通过对中美大学通识教育模式的比较研究，可以理性借鉴、取长补短，在理论、人才培养、本土探索等方面增强对我国高校通识教育的认识，从而探寻新时代中国特色社会主义通识教育可持续发展道路。

一、有利于强化通识教育的理论价值

理论是实践的引擎，实践是理论的晴雨表。通识教育的理念目标决定了通识教育实践的发展方向。尽管中美大学通识教育实践各具风采，但是却有着相似的通识教育理论渊源。通过对中美大学通识教育模式的比较研究，可以进一步挖掘通识教育实践的理论基础，如理性主义、进步实用主义、折中主义、多元文化论、后人文主义等，同时可以进一步揭露通识教育实施的价值所在。根据价值哲学，理清通识教育实施中事实问题与价值问题的博弈，即有关“世界是什么及怎样存在”的问题与“社会该怎样发展及人该追求些什么”的问题之间的论战，从而引发实证科学与人文学科在通识教育实施比例问题上的探讨，也为通识教育与专业

① 甘阳. 大学人文教育的理念、目标与模式[J]. 北京大学教育评论，2006，4(3)：38-65.

教育均衡问题提供参照。此外，结合中美大学具体的实践问题，积极寻求各自理论的合理性，以达到通识教育最大的实效价值。为此，对中美大学通识教育模式的比较研究，具有一定的理论价值。

二、有助于改革高校人才培养模式

培养创新人才是知识经济时代各国高校改革的主要目标，也是我国教育改革的重要任务。创新越来越依赖于跨学科知识和通用性技能，因此通识教育作为创新型人才培养模式改革的策略为大学所重视，正如耶鲁大学前校长理查德·莱文（Richard Levin）曾在中外校长论坛中提出的："中国大学本科教育缺乏跨学科的广度和批判性思维的培养，而这有赖于发挥通识教育的作用。"[①]大学开展通识教育，以培养拔尖创新型人才为基本出发点，尝试突破单纯的"专业视域"和"知识视域"，增强大学教育对人和人性的基本认识，推动价值自发走向价值自觉，进而在"全人"基础上培养21世纪创新型人才。对中美大学通识教育的比较研究，具有人才培养价值。

三、有助于我国通识教育的本土探索

随着中国经济的快速发展和近几十年来全球化的新浪潮，中国通过"素质教育"振兴国家的政策逐渐形成，并在各个教育部门广泛传播，从小学到中学再到大学。中国的现代通识教育以"文化素质教育"为起点，21世纪后逐渐与世界接轨，以"通识教育"取代"文化素质教育"，内涵也逐渐转变，更加与美国通识教育的观念与实践接轨。由于教育体制、教育资源、观念传统的巨大差异，中国不可能直接搬用美国的通识教育模式。于是，许多大学率先开始对美国通识教育模式进行本土化探索，形成一些独特的校本通识教育模式，并取得显著成效。但是这些校本通识教育模式没有可复制性，还未得到广泛推广。总的来说，中国的大学已取得通识教育模式本土化探索的丰富的实践成果，亟待总结经验，形成理论，指导通识教育实践的进一步探索。对中美大学通识教育模式的比较研究有助于指导中国通识教育的本土化探索。

① 凌军辉. 第四届中外大学校长论坛综述[EB/OL]. http://www.sinoss.net/2010/0505/21271.html（2010-05-05）[2018-05-20].

第二章　发展与实践

在全球化和国际化的时代背景下，我国于 2015 年启动“世界一流大学和高水平大学建设”，力图提升我国大学在培养人才、开展科学研究、服务社会发展及传承创新文化上的水平，加快完善高等教育治理体系和实现治理能力现代化。通识教育是大学教育的重要组成单元，是高水平大学建设中培养创新型人才的重要保证，其实践与发展值得深入探讨。当前，西方国家大学通识教育理论和实践经验都颇为丰富，是我国通识教育实践与发展的一面镜子。当然，正因为西方的通识教育历史较长，发展水平较高，一定程度上决定了我们可以借鉴和引入，并通过创造性的本土化改造，推动本土大学通识教育不断发展，从而铸造出中国特色的大学通识教育模式。

第一节　大学通识教育的发展历程

相比西方国家而言，我国大学通识教育发展起步较晚，且在发展之初不被看作通识教育，后来渐渐得到认可并发展起来。由于东西方历史和文化传统的差异，中美大学通识教育发展进程略有不同。美国大学通识教育发源于古希腊、古罗马时期的自由教育思潮，产生于 18 世纪末至 19 世纪初，借鉴欧洲的经验习得，并经过多次的通识教育运动，形成独特的通识教育格局。中国内地（大陆）和中国港澳台地区通识教育发展不尽相同，就中国内地（大陆）而言，真正意义上的通识教育尚属清朝末年伴随着教育现代化的改革[①]，其中尤以改革开放后高校对通识教育的探索尤为突出。通过对中美大学通识教育发展进程的进一步厘清和分析，可以看出两者之间既具有相似性，又有一定的差异性。

一、美国大学通识教育的发展历程

对于通识教育的发展源头，学者们通常一致认为古希腊、古罗马时期自由教

① 陈向明. 大学通识教育模式的探索：以北京大学元培计划为例[M]. 北京：教育科学出版社，2008：124.

育的思想是通识教育的起源思想。随着中世纪基督教的兴起，西方的自由教育思想逐渐演化成“七艺”教育思想。文艺复兴时期，人文主义占据着核心地位，教育的目标被重新定义为促进个体身心的发展。工业革命后，职业和学科领域不断分化，加上实用主义思潮影响，专业教育得到重视并开始流行，同时挑战了以古典人文学科为核心的自由教育。19—20 世纪，通识教育主要在美国提出，并发展至成熟。基于此，美国大学通识教育的发展历程大致可划分为五个阶段：第一是大学通识教育的产生阶段，发生在 19 世纪至 20 世纪初；第二是高校提出共同必修的阶段，发生于 20 世纪 20—30 年代，是美国第一次通识教育运动；第三是梳理专业与自由之间的关系的阶段，发生的时间是 20 世纪 40—60 年代，是美国第二次通识教育运动；第四是核心课程取代了边缘的通识教育课程的阶段，发生在 20 世纪 70—90 年代；第五是核心课程的第二次转变阶段，强调培养“世界公民”，发生的时间是 21 世纪以来。

（一）大学通识教育的产生

19 世纪以前，美国大学基本是按照英国的牛津大学、剑桥大学模式建立的，培养目标也主要是以律师、政府官员等为主，在课程设置方面，人文学科占据很大的比例，学生并没有选课的自由。随着工业革命的兴起，学科领域和职业分工不断分化，为满足社会需要，18 世纪末到 19 世纪初，美国高等教育界开始借鉴国外经验，弗吉尼亚大学、哈佛大学等相继实行课程选修制改革。在这个制度下，学生不但有了充分的选课自由，而且可以按照自己的兴趣选择“平行”和“部分”课程。前者是指学校设置的八大学习领域：现代语言、古代语言、解剖与医学、自然科学、自然历史、数学、法律、道德哲学学科组课程。后者是指学校专门为特殊的学生提供的课程。但由于实用主义的风气盛行，社会各界开始质疑古典学科的价值和功用，因此，由高校开启的选课之风伴随着文雅与实用之间的论争举步艰难。①

为解决这场纷争，耶鲁大学于 1828 年发表了著名的《1828 耶鲁报告》（*The Yale Report of* 1828），其目的在于规范和完善学生的心智。该报告坚持认为共同课程的深入对学生养成良好的教养大有裨益，并提倡要进一步实施全面教育。另外，教授们认为耶鲁大学不应盲目跟风，要慎重开授“广受欢迎和流行”的科目。1829 年，在《北美评论》中，派加德完全不吝啬对《1828 耶鲁报告》的支持，并以“通识教育”两次论证共同科目学习的必要性：我们学院将给学生提供一种尽可能全面综合的通识教育，包括古典、科学和人文。这不仅为学生开展任何专业学习打好基础，为学生提供所有知识分支的教学机会和资源，还让学生能够在学习

① 黄坤锦. 美国大学的通识教育：美国心灵的攀登[M]. 北京：北京大学出版社，2006：6.

专业知识之前全面综合地了解知识的整体概览。[①]对此，通识教育的概念第一次被明确提出，但由于当时特殊的历史环境，其概念的提倡并没有引起更多人的关注。

（二）美国第一次通识教育运动（20 世纪 20—30 年代）

自独立战争以来，美国资本主义得到空前的发展，社会生产力被解放出来，科学技术进步的步伐达到史无前例的速度。科学的进步促进了人们思想的转变，科学教育的地位逐渐超过人文教育。在这种情况下，各学院开展了全面的选修制改革。如哈佛大学在 1869 年明确提倡要推广选修制。到了 19 世纪中后期，美国大多数学院及大学已经实行选修制，学生有了选课的权利和自由。

改革过的选课制打破了传统的课程制度，学生所学的课程出现了很大的差异，在这种情况下，课程是否需要一些共同的部分成为当时争论的焦点。但直到 20 世纪初，美国各大高校出现大学课程混乱、过早专门化致使学生知识缺乏系统性等问题，他们才意识到实行自由选修制本身的缺陷，针对这些现实问题，美国开启了第一次通识教育运动。在该阶段，通识教育的理念倾向于重塑和回归传统自由教育价值，并实行分布必修的组织类型，开始开设综合性科学，以解决自由选修课导致的课程无系统性或过分专业化的问题。第一次通识教育运动由部分高校参与，如芝加哥大学开设了名为“当代文明”的通识课程，哥伦比亚大学开设了名为“战争问题”和“现代文明导论”的通识课程，斯坦福大学开设了名为“公民的职责和权利问题”等通识课程，哈佛大学也在 1914 年实行“集中与分配制”。1929 年，美国著名教育家哈钦斯将通识教育理论化、体系化运用到芝加哥大学，随后推出通识教育名著课程体系。总体来看，第一次通识教育运动还只是少数院校参与，开设通识教育课程也还只是由少数大学推动。但此次通识教育运动有着非常重要的作用和影响，标志着通识教育成了美国高等院校本科课程结构的一部分。

（三）美国第二次通识教育运动（20 世纪 40—60 年代）

第二次世界大战后，美国一跃成为西方资本主义的霸主。社会科技迅速发展的同时，许多教育家意识到通识教育重要性，并呼吁高校予以重视。原因在于：一是当前的环境下学校培养人才不能仅限于专业训练；二是个人只有具有广博的知识系统和理论基础，才能应对外界环境变化带来的挑战。

作为新兴的产物，通识教育由于理念模糊和师资的不足，在高校实施效果较差，学生知识和能力结构过分专业的问题仍然存在。1943 年春天，时任哈佛大学

① 龙跃君. 现代大学通识教育课程研究[M]. 长沙：湖南大学出版社，2013：25.

校长的科南特组织了一个专门委员会来规划哈佛大学的本科教育。在科南特的领导之下，该委员会将主要任务定为探讨“在自由社会中通识教育的目的”。该委员会于 1945 年发表了一份被载入通识教育乃至整个高等教育发展史的报告——《自由社会中的通识教育》，因其封面为红色，所以亦被称为《哈佛通识教育红皮书》。该报告提出，当前高等教育的目标之一就是“在一种离不开专门主义制度的环境中来挽救通识教育和它的价值”[①]。该委员会还提出，在本科生所要学习的 16 门课程中，应该设置 6 门通识教育课程，这些课程应该囊括自然科学、人文科学、社会科学三大领域。该报告成为第二次世界大战后各类高等院校进行通识教育改革的纲领性文件，是迄今为止第一部系统论述通识教育的著作。1947 年，针对过度专业化这一问题，美国总统杜鲁门委任高等教育委员会发表《美国民主社会中的高等教育》报告，这一报告提出了一个重要的观点：“我们的目标就是把通识教育提高到与专门教育同样的位置，制订按适当比例把两类教育结合起来的计划，使他们互相依赖。”[②]

上述的两个报告从战略的高度揭示了通识教育的必要性和重要性，从而引起美国各界强烈的反响，由此引发了美国历史上的第二次通识教育运动。该次通识教育运动，无论是规模，还是影响均超出了以往。从规模上来说，美国各大高校开始着手实施通识教育课程建设；从影响上考虑，此次的运动促成美国高校将通识教育作为课程体系中的重要组成部分，并开始正视通识教育实施过程中所出现的各项问题，因此，这一阶段的通识教育也得到了前所未有的发展。但后期受到大学面向退伍军人实行的“适应性教育”的冲击，通识教育的进程才有所减缓。根据卡内基教学促进基金会的调查，在 1967 年，各类高校本科通识教育课程的学时基本都占到总学时的 40%以上。[③]可见，通识教育课的增加、选修课的减少是美国高等学校课程发展的一个总体特点。

（四）美国第三次通识教育运动（20 世纪 70—90 年代）

20 世纪 70 年代开始，美国大学通识教育进入最不景气的时期。这有两方面原因，一是介入越南战争而导致层出不穷的反战示威游行、民权运动、妇女运动及学生运动等。二是高等学校“新型”学生大量增加，造成学生自由选课的观点又在高等学校盛行；教师本身受专门化教育的影响颇深，对教授通识教育准备不足，因而通识教育课程质量不高。这种状况直到 20 世纪 70 年代中后期，伴随着

① 哈佛委员会. 哈佛通识教育红皮书[M]. 李曼丽，译. 北京：北京大学出版社，2010.

② Levine A. Handbook on Undergraduate Curriculum[M]. San Francisco：Jossy-Bass Publisher，1978：618.

③ 龙跃君. 现代大学通识教育课程研究[M]. 长沙：湖南大学出版社，2013：28.

经济衰退基本结束才有所好转。在日益激烈的国际竞争环境中，美国原先的科学技术优势正在逐步减弱，正是在这种情况下，社会再次反省大学教育，重视和加强通识教育的提议再次进入人们的视线。哈佛大学顺势开展了通识教育课程改革，继而开启了美国第三次通识教育运动。

时任哈佛大学文理学院院长亨利·罗索夫斯基（Henry Rosovsky）主持了一项对本科课程的研究，并在 1978 年 3 月提出了新的《核心课程计划》以代替原先的《通识教育大纲》。为了将哈佛大学的学生培养成“有教养的人”，罗索夫斯基认为，开设必修课程可体现共同的知识基础，即所谓的核心课程。1978 年，哈佛大学发表了《核心课程报告书》。在该报告中，核心课程重申学科的重要性，学术、学科代表着鲜明的认知方式。只面向非专业者开设，着重“获得知识的方式和思考方式，任何学科的课程都有可能被纳入核心课程”[①]。哈佛大学的核心课程计划引起了很大的反响，随后讨论核心课程、通识教育问题的研讨会及有关的报告纷纷出现，短短几年之间，就涌现了《国家在危机中》《学院：美国大学本科的教育的状况》《完善大学本科课程体系》《投身学习——发挥美国高等教育的潜力》等重要报告。这些报告提到美国高等本科教育中存在的种种问题，希望通过通识教育进行解决。

不管是美国的官方组织，抑或是非官方组织，在如此短暂的几年间就发表了这么多教育改革建议与教育调查报告，这是史无前例的。在这些报告的巨大影响下，美国至少有 1/2 的学校对其课程进行了改革，这也使得第三次通识教育运动达到了高潮。总体而言，第三次通识教育运动将重点置于具体的课程计划的探索，根据后工业化社会的发展对人的素质提出的新要求，各学院推出了不同的通识教育课程方案，通识教育的目标和理念得到进一步澄清，课程结构得到了一定的改进，师资队伍也得到了进一步的充实。

（五）核心课程的第二次转变（21 世纪以来）

进入 21 世纪以来，科学技术和知识的变化已经改变了大学的结构。在这种情况下，以哈佛大学为首的美国高校进行了通识教育新一轮的改革。2002 年 10 月，时任哈佛大学文理学院院长的威廉·C. 柯比（William C. Kirby）宣布正式启动本科生课程改革，其关键是改造现行核心课程制度，这次改革是继 1978 年之后规模最大的本科生课程改革。经过数年讨论，哈佛大学于 2007 年展开了第五次通识教育课程改革，提出了新的通识教育计划。作为基于 21 世纪的人才培养新理念的实践，该通识教育计划较大地改革了原有的以学科领域划分的核心课程结构体系，

① 陈学飞. 美国高等教育发展史[M]. 成都：四川大学出版社，1989：170.

并以跨学科整合与通识教育问题为指向形成了全新的通识教育课程体系，其课程设置的内容主要涵盖八大领域：审美与诠释、文化与信仰、经验推理、伦理推理、物理宇宙科学、生命系统科学、世界诸社会、世界中的美国。①变革后的课程体系体现了以哈佛大学为代表的美国高校更加关注人类课题而非学术教条，从而与过去割裂开来，且从较为分散的各知识领域过渡到语言、历史、政治等相互融合的“文化”“社会”“审美”“生命”“宇宙”等共同概念，体现出进行跨学科知识整合的视野和进行知识整体性重建的决心。此次通识教育改革一方面体现了哈佛大学对传统的自由教育的继承，另一方面也彰显出 21 世纪人才培养的最新理念对哈佛大学的影响——在培养“有教养的人”的基础上培养“世界公民”，并使学生为明日生活做好准备。

2011 年，美国校董校友理事会（The American Council of Trustees and Alumni，ACTA）发布的《2011—2012 通识教育调查报告》指出当下的高校通识教育核心课程设置忽视内在关联，大学进行通识教育的改革势在必行。有调查报告显示，89%的高校表示他们正在进行一定的改革，修改或重新评估原有的课程计划，具体内容为学校管理层应该坚持通识教育的理念，以确保学生能够在学习中获得到最有价值和意义的通识课程，政策决策者应该对管辖范围内的高校课程设置予以重视等。

21 世纪以来，多数大学重视思维教育和全球教育。2007 年，哈佛大学通识教育改革就将“逻辑推理”独立出来，成为与“人文、社会科学和自然科学”并列的一大课程类别，是哈佛大学通识教育改革的历史首创②，足见逻辑推理对于培养学生通识教育思维能力的重要性。2013 年，斯坦福大学新的通识教育改革中，亦将“思维与行为方法”作为四大必修课程之一，以强化学生的思维训练。此外，随着教育的国际化和全球化发展，通识教育意在拓展学生的全球视野，培养“世界公民”的“全人”思想，这也反映在哈佛大学、麻省理工学院和哥伦比亚大学等多所大学的通识教育改革理念中。由此可见，如何在复杂多变的世界中生活成为当前通识教育发展的指向。

二、中国大学通识教育的发展历程

中国大学通识教育发展起步晚，不同地区通识教育发展也不一样，而且不同高校发展也不同。相对而言，经济条件好、教育改革力度大的地区通识教育发展

① 梁爽. 从《通识教育工作小组初步报告》看哈佛通识教育改革[J]. 比较教育研究，2007，(7)：62-66.
② 马早明，高皇伟. 大学通识教育价值取向的演进与转向[J]. 教育研究，2016，(4)：52-60.

较快。开放程度高的重点大学对通识教育的认识和理解较为透彻，发展也较快。通识教育发展的历史和现实是分不开的。对此，辩证看待通识教育的发展历程，有助于剖析通识教育实施的现实价值，而立足通识教育实施的现实问题，能够更好地认识通识教育的历史价值。

（一）中国内地（大陆）大学通识教育发展历程

中国古代的传统教育提倡学贯中西、通明博览，以儒家为主的典籍中也强调“重治道、重通博”的思想。这些思想似乎与通识教育的理念相仿，事实上我国传统教育中注重“博、通”的看法并不属于现代意义的通识教育。一则古代的“博览古今者为通人”只是强调学识渊博，而不囊括学习者将不同学科的知识相互沟通，通过跨学科的视角进行思考，强调与人交流能力等，在总体上不具备普遍意义；二则古代并无所谓“专才”与“通才”一说，而现代意义的通识教育表现为两者的相应性与互通性。因此，真正意义上的通识教育在中国的萌发，应开始于清朝末年伴随着教育现代化的改革，其中尤以改革开放后的高校对通识教育的探索为突出。因此，在此将通识教育的发展大致分为两个阶段：一是 20 世纪初到 20 世纪 70 年代，我国通识教育思想从萌芽到销声匿迹的发展过程，二是改革开放后，从我国学者对通识教育理念的重新认识到高校的探索阶段。

1. 通识教育思想从萌芽到销声匿迹（20 世纪初到 20 世纪 70 年代）

我国大学通识教育思想萌芽于清代末期，传统的教育体制和教育思想受到了前所未有的挑战，教育开始向西方学习和变革的发展进程。在此背景下，作为我国现代大学的奠基——京师大学堂在创设之初便提出了“中西并重，观其会通，无得偏废”的宗旨，并且在不久之后颁布的《钦定学堂章程》中也明确提出，“京师大学堂之设，所以激发忠爱，开通智慧，振兴实业，谨遵此次谕旨，端正趋向，造就通才，为全学之纲领”[①]。但这里的“通长”并不等于现代意义中的融会贯通，而是以封建伦理道德作为根本，如《学务纲要》中就指出“此次遵旨修改各学堂章程，以忠孝为敷教之本，以礼法为训俗之方，以练习艺能为致用治生之具”[②]。可见，京师大学堂时期所实行的通识教育是培养以封建伦理道德为基础的，具有实用技能的人才。并且，当时的通识教育中的“通”与“专”的分野显得尤为突出，以京师大学堂为例，其课程设置包括了“博通学”与“专门学”两类，前者是所有学习者必学的课程，而后者有分类（有点类似于现代的专业课）。总体来

① 李曼丽. 通识教育：一种大学教育观[M]. 北京：清华大学出版社，1999：201.
② 李曼丽. 通识教育：一种大学教育观[M]. 北京：清华大学出版社，1999：202.

说，清代末期的大学通识教育也能为后来的发展提供一定的基础。

民国时期，大学通识教育的初步推行要归功于蔡元培的理念与探索。1912年，担任中华民国临时政府教育总长的蔡元培颁布了《大学令》，其中对大学的使命做出了规定，提出大学应该是"教授高深学术，养成硕学闳才"的地方[①]，意思是说大学要培养以追求高深知识为本的、具有学位的、深刻的人。随后，蔡元培出任北京大学校长，对大学实施一系列改革，其中许多地方都涉及通识教育的内容，主要体现在：一是全面推行选课制度。1919 年，针对原先旧制的弊端，北京大学建立了新的选课制度，规定本科生须修满 80 个单位的课程，其中必修课和选修课各占一半。贯彻这种做法有利于扩展学生的知识面和提高个人综合素质，得到了其他高校的效仿。二是在大学预科和本科低年级阶段，安排广泛的预科和通科课程，作为必修课程学习。三是北京大学实际的学术自由、兼容并包校风对通识教育的发展也有一定影响。在同一时期，北洋大学也设置大量的通识课程，以扩展学生的知识面。在高校教育实践的带动下，国民政府也开始了相应的立法活动，为通识教育在高校的开展给予法律上的认可和制度上的保证。

中华人民共和国成立以后，由于受到政治、经济、外交等各种因素的影响，我国高举向苏联学习的旗帜，以满足计划经济和工业化技术专家的实际需要。在高等教育方面，中华人民共和国成立前的通识教育不但没有继续繁荣发展，反而转向了一边倒的"专才教育"。苏联专家阿尔辛节夫在第一次全国高等教育会议上就曾指出，针对当时中国的国情，"旧式高等学校的办学宗旨不适应经济建设的迫切需要，专才教育才是与新中国建设需要相符合的"[②]。受此影响，1952 年我国进行了全国性的院系大调整，使许多综合性大学调整为独立的文理学院和工程技术学院。以前的多学科大学，例如，清华大学转变为一所理工大学——"红色工程师的摇篮"，其人文和社会科学课程大大减少。虽然当时清华大学的校长蒋南翔主张"又红又专"的政策，但更强调专业教育而不是通识教育，更强调科学和工程而不是人文和社会科学。由于苏联的影响，人文和社会科学课程，特别是西方哲学和文学的课程，退出了大学课程的舞台。虽然知识的划分有利于教授和培养工程师和技术人员，但剥夺了学生学习和理解中西方思想和文化的深刻性和复杂性的机会。在教学方面，高校也按照专业制定培养目标、招生、制订教学计划、组织教学活动。在某种程度上来说，全国大规模的院系调整和教学改革，对我国成立前的"通识教育"带来的是毁灭性的打击。虽然后期国家进行适当调

① 李曼丽. 通识教育：一种大学教育观[M]. 北京：清华大学出版社，1999：203.
② 李曼丽. 通识教育：一种大学教育观[M]. 北京：清华大学出版社，1999：204.

整，但专业教育在整个高等教育中的主导地位仍然无法撼动，加之“文化大革命”对高等教育的严重破坏，因此通识教育在高等教育领域销声匿迹。

2. 对通识教育理念的重新认识到高校的探索（改革开放后）

改革开放后，我国经济社会进入了快速发展时期，这种变化促使社会对人才规格的观念发生了变化，人们逐渐认识到过分注重专业化倾向，在人才培养的规格和质量上具有诸多弊端。因此，在“尊重科学、尊重人才”的大背景下，试图改变以往高等教育领域内过分强调专业化的错误倾向势在必行。自 20 世纪 70 年代以来，通识教育在中国的实践大致可以分为三个阶段，一是 1978—1994 年，人们重新认识通识教育的理念，并向国外借鉴形成本土化概念阶段；二是 1995—2001 年，伴随着我国大学文化素质教育的逐步探索，高校通识教育深入发展阶段；三是 2001 年至今，通识教育日渐成为国内高等教育界的热点话题之一，我国大学也在反思与改进中，提升自身的通识教育阶段。

（1）重新认识的形成阶段（1978—1994 年）

1978 年，中国重新打开改革和发展的大门之后，教育显露出不充分和狭隘的缺点。工程师和技术人员没有充分理解他们学习的科目和他们所在的更大的社会和文化之间的关联，这使他们常常发现自己在处理社会问题的意识方面处于不利地位。1978 年 9 月 19 日，《关于高等学校理工科教学工作若干问题的意见》要求大幅度地增加基础课的教学时间，其中课程必须占总学时的 70%—75%。随着中国改革的加速和中国在 21 世纪日益成为活跃的国际社会成员，这种认识变得越来越深刻。

进入 20 世纪 80 年代，我国大学重新认识到了通识教育的地位和重要性。陈卫平、刘梅玲以比较借鉴的视角对香港中文大学通识教育的探索和发展进行了陈述，并表达了中国内地高等教育也应重视通识教育的观点。[①]相应地，在这期间我国大学针对高等教育领域过分专业化的问题实施了以下一系列举措。

第一，加强基础课教学、扩展专业口径。1985 年 5 月中共中央国务院发布的《中共中央关于教育体制改革的决定》具有重要意义，该文件提出要根据现存的问题和弊病，积极实施各类教育改革实验，以改变专业过于狭隘的状况。于是国内一些重点大学，如清华大学、北京大学、复旦大学、武汉大学、上海交通大学和浙江大学等，纷纷对教学计划进行修订，并提出“加强基础、扩宽专业面”的主张。

第二，调整专业目录。1978—1981 年，教育部初步调整和修改了高等学校的

① 苗文利. 中国大学通识教育二十年的发展现状及理性省察[J]. 大学教育科学，2007，(4)：84-88.

专业设置，并添加了一些边缘和新型的学科专业，发展了文科、财经、政法等专业，并在综合性大学中，加设了一些科学技术类或理科应用类的专业，这些举措在一定程度上促进了各学科的相互交叉和渗透。统计数据表明，在新一轮专业归并过程中，专业总数由1343种减为621种，减少了54%。[①]但是各科各类仍有一些业务口径较为偏窄的专业并没有得到扩展，专业口径较窄。因此，对专业目录的调整一直持续到90年代中后期。

第三，推行学分制和选修制。1978年，教育部在武汉召开全国高等学校文科教学工作座谈会，会议指出具备条件的学校可以试行学分制。同年，武汉大学率先进行学分制的改革，此后哈尔滨工业大学和南京大学等重点大学也纷纷效仿。1983年，学分制不仅由部分重点大学扩散至其他类型的大学，也由综合性、多科性院校扩散到单科性院校等其他类别的高校。1985年5月中共中央国务院发布的《中共中央关于教育体制改革的决定》指出："增加实践环节，减少必修课，增加选修课，实行学分制和双学位制。"一些重点大学，如清华大学、北京大学、复旦大学等在此期间修订教学计划时，纷纷减少必修课程，增加选修课程。这些都为推行通识教育提供了有利的制度支持。

进入20世纪90年代以来，"素质教育"成了新时代的关键词。1993年，《中国教育改革和发展纲要》明确规定，"必须坚持教育为社会主义现代化建设服务，与生产劳动相结合"，"培养德智体全面发展的建设者和接班人"，同时指出"教育改革和发展的根本目的是提高民族素质"。[②]1994年8月颁布的《中共中央关于进一步加强和改进学校德育工作的若干意见》中第一次正式提出了"素质教育"。至此，"文化素质教育"成为我国教育报刊频繁出现的术语之一。由上述得知，改革开放以来到20世纪90年代所推行的针对过分专业化的矫正措施，实际上是一种横向扩展，其目的在于拓宽学生的专业基础，扩大学生的知识面。这种专业教育内的扩展虽然与那种不直接为将来职业做准备的通识教育不可同日而语，但也在某种层面说明了人们对通识教育的新认识与新探索。

（2）逐步探索的发展阶段（1995—2001年）

1995年，国家教育委员会在52所高等院校开展文化素质教育试点工作。指导工作的文件《关于开展大学生文化素质教育试点工作的通知》强调：加强大学生文化素质教育就是要使大学生在学好本专业的同时，具备专业以外的人文社会科学、自然科学及文化艺术有关的基础和基本修养，专业人才具有较高的文化素

① 赫维谦，龙正中. 高等教育史[M]. 海口：海南出版社，2000：83.

② 广西政府法制网. 中共中央、国务院关于印发《中国教育改革和发展纲要》的通知[EB/OL]. http://www.gx-law.gov.cn/xzfg/1703.jhtml(1993-02-13)[2018-10-11].

质。同年 9 月，国家教育委员会在武汉召开的“试点院校加强文化素质教育工作经验交流会”，为全国高校通识教育理论与实践探讨提供了很好的平台和基础。由于受到文化素质教育改革的影响，国内进入了以介绍美国及中国香港、台湾地区的通识教育的理论与实践为途径、积极探索内地通识教育问题的阶段。

关于文化素质教育与通识教育之间的关系，虽然不同学者有各自的看法，但总体来看学者们对文化素质教育持较高的评价：“文化素质教育主要是针对高等教育过分强调专业教育而忽视大学生综合素质培养的状况而提出的，它旨在提高人才的全面发展的素质。虽然文化素质教育的内涵比通识教育的内涵要窄，但它体现了通识教育的哲学观，从这个角度来说我国高校的文化素质教育可以说是我国通识教育的另一个称谓。”①

除此之外，我国其他院校也纷纷开始利用自身优势探索实施通识教育的进程。1993 年底至 1994 年上半年，复旦大学提出“四年本科教学目标应该是培养具有扎实的基础、活跃的思维方式和较强能力并受到严格训练的通才”，正式提出了“通才教育”的培养目标。2000 年，组建后的新浙江大学在教育思想和教育观念上有一个大的转变，也就是由计划经济体制下的“对口专业教育”转变为能够适应社会主义市场经济体制的“宽口径专业教育”，以优化资源配置、扩展专业口径为基本原则，对现有专业进行大幅调整。

由此可见，20 世纪 90 年代以来中国内地（大陆）高校高等教育教学的改革，既有“文化大革命”至 20 世纪 80 年代末期的那种专业教育内的拓展，也有专业教育向人文、社会教育方向的拓展。尤其是文化素质教育的开展，这在实践上向着通识教育的目标和方向大大前进了一步。同时需要指出的是，该阶段虽有一定成绩，但整体而言，通识教育的实施在普通高校并没有得到广泛重视，而是局限在部分综合性重点高校。同时，综合类高校通识教育的实施也存在课程设置不尽合理、制度条件无法保障、学生认识不到位、教师教学方式相对落后等诸多问题，这些问题致使通识教育流于形式，并未起到应有的作用。这些问题对理论研究与实践探索提出了更高的要求与期望。

（3）反思与改进的提升阶段（2001 年至今）

21 世纪以来，关于通识教育的研讨会在全国频频举办，大学通识教育成为国内高等教育界的热点话题。2002 年 4 月，在教育部的大力支持下武汉大学召开了“海峡两岸大学通识教育暨大学校长治校理念与风格学术研讨会”，180 多位专家学者参与了此次会议，作为首次在中国内地（大陆）召开的海峡两岸大规模、

① 李曼丽，杨莉，孙海涛. 我国高校通识教育现状调查分析：以北大、清华、人大、北师大四所院校为例[J]. 清华大学教育研究，2001，(2)：125.

高层次通识教育研讨会，此次会议意义重大。自此，我国内地（大陆）和我国港澳台地区多次召开通识教育与文化素质教育研讨会，使内地（大陆）学者与管理者有机会了解更多、更新的通识教育动态。同时，部分高校开始反思与改进，将原先停留讨论的阶段变为大胆的实践，形成不同的发展模式。

首先，作为培养精英人才的代表院校，北京大学于2001年开始在全校范围内开设通选课，并于同年创办了元培计划实验班。元培学院也于2007年成立，这意味着元培计划迈上一个全新的台阶，通识教育开始真正步入内地（大陆）高校，迈出了我国通识教育发展的重要一步。随后，内地（大陆）部分大学紧跟其发展步伐。2005 年，复旦大学成立了以推行通识教育为专门目的的复旦学院；2006年，南京大学成立了匡亚明学院；2007年，浙江大学（工科）混合班升级为竺可桢学院，并于 2008 年成立了求是学院；2009 年，中山大学创建了致力于发展通识教育的博雅学院；清华大学也于2014年10月成立了新雅书院，是为该校的通识教育实验区。

其次，作为书院模式的典型代表之一，西安交通大学广泛借鉴国内外经验，从2005年起开始推行书院制，成立了8个本科生住宿书院：南洋书院、启德书院、仲英书院、励志书院、彭康书院、文治书院、宗濂书院、崇实书院。

最后，作为通识教育核心课程模式的代表之一，武汉大学自2003年就全面启动通识教育课程建设。截至2012年，武汉大学总共建设406门通识课程，在通识教育改革领域取得了巨大成就。在课程层面，通识课程由原来的五大领域扩展为七大领域，主要包括数学与推理类、交流与写作类、自然与工程类、人文与社会类、艺术与欣赏类、中国与全球类、研究与领导类。[①]

2012年，党的十八大报告进一步明确了全面实施素质教育的必要性，同时把立德树人作为教育的根本任务。通过促进广泛的人文科学和科学教育，旨在改革专业教育模式，文化素质教育可以被理解为广义上的美国通识教育的革命性的本土化。具体来说，中国式的大学通识教育是以培养学生的思维、性格和能力为重点，实践更有效的或内化教育的创新方法。

中国内地（大陆）大学通识教育除了培养模式的探索外，以大学为主办单位的国际性和地区性通识教育研讨会也为大家所关注。如复旦大学于2008年5月召开的“面对时代挑战的大学本科教育改革——大学通识教育论坛”，来自国内50多所高校共计130多名参会人员齐聚一堂，对大学通识教育问题进行了深入交流。此次论坛最为鲜明的特点是将研讨重点从以往的通识教育理论，转向了通识教育的操作层面，这表明国内众多高校不仅接受了通识教育理念，而且正以不同的形

① 宋娟，曾德军. 武汉大学推进通识教育可持续发展的思考与对策[J]. 当代继续教育，2014，32(176)：80-81.

式进行通识教育的探索和实践。①目前，大部分重点大学和地方院校已经着手，致力于探索和实践通识教育，对通识教育的实践已经成为内地（大陆）高校的共识和高校改革的重点。

（二）中国港澳台地区大学通识教育发展历程

1. 中国香港地区大学通识教育发展历程

中国最早实行通识教育的尚属香港高校。1951 年香港崇基学院成立之初就以美国大学的博雅教育为原版开设了“人生哲学”课程，以讲授基础的教义为主，有传经布道之用。1963 年，崇基学院并入新成立的香港中文大学，“人生哲学”课程便改为“通识教育课程”。从此以后，香港各大高校纷纷以此为效仿对象，开启了通识教育之路。1990 年，为提高大学教育质量，香港部分高校将学制由 3 年改为 4 年，并适当增加通识课程。21 世纪以来，香港特别行政区政府进一步深化了香港地区通识教育的发展进程，主要表现在：首先通过了教育统筹委员会的建议，将高校的学制在 10 年内统一改为 4 年。其次推动高中的通识教育，确立以“通识教育科”作为新高中课程的核心科目。但香港特别行政区政府对在高等院校中如何实施通识教育没有给出任何的指引或政策。有学者指出，这与香港高等教育体现中西文化交汇、多元化等特点密切相关。②基于此，香港各高校都能立足自身的历史和阶段使命，突出通识教育的特色。由于香港中文大学是香港地区最早实施通识教育的高校，以下就该校的通识教育发展，来管窥香港地区通识教育的发展。

从历史的发展进程来看，该校通识教育先后经历五个阶段③：①书院联邦制下的通识教育时期（1963—1976 年）。这一时期以书院作为通识教育的实施机构，确立共同的通识理念和发展目标。但书院之间缺乏连贯性和整体构思，造成大学资源分散。②单一制大学下的书院通识教育时期（1976—1986 年）。在这一时期，该校学系合并归大学管辖，通识教育课程由学院全权负责和管理。在统一化的管理理念下，通识课程与学院内专业课程安排之间矛盾与冲突加剧。③系统化的通识教育时期（1986—1991 年）。在这一时期，该校对本科阶段通识教育课程进行了检讨，反思并重新理清通识教育的目标、学制结构、课程等方面遗留的问题。改革后的通识教育主要包括大学通识和书院通识课程，共计 18 个学分。1986 年，全新的通识课程体系正式开始实施，香港中文大学的通识

① 骆少明，刘淼. 2009 中国大学通识教育报告[M]. 广州：暨南大学出版社，2010：4.
② 庞海芍，王瑞珍. 通识教育在香港[J]. 北京理工大学学报（社会科学版），2007，9(s1)：164-169.
③ 梁美仪. 香港中文大学的大学通识教育[J]. 国家教育行政学院学报，2005，(10)：70-76.

教育迈入新阶段。④灵活学分制与课程重整时期（1991—2003 年）。在这一时期，该校采取了本科课程灵活学分制，只要学生修满规定的学分，即可在 3 年时间内毕业。在这样的背景下，为了增加财政收入，各学系开设了大量的课程，通识科目数量激增。然而，经济利益驱动的变革使通识课程的设置和布局杂乱无章，也不符合通识教育宗旨，这些问题使得通识教育的目的变得模糊不清。⑤课程重新审视的通识教育时期（2004 年至今），面对通识教育目标混乱带来的学生的负担，2002 年 9 月，香港中文大学专门成立了通识教育检讨委员会，全面检讨以往的通识教育的目标、课程和管理机制，并提出在 2004 年实行新的通识方案。

2. 中国澳门地区大学通识教育发展历程

澳门地处中西文化的交汇点，其大学通识教育具有中西文化交融的特点。在历史上，澳门地区的教育系统发展较为不充分，直至 20 世纪 80 年代澳门才建立第一所现代化大学——东亚大学。1988 年，澳门东亚大学一分为三，改制为澳门城市大学、澳门大学和澳门理工学院。但澳门地区真正意义上实施通识教育是在 20 世纪 90 年代，应当时社会环境的变化，这三所大学陆续将学制由原先的 3 年转为 4 年，主要提供预科课程及通识课程。澳门大学曾有一位校长指出："所有教育工作者都认为学校应该培养德、智、体、美以及集体主义全面发展的人才。这里，我强调专业教育（智育）与其他教育的联系。在高等教育中，除了专业教育，我们还应该注意德育、体育、集体主义教育和美育。"[①]这也能体现澳门大学通识教育的自我特色理念。进入 21 世纪以来，伴随着澳门科技大学的成立，澳门地区的通识教育有了进一步发展。遵照"因材施教，突出全面培养，重视教书育人"的办学理念，澳门科技大学从 2003 年 9 月起引入了美国通识教育的核心课程模式，并按学分制的方式，设置了自然科学和现代技术、人文社会科学、文学艺术、养生保健四大类通识教育课程，同时，澳门科技大学还依据通识教育的需要成立协会、兴办社团，开展各类活动，将通识教育融入丰富多彩的课余活动中。比如，学校会经常开设名师系列讲座，每周会邀请文化、艺术、科技、教育等各界名人和代表前来演讲。

由于澳门地区大学通识教育的发展不甚一致，通识教育形成两种形式：一种形式是寓通识教育于专业教育之中。这种形式的高校在课程的安排中，把通识教育的内容贯穿到专业课程的教学安排中，使学生在掌握专业知识的同时，潜移默化地接受通识教育的内容。采取这种模式的高校有澳门大学、澳门旅游学院等。另一种形式是将通识教育作为人才培养体系中的一个环节，对实现途径、实施方

① 贝磊，古鼎仪. 香港与澳门的教育与社会：从比较角度看延续与变化[M]. 香港：香港大学比较教育研究中心，2002：70.

法等进行专门的安排，以突出培养“全人”的办学理念。采取这种模式的高校有澳门理工学院、澳门科技大学等。

3. 中国台湾地区大学通识教育发展历程

若从新中国成立后开始算起，我国台湾地区大学通识教育发展可以划分为三个阶段，分别为初步探索期（1950—1984 年）、快速发展期（1985—1994 年）、渐入成熟期（1995 年至今）。

（1）初步探索期（1950—1984 年）

我国台湾地区的大学通识教育开始于 1956 年，当时东海大学首创“宏通教育”（general education），旨在培养学生具有广博知识与融会贯通的能力。台湾清华大学也在留美学者沈君山等的呼吁下实施通识教育课程，但没过多久该理念不得不停止。一则社会环境未能形成统一的话语；二则由于办学经费的紧张及职业教育带来新的理念分歧。这种情况直至 20 世纪 80 年代才有所好转，时任台湾大学校长的虞兆中教授专注发展通才教育，并领导制定了《推行通才教育计划书》，被视为台湾大学通识教育的里程碑。根据该计划书，学校要根据实际情况设计分属五大知识领域共计 13 门课程供学生自由选修。虽然后期由于政治课程调整，院系和教务部门之间存在利益纷争问题，台湾大学通识教育的发展受到重重阻力，但却为台湾通识教育的进一步发展埋下了伏笔。而虞兆中教授也被称为台湾提倡通识教育的奠基人。[①]

（2）快速发展期（1985—1994 年）

进入 20 世纪 80 年代以来，我国台湾地区的大学通识教育步入了快速发展阶段。其间，台湾教育行政部门对大学通识教育高度重视，并于 1984 年 4 月公布了《大学通识教育选修科目实施要点》，为公私立大学及独立学院通识教育的实施提供了纲领性的指导，要求必须遵照开办通识教育选修科目，在七大相关领域开设课程，这七大领域包括社会与哲学、文学与艺术、历史与文化、生命科学、数学与逻辑、物理科学、应用科学与技术。与此同时，各公私立大学及独立学院也积极开办有关通识教育的研讨与交流活动，其间，于 1994 年 4 月成立了台湾通识教育学会，并创办了《通识教育学刊》。但由于各高校对此准备不足、重视不够，通识教育成为五花八门的“大杂烩”，受到社会各界人士的批评。

（3）渐入成熟期（1995 年至今）

为应对社会的压力，台湾地区高校开始纷纷对通识教育课程进行审思，可以说在这时期我国台湾地区的大学通识教育渐入佳境。1994 年成立的台湾通识教育

① 庞海芍. 通识教育：台湾与大陆比较[J]. 中国高教研究，2007，(6)：79-82.

学会，以及对《大学法》所做的修订，被认为是台湾通识教育时代到来的标志，法制化的到来让高校重新规划校内共同科目及通识教育课程，课程充分体现通识教育理念。特别是1999年，台湾地区教育主管部门首次对高等教育通识教育评估，并促成相关文件的颁布。其中明确对通识教育的目的、培养方案进行了详细的规定，有助于各高校乃至学生对通识教育有进一步的认识。进入21世纪以来，台湾地区的大学通识教育更是走向成熟化和规范化，一则表现为台湾教育主管部门在2002年成立了通识教育委员会，对各大院校通识教育实施现况及其所面临的问题进行深入的了解与检查；二则表现为2004年台湾地区教育主管部门再次规定，通识教育的评定结果将作为划拨教育经费的重要考量指标。近年来，由于受到台湾地区教育主管部门的积极倡导、教育家的有效探索及各大学院校不断推行改革并进行的经验总结，这一阶段我国台湾的大学通识教育得到了蓬勃发展，并取得了一系列的丰硕成果。

三、中美大学通识教育发展历程比较

通识教育产生自古希腊的自由教育，近代又在美国本土根植并被他国借鉴，形成本土化概念，继而转向实践性探索。从中美大学通识教育发展的历史来看，两国既有历史发展的相似性，即中美大学通识教育发展的动因相似、中美大学通识教育发展趋势相似、中美大学通识教育面临共同的主要矛盾；同时，中美大学通识教育又表现出一定的差异性，即中美大学通识教育发展水平的差异、中美大学通识教育实施能力的差异、中美大学通识教育发展模式的差异。

（一）中美大学通识教育发展的相似性

1. 中美大学通识教育发展的动因相似

中美大学通识教育的发展深受政治、经济及高等教育改革等众多因素影响。美国大学通识教育产生于19世纪初，社会经济、政治与意识形态的变化和科学技术的迅猛发展，使得高等教育领域以人文学科为核心的学院教育与时代的需求产生了矛盾，社会要求学院在教育观、学制、课程和方法等方面的改革呼声极高。第二次世界大战以来，美国的军事和科技实力得到大幅提升，一跃成为西方资本主义的霸主。但在新环境之下，培养具有宽广的基本知识和理论基础的人才得到前所未有的关注，高校领域过分专业化饱受弊病，从而促发了美国大学通识教育的多次改革。进入21世纪，在经济全球化和政治一体化的背景下，培养具有国际视野的全球公民成为美国大学通识教育改革与发展的新走向。中国方面，正如上文所述，我国真正意义上的大学通识教育萌芽于清代末期，受到西学东渐、洋务运动的影响，并为摆脱内忧外患局势而提倡；新中国成立初期，由于采取“一边倒”的政策，我国高等教育体制复制于苏联，形成了专才教育，后期受到“文化大革命”的影响，大学通识教育便销声匿迹；改革开放以来，伴随我国经济的腾飞，大学通识教育也越来越受到重视。同时，在倡导教育体制改革的背景之下，我国大学逐渐探索出具有特色的通识教育的模式。从中美大学通识教育的发展来看，主要的动因包括政治动因的影响、经济因素的考量、信息技术革命的推动等外部动因，以及高等教育改革的内部动因。

2. 中美大学通识教育发展趋势相似

中美大学通识教育发展的历程表明，两国对本科阶段教育极其重视，并视大学通识教育为探索高等教育质量的一种路径。美国高校通识教育的产生与发展，很大程度上与提高本科教学质量密切相关。特别是 20 世纪 50 年代苏联人造卫星率先发射成功，美国在强烈冲击下重新评估本国教育问题，突出表现在本科教育的过分专业化。因此，许多学校再次加强对本科生的通识教育，以期提高本科教学质量。对于中国而言，改革开放时期为适应市场经济的需求，高等教育也面临着一系列的调整与改革，如调整过分专业化的教育，加强基础教育与通识教育，提高本科教学质量。全球化时代的到来，伴随着中西方文化的冲突与挑战，两国在本科教育方面继续推进通识教育的改革与发展，以培养学生的全球视野和国际化能力。同时，中美两国在深化本科教育进程中，以通识教育为导向，培养学生成为一个完整的人。显然，这与通识教育的目的是一致的：培养学生成为一名具有反思、批判及独立思考能力的人，形成多元的视角用以省察自身及外部世界。关于这一点，中外的大学教育都以“全人”教育作为愿景。[①]可见，中美大学通识教育未来发展走向趋同：一是高校将通识教育视为探索高等教育质量的路径之一；二是以通识教育为导向，以“全人”教育为发展目标。

3. 中美大学通识教育面临共同的主要矛盾

中美大学通识教育发展动因相似、未来走向趋同，也面临着共同的问题。其主要矛盾表现在三方面：一是通识教育务实与务虚的目标定位矛盾。中国台湾学者黄俊杰指出，美国通识教育的理论基础包括精义论、进步论、均衡伦和多元文化论[②]。在这些理论的指导下，美国的高校希望能够淡化大学教育的功利性目标，并强调公民教育和人文修养教育为大学教育的目的。比较而言，中国大学通识教

① 熊思东，等. 通识教育与大学：中国的探索[M]. 北京：科学出版社，2010：14.
② 黄俊杰. 大学通识教育的理念与实践[M]. 武汉：华中师范大学出版社，2001：122-124.

育是以思想理论教育、文化素质教育和通才教育论为理论基础。事实上，这些目标定位摆脱不了现实需求的痕迹，如专业化、就业率的冲击让专业类教学组织形式仍然存在，通识教育和专业教育的整合不到位，从而引发了务虚的通识教育与务实的现实教育之间的矛盾。二是通识教育培养对象的精英型与大众化矛盾。从历史进程来看，通识教育的发展由精英的、人文的、自由的理念向大众的、实用的、工具的价值趋向转变。那么，大学通识教育的培养对象究竟是精英人才还是大众人才？在实施通识教育的过程中，我国部分高校将“通识教育”等同于“精英教育”，对一部分“精挑细选”之后的优秀学生实施通识教育，培养他们成为“基础知识相对宽厚扎实、综合能力强、整体素质高的本科毕业生”，如北京大学元培学院、中山大学博雅学院及复旦大学复旦学院。这些显然与大众时代的高等教育相矛盾。三是通识教育价值诉求的个人与社会矛盾。长久以来，通识教育的理念既注重大学教育的文化传承、培养公民的功能，也希冀能够满足学生个体的发展需求。但遗憾的是，中美大学通识教育在现实中被“虚化”。大学通识教育的发展在某个阶段在于满足民族、国家或者社会发展，而在某个特定的阶段又在于满足大学生自身的发展要求。这两者之间的平衡没有得到很好的协调。

（二）中美大学通识教育发展的差异性

由于中美两国大学通识教育形成的进程与文化传统的差异，其发展也各具特色，故存在一定的差异。

1. 中美大学通识教育发展水平的差异

中美大学通识教育在发展水平与层次方面存在一定的差异。经过近一个世纪的发展，美国大学通识教育进入了体系完整的深化发展阶段。完善的通识教育体系应包括实施体制、学制模式、考评方式及课程模式。以哈佛大学通识教育改革为例，其通识教育的理念生成到实施阶段，囊括了课程模式、实施体制、学制模式及考评方式等，对应的问题是：通识教育应使用何种课程模式？评价方式应如何做到科学完善？在这种情况下，通识教育已经成了该校实现自由教育特色的组成部分。从整体来看，通识教育目前占美国本科生课程的比例为30%左右。[①]也就是说，美国绝大部分高校都参与了通识教育的实施与改革。相比之下，中国通识教育的发展尚处于探索本土化的初期发展阶段。绝大部分的高校停留在对原来专业教育模式培养目标的一种修补上，只是让学生有机会学习一点其他专业领域的知识而已，目前也只有少量精英或特色学校参与了通识教育，

① 杨九斌. 通识教育在美国：近一个世纪来的成就与危机[J]. 复旦教育论坛，2012，(4)：85-90.

如北京大学、中山大学、复旦大学等高校所实施的精英人才培养方式，其效果褒贬不一。同时，两国大学通识教育在发展层次上也不同。美国大学着力于通识教育评估层面，每年通过校通识教育评审委员会进行课程和通识教育计划成果的评价。但中国大学通识教育的发展层次仍处在课程的设置、通识教育模式的选择及教学内容的完善层面，对通识教育的评估还未真正开始。尽管中美大学通识教育发展水平与层次的差异并不能在短时间内消除，但两国通识教育未来的目标与培养方向却是一致的。

2. 中美大学通识教育实施能力的差异

大学通识教育的实施需要倚靠各方资源、管理机制及政策执行力等条件。美国的大学大多设有全校性的通识教育委员会，并以此来协调和管理全校通识教育工作。设置这样的跨越各个专业院系管理模式的机构既能够保证高效和便捷通识教育管理工作，也有助于吸纳各个院系专业老师的意见和建议，确保了决策的科学化。①

除此之外，美国大学的通识教育改革均展现了以大学校长为代表的教育工作者对教育哲学的深入思考和探讨。耶鲁大学的《耶鲁报告》和哈佛大学的《自由社会中的通识教育》就是很好的例证，均为通识教育领域的传世经典。以哈佛大学为例，查尔斯 • W. 艾略特（Charles W. Eliot）、詹姆斯 • B. 科南特、德雷克 • 博克（Derek Book）等校长在通识教育方面发挥着重要的领导作用。而我国大部分高校在通识教育实施过程中缺乏一个独立、统筹的管理机构。目前，负责已有的计算机和外语课等公共必修课的通识教育机构，其在行政级别上与其他专业院系平行，甚至低于其他专业院系。在这种情况下，大学通识教育的机构难以和专业院系进行有效的沟通与协调，也难以调动专业院系教师的积极性，这些问题都阻碍着通识教育的科学决策、资源整合和有效利用。对于领导者来说，校长对于通识教育的实施缺乏足够的重视，对通识教育的基础地位也尚未达成共识。即使是在研究型高校，大多数通识教育亦较少进行科学合理的顶层设计，未能统筹安排与通识教育规划相匹配的行政资源、人事组织、财力保障等，因而造成实践结果难以与创建世界一流大学的目标相吻合。

3. 中美大学通识教育发展模式的差异

我国学者指出，美国在近百年大学通识教育的发展中主要形成了三种模式②：哥伦比亚大学概况课程模式、芝加哥大学经典名著模式及哈佛大学的模式。第

① 吴坚. 中美研究型大学通识教育实施机制的比较分析[J]. 华南师范大学学报（社会科学版），2015，(2)：41-47.
② 王晓阳，曹盛盛. 美国大学通识教育模式、挑战及对策[J]. 中国高教研究，2015，(4)：17-25.

一，哥伦比亚大学概况课程模式特点是涉及多学科主题，旨在培养学生广博知识，激发其兴趣。“当代文明”课程即是一例，学校对这门课程的规定是每个小班的学生人数不得超过 22 名，同时须有 59 位不同职称的教师负责授课。该模式历时百年，堪称通识教育发展的经典。第二，芝加哥大学的经典名著模式则要求学生阅读经典著作，目的是在激发学生兴趣的同时，引起学生对人、社会和自然等问题的深入思考，使学生成为现代社会具有教养的、多见识广的成员。第三，哈佛大学的模式包括分布模式及探究模式，前者是一种“自助餐的模式”，即强调学生具有多样性选择，给予学生更宽广的知识覆盖面。后者是一种“授人以渔”的方式，强调向学生介绍主要的思维方式。哈佛大学模式比较灵活多样，教师、学生、管理者均易实施，同时该模式又可向学生展示学者或科学家探究科学知识的方法。

我国大学通识教育发展虽不成熟，但也形成了一些有特色的模式：核心课程模式、“核心+博雅”模式、“核心+分布”模式、“书院+多元”模式。第一，从某种意义上来说，核心课程模式成为大陆高校常见的一种通识教育模式。一般来说，核心课程包括中国近现代史纲要、思想道德修养与法律基础、马克思主义基本原理概论、毛泽东思想和中国特色社会主义理论体系概论、形势与政策、大学语文、大学英语、军事理论、军事训练、计算机基础与应用、体育与健康、大学生就业指导和大学生心理健康教育等；第二，“核心+博雅”模式，是一种培养精英型人才的模式，最具代表性的有北京大学的元培学院和中山大学的博雅学院；第三，“核心+分布”模式，探索的是大众人才发展模式，当属复旦大学，复旦大学通识教育经过多年的发展已经形成了以核心课程为主轴，以住宿书院制和导师制为辅翼的培养体系；第四，“书院+多元”模式强调的是以学生为本位的“全人”教育，重点在于加强师生间的沟通交流，凝聚和提升学生对书院及母校的归属感，我国大学中以西安交通大学为代表。由此可见，中美大学通识教育发展模式的差异可视为通识教育实践探索的多元化，是各国在发展的过程中结合本土的优势与特色形成的。

第二节　大学通识教育的实践模式

一、美国大学通识教育的模式

美国大学通识教育模式因各个州和学校的历史文化传统不同，也呈现出多元化的发展模式。如哈罗德·泰勒提出五种通识教育课程模式，即分布必修课程模式、综合探究课程模式（comprehensive survey courses）、功能性课程模式（functional courses）、经典名著课程模式（the great-books curriculum）、个人指导性课程模式（individual guidance courses）。[①]美国教育理事会研究报告指出两种通识教育模式，一是分布课程模式；二是核心课程模式。[②]布林特（S. Brint）等分析了1975—2000年25年间美国本科通识教育课程模式的相关组成结构，提出核心分布科目课程模式、传统人文学科课程模式、道德与修养课程模式、公民或职前教育模式四种相对流行的通识模式。[③]哈佛大学前校长德雷克・博克归纳了四种通识教育模式，分别是经典名著模式、分布模式（自助餐模式）、概况课程模式和探究模式。[④]香港中文大学徐慧璇在《美国大学通识教育课程内容之发展与启示》一文中，从历史维度分析得出三种通识教育课程类别，即学术学科类课程、技能类课程和主题类课程，分别回答的是“学生应当知道什么”“学生应当能做什么”“学生应当成为怎样的人”。在此基础上，结合美国大学通识教育的实施现状，笔者据此归纳出哈佛大学的核心探究课程模式、斯坦福大学和麻省理工学院的分布必修课程模式、芝加哥大学和哥伦比亚大学的核心经典课程模式、杜克大学的跨学科通识课程模式。

（一）核心探究课程模式

哈佛大学作为世界顶尖级大学，其学校的声望和研究地位离不开通识教育的实施。哈佛大学通识教育具有悠久的历史文化积淀，其通识教育理念也一直在不断演变和完善中。几个世纪以来，哈佛大学的通识教育理念先是从古典自由主义转向科学实用主义，接着再转向市场消费主义。确切地说，哈佛大学的通识教育从最初的注重培养绅士转变为注重培养工业实用人才，后转向通专结合人才的培养，再转向培养负责任的社会公民和有教养的人，而哈佛大学在进入21世纪后要培养的是能够迎接时代挑战的“世界公民”。[⑤]纵观哈佛大学通识教育的人才培养目标与理念的历史演变，其“全人”发展理念逐渐生根发芽，为日后改革和发展奠定根基。新时代发展的背景下，哈佛大学通识教育形成了核心探究课程模式。

哈佛大学通识教育具有一定的理性主义价值取向。以雅克・马里坦（Jacques Maritain）为代表的一批新托马斯主义者是纯粹的理性主义，他们认为系统的理

① Taylor H. The Philosophical Foundations of General Education [M]. Chicago：University of Chicago Press，1952：44-45.
② Peterson P M. Confronting Challenges to the Liberal Arts Curriculum[M]. London：Routledge，2012：10.
③ Brint S，Proctor K，Murphy S P，et al. General education models：Continuity and change in the U.S. undergraduate curriculum，1975–2000[J]. The Journal of Higher Education，2009，80(6)：605-642.
④ Bok D. Our Understanding Colleges：A Candid Look at How Much Students Learn and Why They Should Be Learning More[M]. Princeton：Princeton University Press，2007：80-255.
⑤ 赵强，郑宝锦. 哈佛大学通识教育理念的嬗变[J]. 湖北大学学报（哲学社会科学版），2010，37(6)：114-117.

性原则与标准是人类探索宇宙、掌握宇宙的一种方法工具。人类在宇宙世界的层级分类中处于动物之上，纯粹精神（pure spirit）或者上帝之下的位置，划分的标准则是人类具有的理性特质。[①]哈佛大学2007年发布的《通识教育工作组报告》中就明确指出，通识教育的课程目标是："其一，通识教育应使学生成为全球社会民主制度下的公民；其二，通识教育应教会学生理解自己是传统艺术、思想和价值观的产物和参与者；其三，通识教育应使学生学会适应变化；其四，通识教育应使学生对自身语言行为在道德方面的理解得以发展。"[②]哈佛大学通识教育课程目标强调的理解力、适应力和思想性都需要理性支撑，是理性主义价值取向的反映。

哈佛大学通识教育课程实施类别历经1945年科南特时期发布的"人文、社会科学和自然科学"，到2005年柯伟林时期发布的"艺术与人文、社会研究、科学与技术"，到2007年发布的"人文、逻辑推理、自然科学和社会科学"。整个通识课程实施类别在注重培养学生人文、社会科学和自然科学的基础上，开始注重培养学生的逻辑推理能力。这是一种理性主义的价值取向，注重人的理智和推理，而非经验或感官感知。2007年，哈佛大学新的通识教育核心课程（Core Program）顺利通过教师委员会的立法程序并正式推行，其核心课程体系共有八大知识领域，分别是审美与诠释、文化与信仰、经验推理、伦理推理、生命系统科学、物理宇宙科学、世界诸社会和世界中的美国等领域共计185门课程。[③]这八大知识领域归属于四大类课程，即"人文、社会科学、自然科学和逻辑推理"。这八个知识领域中，学生必须在每一个领域中选修一门课程。这是一种核心必修课程模式，同时，哈佛大学特别强调逻辑推理和思维能力，在人文、社会科学和自然科学基础上，增加逻辑推理课程类别，是一种探究型发展取向，这正如哈佛大学前校长博克所言：哈佛注重思维方式，是一种探究模式。因此，哈佛大学通识教育可归为核心探究课程模式。

哈佛大学通识教育课程多以小班教学和合作性教学的方式进行，并尽可能以互动模式作为辅助，让学生有机会和教师或同伴集体讨论学习材料，而大班教学也极力留出用于提问和评论的时间。此外，哈佛大学还利用研究生教学伙伴，提供诸如问题导向教学法、案例教学法、活动教学法、动手小组教学和实验室体验等教学培训。在这些方法里面，活动教学法（activity-based learning）在推动通识教育课程发展方面起重要作用。课程管理上，在2008—2009学年，哈佛大学设立

① Taylor H. The Philosophical Foundations of General Education[M]. Chicago：University of Chicago Press，1952：20-45.
② 唐霞. 我国高校通识教育研究[D]. 北京：中国地质大学，2008：24-25.
③ 张会杰，张树永. 哈佛大学通识教育课程体系及其特点[J]. 高教发展与评估，2013，(3)：81-89.

通识教育常务委员会，以取代原来的核心课程常务委员会，委员会成员的职责主要是监管一个或几个通识教育课程领域。担任课程开发和管理的主要是高级教师团成员，而非行政管理人员。而课程评估以 5 年为一阶段。在新课程实施 5 年后，哈佛大学文理学院院长将会任命负责通识教育全面工作评估的独立委员会，对包括各领域的通识教育定义和课程标准实施评估。除此以外，通识教育常务委员会及各二级委员会还各自承担具体职责，如聘用教师与各院系合作开发新的通识教育课程等。

（二）分布必修课程模式

麻省理工学院的分布必修通识教育课程传承理工类大学“科学技术与人文课程结合”的历史取向，彰显出了折中主义教育哲学理念。[①]麻省理工学院通识教育课程目标包括：对当代科学与技术最重要的概念有宽泛的理解；有娴熟地应用科技基本概念的能力，并成功学习科学或工程领域中的一门分支专业；充分了解人类社会文化，并充分认识作为有效公民和创新者与社会个体间的相互作用；需参加一项发现或发明活动，并在一定环境实现研究目标。[②]2015—2016 学年，麻省理工学院通识教育课程分为六大类别[③]：科学课程（Science）、通信课程（Communication）、人文社科课程（Humanities，Arts，and Social Sciences，HASS）、科技类限定选修课程（Restricted Electives in Science and Technology，REST）、实验课程（Laboratory）和体育教育课程（Physical Education）。这种科学技术和人文的整合，不仅体现了麻省理工学院的整体主义教育观，也是折中主义教育理念在其通识教育课程的表现形式。

斯坦福大学的办学宗旨是：不但关注个人的成功，为学生提供有益指导，而且要让每个人都富有创意，并肩负起社会责任感。[④]由此，斯坦福大学通识教育的课程目标也围绕办学宗旨实施，并试图超越专业领域的学习，使学生能具备自身专业领域以外的知识和技能，且这些知识和技能对补充自身专业领域是有益的。在 20 世纪 90 年代末至 21 世纪初这段时间内，斯坦福大学的通识课程体系建立了起来。课程体系主要涉及五大部分[⑤]，即写作课程、外语课程、人文课程、跨学科课程和公民教育课程。每个本科生需要完成 16 门通识教育课程，并从 4 个特定的

① 高皇伟，吴坚. 麻省理工学院通识教育课程模式剖释[J]. 外国教育研究，2016，(6)：68-80.
② 崔军，汪霞. 从历史走向未来：麻省理工学院通识教育理念探析[J]. 大学（学术版），2012，(6)：71-77.
③ MIT Course Catalog. Undergraduate Education General Institute Requirements[EB/OL]. http://catalog.mit.edu/mit/undergraduate-education/general-institute-requirements [2019-01-05].
④ The Office of the Vice Provost for Undergraduate Education. The Study of Undergraduate Education at Stanford University[R]. Palo Alto：Stanford University，2014：11.
⑤ The Office of the Vice Provost for Undergraduate Education. The Study of Undergraduate Education at Stanford University[R]. Palo Alto：Stanford University，2014：35.

领域中选取 2 门进行学习，这 4 个特定领域包括理性思维、美国文学、全球一体化及性别研究。从 2013 年秋季学期起，斯坦福大学对通识教育进行了改革，实施了新的通识教育方案。新通识教育方案中通识教育主要包括思维与行为方法、有效思考、写作与修辞、语言 4 类必修课。[①]其中，思维与行为方法包括审美与诠释、社会调查、科学方法与分析、形式推理、应用性量化推理、参与多样性、道德推理和创造性表达。学生必须修读这 8 个模块的 11 门课程，共计 32 个学分。有效思考包括自我形塑教育（education as self-fashioning）、寄宿项目（residential programs）及方法类课程。而其中自我形塑教育共 6 门课，每门占 7 个学分，学生在秋季学期任选一门修读。寄宿项目包括结构化的博雅教育、文化生活与艺术熏陶，在多元学习环境中体验科学的发展和进步。结构化的博雅教育虽无具体课程，但学生须在第一学年完成，每学期的课时量相当于 2 门课程，总计 24 个学分。文化生活与艺术熏陶、在多元学习环境中体验科学的发展和进步各开设 3 门课程，各计 16 个学分。至于方法类课程，学生每学期选修 1 门该类课程，须修读 3 个学期共计 12 个学分。通识教育中的写作与修辞课程于 2003 年实施，主要包括写作Ⅰ和写作Ⅱ，学生于第一学年选修 1 门占 4 个学分的写作Ⅰ课程，于第二学年选修 1 门至少 3 个学分的写作Ⅱ课程。语言课程早于 1996 年秋季开始实施，规定所有学生必须修读 1 学年的外语课程，学分 4—5 个。学生可通过大学或符合学分转换的中学后教育机构的语言预修课程（language advanced placement）、学术能力评估语言测试和特种语言诊断测试（diagnostic test in particular language）等途径取得学分。斯坦福大学的通识教育课程同样属于分布必修课程模式，要求学生在不同的知识领域中选修一定量的课程。此外，它还注重思考能力、思维训练、语言表达和写作能力，彰显了折中主义教育理念。

（三）核心经典课程模式

经典名著曾作为早期古典文雅教育的核心，如今依然是通识教育课程的重要组成部分。哥伦比亚大学和芝加哥大学都倡导核心经典课程，其课程倾向经典阅读，形成核心经典课程模式，是一种精粹主义的教育理念。哈钦斯是精粹本质主义代表人物，他指出大学里所产生的智慧与思想的交流对话，必须建立在学生与专家学者共有信念和立场的基础上，即对现代西方文明的共同价值理解上，否则这些交流将无法开展。而对于怎样构建他们的共同信念立场则需要进行相关通识教育的学习。通识教育的课程体系则须基于西方文明的经典名著课程来展开。不管接受教育的学生是出于何种特定的实践价值观念，不管他们是否打算继续接受

① 刘学东，汪霞. 斯坦福大学通识教育课程新思维[J]. 比较教育研究，2015，(1)：42-46.

高等教育，他们每一个人都应该接受通识教育的熏陶，都应当接受亚里士多德所描述并被托马斯·阿奎那（Thomas Aquinas）系统整理过的“理智德性”的培养与训练。在哈钦斯看来，只有学生的理智潜能得到了较好的培养与规诫，他们才可以更好地胜任未来的工作。[①]早在1930年，他在芝加哥大学推行经典名著课程计划，为芝加哥大学通识教育经典模式的发展奠定了基础。除了芝加哥大学外，哥伦比亚大学等亦重视经典名著课程。但相比之下，哥伦比亚大学经典阅读更多倾向于概况性阅读，课程强调概念化和连贯性，而芝加哥大学经典阅读则注重阅读核心文字，课程强调统整性。

哥伦比亚学院（Columbia College）是哥伦比亚大学实施通识教育的重镇，它旨在设计历史、文学、哲学、政治、艺术、科学和写作科目的核心课程，以促使每一位学生能够全面、灵活地理解现代文明。核心课程不仅为学生适应和应对多元且快速变化的世界提供基本的能力，而且为学生终身学习奠定基础。在美国，没有任何一个学院能像哥伦比亚学院那样，整合了社区最优秀的教育资源，从而为学生的专业、职业和经历的发展提供良好的机会。[②]哥伦比亚学院的使命就是为学生的终身学习和理解世界提供机会。哥伦比亚大学素来以它的必修核心经典通识课程著称，其“当代文明”课程更是其中历史悠久的主干课程。为取得学位，学生必须修满124个学分，包括专业课程和核心课程。

目前，哥伦比亚大学核心课程由“文学人文”“当代文明”“艺术人文”“音乐人文”“大学写作”“科学前沿”“外语必修”“科学必修”“体育必修”和“全球核心必修”构成。[③]在具体课程上，如2015—2016学年“文学人文”部分，学生修读荷马（Homer）的《伊里亚特》（*Iliad*，相传为荷马所做的古希腊史诗）、萨福（Sappho）的抒情诗、荷马的《奥德赛》（*Odyssey*）、《创世纪》（希伯来圣经节选）、欧里庇得斯（Euripides）的《酒神的伴侣》（*Bacchae*）、修昔底德（*Thucydides*）的《伯罗奔尼撒战争史》（*History of the Peloponnesian War*），开办柏拉图专题研讨会等，凸显了古代西方经典名著的重要性。这是一种精粹本质主义价值取向。在课程教学上，“当代文明”这门课程由59位不同职称的教师开设，并且规定该课程采取小班授课模式，每个班级的人数不超过22人。学校还建议在校学生在大二学年学习这门课程。[④]在教学上，哥伦比亚大学依旧倡导小班教学，并同时采用苏格拉底教学法实施通识教育，这种教学法能够促进师生间的互

① Howard C C. Theories of General Education：A Critical Approach[M]. New York：St. Martine's Press，1992：51-63.

② Columbia College. A Lifetime of Learning，a World of Opportunity[EB/OL]. http://www.college.columbia.edu/about/mission[2017-08-04].

③ 王霞. 美国研究型大学通识教育反思[M]. 杭州：浙江大学出版社，2010：120-136.

④ 王晓阳，曹盛盛. 美国大学通识教育模式、挑战及对策[J]. 中国高教研究，2015，(4)：17-25.

动交流，同时能够确保教师不将观点强加于学生，只能通过相互对话“以理服人”。此外，哥伦比亚大学核心课程鼓励学生多问问题，并对经典的著作和主题有所深思，能够阐述自己的看法。在课程管理上，除了哥伦比亚学院统一管理通识教育外，还设立了核心课程委员会（Committee on the Core Curriculum）、核心课程中心（Center for the Core Curriculum）专门管理核心课程事宜。比如，核心课程中心支持所有教授核心课程的教师的多项活动，包括每周的教师午宴和教学研讨、年度会议、课程讲座和其他事宜等，为保障通识教育课程的实施奠定基础。

虽然经典名著课程最早出现在阿斯金（J. Erskine）在哥伦比亚大学开设的普通荣誉课程（general honors course）中，但最终在芝加哥大学全面推广。哈钦斯自 1929 年任芝加哥大学校长后，对通识教育大举改革，使得芝加哥大学充满古典人文主义气息，并一直影响到现在。芝加哥大学通识教育不仅培养学生技能，帮助他们过渡人生重要阶段，甚至培养学生批判思考能力，而且发展人的终身经验，这种经验是人与文化和学科知识对话交流的一部分。[①]因此，小班教学和原始文本研读能够激发学生对人类已经形成的生存世界进行辩论。芝加哥大学通识教育课程主要涵盖了 6 个领域的通识教育，即人文类、外国语文类、数理科学类、自然科学类、社会科学类和文明研究类，学生必须从所有核心课程中选择 21 门来完成。[②]学生必须在第二学年末修完所有通识必修课程，而且通识课程学分是很少可以用其他课程的学分来替代的。人文类课程，如“希腊思想和文学”（Greek Thought and Literature）、“世界文学阅读”（Readings in World Literature）、“人类和公民”（Human Being and Citizen）、“文化阅读：积淀、传播和交流”（Reading Cultures：Collection，Travel，Exchange）、“媒体美学：图形、声音、文本”（Media Aesthetics：Image，Sound，Text），具体内容包括荷马的《伊里亚特》、亚里士多德的《诗学》（*Poetics*）、美国小说家拉尔夫·艾里森（Ralph Ellison）的《看不见的人》（*Invisible Man*）和弗烈兹·朗（Fritz Lang）的电影《大都会》（*Metropolis*）等。这些课程内容有助于启迪学生的心智，增强他们与文化和学科知识的经验交流，注重经典，彰显出精粹本质主义的价值理念。另外，学生在毕业前还须修完另外 21 门课，其中包含 9—13 门主修课程和 12—18 门自由选修课程，但不包括三个学季的体育。在修读时间上，芝加哥大学通识教育课时并不多，但是教师会布置大量的学习任务供学生学习和研究。在课前准备充分的情况下，课上主要以小班讨论为主，并将教师提出的重点问题和学生学习研究过程中的问题结合，一起讨论和汇报。

① Chicago University. The Core[EB/OL]. https://collegeadmissions.uchicago.edu/sites/default/files/uploads/pdfs/brochure_core.pdf [2017-08-06].

② 黄俊杰. 全球化时代的大学通识教育[M]. 北京：北京大学出版社，2006：133-135.

此外，芝加哥大学教学中有着非常严格的课堂质量监督机制，考试成绩通常会占本科生总评成绩一定的比例，本科生不仅有每周的随堂测验，而且还有期中和期末考试。教师会教会学生如何全面思考问题和取得较好的答题效果等，但具体答案则应人而异，因为考试题目也没标准答案。通识教育管理上，芝加哥大学除了负责本科生教育和学习的学院管理委员会之外，通识教育课程专门设有一定的管理机构——课程委员会，主要负责规划和管理芝加哥大学的课程。[①]

（四）跨学科通识课程模式

跨学科通识课程模式是近年来学科课程分化和综合变革对通识教育课程影响所生成的产物。研究者认为这种跨学科通识课程是后现代主义教育思潮下对多元文化追求的结果，带有折中主义倾向，但又不同于学科间简单的加减或整合。可以说，多元文化论是跨学科通识课程发展的理论根据。中国台湾学者黄俊杰阐述了通识教育的 4 种哲学基础，即精义论、均衡论、进步论和多元文化论。[②]落实通识教育多元文化论需要树立“多元主体并立”的新精神，设计通识教育课程结构和教学内容，以吸收多元文化的价值内涵，积极开阔学生兼容并蓄的胸襟。[③]例如，美国杜克大学开设了名为 FOCUS 课程的跨学科课程。

在其课程目标之中，不仅鼓励学生学习某门课程时从多个学科的视角思考问题，还注重通过课程来培养学生的跨学科合作、团队协作能力。此外，在课程实施的过程中，校方不断通过实践反馈来更新课程设置，增添了新的内容。其跨学科整合的课程加入了美国本土文化、全球问题、哲学思考等不同领域和维度的内容，而且在实施过程中还配备了专门的办公室、课程协调员和课程教师委员会等机构，以及直接向主管部门汇报工作等机制，具备学科范围广泛、内容多样、资源丰富等特点。

二、中国大学通识教育的模式

中国大学通识教育经历共同课到文化素质教育再到通识教育的发展阶段。其中，文化素质教育是中国探索通识教育的本土化产物[④]，被认为是通识教育的过渡阶段或为美国通识教育的另一种版本，因为中国很多大学在开展文化素质教育的同时积极探索通识教育发展模式或者将文化素质教育课程直接当成通识教育课

① 苏志勇. 芝加哥大学通识教育课程设置及管理研究[D]. 长沙：湖南师范大学，2011：43.
② 黄俊杰. 大学通识教育的理念与实践[M]. 武汉：华中师范大学出版社，2001：132-168.
③ 陈伯璋. 大学学术社群与教育改革[J]. 教育研究，2004，(3)：22-28.
④ 杨叔子，余东升. 文化素质教育与通识教育之比较[J]. 高等教育研究，2007，28(6)：1-7.

程。目前国内通识教育实行学分制，以必修课和选修课为主，通选课、任选课和限选课为辅的课程体系，按院系或学科进行大类招生，自主选择专业和允许学生换专业等举措已经成为实施通识教育的共识。但是由于各个高校的历史背景和文化传统的不同，通识教育的实践也各具差异。经过多年的改革与实践，各个大学通识教育形成了自己的发展模式。从通识课程的视角来看，我国大学通识教育的模式主要有以下四种：核心课程模式、“核心+博雅”模式、“核心+分布”模式、“书院+多元”模式。下文分别对其理念目标或价值取向、课程内容和修读制度、教学方式和管理机制等进行分析。

（一）核心课程模式

中国大学的通识教育核心课程模式旨在培养学生成为具有公民素养和社会主义核心价值观的人，是中国（不含港澳台）地区所有大学，必须实施的一种课程模式。核心课程最早出现在 20 世纪 70 年代美国哈佛大学核心课程设计中，然而中国核心课程模式与美国核心课程模式存在较大差异。核心课程是由国家教育部发起的，并由各个大学加以实施，采用的是一种自上而下的方式，这也成为各个大学探索通识教育新模式的组成部分，进而形成“核心+博雅”模式、“核心+分布”模式等。

核心课程模式的价值取向是工具主义。工具主义是当代美国哲学的主要发展趋势之一。它来源于威廉·詹姆斯和杜威的作品，并与 19 世纪欧洲运动和有机哲学息息相关。[①]工具主义的追随者认为理论、思想和观念是人类行为的工具，而判断这些工具的真理性标准在于可否指引人们的行动并取得成功。但杜威否定人们的观念是物体的反映，并强调人们的观念和理论仅仅是为了满足人们某种目的所设计的工具，因此这不具备客观真理性的意义。正如杜威所言，核心课程模式具有工具主义价值取向，因为大学通识教育核心课程模式以政治和意识形态教育为主要任务。在工具主义理念目标中，基于社会主义核心价值观的核心课程就成为所有本科生的必修课程。价值观教育是展现民族性的重要环节。倡导民族性的比较教育学者马林森（Mallinson）亦指出：根据至关重要的价值观来推进统一是国家的职责，而学校教育是发展民族意识的必由之路。为此通识教育核心课程则成为学校教育发展价值观的重要平台。

在课程内容和修读制度上，虽然核心课程是所有本科生必修课程，但是基于核心课程交叉补充制度的安排，主修相关专业的学生可以不用修读学校规定的核

① Taylor H. The Philosophical Foundations of General Education [M]. Chicago：University of Chicago Press，1952：20-45.

心课程。比如，计算机专业的学生可以不用修读计算机基础与应用，因为他们需要学习更深入和更专业的计算机课程。一般来说，核心课程包括“思想道德修养与法律基础”“中国近现代史纲要”“马克思主义基本原理概论”“毛泽东思想和中国特色社会主义理论体系概论”“大学英语”“大学语文”“军事理论”“计算机基础与应用”等课程。这些课程共有 50 多个学分，占据了学生大量的学习时间。近年来，教育部仍继续加强核心课程建设，特别是“马克思主义基本原理概论”“毛泽东思想和中国特色社会主义理论体系概论”课程。这些核心课程多倾向于人文社会科学领域，有助于学生社会主义核心价值观的发展。在课程时间安排上，除了大学生就业指导、形势与政策课程安排在最后一年外，其他课程基本在新生入学的前两年内完成。

在教学方式上，核心课程授课方式多以大班授课为主，有时辅之小组讨论，且授课更多关注理论层面。因此，学生很少有机会进行实践操作。许多学生也将这些核心课程当成一种完成学业的任务，平时经常逃课，看重的是期末考试成绩，而不是人格素养的提升和能力的发展。这种教学自然起不了多大作用。因此，有的学校开始改革核心课程教学，如大连理工大学就实施了“大班授课、小班讨论”的教学模式，清华大学推行了“一对一”的师生交流模式，复旦大学则把“复旦大学中国市长论坛”列入思想政治课实践教学规划等，从而更好地提升核心课程的教学成效。

在管理机制上，核心课程往往由学校的教务处管理，并由各个院系实施，如制订课程实施的教学计划、修读要求及课程考核形式等。在学生宿舍管理上，一般按照班级群体安排宿舍，不像中山大学博雅学院等，不同专业学生混住一起，使文理学生互相交流沟通，从而为通识教育实施提供良好的文化场景和学习氛围。

（二）“核心+博雅”模式

“核心+博雅”模式是在核心课程模式基础上，在高等教育大众化背景中探索通识教育对精英人才培养发展的新尝试。该模式以理性主义作为其价值取向。早期亚里士多德所提倡的自由教育就是旨在发展人的理性和心智，而非功利性目的或为职业作准备。理性主义是相对于经验主义的一种哲学方法，高于并独立于感官感知，强调人的理智和推理，并将其作为知识来源之一。一般认为，理性主义是随着笛卡儿的理论而产生，并于 17—18 世纪在欧洲大陆传播。理性主义倡导者认为从古典学者著作那里可以发现一套能够反映人们本真的客观原则和绝对价值观念，因此培养人们理性就成为教育的唯一目标，同时通识教育也在伟大思想家与学生之间搭起一座桥梁。理性主义价值取向倡导的通识教育目的是培养能有效思考、能交流沟通、能适切判断事物和鉴别价值的自由人。下面将以清华大学新雅书院和北京大学元培学院为案例做进一步分析。

纵观和反思当前国内外通识教育实施情状后，清华大学于 2014 年 9 月成立了新雅书院。这不仅被视为通识教育的实验区，还是清华大学成立的第一个书院，更被广泛认为是创新型拔尖人才培养模式的重大举措。新雅书院强调中西古今文理会通的传统，发挥清华大学跨学科人才培养的资源优势，以培养视野开阔、厚德载物、通专结合、开拓进取的国家精英人才。这种文理会通、通专结合等人才培养目标彰显博雅的特质，其重视传统和文明价值也是理性主义价值取向的重要表现。在课程内容和修读制度上，以“文明与价值”为主线，以中华优秀传统思想和文化、世界文明优秀成果为核心，以文学、历史、哲学、艺术和科学为基础，推及政治、经济、社会和传播等学科。书院首批开设“《史记》研读”“早期中国文明”“法律与文学”“艺术的启示”4 门通识课程。另外，书院还举办“新雅讲座”“新雅论坛”，并组织科学、人文、音乐、美术和体育兴趣小组，期望通过深度学习、有效研讨、学科交叉、师生互动等环节，较大幅度地提升通识教育的课程水准和育人实效，培养学生对文明和价值的综合理解与有效表达，使其在认知、思维、表达和运用方面达到融会贯通的新高度。①不同专业的学生在新雅书院接受通识教育的同时，也各自学习自己本专业的课程，这不同于中山大学的博雅学院。2015 年，新雅书院录取了 120 名学生。新生在入校以后，可另外申请该校“通识教育实验区”的新雅书院。入选学生将打破院系界线混合入住到“住宿学院”。不同于其他专业院系学生，新雅学生具有书院身份和专业院系身份的双重身份，并有书院导师与本专业导师。

北京大学元培学院来源于 2001 年的“元培计划实验班”（2007 年更名为“元培学院”），是一个跨学科的独立的院系。它既是中国综合性大学在新世纪探索本科人才培养的一种“核心+博雅”通识教育模式，也是为了培养适应 21 世纪时代发展需要和具有国际竞争能力的高素质创造性人才而实施的一项本科教学改革计划。同时，它强调加强基础、淡化专业、因材施教和分流培养，理念目标是培养学生具有爱国主义情怀、国际视野、创新精神和实践能力，并使其成为各行各业的领军人物。问卷调查所示：50%的学生认为通识教育使他们获得了广博的知识与宏观的视野，43.8%的学生认为通识教育有助于提高他们的人文素养和思辨能力，6.2%的学生指出通识教育可以为他们补充相关知识，帮助专业学习，没有人觉得通识教育是为了了解掌握其他学科知识，帮助日后就业或专业或者觉得没有

① 清华大学. 清华大学成立通识教育实验区新雅书院[EB/OL]. http://news.tsinghua.edu.cn/publish/thunews/10303/2014/20140929173835570329645/20140929173835570329645_.html[2017-10-21].

明显的帮助，意义不大。可见，通识教育在培养学生博雅和宏观视野方面起到重要作用。

在课程内容和修读制度上，元培学院实行的同样是学分制，学生须修满公共基础课、通选课及专业教学计划设置的科目规定的学分。毕业所需的总学分一般应在 140 个以内，即便是特殊情况也不得超过 150 个学分。以 140 个学分为基准，其中必修课程，一般应为 84 个学分左右，约占总学分的 60%，包括全校公共必修课（理科 30 个学分，外语类 32 个学分，文科 34 个学分）、专业必修课（包括学科大类的必修课和专业必修课，50—54 个学分），如有特殊情况，文科不宜超过 55 个学分，理科不宜超过 60 个学分，同时各院系应尽可能开设一级学科共同基础课；选修课程 50 个学分左右（占总学分的 35.7%），包括全校性通选课 16 学分（尽可能在前两年完成）和专业选修课（由院系自行确定学分）；毕业设计或论文 6 个学分，占总学分的 4.3%；课堂之外的学习（虽然基本不占学分，但是对学生的培养至关重要，应该作为教学计划的有机组成部分加以规划）。[①]在低年级阶段，通识教育课程内容主要包括全校公共课，如政治、英语、体育和计算机；通选课，涵盖“数学与自然科学”“社会科学”“哲学与心理学”“历史学”“语言、文学、艺术与美育”“社会可持续发展”6 个领域；公共基础课，理科生须修读高等数学、物理学、化学和生物学，文科生须修读高等数学、人文和社会科学。在高年级宽口径专业教育方面，学生则在有关院系进行专业学习，修读各院系专门为元培学院规定的专业基础课和任意选修课。此外，学院在落实每一门专业必修课的同时，需加强对英语课、政治课等公共必修课建设。这符合北京大学本科教育目标，即培养厚基础、宽口径和高素质的复合型人才，而跨学科课程设置为学生发展奠定基础。课程实施呈现出理性、博雅性和跨学科性。如元培学院已经开始招收古生物学、政治学、经济学与哲学，以及外国语言与外国历史交叉学科专业的学生。2014 年还开设了全新的“整合科学专业”。

在教学方式方面，相比中山大学博雅学院四年不分专业，元培学院学生在低年级不分专业，按文理两大类招生，同时在学校现有资源情况下，学生可以自由选择任意课程。学院还通过优化课程结构，降低对必修课和总学分的要求，从而给予学生更大的选择空间。在管理机制方面，2001 年，元培计划自实施起，学校就成立元培计划管理委员会，并通过入学教育、全方位导师制、弹性学制、住宿制书院和国际交流平台等举措[②]，加强通识教育管理成效，进而培养出具有国际竞

① 北京大学元培学院. 元培计划实验班教学计划说明[EB/OL]. http://yuanpei.pku.edu.cn/jxgl/gzzd/16442.htm[2017-10-23].

② 北京大学元培学院. 学院简介[EB/OL]. http://yuanpei.pku.edu.cn/gyxy/xyjj/index.htm[2017-10-23].

争能力的高素质、创造性的博雅人才。

（三）“核心+分布”模式

相比中山大学博雅学院、清华大学新雅书院和北京大学元培学院的精英人才培养模式，复旦大学复旦学院探索的是大众人才发展模式①。复旦大学通识教育模式中的“核心”是以住宿学院的模式推行一年的教育，后根据专业为学生提供不同的专业教育，即该模式中的“分布”。复旦大学于2005年成立复旦学院后，全面开启通识教育的改革，规定所有新生都将在该学院内接受一年的学院寄宿制通识教育，1年的“核心”模式逐步发展成形。在经过8年的发展后，复旦大学在之前的基础上成立复旦学院（本科生院），“分布”的特色也逐渐形成，“1+3”式的通识教育模式也趋于成熟。

从理念目标来看，复旦大学通识教育力图培养学生的人文和科学素养，完全的人格，对不同文化和思维方式的把握，独立的思维和探索能力，以及对自然和人类社会的深层理解。②可以说从理念目标来看，实际上该校通识教育所强调的，也是典型的通识教育理念，包括跨文化的理解和思考能力、独立自主的思索和探究习惯及能力等。而从这种“核心+分布”模式中，我们也可以看到折中主义的影响。换句话说，这种模式强调学生在接受集中的通识教育之后，仍能够将大量的时间花在专业教育上，是我国当前通识教育改革中的一种典型模式。从课程内容和修读制度来看，复旦大学的通识教育是在不断精进的。在复旦学院成立早期，该校通识教育的课程主要分为六大模块，分别是文史经典与文化传承、哲学智慧与批判性思维、文明对话与世界视野、科学探索与技术创新、生态环境与生命关怀、艺术创作与审美体验③。2012年10月以后，新成立的复旦大学通识教育课程体系建设工作小组对通识教育的模块化课程进行了新的设计，在原有基础上增加了社会研究与当代中国课程模块。从具体的教学方式来看，学校不仅大力推动多元化的教学实践，强调借助小组讨论、助教制度和经典赏析等方式来扩展通识教育的实践方式，还注重在线课程的开发和邀请国外专家学者共同探讨通识教育的建设等。总体来看，复旦大学的通识教育在不断发展的过程中，逐步形成了中国特色鲜明的实践模式，并注重其通识教育的时代特点和全球化特色。此外，从课程管理机制来看，该校又根据不同课程模块设置了专家小组和相应的召集人，赋予各小组确立课程理念和开发课程的权利。

---

① 李继兵. 通识教育论[M]. 北京：高等教育出版社，2012：150.

② 复旦大学复旦学院（本科生院 教务处）. 复旦大学通识教育实践历程[EB/OL]. http://www.fdcollege.fudan.edu.cn/33/8d/c9405a78733/page.htm[2018-05-29].

③ 复旦大学复旦学院（本科生院 教务处）. 模块课程[EB/OL]. http://www.fdcollege.fudan.edu.cn/9407[2018-08-28].

（四）“书院+多元”模式

具有书院传统的香港中文大学，其建立之初就是由崇基书院、新亚书院和联合书院组成的联邦制大学。截至 2018 年 8 月，共有 9 个书院，分别是崇基书院、新亚书院、联合书院、逸夫书院、晨兴书院、善衡书院、敬文书院、伍宜孙书院、和声书院。它们与大学相辅相成，提供以学生为本的“全人”教育，加强师生间的交流和互动，凝聚学生对书院和母校的归属感。①在多元化的社会背景中，香港中文大学通识教育结合传统和现代及中西方教育理念，将人文精神和博雅教育结合起来，为通识教育“书院+多元”模式的形成奠定基础。

黄俊杰指出通识教育的四种哲学基础，即精义论、均衡论、进步论和多元文化论。②均衡论认为知识是一个不可分割的整体，只有各种知识统筹兼顾、均衡发展，才能避免 20 世纪以来学术过分分化所导致的视野狭隘和心灵缺陷。由此，通识教育课程可以帮助学生均衡视野和平衡心智。香港中文大学通识教育具有一种均衡论价值取向，其主旨在于为全体本科生提供均衡教育，促进学生智性的全面发展，培养他们成为具备全球视野、心怀社会的好公民，并能够在瞬息万变的世界中坚强地面对各种挑战，作出有见识的判断，其实施的课程也是为了引导学生认识人类和现代社会的重要议题、理念和价值。③大学通识教育旨在满足学生智性及学术方面的追求，书院通识教育旨在帮助学生融入大学生活，继而整合大学学到的知识。其中领袖培育课程旨在培育学生的领导才能，协助他们接受 21 世纪的各项挑战及机遇。在均衡论价值取向和多元文化背景下，香港中文大学通识教育彰显出“书院+多元”模式的优势。

香港中文大学通识教育课程由两个部分组成，包括大学通识教育和书院通识教育。其中大学通识教育是所有本科生必修的课程，由不同学系开设的两百多门科目所组成，包括 4 个必修范围、通识教育基础课程和领袖培育课程，其具体学分规定可参见表 2-1。其中，4 个必修范围包括：中华文化传承；自然、科学与科技；社会与文化；自我与人文。除了法学学士学生外，所有学生必须在 4 个必修范围内选修最少一科（2—3 个学分）。这有助于引领学生去探究人与自身文化传承的关系、与物质世界的关系、与其他人的关系及与自身的关系。通识教育基础课程则包括“与自然对话”（3 个学分）和“与人文对话”（3 个学分），是所有学生的必修课程，探讨的是人类知识和处境两大领域，其议题涉及人之为人的意

① 香港中文大学. 香港中文大学书院[EB/OL].http://www.cuhk.edu.hk/chinese/college/system.html[2017-10-26].
② 黄俊杰. 大学通识教育的理念与实践[M]. 武汉：华中师范大学出版社，2001：132-168.
③ 香港中文大学. 大学通识教育[EB/OL].http://www5.cuhk.edu.hk/oge/index.php/tc/[2017-10-28].

义、人的核心价值、人类思维的成就与局限。领袖培育课程内容包括政治伦理、社会议题探讨、领袖才能历练及艺术创作，同时包括海外考察、各式课外活动和社会参与。课程为期 2 年，共计 21 个学分。在选课过程中，学校可以对学生通识教育的选课情况进行限制，如学生只有选读至少一个通识教育基础课程之后，才能修读大学通识教育 4 个范围的课程；学生于第一、二学期每学期可修读最多两门大学通识教育课程（包括通识教育基础课程）；暑期课程学生可于选课期内选修最多一门大学通识教育课程，等等。

表 2-1 2014—2015 年度香港中文大学入学学生通识教育学分规定

大学通识教育 4 个必修范围	通识教育基础课程	领袖培育课程	总学分
所有本科课程（法学学士课程除外）			
9 学分	6 学分	6 学分	21 学分
法学学士课程			
没有特定修读规定，但按法律学院建议，学生应修读 6 学分 4 个必修范围内科目作为非法学的选修课程，当中建议包括一科范围 A 课程	6 学分	6 学分	12 学分

资料来源：香港中文大学. 通识教育二〇一四至一五年度入学学生适用[EB/OL]. http://rgsntl.rgs.cuhk.edu.hk/aqs_prd_applx/Public/Handbook/document.aspx?id=1654&tv=T&lang=zh[2017-10-29].

注：范围 A 课程为中华文化传承范围课程

书院通识教育囊括由各书院依据自身的传统和学生的发展需要来设计的“书院通识课程”与“书院活动”。学生必须按照自己所属书院既有的规定，在四年学习期间内至少修读 6 个学分的书院通识教育课程。比如，伍宜孙书院的学生须完成创新志业及社会责任（3 个学分，第一修业学年）、专题讨论（3 个学分，最后修业学年）及“书院聚会/书院论坛/高桌晚宴”（所有修业学年）；善衡书院正规的通识教育可分为两大类，一类是为大学新生而设的启导课程，另一类是为毕业班学生而设的结业课程；敬文书院的通识教育课程共分为两大类，即计入学分的课程（即大一新生修读的入门课程，如“大学与社会”，以及为大四学生设计的结业课程）和不计学分的非形式学习（包括必修的迎新活动、师生晚宴和自愿参与的社会服务等）。同大学通识教育课程一样，部分书院通识教育课程也设有主修生修读限制等规定。此外，各个书院还规定学生每学期必须出席周会、双周会、午餐/晚餐座谈会、书院聚会的次数，如崇基书院的学生每学期至少出席半数周会，联合书院和逸夫书院的学生每学期至少出席三次书院聚会等。以上规定说明，除了全部学生共同的必修基础课程外，每个书院根据自己的书院需求，让学生接受不同的通识教育，是多元社会和多样人才培养的必然选择。

香港中文大学教务会负责制定通识教育的政策、审议通识教育科目的开设及修订，并协调所有成员书院的通识教育课程。该教务会设有通识教育委员会及常务委员会。其中，通识教育委员会委员包括各学院及书院代表，以及大学通识教育主任、副主任、教务长和由校长委任的资深教员，并邀请香港中文大学学生会及各书院学生会代表列席有关会议。全校所有学院 40 多个学系合力提供大学通识教育课程。行政方面，该校设有专门的大学通识教育部，由校长委任的大学通识教育主任直接领导，负责统筹大学通识教育学务及推行工作。①譬如领袖培育课程是由大学通识教育部领袖培育组负责统筹。

2012 年，香港中文大学的本科学制由三年制改为四年制，因此学校增设四年制课程设计的通识教育基础课程，以配合新学制带来的机遇。它是通识教育的核心部分，与现时大学通识教育课程的四个修读范围相辅相成，课程注重中外经典阅读，采取小组研讨的教学方式，每班人数以 25 人为限，促进讨论，以学生为本。②香港中文大学通识教育的实施也有赖于它独特的书院制度。书院构建了和谐融洽的氛围，配备了宿舍、饭堂及其他设施，并提供众多非形式的教育机会，重在学生的“全人”发展。在书院的教学和管理机制上，主要由各个书院根据自身情况制定相应的教学方式和管理办法，体现出书院通识教育的多元态势。比如，崇基书院课程“书院、大学与社会：学生为本教学课程”以小组讨论及报告的方式使学生对各讲题有深入了解；敬文书院期望透过讲堂、导修课、报告、小组合作及结业论文等鼓励学生互相学习；善衡书院的课程结合体验与课堂学习，并以工作坊、团队活动、服务及习作开展教学。在管理方面，各个书院还设有通识教育委员会及书院通识教育主任，主要负责策划书院内的通识教育课程和开展学生本位的教学活动。

三、中美大学通识教育模式比较

鉴于中美大学通识教育课程设置、教学评价、师资力量和管理机构等微观维度将在第四章中进行具体论证和比较，所以本节将侧重从宏观层面对中美大学通识教育模式进行比较分析，主要从意识观、公民观和理念观三方面进行研究。

（一）中美大学通识教育的意识观差异

教育是社会的子系统之一。因此，一定程度上，教育反映了社会的发展和价值取向，体现出社会的意识观念和文化身份。在教育发展历史中，存在两种典型的教育理念和人才培养方式，即通识教育与专业教育。相比于专业教育，通识教

① 香港中文大学. 大学通识教育[EB/OL]. http://www5.cuhk.edu.hk/oge/index.php/tc/[2017-10-28].

② 香港中文大学. 通识教育基础课程[EB/OL]. http://www5.cuhk.edu.hk/oge/index.php/tc/2011-06-22-08-12-12[2017-10-29].

育对社会和文化价值取向作用更大，影响更加深刻。

当前，互联网外交成为美国文化战略的重要成分，互联网外交更把美国的意识观念和价值观推向全世界，其教育基础亦得益于通识教育实施体系的成熟。但是值得注意的是，相比教育对互联网外交的影响，社会其他因素影响更大。反过来，互联网外交也推动美国通识教育的进一步改革与完善。互联网外交是西方国家推行意识形态斗争的新武器。2010 年 1 月 21 日，美国国务卿希拉里·克林顿（Hillary Clinton）发表了题为《互联网自由》的演讲，明确提出将互联网不受限制地访问作为外交政策的优先事项；2011 年 2 月 15 日，希拉里·克林顿又在《互联网的是与非：网络世界的选择与挑战》中提出将“网络上的表达自由、集会自由和结社自由共同称为相互联络自由的理论，关注和应对互联网自由受到的威胁已经成为我国外交人员和发展专家日常工作的一部分”[①]。此外，自 2009 年奥巴马政府成立网络战部队后，2011 年又连续抛出两个网络空间安全战略，是美国网络空间发展中的两个重要内容。网络空间给通识教育实施带来更多的自由和便利，促使通识教育选修课程更加丰富和完善，符合美国多元文化发展需求。但是就学生视角来看，通识教育网络空间的拓展，在为学生创造新学习路径的同时，也给学生的学习空间带来挑战。学生的学习安全需要引起足够的重视。

事实上，并非只有美国重视和推行思想文化和媒体宣传的意识形态斗争。在苏联解体前，南斯拉夫的铁托（Tito）就十分强调媒体宣传的客观性作用，以及客观报道对于国家与国家之间关系和交往的重要性。在他看来：“在目前紧张的国际局势下，对形势采取客观的看法，从而促进南斯拉夫同各国关系的改善而排除可能阻碍正常关系的许多误解。”[②]此外，他还提出“公共宣传系统作为社会主义的、自治的、不结盟的、向世界开放的国家的政治制度的一部分，还应向外国公众客观地、真实地报道南斯拉夫所发生的一切”[③]。因此，无论对内还是对外，要做到“使所有宣传工具得到完整的、协调一致的发展而斗争，为使宣传工具具有社会主义方向、使公共舆论具有阶级内容和社会责任而斗争”[④]。

在中国，对学生进行思想文化教育，培养他们形成社会主义核心价值观不仅是我国文化战略的一部分，还是社会赋予教育的一项重要任务，而通识教育在培养我国社会主义核心价值观和社会主义意识观中扮演着重要的角色。尽管许多学者不认为通识教育的使命在于培养学生的社会主义意识观念，但这种观念却一直影响着通识教育教学过程。其实，文化素质教育本身就是培养学生的社会主义核

① 尹韵公. 中国新媒体发展报告[M]. 北京：社会科学文献出版社，2011：27.
② 铁托. 铁托选集[M]. 北京：人民出版社，1984：29.
③ 铁托. 铁托选集[M]. 北京：人民出版社，1984：35.
④ 铁托. 铁托选集[M]. 北京：人民出版社，1984：36.

心价值观和文化素养，而文化素质教育是我国大学通识教育实施的桥梁。为此，可以说我国大学通识教育具有培养社会主义意识观和文化价值观的性质。当然，这仅仅是从国家宏观战略角度来考虑的。除了国家因素外，通识教育对社会和个体的意识观念也产生影响。不同于专业教育，通识教育涉及范围广、跨学科强、内容丰富、整体性好，对学生思想意识影响甚大。由此，我国多数高校通过通识教育这一方式进行思想教育，其实施的课程有道德修养与法律基础、中国近现代史纲要、马克思主义基本原理概论和毛泽东思想和中国特色社会主义理论体系概论等，以塑造学生的社会主义文化价值观念和思想意识观念。

（二）中美大学通识教育的公民观差异

公民教育是近代西方民族国家形成过程中逐步产生的重要议题，同时也是资本主义国家在确立其政治经济体制过程中所提出的文化建设问题。现代的民族国家作为一个共同体，其以什么作为共同体的公共认同和联系纽带，又如何增强国民对共同体的认同感，是公民教育的主要任务。公民教育回应的是两种不同的认同，包括政治共同体认同和民族共同体认同，前者是作为一个政治国家所要确认的普遍的公民资格身份及在政治国家中所形成的自我意识，后者主要是指每个人对所身处的文化与特殊族群的归属意识。历史和现实中的人有理性的一面，也有感性的一面，而人的情感总是与一定的族群和历史文化背景相联系的，他们必须获得一种文化和族群上的归属感，必须生活在某种文化的共同体之中，否则将无法形成完整的自我观念。在现代社会，上述两种共同体的建构和认同都具有同等的正当性和必要性，也是世界各国普遍实行的国家教育的重要内容，甚至可以说是唯一能够成为国家行为（强制性、公共财政支持）的“政治思想道德教育”，尽管并不是所有的公民教育都以国家意志的形式表现出来。

道德与公民教育制度作为国家行为是西方国家教育制度的一部分。一般认为，作为现代教育体制的国家教育制度的形成与现代国家特别是民族国家的建构密切相关。现代国家形成于18—19世纪的欧美，国家教育制度正是在这个历史时期确立起来的。作为当今国家教育制度构成的国家道德与公民教育，在经历了公民教育权从教会控制到国家控制的过程后，也逐步纳入国家教育体制。民族国家的形成需要国家对公民的凝聚力和公民对国家的向心力，为此国家需要通过教育来形成和加强，培养公民责任和爱国情怀，而这需要有一种公民美德和公共参与精神。并且，这种民族意识和民主意识、公民意识作为一种意识形态是一种公共物品和公共服务，这就要求由一种国家的公民教育制度来供给。

总之，在西方国家，正是基于对民族国家的认同需要、对西方自由民主政治制度的认同需要和社会秩序的认同需要，无论是共和主义公民教育思想，还是多元主义公民教育思想，抑或是自由主义公民教育思想、社群主义公民教育思想等，都肯定了国家对公民教育的控制权。国家教育控制权在道德与公民教育制度上的表现形式是国家决定教育机构的设置，统一管理教育组织、教育内容、教育方法等，并以立法的形式规定学校和课程的权限，还包括面向社会公众的国家公共媒体（如国营电视频道）。美国通识教育的目标不仅是培养具有美国本土思想的公民观念，还有在文化全球化的背景下培养具有全球思想的“全人”和“世界公民”。

我国的精神文明建设以培养“四有公民”为根本目的，与西方的公民教育在目标上具有共性，正如市场经济没有姓社姓资的区别一样，公民教育制度也可以成为社会主义精神文明建设的体制模式。无论是从精神文明建设的正当性、合法性重建和有效性构建的角度出发，还是从意识形态话语权争夺的考虑出发，都有必要推进精神文明体制的改革。随着我国公民和道德教育的深入发展，通识教育也肩负起培养一般公民和特殊公民的使命。一般公民观强调的是人类发展中作为普通公民应具有的思想观念和素养，类似世界公民观，而特殊公民观则注重培养某一国家和地区所应具备的本土公民观。

（三）中美大学通识教育的理念观差异

1. 美国大学通识教育的理念观

当前，美国大学通识教育是基于教育分权制、个人主义和自由主义思想发展起来的。美国大学通识教育的目标是遵循全人教育发展理念，既开设人文素养类课程，又开设社会科学、自然科学类及工程类课程，同时注重学生人格、德行、社会责任感、思维能力等方面的修养。美国通识教育旨在培养“全人”，侧重培养完整而自由的“人”，是全人教育理论的反映。全人教育整合了“以社会为本”和“以人为本”两种教育目的论，既重视社会的价值，也重视人的价值。但相比社会需要，美国通识教育更看重个人的发展。20 世纪 80 年代，美国学者罗恩·米勒（Ron Miller）提出的“全人教育”的本质是精神性胜过物质性，强调人不是利益驱动下的机械个体。日本学者小原国芳也指出理想的教育应包含人类所有的文化，理想的人应该是全面发展的人，而全面发展的人应学习人类的全部文化。我国学者谢安邦认为“全人教育”是一种反对将工具性目的凌驾于个人发展之上的教育思想。对此教育应充分发掘人的潜能，培养人的完整发展。[①]这不仅让学生能够适应社会的发展需要，还有助于培养学生成为一个在民主制度下的合格

① 谢安邦，张东海. 全人教育的理论与实践[M]. 上海：华东师范大学出版社，2011.

公民，维护民主社会的价值和体制。在民主制度、个人主义思想和自由主义思想的影响下，民主性、个人性和自主性也就贯穿于美国大学通识教育课程的全人教育发展目标体系中，这既适应了美国迎接 21 世纪时代挑战的发展需求，又为美国培养 21 世纪全球竞争性人才注入一股强心剂。

2. 中国大学通识教育的理念观

中国大学通识教育的发展离不开作为基础的集体主义和社会主义思想，以及中国特有的教育管理制度。中国大学通识教育旨在培养创新型人才。这样的人才必须富有创造能力，积极开拓和创新，并能对社会发展作出创造性贡献。当前，通识教育成为我国大学积极探索创新型人才培养的有效路径，因为通识教育所注重的基础知识、人文素养和个性的全面发展，不仅是我国创新型人才培养的必要条件，也是创新型国家建设的现实需要。比如，北京大学就指出通识教育在于为学生提供一种厚基础、宽口径和高素质的复合作用；北京航空航天大学通识教育也意在培养具有创造品质、适应面宽的高级专门人才；中南大学的中国语言文学类课程的总目标，是培养具有宽厚人文社会科学基础知识和创新能力的人文科学研究者、教育工作者和具有普适性的社会文化工作者。可见，通识教育成为培养创新型人才的重要渠道之一。与此同时，这种创新型人才须具备一定的社会主义核心价值观，秉承优秀中华文化传统。因此，思想道德修养与法律基础和中国近现代史纲要等课程就成为通识教育的重要组成部分，且是中国所有本科生必修的核心通识课程。也即是说，中国通识教育旨在培养具有集体主义观念和社会主义价值观的创新型人才。

3. 中美大学通识教育理念观的差异比较

美国大学通识教育目标侧重培养完整、自由的“人”，这种“人”具备一定的逻辑思维能力、创造力、审美力、适应力、领导力和个性，培养的是民主制国家具备“全人”能力的公民。如哈佛大学通识教育的目标是促使学生成为全球社会民主制度下的公民；麻省理工学院通识教育目标也指出充分认识有效公民和创新者与社会个体间的相互作用；哥伦比亚大学核心课程不仅为学生适应和应对多元且快速变化的世界提供基本的能力，还为学生终身学习奠定基础。这些大学的目标都着眼于“人”的基本能力和“人”全面发展的素养。而中国大学通识教育旨在培养创新型且具有良好品格的“人才”。比如，武汉大学旨在通过通识教育，使学生有机会涉猎更多学科领域，拓宽知识领域，提高审美情趣，强化适应能力和养成健全人格；中山大学博雅学院也旨在培养具有宽厚人文社会科学综合基础且具有较强适应能力的高素质人才；最新成立的清华大学新雅书院，也提出要努力培养具有健全人格和创新思维的人才。其实，培养学生的健全人格和高素质的修养，都是为创新型人才提供通识基础，进而推进创新型人才的可持续发展。

美国大学通识教育是基于教育分权制、个人主义和自由主义思想发展起来的，目标是培养“全人”，并设立一个跨越专业院系的通识教育委员会，教师的聘任采取兼职方式，通识课程所占比重较大，通识教育评价机制多元化。中国大学通识教育则是在教育集权制、集体主义和社会主义思想的基础上发展起来的，其目标是培养创新型人才，然而通识教育实施缺乏专业管理机构；聘任教师也多采取专职教师的方式，束缚了通识教育本身内在的涉及面和宽广度；通识课程占比重较小，学习时间和资源不够；通识教育评价也多采用单一的机制，不能很好地检测学习成果和问题。中美大学通识教育的差异与其本国的历史、经济、文化、政治、教育及资源分配等方面的特点息息相关。为此，我们需要立足国情，并在比较研究中合理借鉴和理性分析，进而探索出一条具有中国特色的大学通识教育发展道路。

第三章 管理与组织

大学通识教育成功与否，和管理与组织两个因素密切相关。管理与组织是否与国际主流接轨，是否有效传承本国传统文化，是否适应本土文化形势，是大学通识教育是否合理化的体现，也是衡量大学通识教育质量的主要准绳。因此，在管理实践过程中，我们需要在国际主流、传统文化和本土文化三者之间寻求最大公约数。合理有效的管理有利于指导实践，实践的过程体现管理理念的精髓。大学通识教育的实践活动既包括专业领域的实践，也包括社会化的实践。专业领域的实践主要是指以学校为空间进行的通识教育的教学、研究、管理和服务等相关活动；社会化的实践主要指各种社会团体、社会组织所开展的各类通识教育活动。高校在通识教育实施过程中，在实践的基础上进行合理化的管理，有利于大学通识教育的内涵发展和质量提升。

第一节 理念导向、管理机制与中美差异

一、美国大学通识教育的理念导向与管理机制

（一）美国大学通识教育的理念导向

美国大学通识教育的哲学派别和理念繁多，并且互有交叉，各个高校在通识教育实践方面都形成了自己的特色，甚至同一所高校在不同的发展阶段也具有不同的特点。经黄坤锦大致归类，其主要包括理想常经主义、进步实用主义和精粹本质主义。

1. 理想常经主义的通识教育

理想常经主义认为，大学教育所传授的知识内容应该具有超前性、跨越性，突破时空的束缚，也保证其永恒性和普遍性。基于此，最高层次的知识超越于任何一个人和一个专业，所以不管是男生还是女生，不管是文科学生还是理科学生，都要去追求和学习这些超越时空和专业界限的、具有普遍真理性和永恒性的通识性知识。

理想常经主义的通识教育理念最早可以追溯到柏拉图的思想，著名教育家柏拉图和亚里士多德是理想常经主义通识教育理念的最早提出者。柏拉图认为，世界是由两大部分组成的，一个是人类可以触摸、可以用眼睛实实在在看到的现象世界，称为可感世界；另一个是我们无法看到、不能感知，但我们能知道的一个理念世界，称为可知世界。可感世界与可知世界的关系就像是一对摹本与原本的关系，可知世界就是其原本，可感世界便是可知世界的一个摹本。从柏拉图的理论看，大学教育主要是鼓励学生不断探索其永恒不变的可知世界，因此，大学教育所传授的知识可以说是超越了任何的实用性和个体差异。

英国教育家纽曼认为：大学是一个教授宇宙普遍知识的场所，大学教育的目标在于培养学生美好而完善的心灵。所以，纽曼反对将大学教育功利化，将大学教育的目标与职业教育的目标严格区分开来，认为应该将会计、绘画、击剑等实用性课程排除在大学课堂之外，将大学办成一个为了真理而真理、为了知识而知识的“象牙塔”。

概而言之，理想常经主义遵循传统大学教育中的精英主义传统，将大学独立于世俗社会之外。大学教育传授的知识应具有最高水平的超越性，它不仅超越时空的桎梏，而且超越个体和专业，它是永恒和普遍的；大学的神圣使命在于追求永恒和普遍的真、善、美。在此理念引导下，大学通识教育的目的往往看重重读历史经典著作，以培养大学生“绅士”般的文化艺术涵养和气质。

2. 进步实用主义的通识教育

进步实用主义与理想常经主义所注重的内容不同，比起理想常经主义追求的永恒、德性，进步实用主义更重视大学的通识教育是否促进了教育的发展、变化，这种导向更多的是以服务学生需求为主。美国进步实用主义教育运动的代表人物杜威在批判康德哲学绝对道德心、绝对义务感思想的基础上提出了判断真理对错之分的新标准，即真理对问题的解决是否有效。将此理念运用到教育实践中，杜威提出了“教育即生活”，而生活是一个不断变化的过程、一个自然的过程，不应该由外在的社会势力人为地预设一个高远且缥缈的目标或者任务。基于教育所具有的自然属性，杜威认为学校不应该是一个隔绝尘世的象牙塔，而是一个真切可触及的社会。人们只有在真实的生活中切身参与，才能让自己的身心得到真正的改造。教育要以提高学生解决现实生活问题的能力为基础，而非由学校或者老师根据自己的意愿或者某种理论事先编制好之后强加给学生。

如果说杜威的实用主义教育思想影响了美国中小学教育的话，那么克尔的教育思想主要影响了美国的大学教育。克尔在其《大学之用》中将现代大学比喻为一个变化无穷的城市：在城市里，有的人丧失自我，有的人不断提升。城市给人的感觉是一种和世界同步的开阔性，绝不是像村子一样的封闭性。[①]很显然，城市的最大特点在于其多元性，所以克尔提出了多元大学的理念，首先，大学的目标是多元的；其次，大学的权力中心是分散和多元的；最后，大学服务的对象也是多元的。克尔所提出的多元化巨型大学并不旨在谈论学校的规模有多大，学校设置的学科有多全面，本质上所表示的是大学职能的多元化。

进步实用主义的通识教育理念坚持以发展、变化、多元的眼光看待大学教育的任务和目标，进而实施灵活多样、以学生和社会需求为导向的通识教育。当今美国进步实用主义代表众多，如杜威式进步主义学者拜利、克尔式实用主义学者雷斯曼等。但无论归属于哪一个时空，这些进步实用主义学者的思想都没有脱离进步实用主义的价值信条。概而言之，即进步实用主义者反对理想常经主义所追求的永恒的、唯一的、绝对的目的和真理，认为教育不能落后于时代的发展，要不断地进步和调整。时代在变化，社会的发展不能固守传统，大学教育更是如此。教育内容和教育方法应采取多元化发展的路径，对内容和方法的选择应能够有效地解决当下的实际问题，并以此作为主要标准，同时还应尊重每一个受教育者的意愿。

3. 精粹本质主义的通识教育

精粹本质主义通识教育思想兴起于20世纪30年代的美国，它是在批判、反思理想常经主义和进步实用主义通识教育理念的基础上发展起来的一种新的通识教育理念。一方面，精粹本质主义认为学生的个人兴趣是一切学习的起点，大学教育要尊重学生的兴趣与需求；另一方面，精粹本质主义也特别强调社会共同关注的知识与品德。[②]

1943年，哈佛大学组建了由时任校长科南特领导的专门委员会，经过两年的研究，此委员会撰写出著名的《哈佛通识教育红皮书》。这一报告明确指出，大学的通识教育就是要培养学生的自主思考能力、批判决策能力、有效沟通交流能力和对事情的认知能力这四种能力，还指出了“人文科学、社会科学、自然科学”这三大领域应包含在通识教育的课程体系里。

科南特将教育的目标定位于以下三个层面：第一是公民教育，第二是良好生活教育，第三是职业教育。通识教育主要是为了达成前两个教育目标，所以它与职业教育是相对的。科南特不赞成将大学通识教育的目标定位在“心灵”教育，

① 克拉克·克尔. 大学之用[M]. 高铦，高戈，汐汐，译. 北京：北京大学出版社，2008：24.
② 黄坤锦. 美国大学的通识教育：美国心灵的攀登[M]. 北京：北京大学出版社，2006：46.

他说：如果我们把塑造心灵生活这种自视高人一等者当作通识教育的目标，那么我们充其量只是在保护和区别“有教养的人”和一般大众这种陈腐的观念罢了。①

继科南特之后坚持精粹本质主义通识教育理念的又一位美国著名教育家是亨利·罗索夫斯基。1978年，由罗索夫斯基带领的七个工作组发布了对哈佛大学通识教育的调查报告——《核心课程报告书》，将通识课程的领域确定为五大类：文学与艺术、科学与数学、历史研究、社会与哲学分析、外国语和文化。1985年，他将道德思考类的课程纳入上述五大类课程中，使哈佛大学的通识教育课程涵盖六大类领域，这也成为美国大学本科教育通识课程的典型代表。

罗索夫斯基不像理想常经主义者那样贬低大学教育的职业教育功能，而是坚定地认为，职业技能训练是学生上大学的一个共同目标，所以大学不能排斥职业技能类课程。但同时，他也认为除了职业技能之外，大学教育的主旨在于人的全面发展。这里所指的全面发展包括五项标准：一是进行清晰有效的思考和写作；二是批判性地认识和看待自然、人文和社会；三是不应该有地方的褊狭性；四是理解和思考道德及伦理问题；五是深入开展在某一知识领域的研究。

总体来说，精粹本质主义吸取了理想常经主义和进步实用主义的合理特点，调和了两者之间的对立和矛盾，统一了理想常经主义秉承的高雅文艺教育和进步实用主义提倡的现实需求教育，既注重培养一般实务技能，也看重教化人格和人文修养。这样，精粹本质主义真正做到了既注重现实的用处又重视精神的追求。

（二）美国大学通识教育的管理机制

若以1917年哥伦比亚大学的改革为起点，通识教育在美国大学中的发展已有近百年的历史。绝大多数高校都设立有专门负责通识教育的管理机构，即“全校性通识教育委员会”（Institution-Wide Committee for General Education）。全校性通识教育委员会设立了专门负责通识教育具体工作的主任，通常由主讲通识教育课程的教授担任或由学校教务长等行政负责人兼职。除主任一职之外，通识教育委员会的成员还包括在各学院中担任人文社会科学或自然科学基础性课程的教师。另外，有些学校的全校性通识教育委员会还为学生代表设立了席位，接纳学生的意见，赋予学生在通识教育管理事务上更多的话语权。全校性通识教育委员会的职责主要包括：制定全校通识教育的目标和设置课程；审议通识课程的各类科目和教学纲要；监督全校通识教育课程的执行；审查通识教育经费的使用；掌握任课教师对学生的出勤、作业、考试及课程论文等的考核信息。全校性通识教育委员会的这些职责，既有利于学生与教师的相互配合，也有利于学生对教师教

① Connant J B. Eduction in a Divided World[M]. Cambriage：Harvard University Press，1949：73.

学活动的监督。

二、中国大学通识教育的理念导向与管理机制

（一）中国大学通识教育的理念导向

新中国成立后，为了促进高等教育为工业化发展服务，党和政府对国民政府时期形成的现代大学教育体制进行了大幅度的调整和改革，将原来的综合性大学按照国家工业化发展的需要分割为不同工业领域的专科学院。客观地讲，高等教育体制的这次大调整为新中国工业化的起步和大发展起到了非常明显的促进作用，其积极意义是不可抹杀的。但是，随着我国工业化和现代化继续向前发展，不同领域之间在原来分化的基础上出现了重新交叉和融合的新趋势。在这种新的社会背景下，学科专业划分过细，就不利于高等院校培养出社会所需要的复合型、高素质人才。自改革开放以来，中国的大部分大学就纷纷提出要实行通识教育。但国内的大学对通识教育理念的认识及实践的实施却呈现出多元化的特点。总的看来，主要可以概括为三个部分：思想政治教育论、文化素质教育论、通才教育论。

1. 思想政治教育论

有关通识教育的理解，相当一部分人把通识教育与专业教育对立起来，但从高校对思想政治教育课程的开设看，其实并不然。国内很多大学都把思想政治教育课设置为大学生的公共必修课，这是所有大学生都要学习的；但在通识教育的课程里，思想政治课又是必在其中的，所以说思想政治教育课是一门具有巨大社会影响力、跨越性极强的课程，也是国内大学通识教育课程的重要组成部分。

思想政治教育论的通识教育理念承认大学教育的民族性、国家性特征，虽然知识是无国界的，但大学生却是有国籍的。所以，不管大学培养何种类型的人才，其首要的任务即是要培养热爱自己国家和民族并甘于为之奉献的大学生。其实，思想政治教育论的通识教育理念在任何国家都是不言自明的，特别是中小学教育。所以，虽然没有人将它列为大学通识教育的目标之一，但它实实在在地就是大学教育最重要的目标之一，我国大学通过公共必修课的方式将之辅助于实践，是值得肯定的。

当前很多大学的公共政治课教师也在不断创新教学内容和教学方法，而且，有相当一部分本科生开始喜欢上思想政治教育类的公共课，在这类课程的学习上投入了更多的时间和精力。

基于此，虽然很多人都喜欢从欧美大学引进一些新词汇来注解通识教育，但是不可否认的是，我国高校的通识教育并不是一片空白。在发展我国大学的通识教育过程中，我们有时候不必只是“拿来”，还可以对已有成就进行“改造”。所以，思想政治教育论的通识教育理念不能被忽视，应该在“改造”中加以进一步发扬。

2. 文化素质教育论

文化素质教育论强调大学生不应该只有知识而没有文化，体现出了大学人文教育的重要性。20 世纪 90 年代中期，教育部提出了蕴含通识教育理念的文化素质教育。1995 年，国家教育委员会发布了《关于开展大学生文化素质教育试点工作的通知》，在全国选取了 52 所高校作为“开展大学生文化素质教育”试点院校。1998 年，教育部颁发《关于加强大学生文化素质教育的若干意见》，对加强大学生文化素质教育的途径和方式、师资队伍建设等做出明确部署。1999 年，教育部批准了 32 所高校设立大学生文化素质教育基地，文化素质教育在全国各大高校全面铺开。

文理分科教育的多年实施，其弊端逐渐显露，专业的细分使学生的文化素质发展受到了局限。理科的学生其人文素养普遍不高，文科的学生则对基本的科学常识知之甚少，这种教育的片面性很不利于培养当代大学生健全的人格。因此，文化素质教育论的通识教育则提出了与美国理想常经主义的通识教育理念相似的教育理念，其十分重视大学生对国内外文化著作、文学常识的掌握，这些都重在培养学生的文化修养与精神气质。

华中科技大学原校长杨叔子院士是国内提倡文化素质教育论的代表人物。他提出，科学与人文是哲学里的两个对立范畴，科学注重研究客观的世界，主要讲天理、天道；人文则注重研究主观世界，主要讲人情、人道；天人合一，天道与人道要合一。没有科学的人文，是残缺的人文；没有人文的科学是残缺的科学。高校文化素质教育要实现科学、人文、艺术的融合。“文化素质教育内容界定为文史哲、艺术与现代中外文化精品、自然科学基本知识等。”①

3. 通才教育论

文化素质教育论虽然强调大学生要广泛涉猎其他专业和学科的知识，但是文化素质教育最终还是作为专业教育的补充性角色而存在。目前，很多大学都根据国外通识教育的实践经验，在全校范围内开设了大量的历史、哲学、艺术等通识

① 汪青松，查昌国，张国定. 杨叔子院士文化素质教育演讲录[M]. 合肥：合肥工业大学出版社，2007.

教育课程，学生须根据自己的兴趣选修一定的通识教育课程取得学分，但是每个学生的主修专业仍然是泾渭分明。就如甘阳所说：“不是把通识教育课程看成是本科的主要课程和基础学术训练，而是把它看成仅仅是在主课以外‘扩大’一点学生的兴趣和知识面，说到底只是在传统的‘专业主义’不变的前提下给学生加点‘小甜点’。”①

与文化素质教育论的补充性角色不同，通才教育论更注重的是学生对知识的广泛了解。通才教育论反对过细的专业设置，强调按大门类像文科、理科分类，把学生招入学校后，就不再进行下一层的专业课程划分。通才教育重在培养学生对天文、历史、政治、地理等多领域的了解，而并非某一方面专功的“专才”。通才教育论的理念在进入21世纪以来日益受到重视，很多高校开始设立专门的通识教育实验学院和实验班，如北京大学的元培计划实验班、中山大学的博雅学院、南京大学的匡亚明学院等。以北京大学为代表的高校通识教育实验班，并没有给学生过细的专业划分，而是以一种开放的教学方式，重在把这些学生培养成通晓天文地理的全面型发展人才。

当前，很多大学开始改变过去按照细分的专业招生的做法，实施按大类招生的方式。学生在刚进入大学的时候是没有细化的专业分科的，课程的学习也极为宽泛。在学生学习了两年的无专业分科课程后，学校就会根据学生自身的兴趣爱好、学习状况来确定学生接下来要学习的专业。②这样就有利于在最大程度上确保所有学生成为了解广泛知识的专业型人才。

（二）中国大学通识教育的管理机制

中国大学通识教育实践可分为两大类，一是借助既有的公共课推广通识教育；二是通过设立各种类型的实验班、基地班或通识教育学院来开展通识教育实践。对于公共课，最普遍的做法是成立专门的全校性公共课教学中心，如马列德育公共课教学中心、公共计算机教学中心、大学外语教学部等。这些机构虽然与专业院系属平级机构，拥有独立的师资，但无中心自身管辖的学生。这类机构专门承担全校各类公共必修课程的教学任务，但相比美国高校的全校性通识教育委员会，这些公共教学单位的职责只是讲授由学校主管部门规定的公共必修课，自身并没有设置公共必修课程的权限。以通过实验班或基地班模式运作的通识教育为例，很多高校只是为之配备了几个专职的班级管理人员，并没有设立专门的管理机构。而以通识教育学院模式运作的通识教育实践，在机构设置上则是成立一个与专业

① 甘阳. 大学通识教育的两个中心环节[J]. 读书，2006，(4)：3-11.
② 郝丽芳. 从美国通识教育理念看我国大类招生[J]. 中国教育技术装备，2011，(12)：143-144.

学院平级的管理机构，如复旦大学的复旦学院就是复旦大学下属的一个本科教学单位，它是复旦大学实施通识教育的教学、研究和管理机构，其领导班子与一般专业院系无异。复旦学院规定，复旦大学的大一新生（包括留学生）按专业录取后需要进入复旦学院学习，在完成一年的学习后根据自己的专业兴趣再分到各个专业学院。

三、中美大学理念导向与管理机制的比较

（一）中美大学通识教育理念导向的比较

由于经济发展水平、历史文化传统、政治体制等诸多方面的差异，中美大学通识教育的理念也表现出明显的差异和不同。具体来讲，主要表现在以下三个方面。

1. 务虚与务实

继承欧洲大学的传统，美国大学的通识教育推崇真理或科学知识，其享有极高的地位。在真理面前，人是渺小的，人只能够尊重真理，而不可以亵渎真理，真理是绝对的、唯一的、自在的。

对科学人文知识的极力推崇造就了美国理想常经主义的通识教育理论。由于美国理想常经主义通识教育理论的指导，美国的一些高校开始把公民教育、人文修养摆在很重要的位置，并且逐渐淡化了以往大学教育的功利性目标。在此背景下，很多高校开设了很多与专业无关的通识教育课程，注重培养学生高雅的气质和健全的人格。至于开设的这些通识教育课程对学生未来找工作是否有利，则不在其考虑范围之内。

一直以来，中国都是特别注重实际应用的，强调理论服务于实际，强调人类所掌握的一切真理和知识都为人类的实际生活所用。自隋唐实行科举制以后，中国人的学习目标就是“学而优则仕”，其功利性根深蒂固，一直影响到当今的大学教育。由于中国受科举制度的影响深远，我国的教育重在学有所用，知识理论为实践生活所用，这使得中国对待知识不像美国那样给知识戴上了神圣与神秘的面纱。中国也就形成了全社会都务实的传统，目前各大高校也是针对通识教育如何实现现实意义来开展的。给我国通识教育的开展带来了挑战，我国的未来通识教育课程该如何展开？

2. 精英与平民

在美国，高校间的分层教育相当明显，通识教育在美国开展得比较成功的一般是在一些名校，如哈佛大学、芝加哥大学、耶鲁大学和普林斯顿大学等，这些学校的培养定位很高，致力于培养社会精英。

在美国人看来，精英虽不同于贵族，但应具有绅士般的教养和风度，同时也应具有超常的智慧与能力。通过日常的职业训练可以获得智慧与能力，但教养和风度则需要通过通识教育才能获得。所以，罗索夫斯基才号召哈佛大学的毕业生要成为"一个有教养的人"。精英教育这种超越平民教育的教育理念，使得美国很多高校都将这种务虚的理念贯彻到大学的通识教育实践中。

在这样的社会背景下，美国一方面积极提倡其国人所推崇的通识教育，国人所推崇的通识教育致力于培养学生高尚的情操与良好的教养；另一方面在现实的操作中，通识教育课程的开设实施却一直处于平民化的基础上，学生也只想着应该学习哪些知识才能更好地为未来的工作打好基础。最后，所谓精英式的通识教育也就成了务实的通识教育。

3. 个人与社会

个人与社会是一种相互依存、彼此依赖的关系。个人想要得到发展必须依托社会这个大背景；社会的不断进步、不断更新也需要每个人共同努力。美国大学的通识教育和理想常经主义理念一样，认为教育不仅要培养学生的人文素质和品德修养，还要满足学生的实际需求。进步实用主义和精粹本质主义都注重教育要为学生日后的工作规划有所铺垫，强调学生在学校学习的通识教育内容是在实践生活中可以用到的。正是基于这种理念，美国很多高校的通识教育就开设了如"思辨分析""逻辑推理""应用写作""口语表达"等课程。像美国的华盛顿大学、威斯康星大学、哈佛大学等在通识教育课程里都开设了像"口语表达"这样的基础课程。

而我国高校十几年来开展的通识教育实践中，政府的影响较大。李曼丽认为，我国1995—2005年的通识教育理念构建和制度建设进程，是一个由"政府与文化精英主导的共识诉求过程"①。教育服务于社会发展是其根本属性之一，中国大学的通识教育主要是为了服务民族、国家和社会的发展需求而设置课程，但是我国文化传统中往往家国居于个人之上，长期以来对于个人特性的发扬并不足，因此在课程设置上也更多体现社会发展需要而非学生个人需求。在课程设置之中，对

① 李曼丽. 中国大学通识教育理念及制度的构建反思：1995—2005[J]. 北京大学教育评论，2006，4(3)：86-99.

专业技能教育的重视是不足的。

最让人担忧的是，专业技能教育恰好是国内大学教育实践中的薄弱环节。很多专业课程中，理论课的教师一般都不缺乏，但涉及一些具体操作技能训练的课程，则存在找不到教师的问题。美国和中国的大学通识教育在提出的阶段有很大的不同。美国大学的通识教育是总结了其国家以往开展专业技能教育的弊端和不足所提出来的；中国大学的通识教育则是在本国的专业技能教育发展不成熟、有待完善的基础上提出来的。中国没有关注到这种阶段的差异性，这就使得中国大学的通识教育忽视了学生最想学的专业技能教育。

（二）中美大学通识教育管理机制的比较

在管理机制方面，美国的大学一般都会设置一个位于多个专业院系之上乃至全校性的通识教育委员会，通过它来管理和协调全校的通识教育工作。这类跨越各个专业院系管理的模式，既可以保证高效、便捷的通识教育管理工作，也有利于吸收和接纳各专业院系教师的意见及建议，形成科学化的决策，在通识教育的实践中较好地达成了集中和民主的有机统一。另外，设置校级层面的管理机构也体现出通识教育在美国大学中的地位和重要性。

相对于美国高校来说，中国的大学在实施通识教育过程中缺乏一个独立的、统筹的管理机构。目前无论是负责已有公共必修课的通识教育机构，还是近些年成立的基地班、通识学院等通识教育机构，它们在行政级别上与其他专业院系是平行的，甚至低于一些专业院系，即使级别与专业院系相同，在人们的潜在认识或看法中，通识教育机构的专业地位是不如专业院系的。这就导致通识教育机构与专业院系进行有效沟通与协调的局面，也难以调动专业院系教师的积极性，更不可能很好地集中各院系专业课教师的意见和建议并进而作出统一的决策，这些问题不利于通识教育的科学决策、资源整合和有效利用。

四、基本结论

综上所述，美国大学通识教育的理念主要分为三大类：第一，理想常经主义，该理念认为大学的重要使命就是培养学生的人格修养与精神气质，大学通识教育主要是鼓励学生重读古代经典著作与道德修养文章，致力于把学生培养成具有文化涵养的“绅士”般人才。第二，进步实用主义，该理念认为真理是相对的，大学通识教育应该传授给学生有用的知识，为学生以后的职业发展服务。第三，精粹本质主义，该理念认为大学通识教育并不是一元的，而是多元的，既要注重培养学生的文化修养和道德气质，又要重视对学生基本生活技能的训练。

中国大学的通识教育理念，同样是分为三大类：第一，思想政治教育论，该理念认为教育的最初任务是要培养学生一种热爱祖国、拥护民族团结的精神。所以，思想政治教育超越于大学中的任何一个学科或者专业，成为每一位大学生的公共必修课。第二，文化素质教育论，该理念认为大学中不应设置过细的课程专业，应培养学生广泛涉猎人文、社会和自然科学领域的基础知识，以培养学生健全的人格，而并非限制学生的视野和眼光。第三，通才教育论，该理念认为大学教育应该淡化甚至取消专业界限，培养拥有广博知识的通才式人才。

对比中美两国大学的通识教育理念，不难发现两者的差异主要体现在三个方面：第一，务虚与务实，美国大学的通识教育不管是在理论还是实践方面，其表现都是务虚，中国大学的通识教育理念虽是提倡务虚，但在具体的课程设置与实施中表现出来的又是完完整整的务实。第二，精英与平民，美国大学的通识教育是精英教育，致力于培养有高尚品格和高度教养的人，中国大学的通识教育是通过对学生的教育为学生的职业发展打好基础。第三，个人与社会，美国大学的通识教育是兼顾社会和个人两方面的需求，但中国大学的通识教育则更多的是从社会发展需求的角度来培养社会精英，学生自身的需求没有得到应有的重视。

在管理机制方面，由于历史和现实等各种原因，中美大学还是存在明显差异。美国的大学设置了一个跨越专业院系之上的全校性通识教育委员会，在通识教育的实践中较好地做到了民主和集中的有机统一。中国大学设置了一个与专业院系平级的管理机构，不能很好地集中各院系专业课教师的意见和建议而作出统一的决策，其协调性也因院系之间的壁垒而受到限制。

第二节　组织设置、基本策略与中美差异

一、通识教育的组织设置

（一）现代社会的组织类型

不同国家在现代社会结构方面具有各自的特点。大学通识教育的组织机构作为现代社会结构的一个组成部分，其组织结构也具有各自的特色。要对比中美大学在通识教育组织结构方面的不同，必须先理清现代社会的社会结构。

社会结构是社会单位之间关系的模式，社会单位包括个人、角色、群体、组织等。现代社会结构与早期社会结构的重大差别可以从社会组织形式的变化

得以说明。

1. 现代社会结构及其组织的三维体制

随着人类社会生产力与生产关系的互动与发展，人类生存的自然环境日益被人工环境所替代。这种变化既体现在物质环境上，也体现在社会环境上。从社会环境上看，原始联系和基于此的“原始组织”（家庭、氏族、种族集团和社区），逐渐被新的、有目的的现代组织及相应的社会关系所取代。“原始组织”并非有计划地组合形成，而是以血缘关系扩展形成。但现代组织则是出于特定目的的设计和建构，正如麦基弗所说：“原始社会和文明社会最显著的结构上的区别是前者缺乏特定的社团而后者拥有大量这样的社团。”①从 19 世纪中叶到 20 世纪 40 年代的 100 年间，新型组织逐步发展成为社会结构的重要组成部分；在随后的 50 年中，具有目的性的法人行动者（组织）充分扩大了其社会作用和活动范围，占据了社会舞台的中心。“在过去的社会结构中，自然人是基本元素，人与人的基本关系是自然性联系。在新型社会结构中，新出现的法人行动者担负了原先社会关系所承担的大部分职能，原始自然性的社会关系已退居次要地位。”②这样，到了现代社会，正如帕森斯所说，“组织的发展已成为高度分化的社会中的主要机制，通过这个机制，人们才有可能‘完成’任务，达到对个人而言无法企及的目标”③。现代社会是一个组织高度发达的社会，对现代社会的理解已经不可能脱离组织的视野而单独存在。而对于庞杂的现代组织，又是从何种分析框架来把握呢？这里不妨用组织的三部门模式来进行理解。

就其功能来说，现代组织是提供产品或服务的机构。建立在市场经济基础上的现代社会组织通常可分为三大部门：商业机构（第一部门）、政府机构（第二部门）、非营利机构（第三部门）。④民众往往对第一、二部门比较熟悉，而对第三部门则不大了解。第三部门又称为第三域，指的是既不属于政府机构也不属于商业机构的非政府组织或非营利部门。对于第三部门有多种界定的标准：第一是从法律上进行界定，中国政府对待第三部门是有减少收税的；第二是从组织资金的来源上来看，第三部门的资金来自社会的捐赠与会员的会费；第三是从组织的特征性质来看，第三部门的特征主要是不以营利为目的、独立运营、民间组织、自主管理；第四，第三部门旨在服务人民群众，不以营利为目的。

① 曼瑟尔·奥尔森. 集体行动的逻辑[M]. 陈郁，郭宇峰，李崇新，译. 上海：上海三联书店，上海人民出版社，1995：16.

② 詹姆斯·科尔曼. 社会理论的基础[M]. 邓方，译. 北京：社会科学文献出版社，1999：707.

③ Parsons T. Structure and Process in Modern Societies[M]. Glencoe：Free Press，1960：41.

④ 也有将商业机构归为第二部门，而将政府放在第一部门的分类法。参见范丽珠. 全球化下的社会变迁与非政府组织之贺词[M]. 上海：上海人民出版社，2003：1.

第三部门的兴起，是近些年兴起的新现象，美国约翰·霍普金斯大学教授萨拉蒙（Salamon）将第三部门的兴盛归结为四次危机和两次革命性变化的历史结果。即社会福利国家的危机、发展的危机、世界性的环境危机、社会主义的危机，以及 20 世纪末的通信革命和 20 世纪 60、70 年代全球性的经济增长带来的资产阶级革命，这些因素催生了第三部门的迅速发展。[①]第三部门的发展得益于 20 世纪 80 年代的全球性社团革命，在此背景下，第三部门第一次得到空前的发展。萨拉蒙十分重视第三部门兴起的意义，他认为，第三部门在全球的兴起对于 20 世纪的重要性不亚于民族国家的兴起对于 19 世纪的重要性。他又说，“如果代议制政府是 18 世纪的伟大社会发明，而官僚政治是 19 世纪的伟大发明，那么第三部门组织则代表了 20 世纪最伟大的社会创新”[②]。

根据萨拉蒙教授主持的对全球 41 个国家（未包括中国）的研究，世界上有许多国家都存在由非营利组织组成的庞大的非营利机构，这些机构的平均规模大约占各国国内生产总值（GDP）的 4.6%，占非农业人口的 5%，占服务业人口的 10%，相当于政府公共部门就业人口的 27%。[③]数据表明，非营利组织的发展对于安排劳动力就业，满足这些国家公民的文化、教育、医疗健康等方面的需求，提高其国民的福利水平都发挥了重要作用。在一些市场经济国家“小政府、大社会”的时代背景下，非营利组织也就成了调节社会关系不可或缺的重要机构。

随着人类社会的发展和整体文明水平的提升，非政府组织在社会事务中扮演的角色日益彰显，社会也越来越凸显出三大部门分工协调发展的特征，三大部门的相互协调依存构成了现代社会基本的结构特征和模式。有学者认为：“这是一个多元的三层结构。高层：以政府为中枢的公共权力结构；中层：介于政府与企业及公众间的各种社会团体、社会中介组织；底层：各类工商企业、产权主体。三层结构反映了现代社会的三种力量和三个原则，即：国家力量和原则（公共权力、公义与秩序原则）；社会力量和原则（社会权力、自主参与原则）；市场力量和原则（资本权力、利润与效率原则）。”[④]还有专家认为，“这三层结构或三种组织是社会的三大资源配置机制，即由政府运作的国家机制或曰计划体制、由营利性的企业运作的市场机制、由非营利组织或者非政府组织运作的社会机制”[⑤]。

与三部门模式相对应的“市民社会理论”的“国家—社会”二元分析模式，

① 莱斯特·萨拉蒙. 非营利部门的兴起[M]//何增科. 公民社会与第三部门. 北京：社会科学文献出版社，2000：249-252.
② 莱斯特·萨拉蒙. 非营利部门的兴起[M]//何增科. 公民社会与第三部门. 北京：社会科学文献出版社，2000：257.
③ 莱斯特·萨拉蒙. 全球公民社会——非营利部门视界[M]. 范海滨，译. 北京：社会科学文献出版社，2002：10.
④ 于海. 行业协会与社会中间结构[M]//范丽珠. 全球化下的社会变迁与非政府组织（NGO）. 上海：上海人民出版社，2003：305-306.
⑤ 佚名. 充分评估非政府组织的作用[N]. 经济参考报，2004-05-19.

正在被“国家—社会—经济”的三元分析模式所取代。在二元分析模式中，市民社会中的经济领域和非经济领域没有得到明确的区分。哈贝马斯把社会区分为私人领域和公共领域，从而提出一种“公共领域—私人领域—国家”的三元分析框架。①他所说的“公共领域”与“私人领域”和第三部门与第一部门是大致对应的。对重建市民社会系统理论作出重大贡献的简・科恩（Jean Cohen）和安德鲁・阿雷托（Andrew Arato）提出用“生活空间与政治和经济子系统的三元模型（a three-part model），深化从葛兰西和帕森斯那里继承下来的范式，并且使其发展到能反映出卢曼所用的更加先进的分化理论，进而有助于把施密特与其他的混合主张（fusion argument）联系起来进行考量并加以限制”②。“三元模型”是用来克服“国家—社会”二元分析模式的，他所说的生活空间实际上就是由第三部门组成的。由此可见，社会结构的三部门模式有着深厚的理论渊源和理论支撑。

那么，为什么要以三部门模式而不是两部门模式来理解现代社会组织之间的结构性关系？以前，人们往往根据二分法对社会组织进行分类，非私即公，非公即私。美国的乐维特（Levitt）是第一个提出“第三部门”这一概念的学者，他认为这种对立式的划分有些偏颇，有很多组织是存在于政府企业与私人企业之间的。有专家指出，计划与市场经历了三个阶段：第一阶段是20世纪上半叶的计划与市场两个体制的竞争对立；第二阶段是20世纪下半叶的“国家—市场”的二维体制超过了计划与市场的单一体制；第三阶段是21世纪的“国家—市场—社会”三维体制与“国家—市场”二维体制的竞争。进入21世纪，国家发展的速度取决于三维体制的发展程度。“在21世纪里领先的国家必定是三维体制的国家。中国如要赶上去，必须尽快建立起三维体制。”③

三部门模式之所以优越于两部门模式，还可以从“市场失灵—政府失灵—社会失灵”的理解范式得到说明。私人部门是一种营利性的组织机构，主要进行商品的生产与销售。现代经济学证明，在没有外部性的条件下，私人部门在完全竞争的市场中追求自身的利益，在无形之手的调节下达到社会理性，使社会资源得到合理配置。④但在现实条件下，外部性是不可避免的，市场机制难以达到经济学中的帕累托最优（Pareto optimum）；此外，市场对资源配置效率以外的，以公平为核心的社会问题，也是无能为力的，这就出现了所谓的市场失灵。市场失灵为政府机构第二部门的存在提供了正当的理由。界定和保护消费者产权、提供社会

① 哈贝马斯. 公共领域的结构转型[M]. 曹卫东，等译. 北京：学林出版社，1999：29，35.

② 简・科恩，安德鲁・阿雷托. 社会理论与市民社会[M]//邓正来，亚历山大 J. C. 国家与市民社会—— 一种社会理论的研究路径. 北京：中央编译出版社，1999.

③ 佚名. 充分评估非政府组织的作用[N]. 经济参考报，2004-05-19.

④ 夏辉. 非政府组织与文化发展——兼论文化事业社会化改革[J]. 广东社会科学，2004，(5)：89-93.

公共产品和服务、解决社会存在的各种问题等成了政府的基本功能。然而，仅仅依靠政府的力量，不能实现资源配置的最优化，也不能有效解决复杂多样的社会矛盾，甚至有可能导致本应提供公共产品的政府提供公共灾祸，这种现象在制度经济学中被定义为“诺斯悖论”。当代公共选择理论对政府失灵进行了深刻的阐述。政府作为一个垄断性的组织机构，其有不同于其他社会人的独特利益。政府在自然垄断中有着绝对的优势，政府又有着独有的强制性，这就会出现以损害社会利益为代价而服务政府利益、以侵犯他人利益为代价而服务个人利益的现象，在体制健全的制衡体制中这一现象也难以得到有效约束。同时，政府作为一个庞大的科研组织，难以摆脱一些传统的科层制特色，其为社会提供公共物品的效率不高，这就造成政府对社会需求与发展机会反应迟钝，再加上政府官员在公共问题应对方面的迟缓特点，对市场调节表现出缺乏降低成本、增加产出的内发动力，所以在小范围内时有政府失灵这一问题。市场与政府并非可以相互补救，市场失灵不能完全依靠政府进行补救，政府失灵也不能完全依靠市场来解决。因此，在政府和市场同时不能触及的真空领域，第三部门逐渐发挥出自己独特的优势和作用，甚至在以往一直由政府提供公共服务和发挥主导作用的领域，第三部门表现出比政府部门更高的效率。在国外一些国家，第三部门逐渐成为解决集体行动困境和社会问题不可取代的社会途径和组织机构。例如，第二次世界大战后的德国主要依靠由国家资助、非正式组织提供的途径获得大部分福利服务；美国主要依靠萨拉蒙所谓的“第三方管理”途径来获得公共福利服务，即先由国家资助大量的福利服务，然后再转给第三部门，并让第三部门提供服务；法国则把第三部门纳入国家的福利服务机制中。第三部门建立在政府功能与市场功能无法企及的空白处。第三部门和第一部门、第二部门一样，其功能的发挥也存在一定的局限性。第三部门只能在有限的范围内发挥作用，超出其能力限定的范围，同样也会“失灵”。此外，由于第三部门自身的治理结构还不尽完善，这也可能导致一定程度上的功能“失灵”。由于第一部门失灵，第二部门和第三部门的功能和表现也会随之失灵，因此，这三类部门之间必须建立起一种优势互补、相互合作的关系。只有这样，它们才能形成一个相对健全的社会发展平台，以弥补市场功能存在的缺陷，为社会提供公共产品与服务，对集体需要做出应急反应等。总之，三类部门在功能上既要互相独立，又要互相补充、相互促进。

近年来，三部门模式逐渐成为现代社会“生产”的基本结构特征。但普遍存在的一个现象就是世界上的绝大多数国家还是只重视政府与企业、国家与市场的关系，往往会忽视非营利社会组织的作用。非营利部门仍然是现代社会风景中“不为人知的大陆”，不仅不为大多数决策者、商业精英和新闻界所认知，甚至也不为本来就置身于非营利部门的很多人自身所认知[①]。只有少数国家重视并充分发挥了非营利组织在资源配置中的作用，有效地统筹好国家、市场、社会三种机制间的关系。这些国家的综合国力、创新能力都达到了世界领先水平。因此，必须深入研究这种三维机制，并将它运用到各项事业的发展中去，尤其是教育领域。

社会不断发展，不断变革，要保证国家通识教育机构正常运行，我们必须进行组织结构的变革，使其更好地适应社会的发展。传统通识教育的组织结构通常把专业院系作为组织的主体，这在很大程度上对通识教育的课程设置带来了很大的局限性，使通识教育课程结构出现了课程科目设置不均衡的现象。而此种困境让教师和相关专业的管理人员无法正常推行通识教育，通识教育长期陷入困境，出现瘫痪甚至僵化的局面。现代化过程中，在这种困境下通识教育的核心课程呈现出“没有教授愿意上，没有学生愿意听，没有学校领导愿意管”的僵局。

在要求以创新促发展的现代化社会理念的指导下，各国均很重视社会变革，通识教育的组织机构也不例外。伯顿·克拉克早期对学术组织进行过深入研究，在他的《高等教育系统——学术组织的跨国研究》中通过对通识教育的分析和研究，得出以下结论：“专业化学部组成的大学是不适合推行通识教育的组织。历史上看，欧洲等地学术系统的专业学院被深深地制度化，对通识教育的摒弃也在组织结构中被固定下来，因而通识教育的任何改革都变得困难甚至不可能。而相较之下，通识教育在美国即使处于其最衰落的时期，也得到了两种关键组织强有力的保障，那就是大量四年制的小型私立文理学院和公立或私立综合性大学中核心的文理学院。学院的组织构架在各独立学系构建了一个基本的平衡，在组织制度上保障通识教育得以开展。”[②]由此可见，若要保障大学通识教育的正常和顺利展开，必须实现组织结构的基本平衡。适时调整组织结构，使其趋向合理化、科学化、专业化、协调化，以此为指导理念，在此基础上进一步对通识教育的组织结构进行科学变革，是实现通识教育长久发展的关键所在。

2. 第三部门在通识教育教育中所扮演的角色

在西方发达国家，公益性文化事业主要依靠第三部门来推动，甚至国有文化机构也出现“第三部门化”的趋势。国家对文化公益性事业的扶持主要是以政策、税收和基金会等间接手段来进行的。例如，美国主要是通过国家人文基金会、博物馆学会及国家艺术基金会来扶持国家文化艺术项目，而对各州、各企业集团及全社会的文化艺术事业，则主要依靠法律法规和相关政策的支持。1917 年，美国

① 莱斯特·萨拉蒙. 全球公民社会：非营利部门视界[M]. 贾西津，魏玉，等译. 北京：社会科学文献出版社，2002.
② 伯顿·克拉克. 高等教育系统——学术组织的跨国研究[M]. 王承绪译. 杭州：杭州大学出版社，1991：47-49.

通过税法明文规定免收非营利性文化团体、机构所得税。美国由于没有专门管理文化的部门，于是便在1965年颁布了《国家艺术及人文事业基金法》，并根据该法律的指导创建了国家艺术基金会和国家人文基金会组织，致力于在全国范围内推广国家艺术与人文事业。这一法律的颁布使得美国对文化艺术的资金投入有了保障。美国还依据合同法、劳工法等相关法律来进一步促进美国文化产业的发展。澳大利亚政府在文化组织方面所做的工作很值得称赞。澳大利亚政府给登记了单位和个人的文化组织提供赞助，并免收相应的所得税。与此同时，澳大利亚政府还为企业和文化机构设立了专门的人文基金会，主要负责：第一，为企业和文化机构提供咨询服务；第二，定期出版期刊宣传有关信息；第三，实施有关减免税政策等。

西方发达国家文化第三部门内部机构建设也相当规范，大多采用董事会制度。法国政府和美国政府不同，法国设立了文化事业单位，但其内部又实行董事会制度来取代事业单位制度。例如，在文化部直接领导的政府文化机构法国国家剧院中，其决策权归理事会，而理事会成员由政府代表、政府职工代表及文化部长推荐的文化界人士组成。有关剧院的一些重大问题的讨论与决策如剧院的财政预算、借贷事项、管理方针等都是由理事会来决策的。剧院实行严格的财会管理制度，剧院设有财务管理委员会，讨论剧院的财政收支情况和有关财务方面的重要问题，并将财政情况报告剧院理事会。①

从第三部门中的教育机构来说，大部分发达国家是公立学校和私立学校并存，其中私立学校又可以进一步分为非营利性私立学校和营利性私立学校。两类私立学校在学校性质、办学宗旨、活动方向、管理模式、收入分配上都具有显著的差异。虽然各个国家的私立学校的社会地位、构成比例及税收政策有很大的不同，但它们都拥有多元化的办学模式，具备规范的法律制度体系，对非营利学校有清晰的概念界定、明确的税收优惠标准。荷兰、比利时等国的初等教育和中等教育主要由私立学校提供；在菲律宾和日本等国，私立学校则是高等教育的主要提供者。但一个普遍的现象就是，很多国家仍以公立学校教育为主，私立学校的教育作为补充。然而，近年来，国际上的私立学校呈现出改革的苗头，很多国家的公立学校向私立学校转型，政府还通过像发放“教育券”这样的方式来扶持私立学校的发展。在这些私立学校里，许多和宗教传统相关的非营利性私立学校一般有中学、小学。而高中以后的非学历教育基本上以营利为主，除有关管理规定外，这些学校和企业一样，要履行纳税义务。政府对非营利性学校提供的资助是多样化的，一般有奖助学金的发放、学生补助、经费申请、贷款项目

① 江蓝生，谢绳武. 2001～2002年：中国文化产业发展报告[M]. 北京：社会科学文献出版社，2002.

等。正是有了政府的大力支持，各国的私立学校得到了迅速的发展。不管各国在其办学体制上存在怎样的差异，政府的财政支持在教育领域都有着举足轻重的分量。美国约翰·霍普金斯大学在43个国家中进行的非营利性组织国际比较研究项目的结果显示，非营利性组织的收入来源总体结构为服务收费（49%）、政府资助（40%）和慈善所得（11%），其中政府资助占比比较大的领域是保健（55%）、教育（47%）和社会服务（45%）。[①]

美国等西方国家的第三部门在通识教育中扮演着重要的角色，发挥着巨大的作用。美国作为最早实行通识教育的国家之一，文理学院组织模式是其特色，这种组织模式既是社会的需求又是历史长期发展的结果，更是通识教育自身为适应社会要求进行自我组织结构变革的结果。为了更好地推进通识教育发展，他们还在学院之外，实行了一系列组织措施，如设立小班研讨制度、住宿学院制及设立独立于学院不受学院牵制的小型评估机构等。这些举措为其他国家提供了良好的范例。近几年，中国的一些大学在通识教育组织结构方面主动向美国学习，进行通识教育结构变革，还成立了一些专门的学院组织。但由于中国传统的通识教育组织结构的限制，以及中国自身的社会类型和特殊国情，加上师资力量的局限性，即使中国像美国一样成立了一些配合通识教育发展的相关独立机构，但仍未在组织结构方面实现根本性的变革，只是在中国通识教育的外围打转，并未走出传统通识教育的泥潭，中国的通识教育的组织结构的变革需要大家共同的努力，需要专家学者及管理者更深层次、更长远地去探讨组织结构方面存在的问题，从而达到通识教育组织结构的最优化。

（二）大学通识教育的组织载体

1. 作为教育主体的人是通识教育的根本组织载体

大学通识教育的真正主体是人，是民族精神、优秀文化培育和熏陶起来的自觉主动的人。当前的学术界很多学者将通识教育主体定位为高校，提出高校是创新的决策主体、投入主体、利益主体和研发主体。事实上，“创新的主体是人”和“创新的主体是高校”这两个提法并不矛盾，因为这两个中的“主体”不是一个层次上的概念。本书认为，从根本上反映大学通识教育的本质就是把通识教育的主体定位为人。

首先，大学通识教育的主体是人，这里的“主体”，是与“客体”相对的概念，是哲学层面的概念。通识教育活动是人自觉的对象性活动，个人的通识教育

① 贾西津. 对民办教育营利性与非营利性的思考[J]. 教育研究，2003，(3)：47-53.

能力与他（她）的人格塑造有着极其重要的关联。独立的人格对于通识教育有着十分重要的意义。相关的研究表明，创新越来越成为人的深刻行为，个人因素已经成为通识教育的中心。

其次，高校也是由人组成的，高校的通识教育过程是通过人的实践来完成的。任何教育主体，最终都会分解到具有创新能力的个人，传统的教育理论则往往忽视了纯粹个人的需求这一创新最主要的动力来源。一方面，大学通识教育是一种创造性活动，往往只有具备独特的知识、能力和创新精神的少数人才能发起创新，从通识教育过程来看，高校教学科研人员起着关键性的作用，他们自始至终都是通识教育的领导者、组织者和决定性力量，他们主导着通识教育的全过程。另一方面，大学通识教育的最终完成需要社会的全员参与，价值创造最终还是要依靠全社会成员的参与和协同合作才能真正完成，体现了通识教育命运共同体的发展诉求。

从组织的层面来看，通识教育的主体是高校。但究其根本，通识教育的主体还是人，是人类社会各个结构环节里一个个具体的人。他们通过高校这种组织形式联系到一起，各自履行自己的职责。高校只是实现创新活动的一种组织形式，它根本的功能在于组织、协调富有创造力的个人，最终完成创新。因此，从创新的本质看，把通识教育的主体定为人，这对通识教育的后续研究具有深远的意义。

2. 高校和社区发展是推动通识教育组织发展的形式载体

用社区发展项目来推进通识教育不仅成效好，而且能够实现可持续发展。什么是社区发展？社区发展是社区居民依靠社区内部的力量，在政府及其他社会组织的支持下，有计划地、有目的地发展社区的项目，通过改善社区的经济、社会和文化状况来提高社区居民的生活质量。社区发展具有四个基本特征。一是社区发展目标的综合性。社区发展不仅有经济、社会的目标，也有涉及文化、政治等各方面具体内容和要求的综合协调目标系统。二是发展目标与需求的互动性。确定目标群体并以目标群体为导向，把满足社区人的基本需求作为发展的首要目标，是国际社会社区发展的鲜明特点。联合国制定的“社区发展十项原则”的其中一项是：“根据社区居民之根本愿望及需要制订社区发展计划。”社区发展归根结底还是人的发展。社区发展的出发点和落脚点就是满足人们的基本需求、提高民众素质、促进人的全面发展。因此，社区发展目标特别是人本社区发展模式必须高度重视发展目标与人的需求的结合与互动。三是发展模式的参与性和主体性。强化和提升社区民众对社区的认同感与归属感是社区发展的核心内容之一，以此来发动群众积极参与社区公共事务的管理。社会参与主要包括对社区的政治、经济和社会资本的全面调动，这也是对居民本身所具有的能力的激活。成功的社区发展计划和项目的特点是，通过赋权让社区居民参与发展计划或项目的决策和实施、组织管理及监督的全过程。四是发展的内生性。联合国社区发展计划（项目）在制定发展策略时，形成一个理念共识：解决社区发展困境或贫穷问题，要依赖于居民发展潜力和社区能力的提高，而不是简单进行经济援助、政府授权。社区能力是社区对自身需求做出及时反应，并开发资源满足需要或解决问题的一种能力。社区发展的以人为本理念，从依赖外部人力、物力资源的“外源型”模式转变为“内源型”模式，通过引导居民参与，提高居民自力更生能力、自我发展意识，促进社区管理机制和制度创新，实现社区发展与人的发展和谐统一、社区发展和资源利用有机结合。由此，大学与社区的通力合作，为大学通识教育提供了源源不断的资源。

3. 创新形式是通识教育组织的动力载体

对大学通识教育践行过程的创新形式，主要是把通识教育的发展看作一个有机动态的演进过程，研究通识教育创新的机制，就是要求在宏观的创新理论架构下，在通识教育创新的微观具体的层面上，探讨通识教育内在要素的有机结合方式和本质联系。从系统的角度来看，大学通识教育的创新形式主要有以下几个方面。

（1）知识与超越

一般而言，大学通识教育的创新能力可以作如下定义：在高校教育的所有创新活动中，学生为组织技术创新所储备的专业基本知识，以及自主锻炼的执行实践能力和自主创新能力。开展通识教育创新的前提和保障是具备通识教育所需的专业知识，这是高校开展自主创新的基础，在高校创新活动中占有举足轻重的地位。在特定的环境与条件下，运用高校现有的专业基础知识实现高校创新的技能是执行能力，学习能力则为创新过程输送源源不断的新知识和新养料。通识教育的创新追求的是一种不断的超越，对旧知识的超越、对旧事物的否定、对已有事物的发展，完成前人未曾有过的创举，开辟新道路。知识基础为通识教育创新提供前提与保障，主宰着通识教育创新的成功与失败。实践证明：创新主体的知识表明智力技能与创新能力呈正相关关系，创新主体的智力技能水平越高，意味着其创新能力就越强。属于组织知识范畴的技术创新能力是组织知识体系的重要组成部分，其组织知识的特性具有多样化。技术创新能力又不同于一般的组织知识，它是通过在创新活动中组织多种知识来实现的。

（2）科技的跨越式发展规律

进入21世纪，随着新科技革命在全球的发展愈演愈烈，科技的通识教育创新也提升到一个新的高度。科技通识教育创新的重要原则就是要适应当代潮流的发展要求进行一种跨越式的发展。一般来说，科技的跨越式发展既可以出现在教育领域，又可以出现在国家发展的战略领域。接下来将主要就高校发展的战略领域的科技跨越进行讨论，以实现教育从落后到先进的超常规发展。这里的跨越式发展指的就是一些生产力水平和发展水平不高的国家（或高校），把握新技术革命发展带来的重大机遇，利用高新技术加快发展速度，跨越发达国家（或高校）技术和生产力发展过程中的一些阶段，最终达到和发达国家（或高校）一样的技术与先进的生产力水平。跨越式发展，究其实质就是通过大学通识教育的重大创新来实现技术与生产力的快速、超常规的发展。

（3）集成创新

高校充分利用各种管理技术、信息技术、科技资源与工具等对创新的各个要素和内容进行选择、分配、优化与集成，最后整合成一个优势互补的有机整体的过程就是集成创新。集成创新不仅是一个各种职能相互联合交织的过程，还是一个将内外不同的资源有效整合的过程，通识教育就是在这样一个新型的网络组织之中得以实现的。当今的世界是一个需要多种资源整合创新的过程，需要把高校文化、新技术、新知识整合起来，通过跨学科的创新发展，形成强有力的竞争力，从而实现高校整体发展目标。这种集成创新为大学通识教育发展提供良好的技术链，是新时代大学通识教育实现信息化发展的重要基础。

（三）通识教育的组织文化

什么是组织文化？对于这一概念，不同的学者有不同的定义，不同领域的人也有不同的定义。长期以来，组织文化的定义一直是专家学者所关注探讨的话题，至今也没有得出一个一致的结论。彼得森（Peterson）和斯宾塞（Spencer）认为文化是由“深植于组织，并是其成员共有的价值观、信仰、意识形态”①所构成的观点曾得到学术界的普遍认可。法莫（Farmer）通过“做什么？怎么做？谁在做？”②的角度去探讨组织文化，这种哲学角度为我们提供了一个新的视角、新的思维方法去理性地考虑和探究组织文化的内涵。

关于通识教育的组织文化，佛罗克·哈奇曼（Frauke Hachtmann）给予了充分的肯定，即“将通识教育改革固化为组织文化是大学能否进行实质性改革的关

---

① Peterson M，Spencer M. Understanding academic culture and climate//Peterson M，Spencer M. ASHE Reader on Organization and Governance[C]. Needham Heights：Simon & Schuster，1991：140-155.

② Famer D W. Strategies for change//Steeples D W. Managing Change in Higher Education No7[C]. San Francisco：Jossey-Bass，1970：7-18.

键因素”[①]。这一观点把组织文化提到了很高的地位，为当时的学术界提供了一个新的视角。无论在中国还是美国，学校管理在通识教育中都扮演了很重要的角色。而蒂尔尼（Tierney）强调组织文化对于学校管理者的意义，指出从文化的视角可使学校成员有如下行为：一是考虑冲突对一个组织的影响；二是认清组织中怎样的紧张局势能在操作和结构层面上发挥作用；三是作出决策，影响组织内部群体；四是理解组织行为的象征意义；五是思考为什么组织中的不同团体对组织的运行方式有不同的认知。并且蒂尔尼指出对组织文化深层次的认知使得教师和教育管理者能够了解改革的初衷和背后的动因，理解变革过程，以及促使变革的执行得以维持。[②]蒂尔尼对学校管理的这一观点，为通识教育的组织文化的改革提出了一种借鉴方案。现代社会，通识教育的发展遭遇了困境，处于迂回曲折的艰难阶段，专家学者先后深入研究并调整通识教育的组织文化，借助文化的反作用力去推动通识教育的改革。

组织理论学家埃德加·沙因（Edgar Schein）在他的沙因文化研究模型中以高校为对象，把高校组织文化分为三个层次，第一层次为以语言、行为、管理制度等为代表的外在的可以观察到的事物，又被称为人工制品；第二层次为代表通识教育的管理者、教职员工的内在需要、用内在感知无法触摸的价值观和价值信念，涵盖了他们的道德规范、情感态度等内在理念；第三个层次指未经明确规定但却属于约定俗成的规则意识，这属于一种特定的为当事人所熟知并认可的组织文化。组织成员在日常生活中能够和谐默契地统一遵守这一隐藏性规则。这三个层次由浅入深、由表及里地深入剖析了组织文化的外在表现形式、内在价值和潜在规则。很多国家在发展通识教育的过程中不断从这一理论中汲取精髓，并进行反思，调整通识教育相关制度，从而完善通识教育的组织文化。

二、通识教育的基本策略

通识教育起源于西方。概括来看，发达国家和地区的通识教育一直以来都贯穿着这样一条基本思路，即核心是培养爱国主义的民族意识，前提是尊重人的主体性，主阵地是学校教育，主要途径是实践，最终目的是为国家和社会培养合格公民。根据这一基本思路，为达到教育的目的，各国在通识教育上采取了多种方式和方法，但主要可概括为如下几种。

① Hachtmann F. The process of general education reform from a faculty perspective：A grounded theory approach [J]. The Journal of General Education，2012，61(1)：16-38.

② Tierney W G. Organizational culture in higher education：Defining the essentials [J]. Journal of Higher Education，1988，59(1)：2-21.

（一）构建立体化的通识教育体系

所谓立体化的通识教育体系，是指通识教育得到国家和社会各阶层、各部门的重视，并携手以各种方式开展通识教育，由此构成一个上下贯通、左右相连的立体网络即体系。西方国家的政府、学校、家庭、社会围绕培养合格公民的目标，互相配合，以求实效。在国家层面，西方政府高度重视，对通识教育实行一种有组织、有纪律的领导：第一，制定并不断完善相关法律、法规等来指导通识教育；第二，对通识教育实行直接或间接的领导是通过设立相关机构来实现的；第三，对通识教育的目标、内容都有明确的规定；第四，对非政府机构开展的通识教育进行大力的资助；第五，国家领导人进行强烈呼吁。学校作为开展通识教育的最主要的场所，自然应当承担起为国家和社会培养合格公民的历史重任。大学从人性化的角度为学生设置了适合其认知水平的课程内容和教学方法，并重视对教师的培训，以期用最好的师资、运用最好的方法将公民应具备的知识、理念传授给学生，对学生向合格公民应有的素质和才能方向培养。

大学越来越重视通识教育在学校课程教育中所处的位置。以芝加哥大学的课程设置为例，芝加哥大学的通识教育是该校每一个本科生必须完成的学业的最基本的组成部分，每一个本科生毕业前要求修满 42 门课程，其中包括通识课程 15 门、主修课程 9—19 门、选修课程 8—18 门。[①]芝加哥大学在通识教育的课程设置方面并不是一成不变的，而是为了更符合学生的学习规律，不断地进行调整。相对于 1937 年的通识教育课程设置实施的做法，现在的方案更符合学生的发展要求及认知规律。共同核心课程指学生必须在一、二年级修满 15 门分别由人文、社会科学和自然科学课程组成的学季课程，具体如下：人文如人类文明、艺术必选 6 门，自然科学必选 6 门，社会科学必选 3 门。[②]这些课程培养的是学生的综合能力，包括自学能力、实践能力和批判思考能力等。这不仅能够满足学生自身所需的知识，还能更好地锻炼学生去适应瞬息万变的社会环境。

在家庭和社会层面，家长和社会各团体、机构也应积极配合。西方国家非常重视家庭教育，如德国就在教育法中明确规定，家长有义务担当起教育孩子的职责。而在许多国家的家庭教育中，家长通过直接传授、间接引导、以身作则等多种形式来培养孩子的思想品德和价值观。德国的家长对孩子进行教育时普遍都会遵守这样一个原则：家长应自己做出榜样来引导孩子做一个诚实守信的人。因为

① 2018—2019 Catalog. The Curriculum[EB/OL]. http://collegecatalog.uchicago.edu/thecollege/the curriculum/[2017-03-05].

② 陈建平. 通识教育与素质教育：美国芝加哥大学通识教育的启示[J]. 广东外语外贸大学学报，2003，(3)：54-58.

孩子在很多时候都是在模仿成人，所以德国家长绝不可给孩子消极影响。

美国的家庭教育则认为，教育的重要职能不是给孩子灌输某种既定的规范，更重要的是引导孩子进行选择。这种引导式的尊重孩子的教育方式，无形中就给孩子传递了一种自由、平等的价值观和锻炼了孩子独立思考、自我判断的能力。这些国家家庭教育的可贵之处在于，家长已站在国家、社会的角度把对孩子的教育当成对公民的培养，而不是把孩子当成自己的私有财产来看待。国外还有不少社会机构、社会团体、社区等都加入通识教育实施工作的行列，在不同的社会领域营造良好的通识教育氛围，从而加强了学校、家庭等不同利益相关者之间的协同效应，增强了教育效果。

从社会上看，根据调查结果，很多公司都表示在招聘员工时，他们会看重面试者的实践能力。对于那些刚毕业没有社会工作经验的大学生，如果他们的实践活动足够丰富，招聘公司会优先考虑聘用。通识教育在培养学生的基本素质方面有很好的作用，它注重对学生道德意识、行为举止等方面的培养，看重对学生自学能力的培养，重视提高学生的言语表达能力。而且通识教育注重的不仅是对知识体系的单方面输入，还注重将理论与实践相结合，学校对理论的输出方式不仅局限于课堂上的输出，还带学生走出课堂，走进社会去参加各种应用性和实践性的活动。所以多参加一些通识教育实践活动，如通识教育中学校与社区合作的社区服务项目等，对毕业生最终是否被公司录取是有正面影响的。要学会做事，先学会做人。这也是一个公司在招聘学生时的一个不可或缺的要求。学生通过通识教育，也可以形成正确的三观——世界观、人生观、价值观，从而不仅成为具有合格实践能力的人才，还成为一个思想道德素质方面良好的人。由此可见，大学通识教育是被社会认可的一种培养人才的方式，一方面，促使了学校对通识教育的重视，更多地开设一些社区服务活动，让教育走进社会。另一方面，为学生学习通识教育所设课程及积极参加相关实践活动提供了机会。

（二）制定渐进性的通识教育课程

国家或教育机构根据学生不同阶段、不同年龄特点开设的与其学习能力、学习心理等方面的特征相适应的通识教育学习课程，被称为是渐进性的通识教育课程，其中既包括理论教育课程，又包括实践课程。这种课程设置具有由浅入深、由具体到抽象，程度由普及到提高的特点。通过循序渐进的课程教育，学生将逐步掌握公民参与民主政治生活应具备的知识、技能和规范。在这方面新加坡堪称典范。新加坡小学在 1992 年开始使用新《好公民》这一教材。在这里就以该教材作为例子来分析，这一教材是分析学生在不同时期德育发展的不同情况，从而总结出不同阶段的学生的德育情况，进而根据学生的思想行为的发展范围这个角度将其归纳为 6 个发展重点，并且这 6 个发展重点具备层次不同的特点，该课程内容的重点并非一成不变的，而是会根据学生年级的递增而作不同的调整。以小学 6 个年级为例作说明，从小学 1 年级到小学 6 年级的内容重点分别是“个人”“家庭”“学校”“邻居”“国家”“世界”。这些内容重点从逻辑上是递进的，内容上也更为符合学生思想、行为发展的需求。整套教材的体系内容体现的是一种对国家、对社会、对大众的关心，体现的是儒家在道德方面所表露的观念，是一种有关道德观念、社会规范、责任意识、民族团结、国家忠贞的教育，严格按照一种从“个人”到“社会”到“国家”再到“世界”的循序渐进扩散式的教育模式。中学在小学的“好公民”课程纲要的基础上扩充修订了中学的“公民与道德”课程，其内容主要包括培养学生良好的品德、挖掘学生的内在潜力、促进人与人之间的友好关系、衡量家庭生活的关键性、更好体现社区的意识、培养学生对文化的理解能力、提高学生乐于为国奉献的觉悟等。中学的逻辑顺序与小学基本相同，在内容上是对小学教育基础的延伸与深化，是一种螺旋式的上升，目标在于向学生灌输一种适合新加坡的道德价值观，使学生形成强烈的爱国意识，具有爱国情怀；训练学生形成一种道德判别能力，使其树立社会责任感。[①]

教师采用这样符合教学逻辑的渐进性教学方式，体现了学生学习理论知识过程中所具有的规律，由浅入深，由易到难，动态地分析学生的不同时期的特点及需求，从而实施相对应的教学内容，真正达到教到所需、学到所要。

（三）实施课堂教育与实践体验相结合的通识教育理念

发达国家对在校学生的通识教育不仅在教材安排和课程设置上体现了渐进性的特点，还在教育方法上体现了理论与实践相结合的教育理念。首先，在课堂上，学校的课堂教育不限于教师的理论灌输和循循善诱，还采取灵活多样的如讨论、辩论、竞答游戏、角色扮演等体验式学习方法，以加深学生对所学知识的理解。其次，学校还通过开展大量的校园活动对学生进行通识教育。有很多国家都会要求学生每天参加升国旗、唱国歌及升旗宣誓这样的一些活动。像开学典礼、毕业典礼、校庆、国庆这样的一些重大日子或节日也都会要求师生参加升国旗、唱国歌的仪式。最后，学校还带学生走出课堂，走进社会，通过参与各种有益的社会活动，将所学的课堂知识与社会实践结合起来，使学生能更快、更好地了解社会、历史和自己，进而以此来培养学生的一种民族自豪感和社会责任感。学生具有理论基础后，再来进行实际操作，培养实践动手的能力，将知识由输入转为

① 秦树理. 国外公民教育概览[M]. 郑州：郑州大学出版社，2004：120.

实际的输出，从而使理论知识产生一个质的飞跃。如俄罗斯的学校就经常带领学生参观各种战争纪念馆，访问社会名人，参加社会实践，深入厂矿和企业，了解各个社会阶层，广泛开展各种民主活动，自由竞选，公开讨论学校和社会上的公共事务。①新加坡的学校也热衷于给学生组织像参观监狱、禁毒展等一些课外实践活动。②还有许多国家都有要求学生参加志愿者服务社会的规定，并把是否参与志愿者服务作为对学生的考核内容之一。

另外，国外有的大学还积极与社区互动，共同开展通识教育，甚至有部分学校尝试着将其列入自己国家的主要课程中，体现了这些学校对通识教育的重视。比如，日本制订了一个计划，该计划是关于参与社区活动的，采用诸如此类做法的还有新加坡；美国作为一个教育较为先进的国家，也在大力发展“服务性学习”的活动，此类活动是由学校与社区共同协商而定的。如哈佛大学，2015 年拥有 13 栋 2—4 年级本科生宿舍楼，每栋宿舍楼住 330—450 名学生，拥有食堂、公共休息室、图书馆、学术和文化娱乐活动等设施。各栋宿舍楼开设研讨班课程，举办社会服务活动、表演、音乐会、讲演、特殊宴会和晚会、各种运动队的校内比赛等。莱斯大学（Rice University）有 9 栋本科生宿舍楼。学生不仅有课堂教学体验，还可以建立亲密、多元的社区，并通过办报纸、戏剧、音乐、电影等活动进行集体学习。每栋楼的学生来自不同院系，甚至不同国家，且都配备辅导教师，这成为重要的通识教育因素和途径。③通识教育的实践对于大学通识教育来说，是不可或缺的一个组成部分，也是不可缺失的一个必要环节。而英国采取的是另一种方式，是让一些为社区服务的志愿者来学校对学生进行一系列的教育活动，从而让通识教育走入英国学校。④这些措施都充分体现了很多国家的学校对通识教育实践课程的高度重视。

（四）坚持尊重人的通识教育原则

现代西方通识教育坚持人文理性的传统价值理念，一切从人出发，尊重人、关爱人，为把人培养成为有独立精神、思辨能力、健全人格和公民意识的合格公民而努力；通过各种方式，将尊重人的通识教育原则落实在注重能力培养、注重民主精神培养和注重包容态度培养的具体教育中。

一是注重能力的培养。西方国家在传授基本的公民知识和培养价值观的基础上，十分注重公民能力的培养。美国大学通识教育的目标目前大致可以分为以下

① 秦树理. 国外公民教育概览[M]. 郑州：郑州大学出版社，2004：55.
② 秦树理. 国外公民教育概览[M]. 郑州：郑州大学出版社，2004：123.
③ 王晓阳，曹盛盛. 美国大学通识教育模式、挑战及对策[J]. 中国高教研究，2015，(4)：17-25.
④ 李庶泉. 公民教育的国际比较[J]. 济南大学学报（社会科学版），2005，15(2)：70-75.

几类：知识方面、能力方面、价值观方面及社会参与方面。从西方通识教育的情况来看，知识方面的目标看重的是对通识教育知识的传承，如阅读经典。能力方面的目标主要包括思辨能力方面的目标及参与能力方面的目标。培养思辨能力，采取反思探究或批判性思维法，此研究方法是培养学生在面对社会上一些主要的问题时，运用他们自己的反思探究能力去分析这些社会问题，从而锻炼他们对于价值的分析及在遇到问题时的应对和决策能力。参与能力的培养主要是通过学生参加学校的民主建设和社区的服务活动进行的。价值观方面的塑造强调国家主流价值观的地位，但其中包含明显的世界主义思想。社会参与方面则不仅包括小范围内的社区参与，更含有对更大区域、国家和超国家的国际参与的关注。在教授通识教育的课程时，也不采用传统教学方式、填鸭式教学或者是形式主义的灌输知识的教学方法，一般采用讨论式的教学方法来经营构建一个课堂，并且为了保证教学质量，也为了保证每个学生能有更多的表达机会，一半班级采用小班教学代替了大班教学，获得了更好的教学效果。比如，1999—2000 学年，哈佛大学共开设 5735 门课程，其中 52%的课程只有 8 名左右的学生，75%的课程只有 15 名左右的学生。[①]相比较于大班教学，小班教学的优点就是能让学生畅所欲言，让他们有更多的表达机会，教师能更好地满足学生的需求。小班教学无论是对于教师的教学，还是对于学生的学习而言，都是有利的，在很大程度上提高了通识教育的教学效果。

斯坦福大学的通识教育主要也是研读经典名著，每门课程都是由一个特定题目来组织的，教学内容有一定深度，和通常的“概论式”的入门课程大不相同，学生在聆听、讨论、阅读和解释课程题目时，发展批判思维和培养交流与表达能力。每学期学生需要阅读 5—8 本由教师指定的紧扣题目的经典著作，每门课程需要完成 2—3 篇 15 页左右的文章，作为成绩考核的依据。[②]这样的课程不能随便应付，它要求学生要真的去研读这些经典著作，并且经过自己的思考从而形成自己对著作的解读，再经过自己的语言加工，将自己的观点陈述在自己的文章中。

二是注重民主精神的培养。民主的建立有赖于自由和平等作为基础，因此在教学活动中，教师与学生、学生与学生之间始终保持着一种平等的关系，大家可以共同讨论、互相质疑。学校还让学生在学校的一些机构担任职务，设立各类学生自治组织和社团等，使学生在学校事务和个人的事情上有获得信息、发表意见和参与决策的机会，学校致力于培养学生的民主精神，通过让学生参与讨论、选举和决策这样的方式来增加一种民主生活体验。同时，学校还会定期组织学生参

① 张晓鹏. 通识教育中外比较：我们的理念偏差[N]. 中国教育报，2006-11-03，(4).
② 陈敏生，潘梅芳. 美国大学通识教育的实践及其启示[J]. 高教探索，2012，(2)：52-56.

与社会生活等一系列活动来培养学生的民主精神。

三是注重包容态度的培养。在这个瞬息万变的多元化时代里，包容、开放的心态显得十分重要，也应有一种多元价值并存的理念。尊重，在某一层面上，体现的就是一种对不同民族、不同文化及不同价值观的包容。西方通识教育培养学生的包容精神主要是通过价值冲突的模式来进行的。该模式认为，“人与人之间因价值观不同而在公共问题上有不同的主张，而每个人享有根据自己的价值观表达意见的自由”。此模式采用公共辩论的教学方式，“即在公共讨论中，人们从不同的价值观出发，围绕社会、政治和文化等方面的公共问题，经过审议和公共谈话，寻求理解、同意和妥协，达成共识，从而分享共同认可的价值和信仰”①。

（五）深化多元化意识培养的通识教育精髓

一是注重公民意识的培养。公民对自己在国家生活中的角色和宪法、法律所赋予的权利义务的认识和认同被称为公民意识。公民意识培育的主要内容包括对公民主体意识、权利与义务意识及由此派生的其他一系列意识。第一，公民主体意识。公民主体意识是指公民对自己在国家中身份地位的认知，即认识到自己在国家和社会生活中的主体地位，是一个具有独立人格的、能动的、积极的参与者。在国家与公民的关系中，权利与义务是一对相互平衡的关系，国家依法赋予公民平等的权利，公民相应的应承担对国家和社会应有的责任。因此，无论是基于行使公民法定的权利，谋求自己的正当利益，还是出于对国家和社会的责任，合格的公民都应该是自己的国家及社会事务的一个理性的参与者。所以，公民主体意识的主要体现是通过公民参与和监督社会活动体现出来的。因而，从树立公民的参与意识和监督意识入手，以此来培养合格的具有主体意识的公民。第二，权利与义务意识。权利与义务意识是指公民对权利与义务的认识和态度，即公民能正确地认识到权利与义务的内容及两者的对等关系，并具备积极履行义务又依法行使权利的态度。权利与义务意识应包括维权意识、责任意识和守法意识。首先，具有维权意识是公民意识觉醒的标志。公民敢于维权，保护自己的合法权益，彰显出公民的独立人格，更为重要的是伸张了社会的公平正义，维护了法律的尊严，对社会向民主、公平、法治的方向发展具有积极的促进作用。其次，责任意识又会进一步强化公民的权利与义务意识。责任意味着承诺和担当。有了责任意识，人才会有责任感。责任感以其道德的力量消解了人只想享受权利而逃避义务的企图，不断强化其权利与义务意识，使其自觉地成为真正的权利与义务相统一的主体。最后，守法意识是权利与义务意识的基础。公民先要懂法、守法，才能更好

① 唐克军，蔡迎旗. 当代西方公民教育的模式[J]. 未来与发展，2009，(1)：39，88-90.

地用法和护法，才有可能成为一个理性维权、善尽义务的合格公民。

二是加强批判意识的培养。对客观事实进行质疑、分析和评论的精神活动是一种批判意识。这里的批判意识建立在独立思考、理性分析和科学判断的基础之上，因而培养批判意识是提高现代公民素质，培养合格公民的有效方式。当代民主社会对公民素质的基本要求主要包括人格独立、思想解放及具备民主法治意识和政治参与热情。批判意识引导人们凡事质疑、察其缘由、辨其是非、不唯上、不唯书、不盲从，养成在质疑中思考、在批判中学习、在学习中进步的良好习惯。这种良好习惯又为公民在社会生活和政治参与中保持独立精神、自由思想和健全人格提供精神基础。培养批判意识是为社会搭建进步的桥梁。社会是在继承、创新中发展的，而继承并非一概全收而是有所选择地吸收。作为时代的产物，文化有其自身的历史局限性。对待历史文化的方式是扬弃，而扬弃的前提正是批判。批判是一种究其优劣，是一种鉴别，包含了创新，这是社会发展链条里不可或缺的一个环节。

三是突出创新意识的培养。人才是社会进步的关键。培养人才的本质是创新，而创新活动的前提是关注、培植创新意识。创新意识的培养，首先应养成良好的学习习惯。应培养学生对事物的好奇心与学习新知识的浓厚兴趣，培养学生一种不断学习的良好习惯。培养学生在学习过程中大胆质疑、敢于追问、乐于思考、积极主动的习惯。这些良好的学习习惯将有助于激发学生的创新意识。其次是要学生养成良好的心理素质，要有敢为人先、不怕挫折、勇于担当的健康的心理。最后是要营造良好的创新氛围，要形成尊重个性、崇尚自由、鼓励尝试、允许失败的宽松的环境。创新意识生成的必要条件包括两个方面的有效配合：一是个人良好的内在素质；二是外在宽松和谐的环境。

四是强调全球意识的培养。全球化的浪潮已将全人类的命运紧紧地联系在一起。作为一个现代人，其身份不仅是一国的公民。在某种意义上来说，全球化发展已使人类超越国界具有世界公民的意义，如对人类共同命运的关注。因此，学校教育的重要内容应是培养青少年的全球意识。全球意识要求人们在关心自己利益、本国利益的同时，也应关注国际事态，关心人类的共同命运，在可能的情况下尽一个世界公民应尽的责任。全球意识首先应包含保卫世界和平意识。世界和平是所有热爱和平的人们的共同的愿望，其内在的理念是平等，是作为一个国家公民平等意识的升华。有了保卫世界和平的意识，才能以克制、理性的方式平等、公正地看待和处理国家间的矛盾。其次是对多元文化的包容和认同意识。世界上多元文化组成了一个有机联合体，各国文化也有其各自的独特性和合理性。各国文化的差异丰富了人类的文化宝库，也为他国借鉴、吸收外来文化提供了资源。

因此，以开放和宽容的心态认同和包容多元文化，才能使本国文化在与世界文化的交流碰撞中互相取长补短和丰富发展。最后是关注人类生存状况的意识。要正视资源的有限和人类欲望的无限，生态平衡与物质文明、世界经济发展不平衡等矛盾，从人类生存和发展的角度来考虑自己的行为，做一个负责任的世界公民。人类只有树立了全球意识，才会在世界发展中发扬合作精神，在友好合作与公平竞争中，实现各国的互利共赢和人与自然的和谐相处。

三、中美大学通识教育组织机构、基本策略的比较

中美大学在通识教育的人才培养方面，存在很多差异，主要包括培养对象、培养模式、培养理念、培养的课程内容和培养目标。美国通识教育培养人才方面普及教育范围几乎遍及所有地区，影响范围极其广泛。时间上，基本贯穿了国民的一生，对他们的学业和生活都产生了很大的影响。而中国的通识教育主要集中于国内的大学，特别是一些水平层次较高的高校，其普及的广度和深度与美国尚存在很大的差距。在基本策略上，美国设有独立学院、文理学院等多类机构，制定出多种教学模式来实施通识教育。中国虽曾借鉴美国的通识教育模式，但收效甚微，并且中国自身专业教育发展历史悠久，在教育改革中，很难摆脱专业教育的束缚和限制，加上通识教育发展的历史较短，存在诸如教育模式单一和教育理念不成熟等困境，所以中国的通识教育较美国来说存在很大的缺点，有待进一步完善。且在通识教育中，美国第三部门发挥了巨大的作用，而中国则主要依靠高校承担责任，两者的组织机构存在明显的差异。

大学通识教育的发展，在组织管理方面，由于中美国家国情不同，遇到的问题与挑战不同，制定的相关政策也各具特点，所以为了通识教育更好地发展，两国可以相互借鉴，取长补短。尤其我国作为后起之秀，应自觉学习美国大学通识教育在组织和管理方面的经验教训。

第四章　课程与机制

课程作为大学承载通识教育的载体和推动通识教育发展的重要平台，不仅容纳人才、思想、阵地、资源、规则等通识教育发展的基本要素，还逐渐成为大学推动通识教育进入班级、社区和社会的重要环节。机制是大学通识教育课程实施的保障，是推进通识教育全面发展的内在需求，是促进教育质量提升不可缺少的因素。因此，大学通识教育课程设置和实施机制的科学性、合理性和适应性，既能传承传统文化和引鉴域外优秀文化，又可以成为考验通识教育办学质量和发展潜力的重要基础性指标。

19 世纪初，在欧洲诞生了以柏林大学为标志的现代大学。与中世纪的大学相比，现代大学将科学研究作为自己的首要职能。[①]为适应科学研究的需要，现代大学很自然地就细分了不同的学科和专业，特别是德国，各类文理大学和工科大学，以及针对某一学科的职业技术学院纷纷成立。但是，这种过分注重专业细分的高等教育模式也日益受到当时学者的质疑和批评。在大学的发展过程中，通识教育日益受到人们的重视。中国现代大学自北洋学堂始，在民国时期得到快速发展。[②]新中国成立之后，全国高等院校通过院系调整进行重组，对当时的国家工业化发展作出了历史性贡献。改革开放以来，为适应新形势的需要，中国高校在反思计划经济体制时期“又红又专”教育模式的基础上，积极借鉴欧美国家通识教育的经验和做法，在课程设置和实施机制方面都进行了大胆的改革和探索。一般情况下，通识教育是与专业教育相对而言的，那么，通识教育课程也是相对于专业教育课程而言的，以非专业性、非功利性等为特征，以人文艺术、社会科学和自然科学的基础知识为主，以全校公选课（必修或选修）的方式供学生选择。由于办学理念的不同，中美大学通识教育的课程设置和实施机制也是各具特色。那么，从目前来看，两者在通识教育的课程设置和实施机制上究竟存在哪些异同？本章通过对美国哈佛大学、哥伦比亚大学、麻省理工学院、杜克大学、布朗大学和中国北京大学、清华大学、复旦大学、中山大学、华中科技大学 10 所大学的通识教育课程设置和实施机制进行案例分析，希望通过比较和借鉴，能为中国大学日后

---

① 徐继宁. 中世纪大学与现代大学的职能比较[J]. 高教发展与评估，2009，25(1)：77-83.

② 储朝晖. 中国现代大学制度实践：历史与现实[N]. 中国科学报，2013-01-24，(7).

更好地开展符合中国国情的通识教育提供一定的参考，在实践过程中得到启发。

第一节　美国大学通识课程与机制案例分析

美国大学通识教育发源于古希腊、古罗马时期的自由教育思潮，产生于 18 世纪末至 19 世纪初，借鉴欧洲的经验习得，并经过多次的通识教育运动，形成独特的通识教育格局。

一、哈佛大学通识教育课程与机制实施个案

哈佛大学成立于 1636 年，历史悠久。如今，已发展为拥有 15 个研究生院、40 多个科系、100 多个专业的大型院校。哈佛大学作为常春藤盟校成员之一，是一所位于美国马萨诸塞州的私立大学，是一所在世界上享有顶尖学术地位、声誉、财富和影响力的教育机构，被誉为美国政府的“智库”。那么，为何哈佛大学会取得如此大的成绩？从通识教育角度看，早期哈佛大学受牛津大学、剑桥大学及爱丁堡大学经验主义的影响，自由探讨和平衡发展理念就已经生根发芽，为日后通识教育的改革与发展奠定了基础。为此，追寻哈佛大学通识教育的发展溯源，厘清各个时期的通识教育变化因素，对理解当前哈佛大学通识教育改革现状及实践策略具有重要的意义。

（一）哈佛大学通识教育的历史演进

哈佛大学通识教育历史悠久，不同历史时期呈现出不同的特征，这与其社会发展背景相联系。根据通识教育课程修读形式，哈佛大学通识教育经历自由选修通识教育时期、分类必修通识教育时期、核心课程通识教育时期、整体分配通识教育时期。这四次轮回现象，第一次更多的是受其社会环境的变化影响，导致政府政策发生改变，领导者作出相应决策。第二次则主要是受其教育领导者和教育改革家的影响。第三次则主要是受学生运动的影响。第四次则是由于保障教育质量的相关机构的提倡。

1. 自由选修通识教育时期

1636 年，由公理教会中的基督教派建立的哈佛大学，继承了欧洲的传统，教育的主要内容以文雅学科为主，其课程也沿袭了牛津大学、剑桥大学的古典经文，教学方面注重文辞的演练，同时要求机械式的背诵学习和反复的口语练习。在爱

丁堡大学经验主义的影响下，哈佛大学还注重自然科学的探讨与实验。此时，自由探索真理的精神在哈佛大学得到发展，古典自由主义逐渐成为哈佛大学通识教育发展理念，以培养绅士，这为今后通识教育的改革提供了精神食粮。

自 1636 年到 19 世纪中叶，哈佛大学的任务是让拥有特权的年轻男子在宗教的背景下接受教育，并在将来成为教堂、法律界或医药界的领导者。当时，课程都是统一的且没有把通识教育和专业教育区分开来，设置较为和谐。同时，学生也体验到一个真正的核心课程，包括希腊语、拉丁语、数学和道德真理。1820 年后，哈佛大学曾有几次试图促使课程多样化。然而，真正意义上开创通识教育先河的是 1869 年上任的查尔斯 • W. 艾略特校长，其创举之一便是提出本科生的自由选修制（取消一切必修课）。19 世纪初，他曾和杰斐逊讨论过采用选修制度的问题，随后杰斐逊把选修制度融入了弗吉尼亚大学的课程中。然而，艾略特的选修课比杰斐逊的更有影响力。艾略特认为学生不同的思想和特点还没有得到充分的重视，年轻人应该知道什么是他最喜欢的和什么是最适合他的。在艾略特的选课制度上，他最重视个性化，指出选修制度培养的是学术，因为它可以让学生自由选择自己内心的喜好和与生俱来的性向，让他们选择自己有热情的工作。①他还提出进入哈佛大学的专业学院需要学士学位，这迫使当时逐渐扩大的专业人士阶层在通往职业生涯之前必须接受本科教育，从而贯彻了他对自由教育的坚定信念。此外，他一直认为本科教育应该是反功利主义的、无偏向的，即务实的精神品质和文学或学术的精神品质都是好的，但两者不相容，如果混在一起，只会同时失去这两个东西。

自由选课制度影响着高等教育的方方面面，比如，学生可以调整他们的态度及学习来满足自身要求。随着《莫雷尔法案》（*Morrill Land-Grant Act*）的出台，自由选修制度促进了社会阶层的流动；促进了学术研究运动的蓬勃发展，使教职工能根据自己的兴趣做研究。为此，选修制度使哈佛大学因注入自由的传统而赢得了学生的尊重。然而，伴随着选课制度优势的不断显现，其缺陷也逐渐暴露出来。到艾略特任期快结束的时候，反对声日渐高涨。在此背景下，哈佛大学通识教育步入分类必修通识教育时期。

2. 分类必修通识教育时期

随着自由选修制的进一步发展，选课制度已经发展到学生随意选课，而不管他们得到的知识和经验有多零碎或者不一致。学生的选择是如此不同，以致在同一学院获得相同学位的学生所选修的课程几乎都不一样。标准缺失，加上人口及

① Boning K. Coherence in general education: A historical look[J]. The Journal of General Education, 2007, 56(1): 1-16.

其背景日益多样化，可能会引发其他问题，甚至学术准备不足的学生也和其他学生一样，有同样的自由选择权。准备不充分的学生可以避免他们的不足来选修课程，以更容易获得学位。总体而言，重视个性化教育使学术社群愈加分裂，并使人怀疑学士学位的分量。

分类必修通识教育在阿博特·L. 洛厄尔（Abbott L. Lowell）担任校长期间得到充分发展。其实，自由选修中的弊端很早就被洛厄尔注意到了，并于 1887 年在《哈佛校友》上撰文批评选修制过于自由和泛滥的缺陷，因选修制的推行正处于上升期，给学校带来的荣誉和宣传也很多，哈佛大学内外对该课程设置模式都较为欢迎，并且当时的洛厄尔人微言轻，因此其批评并没有引起关注。直到就职演说，他宣布结束自由选修，并认为仅仅一系列的选修课程就可以提供他所需的知识，或者本科生仅有的责任感就可以激励他们合理地安排课程，这样的假设是荒唐的。1910 年，哈佛大学开始实施主修制度，学生必须在本学科的 16 门全年课程中至少修 6 门，这 6 门是集中主修某一个学门或领域，科系因而在哈佛大学产生。其他 4 门必须在文学、历史、自然科学、数学四个分类当中各选一门，还要通过各学科的总测试，余下的 6 门才由学生自由选修。[①]这样就克服了一些弊病，比如，在选课时避难趋易，知识无系统性，更重要的是克服学生因过早专业化而导致毕业后难以适应复杂变化的社会的困惑。据此，在校期间，学生便可掌握广博的知识，并成为某门学科学有专长者，解决“专”与“博”的矛盾。

在分类必修课程方式实施几年后，很多问题也逐步显现，主要表现为学生仅被要求到各系去修满分类规定的科目学分，其实各系教授根本分不清楚谁是本系学生，谁是外系学生。因此，教授在教学时一般只采用针对专门学科的教学内容和方式，针对外系学生的教学是没有的，更没有做过准备或调适。一些教师认为要求那些外系学生达到与本系学生相同水平是很难的；而学生方面，部分学生在修读通识教育课程时觉得不受本科系教师的关注和重视而怨声载道。另外，第二次世界大战也给哈佛大学带来极大的震撼，大学在战后开始思考对人类的文明和社会的正义的作用。

针对上述问题，1933 年上任的哈佛大学第二十三任校长科南特邀请哈佛大学文理学院院长巴克组织一个专门委员会对哈佛大学的通识教育进行深入研究。一年半之后，该委员会的研究成果《自由社会中的通识教育》于 1945 年出版。它开宗明义地提出美国大学的问题，引用了柏拉图在《理想国》中的名言：“年轻人是品格形成和接受观念的最好时期，因此我们应该只是单纯地让年轻人自行摸索，听一些杂乱无章的事情吗？或者只是让年轻人任意接受有害于心

① 黄坤锦. 美国大学的通识教育：美国心灵的攀登[M]. 北京：北京大学出版社，2006：73-74.

灵的观念吗？难道我们对年轻人的成长没有责任吗？”《自由社会中的通识教育》强调培养“完人”是通识教育目的的根本所在，所谓“完人”应当具备四种能力，即有效思考、表达和沟通、做出适切判断及对价值的认知能力。此外这本书规划出通识课程应包括的三个领域：人文、社会科学和自然科学。在这次通识课程改革中，大学生毕业的最低要求是修满 16 门课程，其中主修课程仍为 6 门，通识课程 6 门，自由选修课程 4 门。6 科的通识课程必须在人文、社会科学、自然科学三大领域的每个领域中至少选择一科。通识课程的任课教师均是在各自领域中颇有声望的教授。值得一提的是，《自由社会中的通识教育》对通识教育的规划和建议并未局限于大学，也逐步注意到中小学阶段进行通识教育的重要性，同时认为应该在人文、社会科学和自然科学三大领域中做均衡而合理的安排。大学通识教育为人的自由成长、终生学习和实践的观点较之于以往的各项方案理念，显得深远而宏观。

3. 核心课程通识教育时期

自 1945 年起的后 25 年，《自由社会中的通识教育》的内涵和目标被歪曲。通识课程数量不断上升是出现这一问题的主要原因，仅 1963—1969 年，获批的通识课程就从 55 门增加到 101 门，其中包括了诸如“斯堪的纳维亚电影”之类的课程，在这样的大潮流中通识教育的初衷也就理所当然地被遗忘。美国高等教育因校园的学生运动和骚乱曾进入混乱期。受到精神文明衰退的影响，哈佛大学学生群体中一些新的不良现象也相伴而生，受到这些因素的影响，原先的通识课程结构彻底被摧毁。鉴于此，曾大力提倡对大学通识教育进行全面改革的亨利·罗索夫斯基开始主持改革规划。

经过多方讨论，1975 年 5 月，罗索夫斯基邀请了校内重要利益相关者，组成 7 个工作组，分别负责核心课程、主修、教学改进、学生辅导、大学生活、入学政策及教育资源分配 7 个主题。在经过深入探讨之后，由工作组决定通识教育的优先改进事项。此后经过几年的持续讨论、沟通及试验，哈佛大学在 1982 年开始全面实施以核心课程取代原有通识课程的做法。所谓核心课程，简单地说，就是围绕核心问题组织几门学科的课程构建方式。此外，核心课程还可以指共同必修课程或共同基础课程。1978 年发布的《核心课程报告书》把哈佛大学通识课程开课的领域分成五大类：①文学与艺术；②科学和数学；③历史研究；④社会和哲学分析；⑤外国语和文化。到 1985 年该校又对通识教育课程做了变动，将其分为六大类：①文学与艺术；②科学；③历史研究；④社会分析；⑤道德思考；⑥外国文化。在科目学分、上课时数、课程教学与评估改进等方面均有详细的规定。

在规划核心课程时，罗索夫斯基为通识教育定下了 5 项指标：①一个有教养的人应当能够进行清晰的书写，明确表达自己的思想；②一个有教养的人应该能够批判鉴别认识和理解宇宙、社会及人类自身的方法；③在 20 世纪最后的四分之一时间里，一个有教养的美国人在同时代的其他文化中，不应该被视作一个狭隘无知的人；④一个有教养的人应能在某种程度上理解并思考伦理和道德问题；⑤一个有教养的人应在某个知识领域里拥有较高的成就。而课程只是一个有形的骨架，其血肉必须来自师生之间难以简单叙说的相互作用。教师的人格魅力和风范等都是在通识教育中起到关键作用的无形课程。通识教育最深层的奥秘之处，是超出了书面文字而无法用科学来衡量的对人类发展的关切。

4. 整体分配通识教育时期

实施核心课程到现在的 20 多年中，哈佛大学的通识教育又陷入了与《自由社会中的通识教育》中提及的相同境地，越来越多的问题显现在通识课程中，如课程内容过多过细。一些核心课程随着时间的推移，其某些领域逐步退化，直到变成各个模块机械地堆积却毫无关联，当然最初的目标也早已含糊不清。本科课程指南中说明“虽然每个领域或分支中课程的主题会不同，但它们强调的特别的思维方式是一样的”，一些核心课程传授的思维方式是相同的。逐渐地，学生开始质疑核心课程对通识教育所起的独特作用，于是哈佛大学又开始了新一轮的改革。2004 年，哈佛大学文理学院院长柯伟林领导，哈佛大学教授、学生、校友和行政人员组成的“本科生课程设置评估委员会”在对哈佛大学本科生的课程设置进行重新评估后提交了一份报告，其内容主要是关于本科课程设置改革的一些意见。报告提出，要求全面改革现有的课程设置，培养具有国际化眼光的 21 世纪专业人才为哈佛大学本科生教育的培养目标，以达到发扬哈佛大学名校名声的目的。新课程设置的重点表现为：①给本科生更多的海外学习机会；②革新、增设自然科学课程，培养学生的好奇心、思辨能力和批判精神；③赋予学生更多地自主选择课程的权利；④加深教授和学生间的联系，尤其是教授在学生专业选择上的指导；⑤让学生有机会接触更多的专业知识，借助哈佛大学现有的院系的整体优势完成目标。哈佛大学通识教育委员会在 2005 年 11 月的报告中建议目前的核心课程应为艺术与人文、社会研究、科学与技术三个领域中各三门必修，此外，在通识教育课程一栏中列出一些选修课，这些选修课要具备几个特征：一是独立于各科系之外；二是具有整体性、富于想象力。这些选修课和部分必修课相互辅助，可以保证学生自由选择的同时使得所选的课程也集中。人文、社会科学和自然科学也有所变化，原人文类改为艺术与人文类；原社会科学类改为社会研究类；原自然科学类改为科学与技术类。由于现在学科间存在流动性和渗透性的问题，通识课程分类结构越是稀疏，越能适应学科间日益变化的关系。整体方法的使用使其视野广阔，各个系的教师可以通力合作进行教授，各学院的教师可以借此机会进行合作，互相补充研究出全新的教学方法。委员会建议这些课程要强调提问、辩论和探究式学习，每周举办两三个小时的讲座，在艺术与人文类辅以两小时的研讨会、在科学与技术类辅以三小时的实验。而且研讨会和实验都应由专业的、训练有素的、经验丰富的教师讲授。国外经历和外语学习与其他相关的课业联系起来，可以帮助学生更好地接触其他国家的文化，也可以远远超出目前的"外国文化"课程所能传授的知识范围。此时，整体主义思维和跨学科思想在整体分配的通识教育体系中得以体现。

（二）哈佛大学通识教育课程理念与设置

哈佛大学通识教育历经几次改革与分合，逐步走向稳定和成熟时期。如今，哈佛大学通识教育更多强调理性思维，凸显世界公民的全球视野，设置核心探究型通识课程，并采用小班互动与活动教学结合的方法及制定高级教师团的问责管理制，促进哈佛大学通识教育的深入发展。

1. 理性主义取向的教育理念

理性主义取向的教育理念，并非哈佛大学通识教育的独有理念。许多大学也具有理性主义价值取向，如芝加哥大学的经典名著课程计划、哥伦比亚大学的两年人文课程计划，以及耶鲁大学对常识哲学、官能心理学和智力训练理论的重视，这些都突出了理性的价值。理性主义倡导者认为通识教育课程模式是让学生通过演讲、讨论及阅读的方式来记忆、理解和掌握这些来自传统文学、哲学、科学与艺术等领域的经典著作，并最终以考试的方式对学生进行考查，使学生合理推理和分析西方传统文明知识，进而更好地去履行公民的职责。他们关注的是学生从中掌握并获得对人类活动的反思、分析能力，而不是实证社会科学学者所关心的，诸如同时代的社会问题或者理论与实践相关方面的理论等。他们认为学生通过学习名著从中获得的真理与道德标准是普世通用的，是在任何时代都行之有效的宇宙世界的规律法则。①可见，人类终极目标、古代经典文学和哲学著作等是理性主义取向者的着眼点，所以他们都在尽力避免自己的课程出现专业化或职业化倾向，使其与普通的专业知识课程区别开来。哈佛大学通识教育具有一定的理性主义取

① Taylor H. The Philosophical Foundations of General Education [M]. Chicago：University of Chicago Press，1952：26-30.

向。2007 年哈佛大学《通识教育工作组报告》发布，其中就明确地指出通识教育的课程目标："其一，通识教育应使学生成为全球社会民主制度下的公民；其二，通识教育应教会学生理解自己是传统艺术、思想和价值观的产物和参与者；其三，通识教育应使学生学会适应变化；其四，通识教育应使学生对自身语言行为在道德方面的理解得以发展。"[①]哈佛大学通识教育课程目标强调的理解力、适应力和思想性都需要理性支撑，是理性主义价值取向的反映。

2. 核心探究型的课程设置

根据 2007 年哈佛大学《通识教育工作组报告》，新课程内容分列成 8 个领域：审美与诠释、文化与信仰、经验推理、伦理推理、生命系统科学、物理宇宙科学、世界诸社会、世界中的美国，要求所有学生从每个领域中选修一门课程。各类别下的课程设计侧重宏大社会主题，而不是学术学科。这 8 个领域可以归入四大类：人文、逻辑推理、自然科学和社会科学。每一类分别对应两个领域。每一个领域都有着自己的特定目标但又相互渗透。相比哈佛大学之前课程领域的设置，逻辑推理和思维能力更加受到重视。在人文、社会科学和自然科学基础上，哈佛大学增加逻辑推理课程类别，是一种探究型发展取向，这正如哈佛大学前校长博克所言：哈佛注重思维方式，是一种探究模式。下面是各类通识教育课程的标准。

（1）人文类

该类课程包括审美与诠释、文化与信仰两个领域。审美与诠释课程的目标主要是培养和提升学生鉴赏和解释艺术作品方面的能力，使得学生养成对美学的兴趣和解释的能力；文化与信仰课程的任务主要是帮助学生理解艺术作品所属的文化价值体系，从而形成对人类社会传统文化和信仰的理解与鉴赏能力。

审美与诠释关注的是培养学生的批判能力，即培养学生对美学的审视和诠释能力；在学生学习和鉴赏特定语言写作的原始文本及不同媒体形式的艺术作品时，培养学生利用 5 种观感诠释和理解美学的能力；教会学生在理论框架下赏析艺术作品，如美学理论、批判理论、修辞学、艺术哲学、语言和意义理论等。除此之外，学生也将根据特定情况为自己增加一定的课外体验，如参观艺术作品展、观看相关演出，以及与艺术从业人员和博物馆馆长等该领域的实践者进行交流，或者学生可以亲自动手从事创作等。

文化与信仰强调培养学生对人类社会文化和信仰传统的理解和分辨能力。学习这类课程的材料同样有很多种，其创作的语言和形式都是多种多样的。通过特定语言的原始文本，以及可以展现社会文化和信仰学习主题的其他类型的材料，

① 唐霞. 我国高校通识教育研究[D]. 北京：中国地质大学，2008：24-25.

如电影特别是历史纪录片等，引导学生去理解特定社会环境中文化和信仰形成和发展的路径，培养学生对于文化和信仰的辨识能力。

（2）逻辑推理类

该类课程包括经验推理和伦理推理两个领域。

经验推理，即教给学生用于推理和解决问题的相关概念和理论工具，如统计学、概率理论、数学、逻辑、决策理论；给学生提供动手实践的机会，如引导学生把特定的工具应用到每个人普遍感兴趣的具体问题之中；在可行的前提下，让学生熟悉人们推理和解决问题时常犯的某些典型错误。

伦理推理的目标是教会学生思考伦理的、政治的信仰和实践，如何表达和评价伦理主张；研究相互矛盾和冲突的伦理概念和理论，如权力、责任、美好生活、正义和自由；教会学生如何评价和权衡、赞同或反对采纳这些概念和理论的理由；学生在实际生活中遇到的伦理两难情景中运用这些概念和理论，如解决医疗、法律、商业、政治和日常生活中出现的两难问题；在可行的前提下，学生了解并掌握不同的价值观体系，如其他世界宗教、不同历史时期用其他语言表达的价值观体系，让学生熟悉道德生活的实证研究。

（3）自然科学类

该类课程包括生命系统科学和物理宇宙科学两个领域。前者学习的是有关生命世界的科学；后者则帮助学生探索生命之外的科学世界。

生命系统科学类课程向学生介绍与生命系统相关的关键概念、事实和理论；让学生理解生命系统实验是其最终目标，学生在实验中亲自动手进行体验，从而获得具体知识是其理想的状态；把科学概念、事实、理论和方法与现实世界深受关注的问题联系起来；并在环境允许的情况下讨论以下问题，即知识、实践者和科研机构扮演的社会角色，社会大背景对科学知识发展的意义，知识的历史及其传授的方法，自然世界真理论断的分析、评估和地位。

物理宇宙科学类课程则向学生介绍物理世界关键的概念、事实和理论，教会学生如何更好地了解我们生存的世界；引导学生通过在实验室中的操作，理解物理科学与工程试验的性质；将这类课程中的科学概念、事实、理论和方法与生活世界中的现实问题联系起来；并在相关且适当的条件下（由教师决定）对所授科学作品的历史、哲学、背景和制度进行讨论。

（4）社会科学类

该类课程包括世界诸社会和世界中的美国两个领域。社会科学类课程既与人文类课程相互补充和配合，同时两者又存在一定的差别。如果说人文类课程主要让学生了解并掌握人类的文化与价值系统，那社会科学类课程将致力于检验文化与价值系统的另一种表现形式：社会、政治、法律和经济体系。与稍显抽象的文化与价值系统比较，它们更加具体，并且与人类的联系也更为紧密。

世界诸社会的研究对象是研究美国以外的一个或多个社会。这项研究就是为了找出并证明各社会群体间或者说同一个社会不同历史时期的某种联系，操作的方法是把学生的学习材料与全球化时代中可能遇到的各类社会、政治、法律、经济的问题关联起来，然后凭借实践中的问题和分析经典案例培养学生解决看似抽象的问题的能力。

历史发展是世界中的美国的分析视角，研究美国的社会、政治、法律和经济制度，探讨美国的实践和行为；探寻和确认这些制度、实践和行为之间的联系，以及世界上其他社会相应制度、实践和行为之间的联系，或者说明这些制度、实践和行为随时间推移在美国及美国的殖民先辈社会中的演变情况；利用学习材料教会学生如何使用关键工具，以理解全球化背景下美国可能遇到的各类社会、政治、法律、经济问题。

3. 小班互动与活动教学结合

教学法是课程改革最重要的部分。改革结果表明，虽然说举办大型讲座是一种颇见成效的教学手段，但是作为通识教育课程，创造一种全新的学习环境才是其主要任务。在这种环境下，无论是教师与学生之间，还是学生与学生之间都存在互动的关系，哈佛大学迫切需要让学生在课堂里承担更多职责。因此，师生互动模式应被广泛运用在通识教育课程教学里，设置较多的小班教学，这样，学生就有机会和教师或同学互相学习、研讨学习材料，在大班制里，教师在每节课里要额外留出部分时间给学生进行提问和评论，这样的做法大大地缩短了小组学习的时间。此外，引导学生把学到的基本概念和原理应用到解决具体问题上，并完成具体任务，制作实物，体验课外活动等，经过一些实践，知识也就得到牢牢地掌握。改革结果提议，合作教学模式可以在部分通识教育课程里实施，教师可以来自哈佛大学的各个学院、系部。改革最终强调，哈佛大学应全力以赴来降低课程改革对从事教学的研究生带来的冲击。努力加强研究生教学培训，研究生在所有类型教学中应是伙伴关系，包括活动教学法、案例教学法、问题导向教学法、动手小组教学和实验室体验。让大学三、四年级人文和社会科学研究生在教学体验、教学培训和相关职业发展模式中得到支持。研究生不仅要参加大型讲演课后的讨论，教学实践对他们来说也十分重要。

哈佛大学的课外活动开展对其他学校来说有很大的借鉴意义，哈佛大学拥有数百个本科生社团，经常举办丰富多彩的课外活动。本科生有竞选学生会成员的权利，也可以参与其他实习活动，如参加实验室科学研究、艺术表演、舞台制作、国际体验、政治运动、公共服务等活动，本科生参加这些活动也可为未来发展打下基础。大部分学生觉得课外生活与学术体验完全是风格迥异的体验。学校也没有正式的制度和程序鼓励学生在两者之间建立联系，但潜在的联系确实存在。最后，通识教育委员会建议成立专门委员会推动活动教学法，其目的就是要学生积极主动发现课外活动和课堂教学之间存在的学术联系。委员会的成员由文理学院教师、相关行政管理人员、专业院系的成员和学生组成。委员会为活动教学法建立相关机制，处理实施问题是其主要任务，谁将负责管理个别项目？是否所有学生都应被要求参加？工作是否应该分等级？对于这些问题，委员会提出正式建议作为实验方案，并在之后对其成效作出科学的评估。哈佛大学觉得要找到某种方式来将本科生的课外活动和学术经验紧密地联系起来。如果哈佛大学教育的部分目的是通过自由教育为学生生活做准备，那么活动教学法自然而然形成了。

（三）哈佛大学通识教育课程实施机制

哈佛大学通识教育课程实施高级教师团的问责管理制。新课程改革提倡设立通识教育常务委员会，常务委员会成员分别担任通识教育 8 个知识领域的二级委员会主席，负责监管一个或几个通识教育课程领域。常务委员会成员还应该包括哈佛大学哈佛学院院长、哈佛大学文理学院研究生院院长、哈佛大学文理学院院长、学生代表等。二级委员会成员应该有各系和所有学部的教师代表。2007—2008 学年，常务委员会负责规划过渡时期的课程管理和实施。2008—2009 学年，常务委员会彻底取代了核心课程常务委员会（但核心课程不一定完全取消）。为了更好地做好通识教育新课程开发和管理工作，新通识教育常务委员会主任由高级教师团成员担任，而不是由行政管理人员担任。新课程实施 5 年后，哈佛大学文理学院院长任命独立委员会负责通识教育全面工作评估，包括通识教育各领域的定义和课程标准。常务委员会及二级委员会的具体职责如下：选聘教师与各系合作开发新的通识教育课程；与相关系主任协力共同决定哪些系设课程可以算作通识教育学分；甄别符合通识教育新标准的现有课程，如果有必要，协助教师修改现有课程以满足通识教育课程新标准；起草以下政策建议，如果有必要交由教师团投票，本科生课程的其他方面与通识教育课程的关系，相关的行政管理和学术问题，教师团立法的任何中期重要调整；建议教员利用各种机会进行教学改革；建议哈佛大学文理学院院长调动资源用于通识教育课程开发；就如何最有效地使用各种机会和资源，向课程负责人、各系主任、文理学院院长和其他相关行政管理者提出课程开发或教学法改革建议。①新课程管理体制上，强调高级教师团的作用，弱化行政管理，凸显问责和绩效的管理制度。

（四）哈佛大学通识教育课程的实施特点

早在 20 世纪 70 年代，哈佛大学德雷克·博克校长认为，“如果现在每 15 年或 20 年不对本科教育进行检查的话，大学的前途就很危险。这种检查如果进行得适当，就是一种鼓励专家学者聚集在一起共同研讨本科生教育的有益方式”，“若没有定期的讨论和检查，学院开设的课程就会失控，逐渐变得没有秩序”。博克强调，“大学无论开办多久，如果没有明确的为达到一定目标而开设的连贯性的课程，本科教育就可能办得很糟糕”②。2002 年学期末，哈佛大学分别任命 4 个工作小组和 1 个课程改革指导委员会，对现行课程展开全面分析和评审。2005 年 11 月，哈佛大学文理学院通识教育委员会发表关于通识教育的报告，该报告对哈佛大学本科生通识教育改革的基本思路进行了全面的阐述。根据通识教育报告的建议，哈佛大学 21 世纪的通识教育课程有以下几个方面的特点。

1. 秉承通识教育的历史传统

通过对哈佛大学历次通识教育课程改革的叙述和对新时期通识教育课程的详细研究，通识课程的艰难发展历程是显而易见的，艾略特时期的课程设置是通识教育理念的萌芽时期，洛厄尔是一位将通识教育理念具体化的关键人物，他所倡导的集中与分配制，是当今许多高校仍在盛行的分布必修通识教育课程的原型。科南特时代的通识教育，使人懂得一个道理，那就是通识教育与专业教育并非完全对立的，它们可以达到彼此融洽、相处和平的状态。因此，通识课程在哈佛大学课程中也就拥有了自己应有的地位。博克时期的通识教育超越并平衡了之前的通识教育形式，通过各种结合，形成了通识教育的代名词。他把其他核心课程的设计融合其中，也结合了其他通识教育形式的特点与优势，从而巩固了通识教育的理念。21 世纪的第五次通识教育课程改革是继承和发展通识教育传统。通识教育常务委员会指出，哈佛大学应向学生提供一种负责任的教育。负责任教育的目的是培养学生形成推理并作出负责任的判断的能力，帮助学生养成对艺术和文学的敏锐反应，发展创造能力，必须提供一个日益全球化、相互联系、日益紧密同时又趋向多极化的时代所需要的广博的教育。因此，通识教育委员会重新肯定了自由教育和通识教育传统作为哈佛大学本科生教育核心的重要性。常务委员会肯

① Harvard Faculty of Arts and Sciences. Advisory Committees [EB/OL]. http://www.fas.harvard.edu/advisory-committees [2018-09-11].

② 德里克·博克. 美国高等教育[M]. 乔佳义，编译. 北京：北京师范学院出版社，1991：33-34.

定了哈佛大学对提供广泛而多样的通识教育的承诺。

2. 强调学生反思与批判精神

哈佛大学通识教育的重要目标虽然都是培养学生独立的判断鉴别力，但每次课程强调的重点是不一样的。在核心课程中，课程多侧重于教授“判断鉴别”的方法（分析解决问题的能力），但在教授学生如何掌握这样的方法和培养反思与批判精神上做得还不够。相对于核心课程而言，新的通识教育核心课程计划的侧重点是培养学生的反思与批判精神，在面对既有假设时敢于应战，学会把不熟悉的情况变成熟悉的，洞悉事物背后的变化，使学生在迷失方向时重新找回方向。为此，哈佛大学在提出培养学生反思与批判能力的目标的同时，也注重建立一种帮助学生养成反思与批判精神的制度。在新的通识教育计划中逻辑推理类课程所占的比例明显提高，侧重培养和训练学生对资料数据收集和逻辑推理的能力，培养批判性思维便蕴含着对理智科学精神的弘扬。哈佛大学提倡每个课程中都应贯穿培养学生的批判性思维的理念。不管是文化艺术还是伦理道德等这种纯人文学科课程，哈佛大学也都鼓励教师采用客观分析、批判的方式指引学生思考。同时，哈佛大学也主张合作教学，就是来自不同学院和科系的教师合力设计并教授课程，让学生领略来自不同领域的观点；鼓励使用研讨班教学形式，让师生、生生间公平对话并相互质疑，培养学生反思与批判精神是这一系列行为的最终目的。

3. 追求知识的整体性与关联性

大学通识教育重视知识的整体性与关联性。这种整体性不仅表现在知识的广度上，还表现在知识的内在联系上。前者可以帮助学生养成合理的认知结构，避免目光狭隘；而后者则培养学生探究各类型知识内部联系的能力，培养学生全面思考的能力和创新精神。哈佛大学要想扩展学生知识的广度，只要增加课程的种类就可以实现，但要探究各知识的内部关联，就要进行教学形式和课程结构的全面改变。因此，加强课程的整体性变成了历次课程改革的中心议题。与以往相比，2007 年公布的新通识教育核心课程计划（简称新计划）在追求知识整体性上做出以下 4 个方面努力：①重新反思了通识教育理念，调整课程结构。新计划精简了学科领域（从 11 个缩减为 8 个），平衡了课程结构（如压缩人文类课程，加大科学类教育比重），并加强了各领域的逻辑联系，从而避免了核心课程给人留下的杂乱零散的不良印象。②强调科际整合。以外国文化历史类课程来看，从早期单独开设外语课到开设互相割裂的外国历史、地理课，再到今天将语言、历史、政治等融合为一种相互联系的“文化”“社会”概念来理解，都表明了哈佛大学对知识整体性的追求。③课程形式是主题（subject matter）而非学术教条（academic discipline）。④为避免通识课程随时间流逝趋向于零碎和狭窄，建议每隔 5 年由教师和学生组成专门的委员会（原有的通识教育常务委员会成员除外）对课程进行评价和审核。①

4. 重视培养学生的科技意识

通识教育是哈佛大学的传统，这一传统在赋予哈佛大学盛名的同时，也在某种程度上造成了哈佛大学通识课程的结构性失衡。具体表现为：通识课程因为太重视人文类、社会科学类课程，所以对自然科学类课程的重视就欠缺了很多。出现这样的情况，主要是因为哈佛大学的学科布局及其决策层人员的专业背景大多是人文社科。在核心课程实施后的 20 多年中，学生会逐渐失去对自然科学学习的兴趣，从而学生的科学知识和素质也就欠缺了很多。科学技术在当代社会发展中的地位是非常重要的，并且是其中不可缺少的一部分，但科学技术教育却面临着被遗忘的危机：而新的通识教育进一步分走了科学技术教育的比重，使科学类课程的领域数由原来占据核心课程的 1/7 增加到现在的 1/4。在提高科学课程比重的基础上，新方案中倡导实验室要被充分利用到教学中，照本宣科不应是主要的部分，鼓励学生理论联系实际，课堂知识与实际相结合。同时，哈佛大学也致力于开设小班课程，以提高科学课程的教学质量。

5. 强调文化和信仰的重要性

在早期提出的一项建议中，校方希望将宗教作为一门单独的课程，但这项建议在 2007 年 12 月被取消了。不过，校方仍然要求学生在主修科目之外了解宗教信仰和宗教习惯。这些内容现在都属于一个更广泛的领域，该领域被称为“文化与信仰”，主要向学生讲授在社会、政治、经济、宗教和跨文化背景中的思想、艺术和信仰文化，由此可见，此次通识教育课程改革，哈佛大学非常重视宗教信仰课程，这是与西方文化紧密相连的。

（五）总结与思考

哈佛大学通识教育发展历史悠久，其每一阶段的课程改革都是伴随着重大的历史事件的发生。第一次有重要影响力的事件是 1862 年《莫雷尔法案》的颁布和哈佛大学校长艾略特开创的自由选修制度。第二次则是艾略特继任者洛厄尔宣布的自由选修制度的终结及 1945 年《自由社会中的通识教育》的颁布。第三次重大

① 李会春. 哈佛大学通识教育改革新动向及其教育理念探讨[J]. 复旦教育论坛，2007，(5)：37.

事件则是 1961 年迪克逊对亚拉巴马州的诉讼案件及 1965 年美国《高等教育法》的颁布。第四次则是 1977 年卡内基教学促进委员会发表的《大学课程的使命：对目前状况的回顾与建议》。可见，通识教育的发展深受社会历史背景及高校领导者的影响，如艾略特校长与洛厄尔校长不同的通识教育理念和改革举措。不管通识教育改革的取向如何，也不管通识教育课程是何种类型和修读方式，只要可以适应当时的社会发展潮流，只要不是过于极端的课程改革举措，只要是站在学生角度作出的课程决策都是合理的、有效的。值得注意的是，通识教育改革也需要考虑院系教师的利益与兴趣问题，毕竟教师和学生都是通识教育改革的主体力量。

二、哥伦比亚大学通识教育课程与机制实施个案

坐落于美国纽约市曼哈顿区的哥伦比亚大学是一所世界顶尖研究型私立高校，据 2015 年 QS（Quacquarelli Symonds）世界大学排行榜，该大学排在第 14 位。作为纽约州最古老的大学之一，哥伦比亚大学致力于学科间的融合与贯通，注重人文精神与科技前沿、经典阅读与现实问题的结合，以培养学生博雅、通识的品质。早在第一次世界大战期间，哥伦比亚大学就富有远见地为学生军团提供现实性的课程——战争问题课程。和平时期，该校又以“当代文明”的名义开设人文必修课，为之后建立通识教育的特有模式奠定基础。首任哥伦比亚学院院长范阿姆林奇（Van Amringe）曾指出，对本科学生实施的课程的目的在于塑造“人”，而不是培养学者或者专业人士[①]。在历史的进程中，哥伦比亚大学坚守传统，力图保持相对完整的通识教育理念和严格的核心课程[②]，这种“稳定而灵活、课程少且精”的特征受到美国绝大多数高校的推崇。目前，哥伦比亚大学通识教育在理念目标、课程创设、管理机制等方面渐入佳境，因而被学者盛赞为通识教育领域独有的“哥伦比亚模式”。

（一）“合作的文化”视角下哥伦比亚大学通识教育的历史经脉

合作的文化，并非由哥伦比亚大学首创，它根源于通识教育的跨学科性。单从文化意义来看，合作既超越了学科的界限，又突破了机构的限制，实现了通识教育中师生平等、互动的局面。在历史的进程中，哥伦比亚大学通识教育的发展向人们展示了独有的合作文化。

自工业革命以来，自然科学的发展促使美国在内的西方国家的教育体制发生

① Belknap R L，Kuhns R. Tradition and Innovation：General Education and the Reintegration of the University：A Columbia Report[M]. New York：Columbia University Press，1977：45.

② 王霞. 价值视角下大学通识课程的建设：哥伦比亚大学的启示[J]. 现代大学教育，2010，(5)：22-25.

变革，以古典教育为传统的教学内容也伴随着社会发展需求而不断缩减甚至消解。与许多大学一样，哥伦比亚大学的本科教育从关注古典语言的学习转向注重职业训练。这种教育模式也引起不少人的反对，范阿姆林奇作为自由教育的倡导者，他认为对于年轻人而言，真正价值在于“教会他们瞻前顾后，并用适合公民身份的方式思考”①。遗憾的是，他的呼声没有引起多少人注意，古典教育模式也在浪潮中迅速瓦解。真正促使这种局面发生转变是在第一次世界大战期间，时任哥伦比亚大学研究院院长的弗里德里克·J. 乌德瑞（Frederick J. Woodbridge）为美国国防部“学生军训团”（The Student Army Training Corps）开设了一门“战争问题”（War Issues）的课程，旨在为学生提供一种多学科视角，该课程涵盖了政治、哲学和理论科学。而后该校历史系的哈里·卡门（Harry Carmen）和哲学系的约翰·科斯（John Coss）两位教授联合设计了一门“和平问题”（Peace Issues）的课程，希望通过不同学科间的触碰与交融，来探讨和平时代人们应关注的现实问题。这些课程理念既融合了古典思想与社会现实，也启迪了学生思维，因此取得了不俗的反响，美国各校也开始竞相效仿。对此，约翰·科斯曾指出，这些课程取得良好的效果，主要是一种教育意义上的“合作文化”（culture of cooperation），他认为课程间的合作应包含两层意义②：一是不同专业、学院之间的教师合作，不同学科背景的教师汇聚，并形成合力，为通识课程把脉，使得合作成为可能；二是教师与学生之间潜在的合作关系，新的课程使得师生间的互动、交流变得更为频繁，引发教学方式的转变，以小班、研讨课为主要的形式。战争与和平问题的课程取得的成功，使得哥伦比亚大学看到本科教育的新方向，一门以“当代文明”（Current Culture，CC）为名的核心课程经多方研讨，最终尘埃落定，并成为哥伦比亚大学近百年来实施通识教育的重要内容。

1919 年，哥伦比亚大学为本科生制定了“当代文明”的课程，它主要是西方文明的总览性概论，其目的在于“告知学生其所处的身心与社会环境中，最具影响力和最卓越杰出的因素”③。“当代文明”规定学生选课的细则，针对大一新生，一周实行 5 天授课制，附加每周一次的小组讨论，总计 4 个学分。授课教师一般是历史、哲学、经济、政治等系的教授，其中多为资深教授，更不乏大师级的学者，这使得课程的合作性进一步加强。由于“当代文明”课程实施成效良好，1929 年该课程延伸到大二学期，即学生大一时必修 CC-A，主要是关于西方的哲学和历史传统；大二必修 CC-B，侧重经济与政治。而后又扩展成核心课程，并增加了

① Belknap R L，Kuhns R. Tradition and Innovation：General Education and the Reintegration of the University：A Columbia Report[M]. New York：Columbia University Press，1977：46.

② Coss J. The new freshman course in Columbia College[J]. Columbia University Quarterly，1919，(21)：332.

③ Coss J. Progress of the new freshman course[J]. Columbia University Quarterly，1919，(10)：332-334.

科学课程（Science-A 和 Science-B），但随着课程的急速扩张和盲目增加，这类课程一度遭到自然科学教师的反对而暂停。然而，核心课程被赋予的“合作性”并未减少，1947 年核心课程的合作意蕴再次升级，学生不但被要求与教师通力配合，而且要学会适应东西方两种文化。当时哥伦比亚大学教授威廉・西奥多・狄百瑞（William Theodore de Bary）所创立的东亚研究（Oriental Studies）项目就是为升级合作所打造的新平台，在他看来，当代文明应包含中西方两种不同地域文化，通过理解跨国度的深层次因素，并通晓异文化的冲突问题，能为培养学生的批判性思维提供帮助。[①]这意味着哥伦比亚大学的核心课程所蕴含的合作性，不再狭隘地被界定为不同机构、角色之间为达成通识之理念的联合，潜在的还可扩展为文化的高度，以适应不同学科、不同文化而进行的融合。关于这一点，哥伦比亚大学教授贝尔（Bell）所设想的通识教育改革更具有说服力。

作为通识教育改革的拥护者，1966 年，贝尔在《通识教育的改革》（*Reforming of General Education*）中针对当下通识课程日趋没落、职业兴趣课程备受推崇的两极分化现象指出，“专门教育对知识具有偏见，极易产生狭隘观和部门化，相反由哲学和价值的立场出发，能为知识的探索和技能的培养训练提供帮助”[②]。在他的设想中，哥伦比亚大学通识教育的改革应着重考虑人文和历史课程，如“当代文明”中增加部分希腊和罗马的历史，重心则放在经济、政治、社会与智力三项主题上；增加必修社会科学，内容主题依不同主修学科而定。除此之外，课程的合作性被赋予了新的内涵，它体现了一种连贯性（coherence）。新生需要选修一年半连贯性的系列人文课程，并能与“当代文明”课程相互配合实施。也就是说，学科间的合作与连贯变得更为密切，如给予哲学和方法学上的支持，研习非西方的文化作为比较联合。[③]无奈的是，贝尔所设想的课程理想并未得到实现，原因在于计划受到了自然科学背景的师生的强烈反对，再加上随后兴起的学生运动，使得整个计划难以实施，甚至到 1968 年，“当代文明”课程中的 CC-B 被全部移除，而 CC-A 也被越来越多的职业兴趣课程所替代，共同读物等教科书也减少了比例。不过贝尔提倡的——课程所体现的连贯性却被保留了下来，并跟随核心课程的几经更迭愈发地历久弥新。

进入 20 世纪 80 年代，哥伦比亚大学通识教育委员会对该校实施了一系列重振计划，如 CC-A 恢复为大一新生的必修课程，内容也趋向人文与哲学；加强通

① The contemporary civilization staff of Columbia college. Introduction to Contemporary Civilization in the West[M]. New York：Columbia University Press，1960：4.

② Bell. Reforming of General Education[N]. Columbia Daily Spectator，1966-02-28，(2).

③ Hechinger F M. The Liberal Arts Find a Defender[EB/OL]. http://www.college.columbia.edu/core/timeline [2017-10-03].

识教育的教师队伍，注重通识教育的评价机制等，使得该校的通识教育发展逐渐走向正轨。课程所蕴含的合作文化，更多地被“注重人文精神与科技前沿、经典阅读与现实问题结合”这类的话语所表征。哥伦比亚大学的核心课程内容既要继承经典阅读，又不能回避现实问题，前者是尊重文化的原型而非形式的体现，后者体现了课程的功能是能够展示当前的迫切需要，两者的结合将对学生的思维变化、批判性理解产生一定的影响。①如今，在全球化的影响之下，哥伦比亚大学针对核心课程又进行了新一轮的调整。除了必要的“当代文明”、人文系列课程及技巧性课程外，还增加了适应世界变化的文化课程（后改名为“全球核心必修”）和科学前沿的课程，旨在增进学生对非西方文化的了解，并为学生提供关于科技变化规律性的探讨。基于此，哥伦比亚大学的核心课程主要为“当代文明”、人文系列课程（“文学人文”“艺术人文”“音乐人文”）、“科学必修”、“大学写作”、“外语必修”、“体育必修”和“全球核心必修”，授课的教师来自不同学科领域，以通力合作的方式共同传授，并采用小班教学的模式，人数一般不超过22人，并且通常采用研讨课的形式，这也确保了两大层面的互动性，另外跨学科课程潜在的连贯和融合，跨文化的吸收与适应，共同构成了合作文化的图景。

（二）哥伦比亚大学通识教育的课程理念与设置

哥伦比亚大学的通识教育理念体现精粹本质主义的导向，而其课程体系又是基于以经典文本为素材、研讨课为形式、现实问题为主题等，构成了哥伦比亚大学通识教育的特有模式。同时，该校统一灵活的管理机制为未来的进一步发展奠定了坚实的基础。

1. 精粹本质主义②导向的通识教育理念

精粹本质主义是当代美国一个影响较大的教育思想流派，兴起于美国的20世纪30年代，代表人物有巴格莱、科南特等。精粹本质主义主要是吸收了哈钦斯的永恒主义与杜威等的实用主义的精华。在知识论上，精粹本质主义者认为，理想社会中自由人的才能理应予以支持与发挥，但个人的才能须与社会需求之间建立密切联系方可实现。特别是通识教育当中，自由社会需要培养公民的社会责任。哥伦比亚大学在“当代文明”课程建立之时，初创者就提到：实际课程的目的是塑造“人”，而非专业人士，并且强调这种“人”既是理想社会中的自由人，又

① Trachtenberg S J. Desiderata for the core：Reflections of a college alumnus turned university president[J]. Columbia Colledge Today，1990，(8)：37-38.

② 我国台湾学者黄坤锦教授将通识教育的理论派别分为理想常经主义、进步实用主义和精粹本质主义，我国大陆学者一般称之为“要素主义”.

要承担一定的社会责任。[①]对于民主社会中的理想公民，精粹本质主义者倡导健全的公民应充分吸收人类遗产中最为宝贵的要素的各种观点、意义、谅解和理想的共同核心，继而培养公民具有职业工作技能，又具有社会人际沟通能力，更富有内在精神的心理的满足。[②]这一点，哥伦比亚大学难能可贵，从“当代文明”、人文系列课程及技巧性的必修课来看，哥伦比亚大学精心挑选的自然科学、社会科学、人文学科便成为培养健全公民必不可少的基本大类。尤其是精粹本质主义者所追求的人类遗产方面，哥伦比亚大学并不盲目追随传统主义，也不重现古典文雅主义，而是取经典文本之精髓，对学生追求知识和培养技能予以支持。但哥伦比亚大学所提出的通识教育理念，并非代表科南特或罗索夫斯基的精粹本质主义，即保证学生的选课自由权，大学通识课程一定要有自然科学作为重要基础。它恰恰反映“哥伦比亚式”的风格。“核心课程是必须要开设的，但其理念的呈现不似其他大学那样零散式的，应该是有系统地教育每一位高等知识分子，对每一个学习者负责。”[③]

2. “哥伦比亚式”的课程体系

与哈佛大学模块化的核心课程设置不同的是，哥伦比亚大学的通识课程结合本校的特点，形成“哥伦比亚式”的课程体系。它兼具多重特色：一是课程素材选取经典文本，力图保证课程的完整性；二是授课形式以小型研讨课为主，小班教学利于师生的合作与交流；三是授课主题反映现实问题，体现了通识教育的当代价值。

一直以来，哥伦比亚大学极其重视对经典名著的解读。早在20世纪初期，“当代文明”课程素材就取之于经典名著，而非二手教材资源。在初创者看来，尊重经典名著、解读原始名著就离不开经典产生的历史背景，这对于把握特定时期的社会特征，促进学生的文化理解有启迪之功用。同时，经典名著本身就是一部广博知识的总集，它是一种精练的智慧，知识具有贯通性，而非一堆零乱的资料，也不是某一部门的知识。[④]伴随通识教育的几度变迁，哥伦比亚大学核心课程内容更具丰富性。其中，有关历史与哲学的课程仍然源自解读经典名著。这些经典包括《旧约》、《新约》、《古兰经》、亚里士多德的《政治学》、柏拉图的《理想国》、马基雅弗利的《君主论》、洛克的《论宽容》、亚当·斯密的《国富论》、

① Belknap R L，Kuhns R. Tradition and Innovation：General Education and the Reintegration of the University：A Columbia Report[M]. New York：Columbia University Press，1977：45.

② 黄坤锦. 美国大学的通识教育：美国心灵的攀登[M]. 北京：北京大学出版社，2006：69.

③ Katz J C. Rethinking the core curriculum：As the faculty ponders anew the mission of the liberd art college，many old issues have resurfaced[J]. Columbia College Today，1988，(18)：14-20.

④ 黄坤锦. 美国大学的通识教育：美国心灵的攀登[M]. 北京：北京大学出版社，2006：37.

《马克思-恩格斯读本》、达尔文的《物种起源》，以及尼采、弗洛伊德和沃尔夫等的著作。[①]可见，“当代文明”、人文经典等课程的内容虽然在不断变化，但哥伦比亚大学将经典文本作为主要素材的惯例从未中断。

除恪守经典的传统外，哥伦比亚大学以研讨课为主的教学方式也被人津津乐道。这是一种小班规模的研讨课，人数控制在 20 人左右，每学期共开设约 65 个班，与经典阅读相结合，并以课程研讨为目的，使学生在对经典文本的研习及讨论过程中锻炼其自身的理性心智，某种程度上体现了名著经典的永恒价值。研讨过程采用的是苏格拉底式教学法。教师和学生就既定的案例展开讨论，双方形成充分的互动模式，在对话中教师只能“以理服人”，而不能迫使学生认同教师的观点。苏格拉底式教学法就是要求学生积极、主动地参与教学，并通过师生之间的合作进行良性互动，以此培养学生的逻辑思维能力、语言表达能力、分析问题和解决问题的能力。

至于探讨的主题是什么，“哥伦比亚式”的课程体系设计者早已给出了答案。他们认为，新生很少有能力从学校开设的大量课程中选出合适的内容，应确保体系完整的课程接近真实的目的，即向学生介绍当前更为紧迫的问题。自“当代文明”课程开创期间，其内容与教学计划也相继被定义为“商讨当前面临的紧迫而又重大的问题”[②]。这种现实性的问题，并不是特指某一类别的知识，而是以经典文本为蓝本，剑指当前人类共同生活的实际。在哥伦比亚大学看来，如果我们对当前的现实问题没有一定的了解，那通识教育也不过是徒有虚名罢了。[③]这也正如学者黄俊杰所认为的，原著经典选读的课程如能扎根现实，效果将远远超过纯粹意义上的经典阅读。[④]可见，哥伦比亚大学灵活地结合了经典阅读与现实前沿，既不遗忘历史，也不回避实际。以现实问题作为通识教育的嵌入方式，这给师生超越跨学科的界限，培养学生整体的思维提供了一定的帮助。因为对于现实问题来说，它从来不是按照当前的科系来划分的，相反它要融合、跨越这种既定的界限。哥伦比亚大学的通识教育正是以经典名著为素材、研讨课为形式、现实问题为主题，继而形成颇具特色的通识教育的模式之一。

（三）哥伦比亚大学通识教育课程的实施机制

就当前的状况来看，哥伦比亚大学既有统一对通识教育实施管理的机制，又

① 曲铭峰. 关于建立我国研究型大学通识教育核心课程的若干思考：美国哈佛大学和哥伦比亚大学成功经验之启示[J]. 中国大学教学，2005，(7)：19-23.
② Coss J. The new freshman course in Columbia College[J]. Columbia University Quarterly，1991，(21)：248.
③ Trilling L. The uncertain future of humanistic educational ideal [J]. The American Scholar，1974，44(1)：52-67.
④ 黄俊杰. 全球化时代的大学通识教育[M]. 北京：北京大学出版社，2006：66.

有体现美国高校管理灵活性的原则。一般情况下，本科生进入本科生院——哥伦比亚学院学习，在一、二年级是不分专业的。在这种情况下，哥伦比亚学院统一负责全校的通识教育，通常冠以“通识中心”的名义，来规划有形或正式的“课程”及通识“教育”无形或潜在的“课程”，并且负责联络各院系。由于通识课程涉及跨学科性，哥伦比亚大学的相关课程需要不同专业、领域的教师进行通力合作，这就涉及各个院系的合作问题，如果缺乏统一的规划，通识教育的实施就不可避免地出现混乱局面。美国历史上部分高校组织和职责的不明确，导致通识科目出现了一种“人人负责，也无人负责”（everybody is in charge，nobody is in charge）[①]的情形。哥伦比亚大学为避免此情况，特设了专门单位，负责全校通识教育的规划与执行，这有助于形成全校议题的观念和校风特色，也形成了哥伦比亚大学管理机制上的灵活性。

此外，在哥伦比亚学院之上，哥伦比亚大学还设立了全校性通识教育委员会，由校长担任主任委员。其职能在于审议和督导哥伦比亚学院院长所提出的各项重要规划、方案，开展周密的研讨，通过后交付实施；对实施的情形及结果进行监督考核。同时，哥伦比亚大学在核心课程的管理方面，设置核心课程委员会，其任务是全面负责核心课程的规划、审议与评估。事实上，这些机构采用统一灵活的管理方式，其成效是有目共睹的，如1993年哥伦比亚大学核心课程委员会就针对该校所取得的成就与问题发布了《哥伦比亚大学未来的教育》报告，用翔实的数据和调查现状来分析存在的问题及未来的走向。后来又呼吁管理机构对通识教育采取一系列的改进策略，如学生激励措施，奖励有突出贡献的院校通识教育教师等。

（四）总结与思考

作为美国高校推动通识教育的始祖之一，哥伦比亚大学坚守传统，严格实施核心课程。在历史的发展沿革中，哥伦比亚大学体现了真正意义上的合作，即在学科上突破了人为的限制，形成“当代文明”和人文系列课程，打破不同领域、院系既定的规则，促进教师间的通力合作、师生间的充分交流与合作，对培养富有社会责任感的自由人有重要意义。但也有不少质疑者认为，哥伦比亚大学的通识教育无论在课程体系方面，还是在院系之间的合作上都存在实际操作上的问题。

正如上文所述，哥伦比亚大学课程体系的“哥伦比亚式”风格十分明显。哥伦比亚大学的经典名著课程强调对人类遗产的继承与保留，解读经典固然是尊重永恒和普遍知识的体现，但如何选取适宜的经典文本是一件谨慎的工作，这一点

① 黄坤锦. 美国大学的通识教育：美国心灵的攀登[M]. 北京：北京大学出版社，2006：164.

哥伦比亚大学并没有给予依据。进一步来说，处在大众化时代的高等教育，学生已经不像往昔那样勤勉用功，实际上很少人愿意看大部头的原著经典。①哥伦比亚大学以重大问题为研讨主题，体现了更为严谨的学科内在逻辑和知识的统一性。但就小型研讨课本身来说，各班的接受情况会因多种因素而在内容甚至质量上不完全一致，学生的大量增加导致开设的班级日益增多，这也造成较大的师资缺口与资金问题。②另外，哥伦比亚大学“统一灵活式”的管理机制能够保证通识教育的实施。但通常情况下通识教育的行政组织是由学术副校长负责，通常通识教育不会被放在全校学术事务的优先或重要地位，相反他们把大部分精力放在评审新进人员、全校学术行政例行事务等方面，通识教育几乎是美国各高校的边缘性事务。这一点，哥伦比亚大学也难以避免，加上各院系之间的合作不可避免地带来权责不清、工作上的推诿等现象，因此具体的实施效果如何还需进一步考究。不过需要肯定的是，哥伦比亚大学作为一所享誉全球的顶尖型高校，形成通识教育的“哥伦比亚式”模板已经成为共识。

三、麻省理工学院通识教育课程与机制实施个案

麻省理工学院，位于美国马萨诸塞州剑桥市，是世界顶尖级研究型私立大学，对全球带来深远影响，被誉为“世界理工大学之最”。根据《美国新闻与世界报道》（*US News and World Report*）公布的2016年美国大学综合排名，该大学位列第7名。虽然麻省理工学院属于理工类大学，但它也从未忽视过通识教育。早在1861年学校创办之初，首任校长威廉·B. 罗杰斯（William B. Rogers）就提出将通识教育和专业教育贯通起来，并试图为学生提供带有通识教育内容的专业教育，进而使学生在毕业之后有能力胜任各个领域，同时强调培养学生社会责任感的重要性。其早期通识教育发展理念为日后追求通识教育的卓越发展和提升学校的办学质量奠定了坚实的基础。那么，在历史风雨洗礼中，麻省理工学院各个时期的通识教育发生了什么变化？新时代背景下，通识教育的发展理念、课程设置和管理机制的现状又是如何？

（一）麻省理工学院通识教育的历史回顾

工业革命运动以来，美国对各领域实用科技人才的大量需求，促进了麻省理工学院的诞生。然而，麻省理工学院并非只为了培养纯粹的技术型人才，还肩负

① 王霞. 价值视角下大学通识教育的建设：哥伦比亚大学的启示[J]. 现代大学教育，2010，(5)：22-25.
② 张冲. 大学本科通识教育的他山之石：评哈佛大学与哥伦比亚大学本科通识课程体系之争[J]. 复旦教育论坛，2011，9(1)：43-46.

培养具有人类文化素养的人才的任务，而且技术与文化两者是相交相融的。自罗杰斯初任校长伊始，麻省理工学院就倡导文理兼容，把通识教育与专业教育相融合。课程设置上，不仅开设了物理、数学、化学等一些科学技术类的课程，还开设了历史、语言学、政治、经济等方面的讲座。这可以看作麻省理工学院通识教育的萌芽，为通识教育后期的发展奠定了良好的基础。这种文理学科的结合，彰显出了折中主义的价值取向，是一定社会和时代背景下对人才应具备的科学和人文素养的要求。

继罗杰斯之后，历任校长亦十分重视通识教育的发展。如1881年，沃克（F. A. Walker）校长开拓了通识教育领域，范围涉及政治、经济、现代语言等诸多领域。1931年，康普顿（K. T. Compton）任校长一年后，就指出要精简本科生通识课程，使学生在低年级的时候学习必要的通识课程。1932年，设立人文学科部，以丰富学生的人文知识。1944年，对人文课程进行改革，提出贯通4年的社会科学必修课程计划。1947年，该校成立教育调查委员会，主要考察麻省理工学院的人文和社会科学的教育情况等。①此阶段，正值进步主义教育思潮和实用主义之风盛行，康普顿强调实用和文化教育同等重要，必须将人文教育渗透于人才培养上。其实，在成立教育调查委员会时，康普顿校长意识到在日益突显的职业化教育背景趋势下，通识教育为学生提供更为宽泛和高效的文化训练是极其重要的。随之，学校还成立了通识教育委员会，该委员会分别由工程、科学、人文、社会科学等多个领域专家组成，致力于研究并解决职业实用教育与文化训练矛盾的难题。

在实用科学技术教育和人文教育抗争中，如何解决专业教育中的通识教育成为一大难题。1949年，《通识教育委员会报告》（*Report of the Committee on General Education*），又称为“刘易斯报告”的出台，正好迎合这一需要，并进一步推动和发展了麻省理工学院通识教育折中主义价值思想。在麻省理工学院通识教育史上，该报告不亚于《自由社会中的通识教育》。该报告揭示：麻省理工学院的专业教育实施效果很好，但仍需进一步发展；人文教育能为后续专业教育做好准备，应当成为教育计划中必要的组成部分，同时人文科目应当多样且深入；全体教师应该进一步反思教育目标，并取消不必要的课程和继续改革教学方法，从而把人文和科学与工程放在同样重要的位置；教师和管理者需要共同努力，共同为吸引优秀学生、扩宽教师文化广度和强化教师专业地位、改进师生的教育环境而努力。②该报告不仅深刻影响麻省理工学院通识教育未来的发展，也为其走向世界一流大学发挥重要的作用。

① 崔军，汪霞. 从历史走向未来：麻省理工学院通识教育理念探析[J]. 大学（学术版），2012，(6)：71-77.
② MIT. Report of the Committee on General Education[EB/OL]. http://www.mit.edu/[2018-01-02].

此时，詹姆斯·R. 吉里安（James R. Killian）校长也强调人文与科学联合的重要性。1950 年，成立了人文学院，负责管理和规划通识教育课程，这一管理机构的建立，保障了通识教育的顺利开展。此后，麻省理工学院的通识课程不断改革完善。在 1951 年、1974 年和 20 世纪 80 年代又历经几次改革，并在 1984—1985 年再次对人文、艺术和社会课程做了大量的调查，建立了人文、艺术和社会科学分配的课程体系。[①]2004 年，麻省理工学院的苏珊·霍克菲尔德（Susan Hockfield）校长上任后，也对通识课程进行了较大的改革，强调通识课程多元化、全球化等价值观，并进一步调整人文社会科学和科学技术间的关系。2006 年，“本科通识教育专家工作组”提出通识教育课程新方案，整合了原先课程类别，其通识教育在总课程中的比重较高，而且理工类课程比例非常高。通识教育课程新方案分人文社会科学和科学技术两大类，要求学生修满 16 门课程，其中，科学技术类课程包括 3 门必修课（机械、一元微积分、多元微积分）和 5 门选修课（从数学科学、物理科学、化学科学、生命科学、计算与工程、新生项目设计课程 6 门中选 5 门）；人文社会科学类课程包括 4 门基础课程（人文、艺术、社会科学，加从写作表达或人文社会科学选修课中任选 1 门）和 4 门高级课程（其中有 1 门可从高级课程或人文社会科学选修课程中任选）。[②]这种科学技术和人文社会科学的整合，不仅体现了麻省理工学院的整体主义教育观，也是折中主义教育理念在其通识教育课程中的表现。总的来说，麻省理工学院通识教育发展在专业教育与通识教育、科学技术教育和人文教育的论争下，逐渐融合并发展起来，课程体系和管理保障日益完善和成熟，进而形成具有折中主义价值取向的分布必修通识教育课程模式。

（二）麻省理工学院通识教育课程的理念与设置

麻省理工学院通识教育秉承折中主义教育理念，设置分布必修通识教育课程，并设立专门组织机构，从学校层面、学院层面、教师层面、学生层面、课程层面、教学层面等给予多维管理和保障，有效保证通识教育的顺利实施。然而，在注重通识教育硬件基础上，还应多关注软件发展，如通识教育的价值与师生专业成长的关系等。

1. 折中主义导向的教育理念

自建校以来，麻省理工学院通识教育目标就是教育青年一代努力将科学研究的发现成果应用于人类生活，以满足人类的需求，并利用有用的知识去推动科技

① 庞海芍. 通识教育：困境与希望[M]. 北京：北京理工大学出版社，2009：170-171.
② 崔军，汪霞. 从历史走向未来：麻省理工学院通识教育理念探析[J]. 大学（学术版），2012，(6)：71-77.

发展，这是人们应承担的社会责任。1949 年的“刘易斯报告”也强调教育要为学生未来生活和职业发展做准备，其首要目的就是培养学生独立、批评、理智、判断、容忍等价值观，并发展学生的社会责任感。可见，麻省理工学院通识教育目标具有一定的实用功能，强调知识的应用价值，这是因为麻省理工学院是基于工业革命对科技人才需求的时代背景而产生的，其通识教育一开始就具有实用取向。不过，麻省理工学院作为理工类大学，不仅注重科技的技能性，还重视科技的人文性，其通识教育理念目标具有折中主义价值取向，同时彰显出价值哲学中的事实问题和价值问题。事实问题是有关实证科学的问题，回答的是“世界是什么及怎样存在”的问题；价值问题则是有关人文学科的问题，回答的是“社会该怎样发展及人该追求些什么”的问题。①折中主义价值取向秉承价值哲学的基本义理，是“人”价值判断的一种基本看法，又被称为新人文主义。新人文主义学派认为，西方传统文明或传统文化遗产是人类在文学和哲学等领域才智发展的结果，而不是源于社会的历史环境变迁。在某种程度上，它说明人类思维意识的发展导致了社会的变化。而他们所提倡的通识教育课程计划基本上是涵盖了文学、哲学、科学与艺术四种学科领域的知识内容。他们希望学生通过对文学、哲学学科的学习，领悟西方传统文明的重要精髓，从而有利于西方民主社会的构建。学生对科学与艺术学科的学习，有可能日后成为相关领域的专家同时又可以承担一定的社会责任。2006 年麻省理工学院通识教育课程目标是：对当代科学与技术最重要的概念有宽泛的理解；有娴熟地应用科技基本概念的能力，并成功学习科学或工程领域中的一门分支专业；充分了解人类社会文化，并充分认识作为有效公民和创新者与社会个体间的相互作用；需参加一项发现或发明活动，并在一定环境实现研究目标。②现阶段，麻省理工学院提出的教育使命是增进学生的知识并促使学生在科学、技术和其他领域取得成功，无论是医疗健康、能源、经济或者是文学领域，并能为 21 世纪的国家和世界服务。③在学校办学使命下，通识教育课程理念兼顾科学和人文，如科学课程促使学生拥有雄厚的科技背景，并能理解和掌握科学的一些基本概念和方法，而人文社会科学课程则重在培养学生的价值观，促使学生形成思考能力、判断能力、情感能力和批判精神等，这是折中主义典型的表现，即科学教育和人文教育的结合。

2. 分布必修课程设置

麻省理工学院通识教育分布必修课程设置秉承折中主义教育理念，不仅是学

① 兰久富．走出价值哲学的理论困境[J]．哲学动态，2004，(7)：13-16.
② 崔军，汪霞．从历史走向未来：麻省理工学院通识教育理念探析[J]．大学（学术版），2012，(6)：71-77.
③ MIT. About MIT[EB/OL]. http://web.mit.edu/aboutmit/[2018-01-09].

校办学目标的重要实施方式，还是通识教育的主要实践环节。

科学课程旨在促进学生理解和掌握物理和生物科学基本概念和方法，这对学生日后专业学习及科技时代的生活都起着重要的作用。学生修读六门核心科目，包括数学、物理、生物、化学、实验课和限定选修科技课程。具体修读内容，如一些基本科学方法要素：实验基础和技能、数学分析和实验事实类的概念模型（conceptual models for experimental facts）。这些内容除了为学生提供科学概论外，还为学生解释自然现象和应用科技提供反思自身知识、探索可选概念和数学公式的机遇和挑战，特别是科学、工程等批判性和建构性的理论和实践方法，它们是科学教育的核心目标。

通信课程旨在确保所有本科生在一般性说明文写作、听说和专业领域共同话语里获得实质性的指导和实践机会。通信课程具体包括四门通信精读科目（communication-intensive，CI），并贯穿本科生学习的生涯。这四门科目中，两门来自人文社会科学课程，称为CI-H，两门来自本专业的科目，称为CI-M科目。CI-H科目，如“双语学生说明文写作”“文学写作”“写作与修辞”“修辞与当代问题”“科学写作与新媒体”“科学与技术通信探索”等课程。CI-M科目，如“土木与环境工程”“机械工程”“电气工程与计算机科学”“生物工程”“经济学”“管理学”“政治学”等课程。学生必须在第一年末修读完其中一门CI-H或写作型CI-H（即CI-HW）科目，第二年末修读完两门科目，第三年末修读完三门科目，第四年毕业前修读完四门科目。在新生入学后，所有麻省理工学院的学生都必须参加“新生文笔评价”（the Freshman Essay Evaluation，FEE），衡量哪些科目适合哪一类学生修读。比如，在高级预修语言和作文考试中或高级预修文学和作文考试中获得5分，或者英语A或B高级国际学士学位考试中获得7分，学生才有机会修读任何一门CI-H科目，包括CI-HW科目。

人文社会科学课程旨在发展学生对人类社会、传统及体系的广泛理解，加深学生对多元文化和跨学科领域知识的理解，鼓励学生培养自身情感和发展技能，因为不管学生是作为一个个体，还是专业领域成员抑或是社会成员，这都有助于学生追求有效和幸福的生活。人文社会科学课程主要分为分布课程（HASS-Distribution）、集中课程（HASS-Concentration）、选修课程（HASS-Elective）和探索课程（HASS-Exploration）。其中，分布课程由先前五个门类，即文学和原著阅读、语言思想和价值观、视觉与表演艺术、文化与社会研究、历史研究，修订为三大门类[①]，即人文类（HASS-H）、艺术类（HASS-A）和社会科学类（HASS-S）。人文类从个体和社会两个层面描绘和理解人类取得的成就、面临的问题和历史转

① MIT. The HASS Requirement[EB/OL]. http://web.mit.edu/hassreq/[2017-09-16].

变。艺术类强调技能型工艺、实践和卓越的标准，包括图像、文字、声音和运动的表征创设，如雕像、故事、戏剧、音乐、舞蹈、电影和影音游戏等。社会科学类则强调理论驱动、实证探索和人类事务分析，并着眼于个人、团体、学校、组织和国家的智力和行为活动。社会科学类学科，如人类学、经济学、语言学、政治科学和心理学，有助于全面理解和解释人类互动交际活动。集中课程主要有 29 个领域，如美国研究、人类学、考古与考古科学、东亚研究、经济学、比较媒体研究、音乐、哲学、戏剧艺术等课程领域。每位学生配备一名课程顾问教师，并在其指导下从 29 个领域中选择某一领域，修读三到四门课程科目。选修课程，指的是学生从八门人文社会科学课程中，即四门分布课程和四门集中课程，任意选择 1—2 门课程作为任意选修课程即可。探索课程是立足不同学科和跨学科角度的主题课程。2015—2016 学年秋季，探索课程包括"如何策划一场革命""莎士比亚""莎士比亚的写作""全球化：利弊与钟摆""音乐""文学和文化中那些不可思议的事""不列颠群岛和北美的民间音乐"。2015—2016 学年春季，探索课程包括"美国内战：战争时期美国的政治与社会""构筑一个美好的世界""亚洲的崛起""1400 年至今的世界""可能的艺术""黑人问题研究"。①

科技类限定选修课程有助于学生扩展和深化基础科学学习，为科学研究奠定基础。通过学习这些课程，学生将有机会继续拓展已经研究的领域或探索有潜在兴趣的其他领域。科技类限定选修课程多种多样。有些将系统论述某一领域的基本概念和原则，有些则通过举例说明专业领域的态度、问题和方法。一般而言，此类课程科目不能太专业化和太精深化，主要在于引导某一特定的技能。此类课程通常要求学生从第一年开始学习，但学生一般从第二年才修读，须修读两门课程，而且一般修读不超过一门与本院系相关的课程。具体课程，如"计算机与工程问题解决概论""固体力学""材料科学与工程基础""材料热力学""生物化学""地球环境科学"等科目课程。

实验课程为学生处理自然世界现象提供实验的机会。在导师的指导下，学生在实验设计、计量技术的选择、实验过程等中扮演重要角色。实验课程科目要求学生参与一个或以上实验问题，并强调学生尽可能完成实验项目工作，而不是常规的实验练习，从而激发学生的智慧并产生创意。实验课程主要不是为了后续实验而传授一些特定的技能，也不是提供某一特定领域宽广的知识或对具体学科的补充，而是在学生早期实验阶段，提供一个或以上实验问题的工作机会，正如一个专业研究者从事的研究一样。学生须在前两年修读 12 个单元一门科目或 6 个单元两门科目。12 个单元一门科目，如化学实验、材料实验和仪器与测量等。6 个

① MIT. The HASS Exploration SubJects[EB/OL]. http://web.mit.edu/hassreq/exploration.html[2017-09-15].

单元两门科目，如土木与环境工程设计概论 I、环境流体运输过程和水文实验室、环境化学和生物实验等。

体育教育课程旨在为学生的健康、积极生活方式提供必要的指导和技能训练，从而通过体育活动促进个体成长，并培养团体意识。该课程项目主要是确保学生在进行学习研究的同时能积极参与体育活动，其技能训练也是为了学生能够健康地生活。为此，新生入学后，将修读四门体育课程（计 8 个学分）和游泳必修课程。转学学生则必须完成两门课程（计 4 个学分）和游泳必修课程。学生可根据自己的情况，修读任何水平的体育教育课程并取得相应学分，而游泳课则需要先学习游泳初级课程或在秋季新生迎新周（orientation week）通过游泳测试。在秋季注册当天，新生必须完成游泳测试，如果学生不能游泳，可注册申请一季度游泳课程。除了体育教育课程外，学生也可以通过大学生运动队、预备役军官训练项目（ROTC program），以及经美国体育学院批准的个人训练、私人游泳课、团体训练课等途径获得体育学分。2014 年麻省理工学院体育教育课程有如团体运动，包括“自行车”“跆拳道”“普拉提”“瑜伽”“射箭”“徒步旅行”“羽毛球”“舞蹈”“击剑”“花样滑冰”“健身/营养”“健身/抗压”“夺旗橄榄球”“高尔夫”“冰球”“空手道”“皮划艇”“手枪”“步枪”“绳索”“跑步/慢跑”“帆船”“潜水”“滑冰”“滑雪”“足球（室内）”“网球”“顶绳攀爬”“排球”“举重训练”等。

（三）麻省理工学院通识教育课程的管理机制

多维连贯式的通识教育管理机制是确保麻省理工学院通识教育课程顺利发展的重要保障，也是提升通识教育实践效果的机制举措。麻省理工学院本科生教育教务长办公室负责全面实施与监管运行麻省理工学院的通识教育，其办公室下设由各主任负责的分项目办公室或中心，并配有相应数量的管理人员。教务长办公室下设 8 个管理机构：少数民族学生培养办公室、本科生学业指导办公室、全球化教育与职业生涯发展中心、教育创新与技术办公室、经验学习办公室、教师资源办公室、注册办公室及教学实验室。此外，还有 4 个学习共同体：新生通识教育学习共同体、“做中学”工程科技学习研究中心、新生小班实验与研讨学习共同体、新生跨学科创新学习共同体。①这些都对通识教育的实施产生了重要的影响。麻省理工学院除了整体全面管理全校通识教育外，还要专门针对某一课程体系进行相应的监管，如设立一个专门的小组委员会负责监督和管理人文社会科学课程体系，即 HASS 课程小组委员会（Subcommittee on the

① 崔军，汪霞. 从历史走向未来：麻省理工学院通识教育理念探析[J]. 大学（学术版），2012，(6)：70-77.

HASS Requirement，SHR）。但是从整体上来说对于 HASS 课程体系的管理机构有 3 个层次、4 个机构。第一层次是麻省理工学院的全体教职工代表大会（The Faculty）。第二层次是全体教职工代表大会其下的两个常务委员会——课程委员会（Committee of Curricular，COC）和本科项目委员会（Committee of Undergraduate Program，CUP）。第三层次是 CUP 下辖的 HASS 课程小组委员会。[①]在教学评价管理上，2010 年秋季开始，麻省理工学院就采用完全在线的学科评价体系，开发一个基于网络的应用程序“谁在教什么”（who’s teaching what）以提高教学数据收集的质量，增强教学评价管理效果，因为这不仅节省了学校的人力和时间资源，而且提高了师生和管理者参与评价工作的效率。[②]同样，课程评价管理也开启网上在线系统，对全校各系的课程给予技术支持、数据收集、调查问卷、公布结果等。由此看来，麻省理工学院从学校层面、学院层面、教师层面、学生层面、课程层面、教学层面等注重多维连贯的管理，并注重组织责任和文化建设，为通识教育科学管理提供强心剂。

（四）总结与思考

麻省理工学院作为一所理工科大学，非常重视学生科学素养的养成，设置了大量的理工类课程，如物理、化学、生物及实验课程，旨在使麻省理工学院学生拥有良好的科技背景，为学习专业课程打下坚实的基础，从而培养具有一定科技背景的专业人才或公民。与此同时，麻省理工学院在强调科学教育的时候，还对学生人文素养的提高非常重视。典型的是麻省理工学院的 HASS 课程体系的建立，这是培养麻省理工学院学生在打下坚实的理工知识基础上，成为具有广博的知识、富有责任感的公民的有效路径。这种通识教育发展思路贯穿折中主义教育理念。因此，对于新人文主义学派来说，其提倡的通识教育课程计划更具有灵活性与包容性。但是，新人文主义所提倡的通识教育课程计划具有一定的保守性与谨慎性。它将更多的重点放在对课程教材的革新、通识必修课程的设置及教学大纲的建设上，而不是学生的实际学习过程。随着科学技术的快速发展，科学技术已经渗透到我们的人体和环境中，并催生了后人文主义教育思想，呈现出跨学科、多样异质、逻辑思维、批判思想等特征。对此，麻省理工学院也专门设置思维方法、跨学科等项目，以契合后人文主义时代发展的需求。总而言之，麻省理工学院能在世界取得如此辉煌的成绩，与麻省理工学院历任校长对通识教育的重视、时代发展需求、高瞻远瞩的战略规划，以及通识教育一脉相承的发展理念和实施成效息

① 李好. 麻省理工学院 HASS 课程体系研究[D]. 长沙：湖南师范大学，2014：50.
② MIT. Online Subject Evaluation/Who’s Teaching What Project[EB/OL]. http://web.mit.edu/se-proJect/[2017-01-06].

息相关。这对我国理工科大学培养顶尖科技人才有着重要的启示。

四、杜克大学通识课程与机制实施个案

（一）杜克大学通识教育的发展历程

杜克大学是美国一所著名的大学，创建于1838年，坐落于北卡罗来纳州。在2016年《美国新闻与世界报道》的美国大学本科排名中，杜克大学在全美排第八名。虽然杜克大学的历史相对较短，但这所被世界公认的一流高等教育机构的建成和发展，除了得力于丰厚的师资、优秀的生源、严谨的科研和社会的大力支持外，还和它独特的教学体系有关。

自2006年起，在杜克大学校长理查德·布罗德黑德（Richard Brodhead）的带领下，杜克大学就将“与众不同”定为自己的发展规划目标，不仅要在教学方法方面紧跟前沿，采用先进的教学法，还要注重学生校内、校外的学习相结合，使学生具备运用所学、结合自己的创造力来解决社会公众问题的能力；对于社会层面来说，杜克大学也注重承担社会责任，为改善卫生条件、保护环境、帮助贫民摆脱困境等方面作出贡献。

在此基础上，富有创新性的通识课程计划得到了学校的大力支持——1991年开始，杜克大学就设立了跨学科研讨课（First-year Opportunity for Comprehensive Unified Study，FOCUS），这是面向一年级新生开设的全面的、统一的研究型课程。但当时的师资队伍建设、课程建设均不完善，在接下来的建设中，FOCUS课程不仅增加了跨学科的学科体系、加强了学科的跨越性和国际化，完善了师资力量，也均衡了文、理科目的比重，更加注重学生实用能力的培养。

（二）杜克大学通识教育课程的理念与设置

杜克大学校长理查德·布罗德黑德在2014年2月清华大学的学术研讨会上作了《面向未来的通识教育》的特邀报告。在报告中，布罗德黑德指出：“通识教育并不只是简单的课程设计、课程讲授，更重要的是培养一个人的整体素质和能力，包括思维能力、沟通能力以及在多文化背景下工作等多项能力。”①他认为，现在美国大学教育最严峻的挑战，就是使大学教育最大化地满足于社会需求。

杜克大学的通识教育课程的设置，就是基于将各个学科融会贯通，与当代社会的热点问题相结合的理念，致力于培养学生将不同学科的知识良好地有机结合

① 李含. 美国杜克大学校长理查德·布罗海德清华畅谈大学教育价值和未来通识教育[N]. 新清华，2014-02-28，(4).

起来，并且可以运用这些知识来解决实际问题的能力。

这里以杜克大学 FOCUS 课程为例进一步说明和分析杜克大学的跨学科通识课程模式。

杜克大学 FOCUS 课程是面向一年级新生开设的全面的、统一的研究型课程。这一通识课程的目标体现在以下三个方面。第一，鼓励学生学习某门课程时从多个学科的视角思考问题，培养一种全面看待问题的综合能力。因为某些课程或社会问题不可能仅仅局限于一门课程中，所以学生应该学会从其他的学科领域来寻找解决途径。第二，理论联系实际，杜克大学要求学生把学校的知识与社区、国家、国际社会的各种事务联系起来，理论与实践相结合。第三，学会团队协作并学会有效地表达自己的观点和与他人沟通，这点对于日后的职业生涯是举足轻重的。这种多学科和跨学科的视角，需要学生树立一种多元文化的立体思维，体现了多元文化论的发展趋向。

相比 2011 年 FOCUS 课程，2014 年的课程设置在沿用一些课程的基础上，又增加了一些课程。如“自由的愿景”（Visions of Freedom）、“知识服务化社会”（Knowledge in the Service of Society）、“记忆与虚构中的中世纪与文艺复兴时期的世界”（Memory and Invention：Medieval and Renaissance Worlds）、“经济与社会科学的模型化”（Modeling in the Economic and Social Sciences）、“语言的力量”（The Power of Language）、“伦理、领导能力及世界公民”（Ethics，Leadership & Global Citizenship）课程一直都纳入其中，而“全球健康”（Global Health）、“生活中的基因：科学与道德”（Genomes in Our Lives：Science and Conscience）则发生些许变化，这与当前的社会、经济、科技的发展是紧密相关的。2014 年，后两个课程设置为“全球健康：决定因素与解决方法”（Global Health：Determinants and Solutions）、“生活中的基因：DNA 的意义”（Genomes in Our Lives：The Meanings of DNA），这几类课程注重拓展课程的内容，其课程的变动都取决于社区、国家、国际社会或高等教育领域的发展，以及学生的课程取向、教师的教学设计等相关因素。不同的是，2011 年设置的课程“认知科学、地缘政治与集体记忆的认知”（Cognitive Science，Geopolitics & Collective Memory）、“探索精神”（Exploring the Mind）已经消失，反而增加了“神经学的认知与规律”（Cognitive Neuroscience and Law）、“人道主义的挑战：全球创新与主动性”（Humanitarian Challenges：Global Innovations and Initiatives）、“体验美国”（The American Experience）、“全球背景下的中东”（The Middle East in Global Contexts）、“假如……？解释过去或预测未来”（What If? —Explaining the Past/Predicting the Future）课程，注重从全球和多元的视角来思考和分析问题。因此，杜克大学跨

学科通识课程是以问题为导向而设立的学习主题。

杜克大学 FOCUS 课程，分为春季与秋季课程。每年接收 1/5—1/4 的一年级学生进入跨学科小组项目，要求每一个学生参与两门跨学科专题研讨、一门小组焦点讨论（每周与项目指导教师、项目组其他成员讨论参与的跨学科项目）。课程为学生提供跨越人文、自然、社会等各学科各领域的学习机会，主要通过跨学科专题研讨的学习系列来组织学生教学并培养学生的探究性思维与创造性。①每一个学习系列都会有一系列的研讨会与之相应，研讨的内容涉及更多的社会现实问题，因此能够使学生不仅学习学科内的知识，还能够把知识与社会实际相互联系。对 FOCUS 课程进行年度评价主要是通过两种方式，第一种是搜集所在院系的学生的评价资料，第二种是由杜克大学的评估办公室对课程实施情况进行调查。杜克大学设有杜克大学学术咨询中心（Academic Advising Center），FOCUS 课程设有专门的办公室并隶属于该学术咨询中心。课程协调员（program coordinator）主要负责对学生所选的 FOCUS 课程各项事务进行管理和协调，包括对不同院系的教师进行联系与协调。②学校设置了 FOCUS 课程教师委员会（The FOCUS Program Faculty Committee）。该委员会主要对学生是否选择某 FOCUS 课程有决策权。学生通过在线申请 FOCUS 课程，在选择的 4 个学习系列中回答一到两个选择该课程的缘由或问题，并由委员会决定申请是否成功。③FOCUS 课程评价保障了杜克大学通识课程实施的成效。

（三）杜克大学通识教育课程的实施机制

FOCUS 课程的目标体现在：第一，鼓励学生学习某门课程时从多个学科的视角思考问题，培养一种全面看待问题的综合能力。希望学生无论何时何地，都能够从多学科的角度去思考问题，因为某些课程或社会问题不可能仅仅局限于一门课程中，所以我们应该学会从其他的学科领域来寻找解决途径。第二，理论联系实际，杜克大学要求学生把学校里学到的知识与社区、国家、国际社会等各项事务联系起来，理论联系实践。并且，希望学生能够具备正确评价不同价值观的能力，因为不同的国际事务会牵涉到不同的政治、文化背景。这符合了上述“多元文化并论”的理论基础。第三，学会团队协作并学会有效地表达自己的观点和与人沟通，这点对于日后的职业生涯是举足轻重的。该课程需要学生掌握在公众场合自信、合理地表达自己主张的能力。第四，FOCUS 课程还需要学生能够把生活

① Duke University. Duke FOCUS Program-Learning Objectives [EB/OL]. http://focus.duke.edu/student-learning-objectives [2018-09-15].
② Duke University. Duke FOCUS Program-Our Team [EB/OL]. http://focus.duke.edu/our-team [2018-09-15].
③ Duke University. Duke FOCUS Program-How to Apply [EB/OL]. http://focus.duke.edu/for-students/prospective-students/apply [2018-09-15].

经验和课堂所学灵活地结合起来，提高综合素质。这种多学科和跨学科的视角，需要学生树立一种多元文化的立体思维，体现了多元文化论的发展趋向。

FOCUS 课程在实施过程中，为了保证学生的参与和师生之间的互动，采取了以下做法：一是在研讨会中，将学生规模控制在 15 人之内，小规模的研讨会不仅给予学生充分向杰出学者请教的机会，也增加了师生互动机会，增强了学术研究的氛围。二是将学生安排在一起居住，从而形成一个便于交流、方便合作的小组，增强学生之间的交流。

（四）总结与思考

FOCUS 课程不仅是一种创新的跨学科通识课程，还是使本科生参与更多学术科研的途径之一。FOCUS 课程不仅保障师生课程期间的科研，也为其后续科研工作提供支持——只要符合学校规定，那么就算研究要持续到学期结束后，学校都会给予支持。杜克大学的这种通识课程，创新点在于，它不只是简单的跨学科，而是将一个话题或问题从不同学科、不同视角去解读和分析；也不像普遍的大学教育那样，主要依靠校内资源给学生提供学习的机会，FOCUS 课程是让学生融入社区、融入整个国家社会甚至是国际环境中去；FOCUS 课程还紧密联系理论与实践，在此课程中，每个学习系列都是既关注原理，又与现实中的重大问题相结合，以达到服务社会的目的。

在这样一个新颖的通识教育模式下，一年级新生可以有机会参与科研项目，在研究的过程中学习通识教育，不仅可以为本科生科研能力的培养打下厚实的基础，有利于发表成果，还有助于学校科研事业的发展，这些都值得我国高校通识教育学习与借鉴。

五、布朗大学通识课程与机制实施个案

（一）布朗大学通识教育的发展历程

布朗大学通识教育坚持开放、自由、民主的原则，是其本科教育的特色。这所被誉为常春藤盟校中最自由的高校，一直是以自由、丰富的学术实践、社团等文化优势吸引着来自世界的优秀学子。而最具特色的是其一直坚持本科教育特色，推行通识教育，提倡适应时代文化背景，融通各种文化领域的精华，保持专业教育的自由和生活本身的丰富多彩，强调专业教育理念中基础知识的重要性，反对片面发展学生素质的教育方法，提倡长远利益，推行科技进步的高层次的普及教育。

阶段一：19 世纪以前，美国大学的模式基本都是模仿英国的牛津大学、剑桥大学建立的，培养目标也主要是以律师、政府官员等为主。1829 年，美国鲍登学院将通识教育引入高等教育理念之中，首次将通识教育作为大学人才培养模式的创新进行推广。这种现代大学育人理念发展至今，已经有近 190 年历史。

布朗大学在建校之初就秉承了欧洲著名大学的作风，如牛津大学和剑桥大学，以培养贵族的自由教育模式为指导原则，主修文法、逻辑、修辞、几何、天文、算术、音乐等，这些成为学生的必修课。在办学之初，布朗大学确定的办学宗旨为：发现和利用知识，借助教育将知识传授给学生。早期的课程设置上，要求学生在前两年学习希腊语和拉丁语，然后再学习修辞学、逻辑学，最后学习代数、三角函数和道德哲学、历史学等，另外还要求学生具有公共演讲的能力。

阶段二：在美国独立后，因资本主义工商业的发展，并且受到西进运动和启蒙运动的影响，布朗大学的通识教育在面向社会现实需要方面作了很多尝试和改革。第二任校长乔纳森·马克西（Jonathan Maxcy）在课程设置上进行的创新性探索为要求学生除了学习古典科目外，还要学习英语语法、科学实践等课程，当时的课程还没有选修课和专业课的分化，所有学生的课程内容都一样。但随着自由教育理念的冲击，课程设置开始发生变化。通识教育正式出台，布朗大学明确以通识教育作为本科教育的目标，将普遍和自由的理念在人才教育中加以融通。

1827 年，弗朗西斯·韦兰（Francis Wayland）任第 4 任校长，为布朗大学带来了崭新的学生管理和课程的变革。寄宿制、家庭模式等引入学校管理中，学生的能力和需求被作为课程设置的依据，课程规划迎来了划时代的变革，很多内容如农业、法律、土木工程等成为了课程设置的内容，还增加了工业革命时代需要的实用性课程，如纺织、珠宝设计、金属制造等，最突出的就是选修课的大量增加，使得学生能够对喜爱的领域加以选择，对课程的学习更加自由。自此，布朗大学的通识教育真正进入了新的体制，教学开始向着文雅与实用并进的方向前进。

阶段三：布朗大学的通识教育的发展经历了漫长的探索过程，到 20 世纪的上半叶，通识教育设置了针对低年级学生的教育课程，40 年代通识教育的规定更加严格，包括必修课程的增加和综合考试项目的增加。到 50 年代，又将这些必修课程和考试项目的要求予以放宽。到 60 年代增加了灵活选择课程的内容。直到 60 年代中后期，美国由于校园运动达到高潮，布朗大学也发生了巨大的变革，第 13 任校长雷·赫夫纳（Ray Heffner）决定放弃原有教学大纲，将自由和自主的教育理念引入教学中，实施新的课程改革制度。1979 年第十五任校长霍华德·斯韦尔（Howard Swearer）最终确定了开放式课程，倡导 50%的通识课程，让学生自主选择自己喜欢的课程，修满学分即可获得合格的成绩并毕业。发展到 21 世纪初期，随着信息技术的飞速发展，美国的高等教学迎来了真正的挑战。第 18 任校长鲁斯·西蒙斯（Ruth Simmons）推出了学术振兴计划，提出在本科生教育等 10 个领域建立布朗大学自己的特色和优势，培养真正具有研究水平、教育能力和公共领导能力的人才。这一项布朗大学史上最大的改革，历时 7 年，扩大了课程体系，丰富了通识教育内容，提高了布朗大学在很多领域的领导水平。2013 年，值布朗大学 250 年校庆之际，《打造布朗特色的新计划》推出，提出要让布朗大学 10 年内达到最高的教学和研究水平。

（二）布朗大学通识教育课程的理念与设置

1998 年，联合国教育、科学及文化组织世界高等教育会议发表的《21 世纪的高等教育：展望和行动世界宣言》指出："高等院校必须教育大学生成为学识渊博、理想崇高的公民，能够以批判精神进行思考，会分析社会问题，能研究和运用解决社会问题的办法，而且能承担起社会责任。"在此次会议的推动下，各国高等教育界顺应形势，对大学教育目标进行了新的界定，对专业教育与通识教育的关系也进行了平衡与调整，通识教育的培养目标更加具体化，衡量学生学习成效的手段也更加多元化。由此，通识教育在高等教育领域的重要性更加凸显。布朗大学对通识教育的定位在于将通识教育视为本科教育的基础，最大限度利用校内外优质教育资源，通过学生自主制订通识教育计划，充分发掘学生的兴趣和潜力，培养学生成为完整的"人"和合格的公民。

布朗大学的通识教育理念：教育应该满足学生的智力兴趣和个人需求，营造自由开放的学术氛围，由学生制订个人计划，通过自身的力量去完成学习目标，通过团结合作，提高创新意识和动手能力。学校和教师要尊重学生的意愿，积极引导学生，建立以学生为本的教育理念。

布朗大学通识教育的目标是对学生智力等多方面加以培养。

在语言能力的培养上，布朗大学提倡的开放式课程，要求学生首先要具备写作能力，认为学生的兴趣点无论在哪个领域，良好的写作和阅读能力都是基本的技能。为了培养这方面的能力，学校通过大量的写作和阅读课程的设置，要求学生通过不同类别的阅读获取经验，掌握语言的创造力和表达力，提高个人的语言词汇量。学习世界文化价值观及模式，用全球的视野去构建知识结构。不仅要了解本国的文化，还要对社会文化和其他国家的文化进行深入的学习，开阔自己的眼界和心胸。以"美国研究"这门课程的内容为例，其内容包含了社会结构、地理特点、消费文化、科技和日常生活等主题，要求学生要深入了解全球背景下的美国社会，对之进行分析和批判。

在行为评价能力上，布朗大学要求学生通过社会化实践和个人行为，加深对人类组织的认识。采用开放和公平的态度面对种族、宗教、民族等问题，通过行为评价的学习方式，让学生对自身的行为进行思考，评价相关的社会习俗和社会制度。培养学生正面的价值观和行为准则，引导学生开展对伦理和道德的思考。

在思维能力的培养上，布朗大学要求学生通过了解人类和社会的变迁，拓展历史认识的广度和深度，能够对历史发展有深刻的领悟、客观评价的思维和情感，理性思考历史记载的事件，形成自己独特的历史观和思维能力。例如“考古学与古代世界”这门课程，课程内容为探索古老世界，发掘富有美感和力量的事物，从现实的角度审视历史，对古代文明的政治、宗教背景进行学习，从中汲取未来世界需要的知识和技能。

在科学探索能力上，培养学生思考、探究和创新的能力，通过自主研究的方式，掌握探究方法，了解和认识世界。

在参与能力上，鼓励学生组织新型伙伴合作小组，培养学生的公民意识，通过课外教学和社会活动增加通识教育阅历。在合作能力上，倡导学生发展自己的合作关系网，加强与他人交流，建立独立的研究课题，利用学校提供的办公设施完成学习任务。

在审美情感上，通过审美体验，促进感官的发展，掌握传统艺术精髓，拥有欣赏美的能力，培养优雅气质。

（三）布朗大学通识教育课程的实施机制

布朗大学线性的通识教育课程模式表现为重视学生的个体发展，满足学生的个体需求和智力取向，因材施教地促进学生的独立发展，认为教育的力量在于激发学生的内在情感和智力，促进他们健康全面地成长。

1. 课程理念与目标

通识教育被认为是将对学生的教育贯穿到整个育人体系中，教育的目的就是将学生培养成负责任的公民。受过通识教育的人，要具有思考能力，能够对事物进行准确和批判性的思考，同时也要了解自然、社会和人文思想，可以考虑道德与伦理的问题。在知识的掌握能力上，能够达到拥有广泛的知识和专业层级的水平，而且不具有文化的偏执，最后还要具有高尚的品德和丰富的情感。

通识教育要求受过教育的人要能够对人文传统进行继承，并接受广泛的非专业的教育，认可教育是对人的主体性的教育。

通识教育本身是注重基本知识、能力教学的。虽然内容丰富，但是追根到底，通识教育的内容可归结为正式课程和非正式课程。

2. 课程内容与修读方式

布朗大学的课程领域的设置属于自由选修模式。这是在遵循学校规定和计划的基础上，由学生自主制订学习计划的一种模式。布朗大学的选修课程领域包括：人文、艺术、社会科学、生命科学、自然科学。

自由选修的模式强调学生的兴趣，本科教育上布朗大学采取了“2+2”的培养模式，低年级学生先确定专业方向，可以从 2000 余门课程中选择，课程门类包括世界文明与文化、数学与符号语言研究、道德与责任，涉及 45 个系所和部门、90 多个专业。

通识教育的课程设置没有固定的核心课程和必修课，学生从学校开设的课程中选择自己喜欢的，制订通识教育计划。

3. 课程管理

在世界的高等院校中，能够真正实现自由选修理念的学校寥寥无几。布朗大学能够实施并能延续至今且发扬光大，值得我们深思。

第一，在布朗大学的开放式课程探索的过程中，充足的资金投入给予了其保障。布朗大学专门设立了课程发展基金，支持学校进行课程改革，开展跨文化交流、国际主题研讨和艺术创作，为通识教育的丰富和创新提供了雄厚的物质保障。多年的战略性投资和积极拓宽外部经费为布朗大学带来了经费支持，设置的年度基金大多来自社会的捐赠。因此，学校拥有图书馆等学术资源，硬件和软件设施良好，为学生的生活和学习创造了有利条件。

第二，布朗大学的通识教育的课程管理具有系统性和综合性。在课程目标、设计、实施、评估方面都有明确的规划，在教学内容和活动中都有反馈和评估程序，形成了循环影响的综合课程设计模式。

第三，布朗大学构建了自己的指导体系，通过专业的指导队伍和咨询团体来落实学生的自主权，例如咨询中心拥有一套完整的学术指导体系，为学生提供学业指导，包括时间管理、阅读策略、压力管理、考试准备、与教授交流等指导主题，为学生提供指导的团队来自不同的研究领域。只要学生需要，就能给学生提供个性化的咨询和建议，指导人员包括学术顾问和同辈顾问，前者为学生的教育选择提供建议，后者为学生传授课程设置经验。

第四，设立专门的通识教育管理机构，为通识教育提供课程设置方面的行政支持，布朗大学的谢里丹教学中心和大学课程委员会，就是为了保障教学进程正常运行而设立的机构，负责通识课程的管理与评估，统筹协调和规划通识教育。通识教育教务部门或教育研究中心、发展中心等，担负着为实施通识教育提供保障性措施的职责，不仅要设计通识课程，还要开发通识教育创新课程。专门的通识教育管理人员，负责监管通识教育，调查教育方法的实施情况，对通识教育的实施效果进行评估，如课程设置、学习效果、教授授课等，还要考察学生的状况，如道德素养等的发展，采用教学与实践成绩相结合的评价方法，对教师也要进行评价。另外，还有学生辅导和咨询部门，为通识教育提供后勤保障，帮助那些需要帮助的学生参与通识教育。

4. 总结与思考

布朗大学的通识教育模式具有全面性、具体化的目标体系，构建了合理的教育架构，设计了精细综合的通识教育课程，提供了链条式的通识教育质量保障体系。布朗大学对通识教育的重视和坚守，已经使其成为全球本科教育的先锋，不仅在美国，在全球也是教学研究的鳌头。独特的课程设置，形成了独具特色的布朗教学大纲，其选课制、学分制、导师制、跨学科制等在全球得到了广泛的推广和运用。回顾我国高校通识教育的发展，例如，北京大学和中山大学等高校的通识教育的探索与实践，无论是基础知识方面还是人文素养、创新意识方面，都取得了长足的进步。但是总体而言，在对自由教育本质的追求，对人才培养理念的转化和创新上，还要向着具有布朗大学特色的通识教育理念迈进。如构建综合性的课程体系，在通识教育的多维性和可塑性上加大对人文、社会科学、自然科学各个领域的突破。在自由学习的保障下，打破传统的大教室课堂的模式，让学生涉猎文理百科，自由选择课程，给予学生更多的个性学习的选择权。在机构管理上，设立通识教育的专门管理机构，加强通识教育的行政支援力量，由机构专门负责课程规划、实施、管理和考核等工作。另外，教学资源的丰富与开放将为学生提供更多的资源，增设通识教育的网络课程，让学生能够获得更多的学习资源。最后，还要对师资队伍进行培育和培养，加强教师配置，提高通识课程的师资力量，鼓励教师加强教学创新，完善对通识课程教师的回报和激励政策。

布朗大学在通识教育中取得了诸多成就，形成了本科教育的特色，对我国高校通识教育改革和探索具有借鉴意义：通过不断反思通识教育理念，构建综合性的课程体系，保证自由选修学习体制，建立专门负责通识教育的机构，为通识教育提供必要的资源保障等。

第二节 中国大学通识课程与机制案例分析

在中国，大学通识教育的概念已经不完全是西方的概念，在经历深刻的社会变革后，中国大学实施通识教育旨在培养学生具有良好的思想和品格，使他们过上有意义的生活。在课程的设置方面，也注重将通识教育与专业教育、科学与人文紧密结合起来。

一、北京大学通识教育课程与机制实施个案

创办于1898年的北京大学，是我国近代第一所公办综合性大学，现是一所集众多优势学科于一身的世界一流大学。自建校以来，爱国、进步、民主、科学的传统精神和勤奋、严谨、求实、创新的学风就一直在北京大学生生不息、代代相传。作为我国的顶尖大学，其宽松活跃的学术氛围、丰富活跃的校园文化、优质的教学资源、雄厚的师资力量等，都为通识教育在北京大学的良好发展奠定了强有力的基础。

（一）北京大学通识教育的发展演变

北京大学通识教育发展源远流长，在建校伊始就将富含通识理念的“造就通才、发明新理、传承文化”作为办学宗旨，此后北京大学通识教育在曲折中发展成熟。其通识教育的发展演变可分为萌芽、隐退、复苏和蓬勃发展四个时期。

1. 新中国成立以前，通识教育萌芽

通识教育理念在北京大学甚至在近代中国的发展，可追溯到京师大学堂时期。1898年，京师大学堂设立之初便提出“中西并重，观其会通，无得偏废”的宗旨，1902年，张百熙主持修订《钦定学堂章程》时说道“京师大学堂之设，所以激发忠爱，开通智慧，振兴实业，谨遵此次谕旨，端正趋向，造就通才，为全学之纲领”。尽管当时的很多规定都浮于表面，并未得到很好的实践，但仍可看到京师大学堂当时明显有“通”的偏好。至1916年蔡元培出任北京大学校长后，北京大学多项教学改革开始涉及通识教育的内容。首先，蔡元培全力推行选课制度。旨在培养学生全面广博的知识面，学生开始拥有自由选课的权利，其中在选修课里，学生也可选择外系的课程。其次，消除大学文理两科截然划分的状态。为从总体上开阔视野，提高素养，蔡元培主张学习文科者应当同时学习理科的基础知识，

而学习理科者应当兼修文科的知识内容。故当时北京大学在大学预科和本科低年级阶段，安排广泛的预科和通科课程作为必修课学习。最后，倡导思想自由、兼容并包的原则。当时学术讨论、思想争辩之风日益强盛，北京大学各类学术和政治团体也如雨后春笋般出现，革新氛围十分浓厚，这些做法极大地丰富了当时的校园文化生活，成为学生学习之外的有益补充，使学生养成一种豁达的胸怀和融通的观念，为北京大学通识教育的后续发展做了良好的铺垫。

2. 1949—1976 年，通识教育在批判声中隐退

通识教育作为一种具体人才培养模式，在这一时期遭到全盘否定，这与我国当时对高等教育的性质、宗旨和功能的认识是相一致的。新中国成立初期，我国将高等教育视为反映新的政治经济、巩固人民民主专政的一种工具，高等教育要体现很强的政治功能和经济功能。就经济功能来说，要求高等教育培养出适应国家建设的急需人才，所以 1949 年以前高等教育培养出来的“通才”被认为是不适应经济建设需要的。为向工业化的道路迅速迈进，培养各种专门人才，尤其是专攻工业建设的人才，国家对于高等教育进行了全国性的院系大调整，并以专业设置为中心开展教学改革。由此，专才教育逐步在高等教育中占据了权威地位。此后，国家对高等教育过分专业化的倾向虽然进行了适度的调整，但专才教育的地位仍然无法撼动，通识教育在高等教育领域则销声匿迹。“文化大革命”时期，中国高等教育事业遭受前所未有的重大破坏，在这种背景下，专才教育尚且难以开展，通识教育更无从谈起。在这个历史大背景之下，北京大学通识教育亦逐渐从教育舞台隐退。

3. 1977—2000 年，北京大学通识教育逐渐复苏

在尊重科学、尊重人才及改革开放的大背景下，矫正以往高等教育领域过分强调专业化的做法势在必行。这一时期，虽然通识教育的内涵、意义尚未被充分认识，无论是教育行政部门还是高等学校都没有明确提出“通识教育”的概念，但这一矫正过程本身或多或少地在往“通识”的方向靠近，通识教育的某些理念在高等教育的改革中被有意无意地实践着。因此，研究者认为，这一时期为通识教育的复苏时期。1979 年，北京大学提出“加强基础，适当扩展知识面，注重培养实践能力和创造精神，增强适应性”的教学改革原则，并按照这一原则修订了各专业的教学计划，减少必修课程，增加选修课程。1995 年，国家教育委员会印发的《关于开展大学生文化素质教育试点工作的通知》指出：加强大学生文化素质教育，就要使大学生在学好本专业的同时，具备专业以外的人文社会科学、自

然科学及文化艺术有关的基础知识和基本修养，使专业人才具有较高的文化素质。北京大学作为试点院校，大力发展了素质教育。虽然文化素质教育的内涵比通识教育的内涵要窄，但它体现了通识教育的哲学观。[①]

4. 2001 年至今，通识教育开始蓬勃发展

这一时期，北京大学明确提出了通识教育的概念。2001 年 9 月，北京大学以第 144 号文件下发了《关于实施本科教学改革计划——“元培”计划的决定》，决定成立元培计划管理委员会，并在全校范围内实施元培计划。因为是实施元培计划的重要项目之一，北京大学从 2001 年便开始承办元培计划实验班。元培计划实验班明确规定“努力贯彻‘加强基础，淡化专业，因材施教，分流培养’的办学方针，充分利用北京大学学科齐全的优势和良好的教学资源，实践本科阶段低年级通识教育和高年级宽口径专业教育相结合的教育理念，突出基础、能力、素质三要素的全面培养，为研究生教育输送高素质、创新型后备生源，为经济建设和社会发展提供适应能力强的毕业生”[②]。此外，北京大学于 2002 年修订了全新的教学计划，自由选课制度开始在全校本科生范围内实行。2002 年，教育部首次开放部分专业设置权，北京大学成为首批试点学校。北京大学借自主设置专业的机会，在招生过程中，较大幅度地调整本科专业，减少招生专业数量，淡化专业，甚至不按照专业而按照院系招生。2007 年 9 月，北京大学元培学院由此诞生。元培学院的成功建立，为元培计划的实施提供了更加广大的舞台，北京大学开始拥有较为完整的通识教育体系。

（二）北京大学通识教育课程的理念与设置

北京大学自 2001 年 9 月成立元培计划管理委员会以来，主要通过两个途径推进通识教育，一是促进全校范围的本科教学改革，二是举办元培计划实验班。下面将从通识教育的理念目标、课程设置、教学模式三个维度对北京大学本科教学改革中的通识教育相关内容进行分析。

1. 通识教育的理念目标

北京大学在建校伊始将“造就通才、发明新理、传承文化”作为办学宗旨。蔡元培出任北京大学校长时，明确提出要“仿世界各大学通例，循思想自由原则，取兼容并包主义”，将学术自由、大学自治、教学与科研相结合，将通才教育等西方高等教育经典理念引到中国。这就造就了北京大学“思想自由、兼容并包”

① 陈向明. 大学通识教育模式的探索：以北京大学元培计划为例[M]. 北京：教育科学出版社，2008：131.
② 北京大学. 北京大学元培计划实验班招生简章[EB/OL]. http://yuanpei.pku.edu.cn/xsyd/zsjy/15874.htm[2018-09-15].

的目标，学生浸染在这样的氛围之中，会主动地思考，形成自己的思想观念、思维方式和学术方法。启发式的教育、多角度的讨论，培养了学生的批判性思维。北京大学校园形成了以北京大学精神为本质和内核的校园文化，北京大学因坚持着“爱国、进步、民主、科学”的传统和“思想自由、兼容并包”的理念特征而为通识教育的贯彻实施创造了良好的环境。

1999 年，北京大学在创建世界一流大学计划正式启动之际，提出了北京大学本科教育人才培养的新目标和新模式。作为以世界一流大学为建设目标、负有为民族和国家的强盛培养领军人物责任的综合性大学，其人才培养的基本目标是为国家社会主义现代化建设事业培养能够在各个行业起到引领作用的顶尖专业人才。①并明确确立了“低年级实施通识教育，高年级实施宽口径的专业教育”的教育目标。2001 年北京大学在香山本科教学工作会议上就旗帜鲜明地提出北京大学的基本教育理念是：“人为本、德为先、业于精；突出基础、能力、素质三要素的全面培养”，并指出了“低年级实行的通识教育，有利于学生在人文科学、社会科学、数学和自然科学等方面的基本素质的养成”的基本实施思路。

现阶段，北京大学提出培养厚基础、宽口径和高素质的复合型人才，其元培计划亦提出实践目的是培养基础知识相对宽厚扎实、知识结构合理、综合能力强、整体素质高的复合型人才。②北京大学现行通识教育的实施主体，即通选课的设置旨在建立拓宽基础，强化素质，培养通识的跨学科人才的基础教学新体系，力图引导学生从本科教育的最基本的领域中获得广泛的知识，让学生了解不同学术领域的研究方法及主要思路，从而为能力和经验各异的大学生提供日后长远学习和发展所必需的方法和眼界。③

总而言之，通识教育理念在北京大学可追溯的历史悠久，这为北京大学在 21 世纪实施通识教育培养本科生奠定了良好的基础。④尽管在不同时期，其教育理念侧重有所不同，早期的自由教育体现的是哲学导向的教育理念，至后期的“全人”培养的是通识教育思想，但提倡思想自由、全方位培养人才是通识教育的不同形态，更加丰富了北京大学的教育理念。

2. 通识教育的课程设置

北京大学现今本科课程按照学生修读课程的学分性质来划分，可以分为必修课和选修课；按照课程所面对的学生来划分，可以分为全校课程、大类课程、院

---

① 左崇良，刘愈. 通识教育中国化：理论与实践的反思[J]. 高校教育管理，2007，(5)：17-20.

② 李继兵. 通识教育论[M]. 北京：高等教育出版社，2012：137.

③ 北京大学教务部. 北京大学本科素质教育通选课手册[EB/OL]. http://max.book118.com/html/2007/0305/94406470.shtm[2018-09-15].

④ 骆少明，刘淼. 2008 年中国大学通识教育报告[C]. 广州：广东人民出版社，2009：98.

系课程和专业课程；按照学校课程体系建设分类，可以分为思想政治课、体育课、大学英语课、计算机基础课、军事理论课、通选课、公选课、大类平台课、主干基础课、院系课和专业课，即是由公共课、通选课、大类平台课、主干基础课、专业课五个部分组成（图 4-1）。其中，北京大学的通识教育课程主要是由公共课和通选课两部分组成，其中通选课是通识教育课程的主要担当。

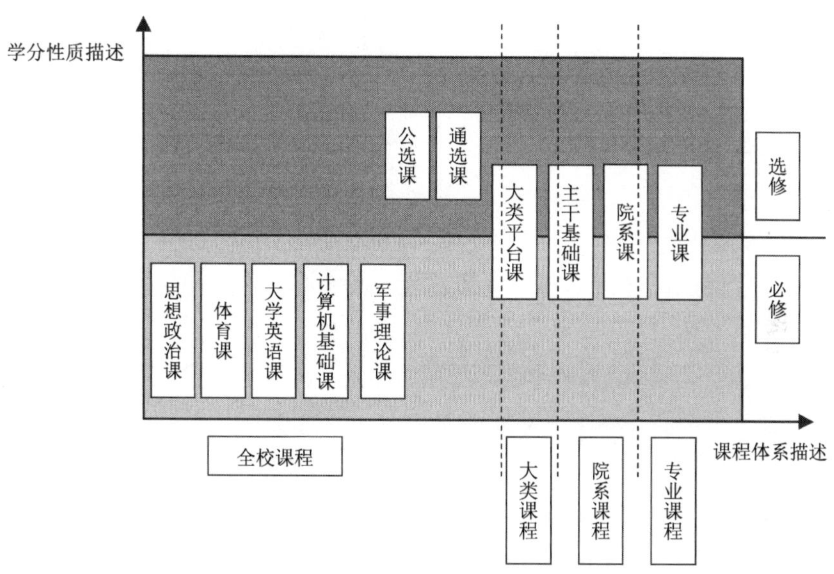

图 4-1　北京大学通识教育课程结构

（1）全校必修课

北京大学全校必修课主要包括：思想政治课、军事理论课、体育课、计算机基础课和大学英语课。以上为全校学生的必修课程，这些课程全校一般有统一的要求和考核，最多在文科生和理科生间有部分的差别。

思想政治课以加强学生思想政治教育，提高道德品质修养，培养学生正确的世界观、人生观、价值观为目的。思想政治课包括："中国近代史纲要""思想道德修养与法律基础""马克思主义基本原理概论""毛泽东思想和中国特色社会主义理论体系概论""形势与政策"，一共 10 个学分。体育课目的是提高学生身体素质、增强体质，该课程设置了太极拳、健美操、游泳、羽毛球等 20 多种项目，占 4 个学分。计算机基础课要求学生掌握计算机基本工作原理和网络基本知识，熟练掌握信息获取、处理和应用的基本方法，初步具有利用计算机为未来专业发展服务的能力，一共有 6 个学分。大学英语课设置了 3 种基础英语和 16 种大学英语专题课，提高学生英语的听说读写各个方面的能力，占 8 个学分。以国防教育为主线的军事理论课，教育大学生掌握并熟记基本军事理论，加强国防观念和国家安全意识，增强爱国主义、集体主义观念，提高组织纪律性，帮助大学生提高综合素质，为中国人民解放军训练后备兵员和培养预备役军官提供充足的人才，占 2 个学分。

（2）通选课

北京大学通识教育主要是以通选课的实施为载体，旨在培养学生拥有更加宽厚的学科基础知识，充分贯彻“加强基础、淡化专业、因材施教、分流培养”的教育改革方针，其适用对象为北京大学全体本科生包括元培学院学生。北京大学通选课主要有以下几个特色：第一，分布必修的选课方式；第二，高质量的课程标准；第三，导师制的全面贯彻。

分布必修通识课程，即将一套课程划分为几大类别，然后在每个类别中给予学生选择的权利，这种课程形式可追溯到 20 世纪哈佛大学的集中与分配制和耶鲁大学的分组必修制，经过不断的修整实践，分布必修课程模式已成为现今大学最主要的通识教育实践方式。北京大学的通选课类型就属于分布必修型，根据北京大学 2012—2013 学年第二学期的通选课程手册，其内容设置上打破了传统上按照学科设置课程的模式，将通选课划分为 6 个基本的领域：A，数学与自然科学；B，社会科学；C，哲学与心理学；D，历史学；E，语言学、文学、艺术与美育；F，社会可持续发展。具体领域课程请见表 4-1。

表 4-1　北京大学 2012—2013 学年第二学期通选课程设置

课程领域	课程名称	所占比例/%
数学与自然科学	数学、化学、生物学等	21
社会科学	社会学、文化学、微观经济学、金融学概论	29
哲学与心理学	心理学概论、西方哲学导论、基督教与中国文化等	11
历史学	20 世纪世界史、西方文明史、美术史、音乐史等	12
语言学、文学、艺术与美育	现当代建筑赏析、禅与园林艺术、中外名曲赏析等	23
社会可持续发展	生态学导论、环境科学导论、环境材料导论等	2
总计		98

注：有些课程属于交叉课程，如“世界文化地理”同时属于 D、E 两类，故比例不完全精准

通选课内容横跨古今，兼顾中西，且人文与科学并重，这有利于学生在人文科学、社会科学及自然科学领域打下坚实的基础，为高年级的专业教育作出宽厚且扎实的准备。北京大学通选课是以自由选课学分制为基础的，学分修读上从关注学生知识结构完整性的角度出发，注重克服学生专业学习的狭隘性，在学分修读设计上强调知识互补，如要求本科生毕业时应至少修满 12 个学分。理工科学生在数学与自然科学和社会可持续发展两个领域至少要修满 2 个学分；在语言学、文学、艺术与美育类课程至少要修满 4 个学分，其中至少一门是艺术与美育类课

程；在其他三个领域分别至少要修满 2 个学分。文科学生在数学与自然科学和社会可持续发展两个领域至少要修满 4 个学分；在语言学、文学、艺术与美育类课程至少要修满 2 个学分，其中至少一门是艺术与美育类课程；在其他三个领域分别至少要修满 2 个学分。其中需要说明的是，选修本院系开设的通选课所得的学分，不得计入学生毕业所需的通选课学分。这种选修方式充分拓宽了学生的知识面，加强了不同学科、不同领域之间的沟通与联系，充分显示了北京大学培养高素质复合型人才的教育理念。至于具体选什么课，学生则可以在学分制约和教师指导下自主选择。一般来说学生每学期全部修课最少应为 12 个学分，最多为 25 个学分，其中对通选课的选修，学校建议一般不要超过 3 门，以免学习负担过重。①经过主管教学系主任批准后，个别学生因特殊情况还可以有所突破。通识课程实施的有效性在这种硬性要求和相对弹性的选课方式下被更好地提高了。

北京大学对通选课的课程质量十分重视。北京大学教务部门对每门通选课都进行了评估，以确保开课的质量，教务部每年还会印发《本科素质教育通选课手册》，详细介绍本年度开设的通选课及其开课教师的情况。同时北京大学也在不断进行课程调整以满足学生的需求，如果把 2002 年 6 月的版本与 2004 年 1 月的版本进行对比，不难观察到 2002 年共开通选课 130 门，2004 年共开通选课 175 门，2013 年通选课数量总计 307 门，所开的课程数量大幅增加了，内容也有了较大调整，课程的增删比较明显。此外，相应的调整也发生在课程领域，2008—2009 年下学期的选课手册中设置的通选课程包括 5 个基本领域，自 2009 年以后便在 F 类课程中新增了社会可持续发展，在 E 类课程中新增了美育。由上述可见，北京大学在通识课程设置过程中充分考虑学生的全面发展，保持与时俱进，这也是提高北京大学通识教育质量的重要保证。

本科生导师制也在学校实行。针对学生的选课、选专业和学习等问题及时给以咨询和指导是导师的主要任务，因而学生在选择通识课程的时候能够得到教师及时有效的帮助。以元培学院为例，其导师一般是来自各院系的翘楚，即学校各院系推荐上来、校长聘任的资深教授和部分指导经验丰富的中青年教师。导师的工作主要是负责为指导对象提供选课、选专业、学习内容及方法等方面的帮助并举办相关讲座等。导师制的全面推行是北京大学通识教育的一个重要特色。

3. 通识教育的教学模式

北京大学规定通识课程的教学需要有较为完整的教学环节，包括课堂讲授、课外阅读和课堂讨论等方式。以教师为中心的授课式教学是课堂教学主要部分，

① 北京大学. 北京大学本科生课程手册[EB/OL]. http://dean.pku.edu.cn/txkzl/scxz/2015-2016-1bkskcsc.pdf [2018-09-11].

学生会从教师那里得到参考资料目录，教师也会对学生课外阅读量作出必要的规定。此外，学校鼓励教师使用课堂模拟、项目参与等多元的教学方法，并在教学过程中要有一定的时间组织课堂讨论，强调学生应积极思考，具备科学精神，在掌握社会所需的知识和信息后能认真思考并形成自己正确的理解和判断，成为有社会责任感的人。众所周知，通识教育的实现最为基础也最为关键的是通识教育教师，因为通识课程教学过程的组织以及小型研讨课的开展等，都要求通识教育教师不仅教学水平高超，还必须是博极古今、学贯中西的通才。在这方面，北京大学做得比较好，其鼓励优秀的、具有丰富教学经验的教师面向全校本科生开课，其中绝大多数是教授和副教授，这为元培学院通识教育的实施提供了强大的师资保障。总而言之，师资是成功推行通识教育的关键所在①，北京大学优秀的教师团队是元培学院顺利开展通识教育教学的重要因素。

（三）通识教育的管理制度与评价机制

“原学校公共选修课的学校统一管理、各院系具体负责”的方式基本上承袭通选课的管理方式。也就是由教务部教务办公室负责学分管理和组织选课，具体负责开课的院系将根据排课信息开展具体课程实践。教务部组织的严格的选拔程序和标准是检测通选课的任课教师是否合格的标杆，教务部不仅要组织一批（9名）热心于北京大学本科教育课程改革的退休老教师听课，还要让学生对通选课任课教师进行打分评估。

通选课也要经过非常严格的遴选标准：有利于学生在最基本的知识领域掌握认识和改造世界的各种思路和方法；有利于加强大学生的人文素质、创新能力和基础知识；有利于促进不同学科的交叉渗透；有利于培养学生的思辨力，有较强的理论性和思想性；有利于引导学生了解学科前沿和新成果、新趋势、新信息；有利于从综合角度掌握经典著作的基本精神，启迪思路；有利于学生选修著名学者的特色课；有利于学生了解现有的一级学科。通选课且要经过教师申报、院系推荐、专家评审三个程序而设立，再根据教学需要和检查评估，不断增设和淘汰，目的在于在公平竞争的机制下逐渐推出一批具有北京大学特色的名师名课。②

（四）北京大学通识教育实施个案——元培计划

北京大学元培计划的实施是在创建世界一流大学过程中，培养适应21世纪时代发展需要、具有国际竞争能力的高素质创造性人才而实施的一项以北京大学老

① 德雷克・博克. 回归大学之道[M]. 侯定凯，梁爽，陈琼琼，译. 上海：华东师范大学出版社，2012：80.

② 北京大学教务部. 北京大学课程手册[EB/OL]. http://dean.pku.edu.cn/txkzl/scxz/2015-2016-1bkskcsc.pdf [2017-01-08].

校长蔡元培先生的名字命名的本科教育改革计划。[①]此计划内成立的元培计划实验班，即后来的元培学院，是北京大学进行新的人才培养模式的有效实践，亦是北京大学通识教育发展史上的里程碑。其主要有以下三个方面的特点。

1. 低年级通识教育

主要在低年级进行通识教育是其大体的培养方式，并在高年级实行宽口径的专业教育。在进校初期，元培学院不分专业，只按文、理两大类进行招生。元培计划的学生在低年级时，主要是进行全校公共课、通选课、公共基础课程的自由选修，帮助学生对北京大学的专业设置、学科状况、培养目标及其他情况有更深层次的感知。元培计划的学生在专业选择上有较大的自由度，学生于第二学期末提交专业意向申请，专业方向要在第三学期末最终确定，然后在相关院系开展专业学习，修学各专业教学计划规定的专业必修课及任意选修课。此类培养人才的方式可使元培计划的学生对不同的学科领域有所了解，还可以拓宽学生的知识面，训练其思维方法，同时使学生发现自己的兴趣，为日后选择专业打下坚实的通识教育基础。

2. 导师制

在学生指导方面，元培学院实行导师制，即各院系资深教授组成的学生学习指导委员会可以在学生学习期间进行全程指导。每位导师的指导任务包括帮助指导对象进行选课、选专业、掌握学习内容和方法等并举办相关讲座。对于导师也有着非常严格的要求，一般是选学校各院系推荐上来并由校长亲自礼聘的资深教授和部分有教学经验和对学生有指导经验的中青年教师。学生可在导师指导下实施 3—6 年的学习计划，少则 3 年即可毕业。若在 4 年内仍未完成本科阶段的学习任务，则仍可继续修读，直至修满学分毕业。元培学院因材施教的办学方针在导师制及弹性学制的贯彻实施上得到了充分的体现，对学生尽快适应大学生活，加深对学科的理解，从而更好地完成通识教育有着极大的帮助。

3. 统一管理、混合居住

元培计划的学生在组织管理上进入高年级专业后仍保持原有行政班级，其学籍统一由元培计划管理委员会管理。委员会将在学生的思想政治教育、日常学习、生活以及行为管理等方面予以帮助指导，此外，还会配备学生干部为学生解决生活及学习上的困难。在生活管理上，元培学院施行住宿学院制，与传统学院不同的是，住宿学院虽不担负教学责任，却在仅提供居住和生活的义务中有意无意地

① 陈向明. 大学通识教育模式的探索：以北京大学元培计划为例[M]. 北京：教育科学出版社，2008：231.

实现了教学与生活的双重目的。作为耶鲁大学及剑桥大学等世界名校的学生住宿模式，住宿学院制一直以来不仅是培养世界一流人才的隐形力量，也是通识教育实施的重要方式。元培学院的住宿学院制实现不同专业的学生混合居住，极力营造积极的、富有支持性的学习氛围，使学生在住宿生活中学会人际沟通、理解不同学科、提升独立能力。其“育人”理念及“人本”思想始终贯彻在管理过程中，不同学科背景的学生之间及师生之间交流互动，丰富彼此思想，消除了宿舍与教室之间的隔阂，打破了我国传统单一功能的住宿模式，使通识教育成为元培计划的学生日常生活中的一部分。

（五）总结与思考

北京大学元培计划旨在探索一条与世界一流大学相适应，且符合国情、校情的人才培养之路。元培学院作为教育改革的先头部队，是我国人才培养模式探索上的新举措，在培养学生活跃的思维、宽广的视野及打下良好的通识教育基础等方面取得骄人成就，但也存在诸如导师制落实不到位、住宿学院制实施效果有待提高、小型讨论课过少、学生所选课程之间的关联性不足等许多问题。故在现有的条件之内，更好地发挥宿舍多元功能，尽可能地提高通识课程的质量等，为北京大学通识教育人才培养做出进一步努力是现行阶段的重要任务。整体而言，尽管北京大学通识教育实践遇到诸多争议与困难，但这些探索却仍对其他高校推行通识教育有着重要的参考意义，对推动我国通识教育的进一步发展有巨大的积极意义。

二、清华大学通识教育课程与机制实施个案

清华大学成立于1911年，是我国著名高等学府，坐落于北京西北郊风景秀丽的清华园，是我国高层次人才培养和科学技术研究的重要基地。自清华大学建校始，院系不断建设调整，办学理念适时更新，从梅贻琦提出的“通识为本，而专识为末”，到蒋南翔强调“又红又专，全面发展”，再至21世纪提出的“通识教育基础上的宽口径专业教育”办学模式，[①]从根本上影响其通识教育的实施，也同样影响作为通识教育核心载体的通识课程的发展。清华大学经过不断探索办学思路和育人战略，在通识教育之路上逐渐形成了自己的特色。那么，在时代的更迭发展中，清华大学各个时期的通识教育历经怎样的改变？其通识教育的历史演变、理念与设置及评价机制具体如何？

① 熊思东，等. 通识教育与大学：中国的探索[M]. 北京：科学出版社，2010：85.

（一）清华大学通识教育的历史演变

清华大学的通识教育有着悠久传统，自梅贻琦担任校长以来，清华大学便开始逐渐形成独具特色的通识教育模式，其后通识教育思想也在清华大学得到良好的实践，从某种程度而言，该校实践通识教育理念是其取得瞩目成就的重要因素。以下将从四个阶段分析清华大学通识教育的发展沿革。

1. 新中国成立前的通识教育

新中国成立前清华大学通识教育的发展离不开“梅贻琦”这个名字。在他任校长期间，通识教育得到长足的发展，通识课程也得到不断的完善。

首先，清华大学不断增设学科，积极兴办研究所，拓宽和加深了通识教育的广度和深度，通识课程的内容也得到了加深和拓宽。学科建设是通识教育的重要基础，是通识课程开设的重要保证，因此，梅贻琦任期中的清华大学不断致力于增设学院，扩充科系。在当时，在加强文、理、法三个学院的同时，也迎合政府的发展理工学科政策，增设了机械工程系和电机工程系，与土木系合成力工学院，课程总数从 1925 年的 45 门激增到 1936 年的 525 门。1926—1936 年，文学院课程增加 3 倍，法学院增加 9 倍，理学院增加 13.4 倍，工学院增加 28 倍。其次，重视基础课和选修课。从 1933 学年起，大学一年级不再分系，统一修读基础知识课程。大一、大二期间相同的必修科目有国文、英文、社会科学（政治、经济、社会、西洋通史择一）、自然科学（逻辑、物理、化学、生物择一）；通过增设通识课程达到文理兼修的目的。此类课程共计 36—38 学分，占总学分的 27.2%—28.3%。各系的其他各类课程在占学分比重上略有不同。在吴宓教授倡导的“博雅教育”理念影响下，外文系规定除国文占 6 个学分和英文占 8 个学分外，中国通史或西洋通史（择一）占 8 个学分，逻辑、高等数学或微积分（择一）占 6 个学分或 8 个学分，普通物理、普通化学、普通地质学、普通生物学（择一）占 8 个学分；加长选修课年限。具有通识教育性质选修课在各系要贯穿 4 年。如社会学系到第二至第四学年依次有全校自由选修课 6、14 和 22 个学分；历史学系有他系选修课 12、8 和 8 个学分；物理系有本系或他系选修课 15、23 和 12 个学分。而在国立西南联合大学时期理工科的学生，也被规定须选修一门社会科学概论；文法科学生则须选修一门自然科学概论。各系必修和选修课程设置，也都注重使学生不囿于某一专业，引导学生要形成较为宽广的知识面，以此来为从事专深研究工作打下基础。此外，体育每周 2 小时，每年 2 个学分，大学四年每年均修；军事训练每周 3 小时，每年 3 个学分，除女生外，一、二年级学生均必修，党义每周 2 小时，全年 2 个学分，仅在一年级学。这一时期占总学分 1/4—2/5 的是文、法、理学院各系必修的本系课程，其他的则是外系课程，同时也设置了许多美育课程，并且全部课程均属普通的基本训练，专门课程甚少。

2. 新中国成立后至 1978 年期间的通识教育

新中国成立后，受政治、经济、外交上的影响，文化教育也向苏联学习。在高等教育方面，新中国成立前的通才教育逐渐转变为专业教育，并且“专业化”长期以来一直成为我国高等教育发展的主要指导思想。当时我国社会主义建设急需的人才均来自专业教育，其他方面的基础相对薄弱。这一时期，清华大学的学校教育主要是以专业教育为主，通识教育在这样的历史背景之下整体处于隐退状态。

3. 改革开放后至 2000 年期间的通识教育

改革开放后，清华大学调整了培养目标。清华大学认为培养学生要坚持德智体全面发展，德育要放在首位，要贯穿教学过程的各个环节。德育的内容包括：教育学生树立坚定正确的政治方向，引导学生走与实践相结合与工农相结合的道路，使学生养成优良的品德和作风。强调基础教学不能仅仅从专业教学甚至专业课教学的需要来考虑，而应当着眼于学生今后的发展，着眼于学生思想及文化、科学素养的提高。同时他们也提到要拓宽学生的专业面，增强学生的工作适应性，加强实践，使教育与生产劳动相结合；实行因材施教，培养多种模式人才。具体其通识教育呈现如下几个特点。①

（1）通识教育的比重增大

在 20 世纪 90 年代中期，清华大学毕业生所需修满的总学分为 210 分，通识课程设置的学分为 52 分，通识课程学分占总学分的比例为 24.8%，到 1999 年时总学分下降到 196 分，通识课程学分增加到 58 分，其比例上升到 29.5%（20 世纪 90 年代中期数据以清华大学理学学士学位的通识教育课程的状况为例）。

（2）通识课程的内部组成有所调整

清华大学的通识课程由全校必修课程和文化素质选修课组成。全校必修课指全校学生都必须修习的课程，其涉及的学科领域与全国高校涉及的领域相似。主要包括：政治理论课程、外语课程、计算机课程、数学课程、体育和军事课程（表 4-2）。这些课程全校一般会统一开设并开展统一考核，最多在文科与理科生之间略有不同。文化素质教育选修课目的是提高学生的文化素质，这种课程

① 李曼丽，杨莉，孙海涛. 我国高校通识教育现状调查分析——以北大、清华、人大、北师大四所院校为例[J]. 清华大学教育研究，2001，(2)：125-133.

经常是面向全校学生，采用任选或限制性的选修方式。清华大学的通识课程设置中，全校必修课占 48 个学分（总学分为 63 个学分），比例为 76%，而文化素质选修课为 15 个学分，比例为 24%。

表 4-2 清华大学全校必修课

政治理论课程	外语课程	计算机课程	数学课程	体育和军事课程
马克思主义哲学原理、马克思主义政治经济学原理、毛泽东思想概论、邓小平理论概论、思想道德修养、法律基础	英语	计算机基础	高等数学	体育、军事理论

注：其中政治理论课程所占学分为 13 分，比例为 27%；外语课程占 18 分，比例为 37%；计算机课程占 6 分，比例为 13%；数学课占 5 分，比例为 10%；体育和军事课程占 6 分，比例为 13%。此为 2012 年数据

（3）文化素质教育课程种类及所涉及的学科领域较广

清华大学文化素质教育课程在不断调整变化且受重视程度逐渐提升，1981 年，清华大学就设立了人文选修课，该课程以文史哲为主。1987 年，文化素质教育课程通过指定性选修课的方式正式进入清华大学的课程体系。1999 年，首批国家大学生文化素质教育基地经教育部批准在清华大学正式建立。文化素质教育课程种类丰富涉及数学与自然科学类、人文科学类、社会科学类、思想政治类、计算机类、语言类、艺术类、体育卫生类、基本技能及跨学科课程等多个方面。

4. 2001 年至今的通识教育

清华大学日益强调通识教育的重要性，长期以来坚持探索文化素质教育课程体系，对清华大学的通识教育课程体系进行不断的调整修缮，2014 年成立了专门实施通识教育的实验区，即新雅书院。其通识课程的调整过程大体如下。

2000 年，在培养方案规定的学分总量降低的情况下，理工科学生的文化素质课程学分由 5 个学分增加到 13 个学分。2002 年，文化素质课程建成 10 个大课组，清华大学的文化素质教育已由原来教学体系的一个组成部分上升为培养德智体美全面发展人才的基础平台。2006 年秋季，清华大学推出首批 20 余门文化素质教育核心课程，设立了文化素质教育的核心课程，共分为 8 个课组：①哲学与伦理；②历史与文化；③语言与文学；④环境、科技与社会；⑤艺术与审美；⑥当代中国与世界；⑦人生与发展；⑧数学与自然科学。核心课程选修的方式则呈现出“知识互补”的特征，理工科各专业本科生需在本科学习阶段 8 个课组中修满 13 个学分，其中必须包含两门文化素质教育核心课程。文科学生除选修人文社会科学类文化素质教育课程外，还应选修一定的科学与技术类课程，这种选修的设计便是从关注学生的知识结构的完整性角度考虑，以提高理工科学生的人文素养，补充文科类学生的科学知识，以着力去除学生知识的狭隘片面，达到知识均衡互补的

目的。2007年，该基地被教育部批准为文化素质教育创新实验区，“通识教育基础上的宽口径专业教育”的人才培养模式已形成，学生的文化素质水平得到提升。2009年清华大学还采取通识教育新举措：强调三项基础技能，即中文、英语和数学。长期以来，清华大学一直强调数学基础。改革开放后，又恢复强调英语。在这两项基础之上，从2009年起，开始重视中文写作和中文沟通，这是在清华大学范围内，甚至在全国高校的范围内，首次为大一学生引入写作课与沟通课，并明确文化素质教育核心课程包含8个课组的通识教育课程体系：文学与艺术、历史与文化、哲学与伦理、基础社会科学、中国与世界、国际社会、物质科学、生命科学。从2011年秋季学期起，文化素质教育课程体系由文化素质教育核心课程、新生研讨课、文化素质讲座课程和文化素质教育任选课程四部分组成，常设校园文化活动和实践环节，如清华大学人文知识竞赛、暑期人文实践等。此外，一系列文化素质教育讲座，如“清华大学新人文讲座”也以学分方式被列入清华大学本科培养方案，旨在促使清华大学学生广泛涉猎文理知识。为达到素质教育目标进行新的尝试，而且为了给文化素质教育核心课程的推广和实践提供经验和参考，引导和培养一批优质通识教育人才，清华大学于2007年7月与中国文化论坛联合举办了为期6天的“首期文化素质通识教育核心课程讲习班”，招收选拔来自全国高校的中青年文化素质教育和通识教育的教学和管理骨干。目前所设置的首批20余门核心课程涵盖哲学、历史、文学、艺术、当代中国与世界等人文社会科学领域，以阅读经典、深度学习、严格要求为宗旨，采取名师上课、助教导修（部分课程）的双轨教学方式，旨在更加坚实有效地奠定本科生的人文知识和人文素质基础，并为其他文化素质教育课程提供示范。[①]讲习班的开设也为清华大学通识教育核心课程深化建设及引领创新通识教育教学模式发挥重要作用。

总体而言，自2000年来，清华大学通识教育得到迅猛发展，不仅在课程设置上不断完善，形成较为稳定良好的通识教育核心课程体系，还在课程质量的提高上采取多种举措，这对清华大学通识教育的发展成熟大有裨益。

（二）清华大学通识教育课程的理念与设置

清华大学通识教育发展在教育理念上呈现全人教育导向，其课程设置呈现多元化且注重知识的均衡性，教学上采用阅读经典名著的方式且实施严格的精品课程评价标准，此外，清华大学还开辟通识教育新区，即新雅书院，这是清华大学在通识教育实践之路上的又一有力探索。

① 程曦. “首届文化素质通识教育核心课程讲习班”举行[N]. 清华大学校报，2007-08-31，(2).

1. 通识教育的理念目标——“全人教育”

全人教育有深远的理论渊源。在不同时代背景下也呈现出不同特征，大体可以分为以下三个时期，一是“自由教育”时期，主张教育是追求人的和谐发展，倡导“自由人”的教育，其代表人物是柏拉图、亚里士多德等；二是19世纪中叶到20世纪60年代，以英国教育学家托马斯•阿诺德为主要代表人物，他声称教育的目的是要培养具有绅士品格的基督教徒，以及永恒主义代表人物哈钦斯主张培养人作为人而非片面发展工具，他们都是全人教育的倡导者；三是20世纪60年代以来建立在人本主义、后现代主义、批判理论等哲学基础上发展而成的以培养“完整的人”为目的的全人教育，如日本著名教育学家小原国芳所倡导的培养具有文化人格的全人，便具有全人教育的内涵。

全人教育理念历来是清华大学通识教育改革与发展的指导思想。清华大学主张实施全方位教育，其课程涵盖人文、经济和科技等人类核心知识领域，以达到培养不仅拥有理工知识还富有人文素养的全面人才的目的。梅贻琦担任清华大学校长时，主张“明明德”“新民”，培养学生养成整体的人格，并提出教育的目标应是“通识为本，而专识为末”，其见解之高明、深刻，一针见血地指出当时中国的教育弊病，即在经济落后的中国，社会分工不明显的情况下，学生所学若过于专业化，反而会阻碍其职业发展。梅贻琦也强调培养博古通今、具有广博学识的通才。他认为“学问范围务广，不宜过狭，这样才可以使吾们对于所谓人生观，得到一种平衡不偏的观念。对于世界大势文化变迁，亦有一种相当了解。这是本校对于全部课程的一种主张”①。在梅贻琦先生的领导之下，20世纪30年代通识教育思想才得以在清华大学得到良好的实践，并取得骄人成就，有些学者还将这个时间段称作清华大学历史上的“黄金时代”②。蒋南翔担任校长时，则依据当时的实际境况提出富有远见的育人思想，“又红又专，全面发展”“既要给干粮也要给猎枪”。至21世纪初，清华大学在其本科培养方案中提出“通识教育基础上的宽口径专业教育”的办学模式，积极呼应我国提倡的大学生素质教育。2005年，清华大学召开“纪念文化素质教育开展十周年暨高等学校第四次文化素质教育工作会议”，努力将文化素质教育的理念深入清华大学的人才培养方案之中，将“通识教育基础上的宽口径专业教育”作为大学本科教育的重要指向标，在教育目标上，致力于培养具有健全人格、创新思维、宽厚基础、全球视野和社会责任感的全面发展人才。2014年10月17日清华大学颁布《清华大学关于全面深化

① 刘述礼，黄延复. 梅贻琦教育论著选[M]. 北京：人民教育出版社，1993：17.
② 骆少明，刘淼. 2008中国大学通识教育报告[M]. 广州：广东人民出版社，2009：3.

教育教学改革的若干意见》，该文件提出，清华要“努力培养学生具有健全人格、创新思维、宽厚基础、全球视野和社会责任感”。为此，清华大学将建立以通识教育为基础，通识教育与专业教育相融合的本科教育体系。坚持全面发展和个性发展相结合，统筹通识教育和专业教育，加强通识教育顶层设计，全面提高课程质量；发扬专业教育的特色，优化专业核心课程，增强课程挑战度。提高培养方案的弹性、灵活性和学生学习的自主性、选择性，切实推动学生价值观塑造和升华，增强对优秀传统文化的共识和对人类文明的理解，养成高尚而独立的完整人格，培育科学的批判精神和创新精神，强化实践能力和创新创业能力培养。[①]这与通识教育的全人教育理念的倡导遥相呼应。

尽管其教育理念与目标在不同时代被提出，但实际上均与通识教育和素质教育的大学理念一脉相承、异曲同工。[②]通识教育的目的是造就真正的“人”及负责任的“公民”，其观念中“人”处于核心位置，而在不同历史环境及社会背景下清华大学提出的教育理念正是通识教育的旨趣所在，而全人教育所倡导的培养“全面发展的、完整的人”正是通识教育的旨趣所在，故清华大学的教育理念在不同历史背景之下真正体现了通识教育的诉求。

2. 通识教育课程与内容设置——“均衡论与多元文化论”

我国台湾学者黄俊杰在《大学通识教育的理念与实践》一书中将通识教育总结为如下四种哲学基础：精义论、均衡论、进步论和多元文化论。其中多元文化论主张用“多元主体并立”的精神来设计通识课程的架构及教学内容，以吸纳多元文化之精髓，开拓学生兼容并蓄的胸襟。其中最具有关键性的就是“主体”这个名词，它所包含的内容非常之广，既可以以思想体系作为主体，也可以以种群作为主体，还可以以社会阶段作为主体。[③]均衡论则是强调学科之间的均衡以达到人全面发展的目标。清华大学的课程内容安排包含多元文化论的哲学基础，而通识课程的设置则呈现均衡论的价值取向。

清华大学通识教育的实施主要是通过文化素质教育核心课程的方式进行的，自 2006 年秋季始，清华大学文化素质教育核心课程对全校本科生开放，后历经几次探索整合，在长期文化素质教育课程体系与精品课程建设的探究基础上，于 2009 年开设了包含 8 个课组的通识教育的课程体系：文学与艺术、历史与文化、哲学与伦理、基础社会科学、中国与世界、国际社会、物质科学、生命科学。从

① 清华大学. 清华大学关于全面深化教育教学改革的若干意见[EB/OL]. http://news.tsinghua.edu.cn/publish/thunews/9948/2014/20141017142602293970435/20141017142602293970435.html [2017-01-09].
② 熊思东，等. 通识教育与大学：中国的探索[M]. 北京：科学出版社，2010：85.
③ 黄俊杰. 大学通识教育的理念与实践[M]. 武汉：华中师范大学出版社，2001：132-168.

其课程所涉及领域来看，涵盖人文科学、社会科学及自然科学各个范畴，强调培养学生的文理基础、文化内涵、方法论意义、跨学科视野和全球意识，这种以广博知识为基础的课程架构正是以多元文化论为理论基础的。核心课程选修的方式则呈现出“知识互补”的特征，在其 8 个课组中，理工科各专业本科生被要求需在本科学习阶段修满包括两门文化素质教育核心课程在内的 13 个学分。除选修人文社科类文化素质教育课程外，文科学生被要求选修一定的科学与技术类课程，这种选修的设计便是从关注学生的知识结构的完整性角度考虑的，以提高理工科学生的人文素养，补充文科类学生的科学知识，以着力去除学生知识的狭隘片面，达到知识的均衡互补的目的，这体现了均衡论的价值取向。

3. 通识教育教学模式——“经典名著型”

经典名著型课程（Great Books Program/Curriculum），也叫作“巨著课程”或“名著课程”，是“美国若干高等学校为实施通识教育制定的一种本科阶段的教学计划”[①]。在 20 世纪 20 年代，美国的马丁最早提出其课程设立思想，以研读一系列人文科学、社会科学、自然科学的经典著作为课程。[②]这种教学模式体现了通识教育推崇人的理性、尊严和价值的理念，以促进人的全面发展及人性的完善。清华大学核心课程的教学实施亦是采用名著选读的实践模式。

清华大学通识课程是通过小班讨论、阅读名著和研讨的方式实施的，其中经典阅读是清华大学核心课程实施的主要模式，作为以哈钦斯为代表的永恒主义教育哲学的经典阅读型课程，更侧重于官能心理学和形式训练，强调经典名著的永恒价值，目的在于从阅读经典中训练学生的理智能力。清华大学的通识课程便深谙此理，主张以高标准、严要求的姿态坚定本科生的人文知识和人文素养基础，以改变以往通识教育存在的凑学分、粗放经营的不良现象，使清华大学通识教育走上精细规范之路。其经典阅读课程内容涉及文学、史学、哲学、宗教、艺术等各个方面的西方文化名著导读、中国文化名著导读等，使学生在阅读经典过程中感悟“名著精神”，陶冶个人情操。而通识课程的实施，关键是教师的作用。清华大学文化素质教育核心课程涉及领域之广、内容之深，要求担任课程的教师必须是博古通今、有着深厚学术底蕴的通才。故清华大学的核心课程全部由各学科的著名学者和骨干教师担任，这就提高了核心课程的水平和质量，为清华优秀人才的培养，特别是为进一步探索清华大学专业教育和通识教育的有机结合提供了新的、有力的支撑。

① 顾明远. 教育大辞典（增订合编本）（上册）[M]. 上海：上海教育出版社，1998：838.
② 张寿松. 大学通识教育课程论稿[M]. 北京：北京大学出版社，2005：163.

（三）清华大学通识教育评价机制——“高标准、严要求”

课程评价是指对课程目标、课程实施、课程结果和课程改革等方面进行的价值评判和实际功能实现程度的评判的实践活动。课程评价在整个课程系统中占有十分重要的地位，它既是课程设计与实施的终点，又是课程改进和发展的起点。

清华大学对于一类精品课程有着严格的评价标准：①申报课程应是连续开设 3 年以上，学生受益大或在课程建设上具有突出特色的课程；②课程教师队伍具有合理的结构，教师有献身教育事业的精神，坚持教书育人；课程负责人具备较高的教学科研水平；③课程体系科学、合理，能体现大学的教学理念；能够结合课程特点，采用多种教学方式，激发学生的学习兴趣，培养学生的创新思维；④课程教师整体教学效果好，学生评价高；⑤课程应选用国内外优秀教材，鼓励教师自主编写出版高水平教材。精品课程在清华大学通识课程占有重要位置，推动精品课程的深入发展。建立严格的精品课程评价体系，是推动清华大学通识课程建设深入和可持续发展的重要因素。

继北京大学元培学院、中山大学博雅学院等一些高校开设专门学院培养通识人才之后，2014 年 9 月，清华大学亦开辟新的通识教育实验区，即新雅书院，这是清华大学对精英人才培养的新尝试。

新雅书院的首批学生从清华大学法学院、建筑学院、生命学院、钱学森力学班中录取。新雅学生与其他专业院系学生有所不同，具备书院身份和专业院系的双重身份，且拥有书院导师与本专业导师为其进行生活、学习各方面的指导帮助。在培养目标上，新雅书院强调中西古今文理会通的传统，发挥清华大学跨学科人才培养的资源优势，以培养文理相通、人格健全、具有强烈社会责任感的国家精英人才。这种文理会通、通专结合等人才培养目标彰显新雅书院的重要特质，其重视传统和文明价值体现了理性主义价值取向。在课程设置方面，新雅书院以“文明与价值”为主线，以中华优秀传统思想和文化、世界文明优秀成果为核心，以文学、历史、哲学、艺术和科学为基础，推及政治、经济、社会和传播等学科。书院首批开设“《史记》研读”“早期中国文明”“法律与文学”“艺术的启示”4 门通识课程。在课程教学方面，则主要是通过深度学习、有效研讨、学科交叉、师生互动等环节，以提升通识教育的课程水准和育人实效，培养学生对文明和价值的综合理解与有效表达，使其在认知、思维、表达和运用方面达到融会贯通的新高度。[①]此外，新雅书院还开设新雅讲座、新雅论坛及兴趣小组等活动，帮助学

① 清华大学. 清华教改：本科大拓通识课[EB/OL]. http://www.tsinghua.edu.cn/publish/thunews/9650/2014/20141020135940785152569/20141020135940785152569_.html [2018-09-14].

生大范围地涉猎科学、人文、音乐、美术和体育等各方面的知识。新雅书院实施住宿书院制，新雅书院的学生将按学科交叉和大类融合的原则安排宿舍，所以书院将成为师生共有、共建、共享的文化场所和公共空间。其“育人”理念及“人本”思想始终贯彻在管理过程中，不同专业学生之间及师生之间交流互动，丰富彼此思想，消除了宿舍与教室之间的隔阂，使通识教育成为学生日常生活中的一部分。这种“非形式教育”使学生能在多元群体中了解不同的学科，使宿舍成为多元知识和思想交汇的地方。

（四）总结与思考

清华大学实施通识教育是培养创新型人才的必由之路，也是提高清华大学高等教育质量的重要保证。以下是对清华大学通识教育发展的几点思考。

1. 提升高校领导者的通识教育素养

影响通识教育实施的重要因素是大学高层领导的办学理念，特别是校长的教育价值观。这是推动通识教育发展的关键所在。如在20世纪梅贻琦任清华大学校长时，通识教育得到巨大发展、通识课程不断完善。因此，高层领导的办学理念影响着通识教育的研究、实施与推进。另外，通识教育的实施也在很大程度上受大学中层管理人员观念的影响，甚至受其制约。这些人群是主要的利益相关者，也可能是最大促进者或是阻力来源，具体表现在处理通识教育与专业教育的相互关系等方面。因此，大学必须加强中高层管理者的素质，提升他们对于通识教育的理解和实践水平。

2. 吸取多个国家的通识教育发展经验

从理论研究的角度看，清华大学在通识教育研究方面需要理念与方法同时更新，从清华大学各院系公布的最新培养方案来看，清华大学仍然在学习哈佛大学20世纪80年代改革的做法。进行科学研究以先进的教育理念为基础，而达到研究的目标要依赖于研究方法的科学与多元。我们的目光不要仅停留在一些基本概念的争论与研究美国的经验上，也要同时借鉴其他国家的经验与教训。

3. 加强对通识教育机构的管理建设

实施通识教育的途径应该是多元的。在我国，设置相应的管理机构非常有必要。国外许多著名大学都设有由主管副校长、文理学院院长、院系负责人组成的通识教育委员会。专门的管理机构对解决实施中出现的问题更有帮助，分配、协调与利用学校的各种教育教学资源可以有效进行。理论研究的真正价值在于具有很强的指导意义。而清华大学对此就不够重视，加强实践领域的研究因实证研究所具有的可操作性和现实意义而显得尤为重要。

三、复旦大学通识教育课程与机制实施个案

（一）复旦大学通识教育的发展历程

复旦大学的通识教育有着自身的特点与实施方式，是我国高校中最早一批实施通识教育的院校之一。从 20 世纪 90 年代起，我国的许多高校就已经开始了对通识教育的探索，“通才教育”是复旦大学提出来的，这一观点是在学生全面的人文发展需要的基础上，诠释大学教育本质使命的又一次大胆尝试。之后不久，复旦大学又在通才教育的基础上提出了“通识教育”，在将学生培养成为“完人”的目标前提下，指出通识教育的培养就是要把学生的人品修养、社会责任意识、工作能力等因素考虑进去，贯穿到教育的课程实践中去，为培养“完人”做准备。复旦学院成立于复旦大学的百年校庆到来之际（2005 年），这对于复旦大学来说意义重大。第一届学生于同年的 8 月进入复旦学院。在 3000 多名新生中，仅留学生就有 313 名，这些学生均是按照各自专业录取之后才进入的复旦学院。复旦学院的通识教育把本校住宿学院式作为其创新教育的重要模式，并在通识教育这一领域开展全新的尝试，其涉及面主要包括学院的机构、学生的管理、课程的设计、教学管理等多个方面。这种住宿学院式的通识教育模式，是经过思考和研究后，在对国内高校多年来不断探索尝试基础之上，对诸多国外通识教育的模式和培养目标上的先进做法进行大量的借鉴，并因地制宜结合我国当前教育现状，为培养适应社会主义发展的全面素质人才而作出的一次大胆尝试。

复旦大学的通识教育改革在国内各高校中是遥遥领先的，2010 年的复旦大学本科教学质量报告曾经提到，要“以通识教育为素质培养载体，以创新拔尖为人才质量目标，打造复旦大学特色的通识教育，建构人才成长的坚实载体”①，将通识课程作为其通识教育的核心，受到了教育界的普遍关注。

（二）复旦大学通识教育课程理念与设置

复旦大学早在 20 世纪 80 年代就开始对通识教育进行探索，当时的谢希德校长提出要积极借鉴国际上大学教育的先进经验，尝试“通才教育”，并在 2005

① 教育部高等教育教学评估中心. 复旦大学 2010 年本科教学质量报告[EB/OL]. http://www.pgzx.edu.cn/modules/zhiliangbaogao_d.jsp?id=926&type=0[2018-04-07].

年 9 月正式成立复旦学院，率先在国内实质性地推进通识教育改革。复旦学院探索的是大众人才发展模式①。所有被复旦大学录取的新生都将在复旦学院接受为期一年的住宿学院式通识教育。2012 年 9 月，学校又正式组建了新的复旦学院（本科生院），逐渐形成“1+3”通识教育分布模式，即 1 年通识教育加 3 年专业教育。

复旦学院“核心+分布”模式秉承折中主义教育理念。在哈罗德·泰勒看来，折中主义本质上可以描述为新人文主义。新人文主义者希望学生通过对古典文学与哲学学科的学习，从中领悟西方传统文明的重要精髓，从而有利于西方民主社会的构建，同时希望学生通过现代语言和近代科学与技术学科的学习，日后可以成为与此相关领域的专家，并能承担一定的社会责任。②复旦学院通识教育的目标就是向学生传递人文与科学的精神，培养学生具有完整的人格，领悟不同的文化和思维方式，养成独立思考和探索的习惯，对自然和社会有更高境界的把握。经过几年建设，复旦大学已经形成了以核心课程为中心，以住宿书院制和导师制为辅翼的通识教育培养体系。复旦大学复旦学院强调校园和学生的价值，不仅注重科学和数学，也注重人文和社会，属于折中主义价值取向，是中国大学中的一种“核心+分布”模式。

为了打破分门别类的学科壁垒，贯彻人类学问与知识的共同基础，复旦学院通识教育核心课程分为六大模块，即文史经典与文化传承、哲学智慧与批判性思维、文明对话与世界视野、科学探索与技术创新、生态环境与生命关怀、艺术创作与审美体验。③文史经典与文化传承指的是中国文学和中国历史方面的经典研读课程。哲学智慧与批判性思维关于哲学和宗教经典的研读课程。关于西方文明及其他重要文明的研讨性课程是文明对话与世界视野。关于科学与技术的思想基础和历史进程的研讨性课程是科学探索与技术创新。关于环境与人类生活的关系，以及人类生命的科学与伦理问题的研讨性课程是生态环境与生命关怀，范围包括环境科学、生命科学、医学及生命伦理学。艺术创作与审美体验课程包括艺术鉴赏与艺术创作。进入次模块的艺术门类主要有：音乐、戏曲表演、绘画、雕塑与陶艺、影视、书法、话剧与朗诵等。这六大模块分布于人文、社会和科学领域中，有助于突破单一的专业知识框架，体现分布模式的特征。

---

① 李继兵. 通识教育论[M]. 北京：高等教育出版社，2012：150.

② 马早明，陈晓菲. 东南亚国家科技大学通识课程模式探析——以南洋理工大学为例[J]. 比较教育研究，2014，(11)：74-78.

③ 复旦大学. 人才培养[EB/OL]. http://www.fudan.edu.cn/2016/channels/view/48/[2019-01-05].复旦大学的通识教育课程模块现已改为七大模块，但本研究实施时仍为六大模块，鉴于对研究设计的整体性考虑，所以此处仍沿用六大模块的内容。如对新增加的内容感兴趣，请访问如下链接：复旦大学通识教育中心. 模块与课程[EB/OL]. http://gecc.fudan.edu.cn/pictrue.aspx?flag=3&info_lb=3[2019-01-05]

为更好地开展本科通识教育，复旦大学开设了六大模块核心课程。仅在2012—2013学年的第一学期，复旦大学就已经开设了以“六大模块”为核心的共114门通识教育课程。这些课程是教育实践的主要部分，全校所有的本科生都必须修读这六大模块课程，并且要求每个模块至少修读2个学分。

六大模块核心课程的设计，体现了复旦大学的办学思想和核心价值追求，展现出复旦大学在本科人才培养方面最主要、最基本的要求。复旦大学通识教育的基本目标是：向本科学生展现人类发展以来的基础性学问与精神实践领域中的基本问题、重要的思考和探索之路，展示人类社会历史的重大演变和人类当代生存和发展状况的基本性质，以期能够帮助学生获得在祖国语言实践中的生命体验，学校通过这些课程引导学生形成关怀天下、文化自觉与学术探讨之精神。复旦大学通识教育的总体培养目标非常宏大，在这一目标的指引下复旦大学开始实施其通识教育课程，力图将学生培养成为情感丰富，有知识、有文化且具备社会关怀的人。这也是复旦大学给学生的承诺。

2012年以前，复旦大学已经建设的通识教育核心课程近180门，表4-3所列课程是其2011—2012学年第二学期在邯郸校区所开设的通识教育核心课程。复旦大学规定，所有本科生（包括留学生）在入校第一年全部进入复旦学院，接受通识教育，从大二开始再按照入学时所填报的专业志愿进入各专业院系接受专业教育。在接受通识教育的大一阶段，学生要求从上述六大通识教育课程模块中选修12个学分的课程，一般一门课2个学分，也就是一共要选修6门通识课程。

表4-3　2011—2012学年第二学期复旦大学邯郸校区通识教育课程统计

模块	课程	
文史经典与文化传承	古典诗词导读	中国当代小说选读
	《周易》与中华审美文化	鲁迅与中国现代文化
	唐诗经典与中国文化传统	《诗经》与传统文化
	唐宋八大家古文	《文选》与中古社会
	中国现代散文导读	《说文解字》与汉字源流
	《春秋》导读	—
哲学智慧与批判性思维	《圣经》与西方宗教传统	《古兰经》与伊斯兰文明
	笛卡儿《谈谈方法》导读	西方道德哲学原著导读
	康德《实践理性批判》精读	休谟《人性论》导读
	西学经典《论美国的民主》	《精神分析引论》导读
	《论法的精神》导读	《单向度的人》精读
	《逻辑哲学论》导论	卢梭著作选读

续表

模块	课程	
文明对话与世界视野	东亚文明的历史进程	法律与跨文化交流
	中西文化交流史	人权与法
	中国现代学科的形成	宪政文明史
	基督教文明史	法治理念与实践
	欧洲文明的现代历程	犯罪与文明
	性别与历史	全球化时代法律冲突与对话
	近现代中外关系	东西方文明视野中的人生伦理
	媒介与社会	比较西方政治制度
	大众传媒文化	现代西方心理学名著导读
科学探索与技术创新	诺贝尔与自然科学	大分子与生命
	纳米科技与生活	材料科学与社会
	生命中的化学元素	数据的背后
	化学与人类	航空与航天
	化学与中国文明	信息素养与科学发现
	元素发现史	物理与文化
	科学计算之美与欣赏	科学方法的哲学基础
	信息技术与社会	信息化思维
	微电子技术	网络虚拟环境与计算机应用
	诺贝尔奖与光学	人类与核科技发展
	高分子世界	—
生态环境与生命关怀	营养与健康	生物力学与人类健康
	人类医学遗传学	中医文化
	人类进化	病原生物与人类
	生命进化论	人体奥秘
	微生物与人类健康	药膳与中国饮食文化
	可持续发展	药物·生命·社会
	环境与人类	诺贝尔奖与药物
	材料与人类	环境与人类健康
	全球化时代环境问题	生命全程与健康
	环境灾害与启示	生命科学中的伦理问题
	人类与社会多元文化	生命科学史
艺术创作与审美体验	视觉艺术与设计	音乐剧赏析与表演
	京剧表演艺术	博物馆文化解读
	音乐理论与实践	中国古陶瓷鉴赏与收藏
	抽象艺术审美与创造	英美电影思想解读

（三）复旦大学通识教育的实施机制

复旦大学通识教育实施的最主要形式仍然是课堂教学。其课堂的教学方式主要是教师讲授、课堂研讨、多媒体教学及大班教学四种教学方式。教师讲授是其最主要的课堂形式，教师进行通识教育知识的讲授，学生依然如在传统课堂学习知识那样接受学习内容。课堂研讨也是采用较多的一种课堂形式，在课堂研讨过程中，学生的学习主动性和积极性会得到有效的提高，但并非所有的问题都具有研讨的价值，这对通识教育教师在选择研讨课题时具有较大的挑战，也因此导致这种研讨容易流于形式以致丧失其原有价值。多媒体教学是当今教学最主要的趋势，复旦大学的通识教育课堂概莫能外。但“多媒体课件”对教师的“绑架”已经日益显现，它逐渐成为评价教学质量的一个外在指标，导致这种“绑架”对教师的束缚日益深重。其通识教育课程设置的六大模块，本身与学生日常学习的诸多内容基本相关，但具体传授内容才是教师需要重点考虑的问题。通识教育的师资大多依然由某一专业教师来担任，其中一个比较微小但影响甚大的问题就是大多教师并没有依据通识教育的本质内涵来调整自己的课堂内容，仍是沿用之前的课件，传授内容与平常课堂并无太大差异，这本身也是违背了“因材施教”的初衷。大班教学则是通识教育基本的实施组织形式。大班教学是目前通识教育课程实施的普遍教学组织形式，其存在的问题已不需过多赘述。复旦大学的通识教育课程在实施过程中不免遇到诸多问题，但经过多年实践后复旦大学的通识教育已经取得了很大的进展。

在教学管理方面，复旦学院通识课程主要由长江学者、全国教学名师和著名教授等担任主讲教师和课程负责人，并形成了助教、小班讨论、经典导读、多元考核和网络互动等教学模式。复旦学院实施虚实结合的管理方式。复旦学院是一个准实体化的单位，是实施通识教育的主要教学研究和管理机构。复旦学院下设教学办公室、学生工作办公室、导师工作办公室和综合办公室，并直接管辖五大书院，即志德书院、腾飞书院、克卿书院、任重书院和希德书院。此外，2005 年复旦大学还成立了虚体机构，即通识教育研究中心，该中心在人才培养目标、通识教育培养方案、核心通识课程体系和学生管理体制等方面提供理论指导，有力促进了通识教育实践的发展。与此同时，复旦学院还实施四年制的住宿书院制和导师制。新入学的复旦大学学子将不分专业、学科和地域，被分到五大书院，每个书院都拥有独立的院徽、院训、院服和场所，有利于学生自我管理、自我服务和自我教育。至于导师制，导师则主要指导学生日常学习、课程修读、具体选课及大学学习生活规划，为学生成长提供一定帮助，但也存在一定的不足，如与导师制相配套的物资和政策没有到位，未能突出学生阶段性的特点，在假设所有学生都处于低起点的基础上，一视同仁地开展工作，有“一刀切”的简单化倾向①。

（四）总结与思考

改革开放后我国高等教育开始纠正高等教育专业化分化严重的问题，20 世纪 90 年代以来通识教育逐渐被许多高校重视并开始实施。至今，高等教育已经把通识教育看作不可或缺的重要组成部分，通识教育成为一种广泛的、非专业性的、非功利性的基本知识、技能和态度的教育。不仅如此，通识教育也是科学、人文、艺术全面素质的教育，它的目的在于培养积极参与社会生活的、有社会责任感的、全面发展的人和公民。

2006 年，复旦大学开始正式实施通识教育，并为此精心设置了六大模块的核心课程。如前所述，复旦大学通识教育旨在向本科学生展示人类的基础性学问与精神实践领域中的问题、思考和探索之路，阐释人类社会历史的重大演变和人类当代生存状况的基本性质，帮助学生在获得祖国语言实践中的生命体验的同时，培养学生形成关怀天下、文化自觉与学术探讨的精神。复旦大学规定，校内任何一个本科生在六大模块中各修读至少 2 个学分，这是复旦大学试图通过通识教育培养“全人”的努力和尝试。

复旦大学的通识教育课程设计的前提是强调和重视核心课的位置和作用。它很少受到传统课程设置中对知识和专业的特定限制，而是把培养的视线延伸至人文的高度，把培养与时代发展相适应的中国公民作为出发点和落脚点，不仅注重向学生教授人文理念，更注重开拓学生的思想视野，致力于使学生形成科学思维方法的同时获得精神感悟。复旦大学的通识教育之路已越走越宽，这为我国其他院校开展通识教育提供了许多经验。

四、中山大学通识教育课程与机制实施个案

中山大学由孙中山先生创立于 1924 年，现已发展为我国一所具有深厚学术文化底蕴的综合性重点大学，多年来不断探索在高等教育大众化时代培养高素质优秀人才的有效途径，跻身于世界一流大学之列并努力成为世界学术重镇。在长期的人才培养实践中，中山大学注重以人为本，践行通识教育理念，完善课程建设，

---

① 县祥，王雪. 以导师制为平台构建高校通识教育人才培养新模式：北京大学元培计划和复旦大学复旦学院的启示[J]. 教育与教学研究，2009，23(7)：54-56.

着眼于提高学生的综合素质，逐渐形成了具有中山大学特色的通识教育模式。

（一）中山大学通识教育的历史回顾

20 世纪 80 年代以来，应社会需求变化、高等教育改革和大学生文化素质教育的推进，通识教育成为我国高等教育改革与发展中的一个热点问题。中山大学也经过长期的教育实践，逐渐形成以通识教育为标志的新型人才培养模式。其通识教育发展大体分为兴起、发展及成熟三个阶段。

1. 兴起阶段（1980—1998 年）

新中国成立到改革开放初期，我国高等教育一直效仿苏联的专业教育模式。当然在当时的大背景之下，过分强调专业教育是当时中国急需大量专业人才的产物，那个时期培养出来的一大批“适用性的专门人才”为我国科技的进步及国家经济的持续发展贡献出重要力量，但长期忽视素质教育，导致学生知识面愈加狭窄，学生的人文素养大幅下滑的问题日益凸显。20 世纪 80 年代初，为了纠正我国高校过度专业化的人才培养方式，全国许多高校开始着手扩大学生的知识面，增强学生综合素质，以期纠正我国长期过分专业化的问题。自 20 世纪 80 年代开始至 1998 年国家教育部颁布《关于加强大学生文化素质教育的若干意见》，这个阶段文化素质教育在我国逐渐兴起。对中山大学而言亦是如此，自 20 世纪 80 年代以来，中山大学开始积极探索适应国情、校情的文化素质教育课程模式，为学生开设门类齐全的选修课，且使学生在选课上有较大的自由。1997 年中山大学将开设全校性公共选修课作为评估院系本科教学的一项重要指标，旨在激发院系开设选修课的积极性，丰富学校的公共选修课资源。此外，学校规定每位本科生在学习期间至少要选修 16 个学分的素质教育课程（选修课程总学分为 45—50 学分），而且为了有效地扩大学生知识面，打破狭隘的专业限制，学校还特别规定文科、理科、医科学生要交叉选修部分学分，在全校公共选修课中增设艺术类课程，在学分结构上，增设艺术类学分和科研学分。①总体而言，这个阶段中山大学开始逐步重视学校文化素质教育课程建设，为该校通识教育的发展打下了良好的课程和理念基础。

2. 发展阶段（1999—2009 年）

自 1998 年《关于加强大学生文化素质教育的若干意见》颁布之后，1999 年我国首批 32 个学术文化素质教育基地成立。中山大学文化素质教育也开始进入快速发展时期。2000 年，中山大学在课程选修要求上，规定理科生必须选修不少于

① 郭丽丽. 我国研究性大学文化素质教育课程的现实与理想：基于对三所大学的调查研究[D]. 南京：南京大学，2011：21.

6个学分的人文社会科学课程，文科生则要修习不少于4个学分的自然科学课程。2003年，为学生开设包括人文科学与艺术、社会科学与行为科学在内的文化素质教育选修课程。2004年，中山大学开始将文化素质教育课程作为“精品课程”课题进行立项建设研究，设立5个“精品课程”的遴选标准：有利于学生了解人类文明中最基本的知识领域和思维方法；有利于加强学生的人文素质、科学素养和创新能力；有利于促进不同学科的交叉渗透；有利于培养学生的思辨能力；有利于引导学生了解学科前沿和新成果、新趋势、新信息。①同年，中山大学成为第一批创建文化素质教育精品课程建设项目的高校。在这个阶段，中山大学的通识教育进入深入发展时期，更多的优秀教师参与到文化素质教育课程的建设中，文化素质教育课程成为该校的重要建设方向，促使通识教育在学校的地位大幅提高。

3. 成熟阶段（2010年至今）

在多年实施文化素质教育基础上，中山大学从2009年开始有步骤地在全校推行通识教育核心课程计划。同年，为了探索高等教育大众化时代的精英教育模式，中山大学创办了一所精英化学院——博雅学院。以期通过通识教育这一杠杆来不断推进和完善中山大学本科教学体制改革和机制创新，真正达到“厚基础、宽口径、利交叉”的本科教学体制，全面提升学生的整体素质。至此，中山大学已经形成了较为成熟完善的、覆盖全校的通识教育体系。

（二）中山大学通识教育课程的理念与设置

中山大学通识教育课程以理性主义作为理念基础，并围绕精义论进行课程设置。相应地，该校通过增设新的学院、改革已有制度和对课程进行分类分块等方式，形成了全面的通识教育课程体系。

1. 理性主义为导向的通识教育理念

理性主义的大学理念强调把学生培养成完人、全人。在理性主义的支配下，高等教育以探索真理、完善人格为宗旨。博雅学院贯彻跨学科、跨领域的精英教学方式，着重培养今后有能力从事高深学术研究的人文社会科学和自然科学精英人才。强调精英教育，但这不意味着任何特权，而仅仅意味着更多地阅读、更多地思考、更多地付出，且将来承担更大的责任。推崇人生的价值不是金钱，而是智慧与修养。博雅学院学生的人生榜样不是亿万富翁，而是学富五车的大思想家、大学问家。②在当代，以理性主义为基础的高等教育哲学与以功利主义为基础的高等教育哲学不断

① 龙莉，刘济科，李延保. 中山大学文化素质教育课程建设探索[J]. 中国大学教学，2006，(8)：15-16
② 博雅学院. 学院简介[EB/OL]. http://lac.sysu.edu.cn/xyjj/xygk/index.htm[2017-01-02].

冲突与融合，中山大学博雅学院的开设则是回归大学理性主义理念的体现。

2. 精义论为理论基础的课程设置

精义论通识教育课程设置是以永恒主义为导向，认为在人类不断变迁的社会政治文化生活中，有一套永恒不变的核心价值，这种价值皆保存在经典作品之中，因此这种通识教育理论强调通识教育课程应以经典的阅读、分析和讨论为中心。[①]博雅学院的课程设置便是以精义论为理论基础的，课程设置贯彻“少而精”的原则，强调人文社会科学的专业设置模式和“经典”的设置方式，每学期主要课程一般为3—4门，但每门课有大量阅读任务和作业。除了国家规定的公共选修课之外，博雅学院为学生开设的课程主要分为三个部分，其中三部分都是围绕经典文化进行的：第一部分是“经典学习”，其课程包括《荷马史诗》、《史记》、“四书”等，这些课程都属于经典学习。第二部分是“古典语言”，包括一年级的拉丁文、二年级的希腊文及贯穿始终的古代汉语。学院有时会开设专门的古代文字课程，有时会借助经典进行学习，如《诗经》《左传》《古代汉语》。第三部分则是“古典研究”，其课程主要有“古代希伯来文明”“古代中国文明”“古典政治哲学”“佛教治国与教化传统”等。从上述可知，中山大学博雅学院践行的是以精义论为理论基础的通识教育，强调通识教育课程应以经典的阅读、分析和讨论为中心。

中山大学通识教育实施主要通过通选课和博雅学院两个方面进行。一方面是通选课的开设，通选课主要针对本科一、二年级学生，开设“中国文明”“全球视野”“科技、经济、社会”“人文基础与经典阅读”四个大类的通识教育核心课程，并推行博士助教制度与小班讨论等先进的教学方式，确保通识教育核心课程计划的高质量开展。另一方面为促进通识教育核心课程计划的有效实施，学校还成立了三位一体的人文高等研究院、博雅学院和通识教育部，探索将“通识教育”与“博雅教育”结合起来的路径，吸引并充实从事通识教育的一流人才，而且成立大学通识教育指导委员会、通识教育专家委员会，从组织上保障通识教育的有效开展。此外，学校还建立严格的通识课程审批制度、规范的课程管理制度和有效的质量监控体系，注重教师培训。[②]中山大学为全校学生开设的通识教育课程意图明确，为学生打下广博的知识基础发挥了重要作用。

中山大学博雅学院是一个独立的四年制通识教育学院，注重修养和智慧，其人才培养理念强调精英教育，培养具有宽厚人才社会科学综合基础且具有较强适

① 黄俊杰. 大学通识教育的理念与实践[M]. 武汉：华中师范大学出版社，2001：121.

② 中山大学通识教育部. 部门简介[EB/OL]. http://ge.sysu.edu.cn/introduction/index.htm[2017-01-02].

应能力的人文社会科学方面的高素质人才。[①]为此，博雅学院的学生四年都须在博雅学院，他们不分专业，也不属于任何院系，但从三年级开始，学生可选择人文社会科学学科的不同专业方向多元化、个性化地发展，为学生未来创造价值打下基础。陈六平认为：通识教育的目的是培养富有责任感的公民、有教养的人，其所具备的能力，包括有效思考的能力、逻辑推理、关系理解、想象力、清晰沟通的能力、适切判断的能力和对多种价值观的识别选择能力，而能力的培养需要整合人文、社会和科学三大知识领域的学习。[②]这是一种理性主义理念视阈下的博雅模式。

在课程内容和修读制度上，博雅学院实施学分制，最低学分要求为 150 个学分，但不设上限。以一名博雅学院学生修读课程为例，具体如下：公共基础课 32 个学分，占总学分的 21.3%，专业必修课 81 个学分，占总学分的 54%，专业选修课 37 个学分，占总学分的 24.7%。这里的公共基础课指的是上述的核心课程，如“思想道德修养与法律基础”等课程。专业必修课，如柏拉图、拉丁文、希腊文，以及《诗经》《楚辞》《四书》《史记》《左传》《荷马史诗》和“明代儒学”等课程。专业选修课，如“科幻电影与后现代”“外国美术史”“海外中国研究”“古典乐理基础”“佛教治国与教化传统”“早期希伯来文明”“专业日语”“西方哲学基本问题”等课程。学生在四年本科期间将广泛深入地研修中西方文明传统及其经典著作，必修古汉语、古希腊语、拉丁语等古典文明语言，兼修艺术理论及其技能，毕业学生将获得哲学（博雅）学士学位。博雅学院优秀本科毕业生将有机会直接入读本院研究生班。

此外，博雅学院还举办丰富多彩的学术活动、下乡实践、社团活动等隐性课程。博雅学院贯彻跨学科跨领域的精英教学方式，并实施以讲授、讲座和研讨为主的教学组织形式。小班讨论是中山大学博雅学院重要的教学组织形式。每门课程举行 4—5 次。博雅学院直属中山大学人文高等研究院领导，是中山大学为探索高等教育大众化时代的精英教育模式而专门设置的学院，每年通过自由申请、二次遴选的方式从全校所有院系的新生中招收 30 名左右的学生，进行四年制的通识教育。[③]

（三）中山大学通识教育的教学评价方式

中山大学博雅学院实行过程评价与结果评价相结合的形式。如“书法与中国

① 中山大学博雅学院. 中山大学博雅学院 2013 年招生简章[EB/OL]. http://lac.sysu.edu.cn/news/118610.htm [2017-06-20].
② 陈六平. 漫谈“化学与可持续发展”通识教育课程教学[C]. 中山大学 2010—2011 学年通识核心课程培训交流会，广州，2017-06-16.
③ 中山大学博雅学院. 中山大学博雅学院 2013 年招生简章[EB/OL]. http://lac.sysu.edu.cn/news/118610.htm [2017-06-20].

文化”这门课程，考试以平时成绩为主，因为每人的基础不同，故不以最终临帖水平决定成绩，而由每位学生临帖作业进步程度决定。平时成绩占 70%，期末考试交一篇学习“书法与中国文化”的心得体会文章占 30%。在评价依据上，专业必修课和专业选修课一般以平时作业和论文的形式进行考核，倾向于学生能力的培养，院方也建议学生不要过于看重成绩分数，让学习变得“单纯”一些。在评价的方法与手段上，专业必修课和专业选修课的期末考核主要采用论文或报告的形式，平时成绩则主要采用考勤和作业。教学评价的目的是提高教学质量和效益，其终极目的则是促进人的发展。博雅学院的教学评价方式给予教师充分的教学自由，让学生在弹性的教学评价体系下提升学习的积极性，旨在提高通识教育的教学水平，进而充分实现博雅学生的全面提高与个性发展。

博雅学院实行统一的教学管理制度。整个教学管理制度体系以其国际国内访学交流制度和分段贯通制度为主要特色。在国际国内访学交流制度上，既有本院针对博雅学生的访学交流项目，也有在学校层面面向全体学生的访学交流项目。中山大学博雅学院非常重视本科生的国际交流访学，鼓励学生踏出校门和国门，去其他一流大学和研究机构进行交流访学。据被访谈者介绍，博雅学生在国内有到中国政法大学、华东师范大学等进行交流，这些属于学校项目。目前，与博雅学院有密切科研教学合作关系的有美国纽约大学、美国圣约翰学院、香港中文大学等。国际国内访学交流制度的实行不仅使学生从历史、哲学、数学等知识中汲取营养，还能帮助学生树立多角度认识中国、认识亚洲、认识世界的思维模式，克服狭隘的民族主义观，并使学生在集体讨论、独立研究及海外实习的环境中提高探究学习及应对复杂的社会环境的能力，有效扩展了通识教育的外延，发挥了隐性通识课程的作用，使通识教育在学生心中的地位得到提升。

此外，博雅学院实施分段贯通的培养方式。博雅学院在大学一、二年级施行通识教育，所有学生不分专业进行学习。旨在为学生打下坚实的基础，为学生以后的发展提供更加广阔的空间。到了三年级，立志继续攻读研究生学位的学生，将实行“准研究生”模式，即以具有扎实基础的高年级本科生为对象，借鉴研究生导师制，采取提前介入式的培养教育模式，按照研究生教育标准，制订大学最后两年的学习计划。[①]博雅学院实行本硕连读制，从三年级开始，学生可选择人文社会科学学科的不同专业方向多元化、个性化地发展，学生毕业后 70%以上将继续攻读硕士和博士学位。经学校批准，博雅学院的本科毕业学位和专业方向包括：哲学、历史学、汉语言文学、政治学与行政学、社会学、法学；硕士研究生授予的学位有：哲学、文学和历史；博士研究生授予的学位有哲学。

① 程孝良. 大众化背景下研究生精英人才培养理念、模式与制度创新[J]. 中国高教研究，2010，(6)：37-40.

（四）总结与思考

通识教育的目标不仅是特定知识和能力的提升，人文精神与科学精神的培育仅靠课程教学是不够的，决不能忽视第二课堂活动、社会实践中学生自身努力及环境熏陶所起的作用。[①]中山大学通识教育的实施深谙此理，在开设全校性通选课以及博雅学院通识课程的前提下，还注重通识教育隐性课程的重要力量，如大力开展社团活动、下乡等课外实践，并举办博雅院刊、博雅讲座、博雅名师下午茶、对外交流等相关的学术活动，使学生的人生追求、价值取向和思想品格在显性与隐性的通识教育课程中得到提高。此外，中山大学还开设专门的通识教育部、人文高等研究院等机构，从组织上保障通识教育的有效实施，这是中山大学通识教育有效开展的重要因素。尽管博雅学院自成立始便倍受争议，有些学者将其赞为“是对目前教育功利化的一种救赎”，而有些学者则认为这是一种贵族教育。但不容置疑的是中山大学在通识教育之路上的探索与实践，仍取得了不小的成就，其博雅学院的毕业生受到全球许多一流高校和公司的青睐。中山大学的通识教育仍是我国通识教育探索与发展的重要成果。

五、华中科技大学通识教育课程与机制实施个案

（一）华中科技大学通识教育的历史渊源

华中科技大学通识教育的起步是以人文素质教育课程的开设为基础的，它是较早设立文化素质教育课程的高校之一，也是首批国家级文化素质教育基地的典型代表。华中科技大学是国家教育部直属的全国重点大学，由原华中理工大学、同济医科大学、武汉城市建设学院于 2000 年 5 月 26 日合并成立，是首批列入国家“211 工程”重点建设和国家“985 工程”建设的高校之一。为了响应国家教育委员会强化大学生文化素质教育工作的号召，华中科技大学文化素质教育工作正式开展的标志为华中科技大学举行的试点院校相关会议。经过十几年的发展，经过多次理论与实践的结合，华中科技大学的文化素质教育发展越发深入。华中科技大学作为一所典型的理工类大学，其重点更在于对院校学生人文素质的提高，这是其通识教育内涵价值的切实体现。

华中科技大学作为我国一所重点理工类大学，其实施通识教育的初衷乃是弥补理工科人才知识储备的不足，扩大理工科学生的理论视野和提高其人文素养是

① 熊思东，等. 通识教育与大学：中国的探索[M]. 北京：科学出版社，2010：196.

通识教育的重中之重。该大学在将人文素质教育提上日程之时，便开始在吸收国外优秀的通识教育成果基础上来发展具有学校自身特色的人文素质教育课程。人文素质教育与通识教育二者本身存在较大差别，人文素质教育的重点在于培养学生的人文精神和提高学生的人文素养，而通识教育则致力于培养出自由且完整的“全人”，使学生能够适应多元文化的社会，承担起个人的社会职责。但华中科技大学是加强理工类人才的人文素质培养，即对已经具备一定的科学素养的学生给予人文教育的强化，因此虽名为人文素质教育，实则其核心内涵仍是通识教育。

杨叔子院士作为国内文化素质教育的积极倡导者和忠实实践者，他在担任华中科技大学校长期间，对人文素质教育的提倡和发展给予了高度的关注，并采取了一系列的举措来推动华中科技大学人文素质教育的发展。杨叔子校长认为，人文与科学这两者无论是对于一个国家和民族的生存发展来说，还是对于某一个个体的成长来说，都非常重要，具有不可或缺的影响力。人文力量是决定性的。人文关系到民族的存亡，关系到国家的强弱，关系到社会的进退，关系到人格的高低，关系到思维的智愚，关系到言行的文野……我们既应重视科技，又应重视人文，两者融合则两利两旺，分割则两弊两衰。而大学生在大学教育中应该学到，一是学会如何做人，二是学会如何思维，三是学会掌握必要的知识及运用知识的能力。[①]也正因为如此，华中科技大学的通识教育目的乃是在理工科背景下，以拓宽知识基础来增强学生的人文素质和科学素养为重点。杨叔子后的历任校长都对通识教育的发展十分重视，采取了更多行之有效的措施来促进高水平的通识教育课程建设，力求提升理工科大学生的人文素质。其开设的文化素质选修课主要是人文社会科学公选课和自然科学公选课两大类别，与通识教育基础课程及全校必修课共同构成通识教育课程的全部修习内容，但这距离真正的通识教育还具有一定的差距。直至近年来，华中科技大学的通识教育发展体系已经较为完备，也设立了许多独具特色的通识教育课程，许多学生也因此深受裨益。

（二）华中科技大学通识教育课程理念与设置

1. 华中科技大学通识教育课程设置理念

华中科技大学在发展通识教育课程的初期，就力图培养德智体美全面发展、具有国际竞争力的高素质专门人才。其制定的目标是培养学生具有“深厚的人文底蕴、扎实的学科知识、强烈的创新意识和宽广的国际视野”。从华中科技大学设置的通识教育课程体系来看，其特点主要体现在以下几个方面。

第一，知识覆盖面广，含有人文、社会和自然科学领域，力求提升理工科学

① 杨叔子. 是“育人”，非“制器”——再谈人文教育的基础地位[J]. 高等教育研究，2001，22(2)：7-10.

生的人文素养。华中科技大学的通识教育课程从最初的人文素质教育课程发展到如今，已经随着通识教育的不断发展开设了更多、更全面的课程内容，构建起了一个更为完善的通识教育课程体系。这一课程体系结合学校作为理工类大学的重要特点，不囿于理工类大学本身的发展局限，而是积极开设各种各样的文科类课程，以期提升理工类学生的人文素质。

第二，关注自然科学这一领域的前沿发展，彰显出理工类大学的主要优势和特色。作为我国知名的一所理工类高校，华中科技大学并不局限于培养文理兼修的普通大学生，而是在此基础上致力于补齐学生知识能力的短板，以人文素质的提高为学生成为更优质的理工科人才打下坚实的基础。其开设的通识教育中的自然科学类选修课程充分发扬了理工科大学的特色，众多高水平的自然科学类课程“因生制宜”，为学生在原有基础上取得更大进步作了充分准备，这方面正是与通识教育核心内涵相契合的，为培养更为自由、全面的人才而努力。

第三，总体设计突出理工类课程的中心和重点，展现出理工为主、人文为辅，相互补充、综合发展的特色。在华中科技大学通识教育的课程设置中，人文社会科学类选修课程与自然科学类选修课程所开设的数量虽旗鼓相当，其中人文社会科学类 137 门，自然科学类 122 门，但自然科学类课程所占学分比重更大，因此其通识教育课程依旧是以理工科为主，人文学科起到更好的补充作用。

华中科技大学通识教育最初是实行传统教学和体验教学并重的课程设计模式。一方面，传统的教学模式可以帮助学生获得更为坚固的知识基础，另一方面，体验教学则能够促使学生参与到各种各样的课程活动中去，从而促进学生探究能力的发展。相对而言，对学生的人文教育是华中科技大学通识教育课程比较重视的，这也受我国是多民族的大国因素的影响，因此国家注重在教育中体现民族性和导向性，华中科技大学的文化知识课程内容的设置也无疑地体现出这一点。故步自封的学校是很难取得较大发展的，在历史的新时期，华中科技大学敢为人先，率先开设人文素质教育课程，并坚持开展文化素质教育，成立文化素质教育基地，并且还相应地编写出一整套文化素质教育的规范用书，以定期举办专题讲座等方式将大学生文化素质教育开展得有声有色。

2. 华中科技大学通识教育课程设置

华中科技大学的通识课程主要是由全校必修课程和文化素质选修课组成。前者包括政治理论课、外语课、开放性实验课和体育课。后者是通识教育课程的核心内容，主要包括三大类：人文社会科学公共选修课、自然科学公共选修课及通识教育基础课。人文社会科学公共选修课主要包括以下几类课程：①语言文学类，

“中华诗词赏析”“中外文学名著欣赏”“外语”等；②文化与哲学类，“西方哲学”“伦理学”“中国佛教文化”等；③历史类，“中国通史”“科学技术史”“民俗文化史研究”“世界文明史”等；④法学类，“基本法律”“以案说法”“社会学”“文化人类学”等；⑤经济与管理类，“当代西方经济学流派”“市场研究与证券投资”等；⑥艺术与其他类，“绘画”“书法”“电影音乐欣赏”“钢琴初级班”“中国舞韵”等。自然科学公共选修课则主要包括以下几类课程：①科学基础类，“数学思维方法”“趣味物理实验”“生活中的化学常识”；②信息技术、计算机技术及其应用类，“信息安全”“计算机网络实验”“动画软件设计与制作”；③生命科学与技术类，“人类遗传学导论”“生命科学与人类社会”“遗传学导论”；④能源动力与环境科学类，“汽车文化与人类文明”“遥感概论”“城市地理信息系统”等；⑤材料科学与技术类，“模具技术导论”“材料科学导论”等；⑥新制造技术、电子技术及其应用类，“智能设计概论”“电子产品制造技术导论”等；⑦管理科学类，“工程项目管理与博弈论”。通识教育基础课主要包括以下四大类：①数理类，“微积分”“物理学”“化学”；②语言类，“英语”；③计算机类，“C 语言程序设计”“数据库技术与运用”；④体育类，球类、“武术”、“健美操”、“体育保健”等。

华中科技大学开设的这些通识教育课程彼此契合、相互交叉，既有理工类院校的课程特色，又有基于理工类院校学生的薄弱面开设的相应课程，力图达到高水平的人才培养目标。学校规定理学、工学、医学、管理学、经济学各专业的学生必须从文学、法学、哲学和历史学四个学科门类的众多选修课中至少选择两个学科门类的课程，努力使学生达到文理兼修的水平。其余学分的课程由学生从人文社会科学的公共选修课中自主选择，哲学、法学、文学等各文科专业的学生则应当至少选修 10 个学分的自然科学公共选修课。华中科技大学因理工科学生占绝大多数，所以自然科学公共选修课的设置为各专业学生提供了最重要的科学基础知识，帮助学生日后的深入学习与研究，而人文素质教育选修课程则无论是在涉及的范围上还是课程的数量上，都明显侧重于文科素质的修补与提高。这就体现华中科技大学注意到学校是以理工科为主的特点，与其他大学的学生相比，校内学生文科基础相对薄弱。这样的通识教育课程设置可以为学生构建完整知识结构提供更多的可能性。

（三）华中科技大学通识教育的实施机制

通识教育虽然在国外大学的发展已有较长的历史，并取得了十分丰硕的成果，但我国本土化创新出的通识教育在大学还处于萌芽时期，在尚未较好地吸收国外通识教育精华的同时又要在实施过程中体现出“中国特色”，导致教育成果还不那么明显。使大学生成为完整的、有社会责任感的人，对通识教育的学习求急求快，导致对国外大学实施通识教育的成功经验理解得不是十分透彻，但勇敢吸纳外来的优秀教育经验是十分有必要的，为更好地指导我国通识教育的开展，明确高校的人才培养规格，在通识教育的帮助下培养出知识基础宽厚、智力因素与非智力因素协同发展、具备合理的知识结构及可持续发展的人才，以迎合如今市场对于“多面手”人才的需要并适应日新月异的知识时代成为新时代高校的艰巨任务。

如前所述，知识性课程与体验性课程相结合的课程结构体系被囊括在华中科技大学的通识教育课程中。这两种课程在设计模式上具有明显不同，主要表现在知识性课程是以核心课程的方式来设计的，通过学生参与课程体验的多种形式来把握设计的方向是体验性课程的特点。华中科技大学通过这两种基本的课程模式来保证通识教育的实施与推进，十多年来的实践证明，这种实施机制是比较有效的。在实施过程中，体验性课程普遍得到学生的青睐，而知识性课程在促进学生学习更为深入的知识方面也起到了显著的作用。体验性课程强调学生在体验中成长，通过学生亲身的经验来促进学生对知识的理解，从而达到提高学生能力的目的。而知识性课程强调课程知识的系统与联系，对学生的学习要求比较高，该类课程力图帮助学生建立比较完整、系统的知识体系，将零碎分散的知识碎片进行综合归纳，引领学生研究某一知识体系的全貌。知识性课程虽不如体验性课程那样吸引学生的注意力，但对于提高、发展学生的综合能力却具有非常大的作用。在体验性课程的设计与实施中，华中科技大学主要采取举办人文社会学科教育的系列讲座的方式。这类讲座性课程比较适合大学生的学习习惯，它具有以下三个方面的特点：一是讲座作为课程的形式呈现在学生面前，学生不但可有选择地听取感兴趣的内容也可对疑问进行有针对性的提问发言，这使得教学过程比较生动活泼；二是课程的内容涉及面比较广，不仅有自然科学、社会经济，还有古典文化、社会热点等方面的内容；三是学校在校园文化建设过程中，开展多种活动使学生积极参与其中，帮助学生对所学知识有更深层次的了解。

大部分实施通识教育的高校，通常所采取的方式都是根据核心课程来设置相关选修课程。而核心课程的门类也不外乎是政治经济学、马克思主义哲学与现代史和革命史、法律基础、思想道德与修养这几类。根据某种核心课程来设置相关的四五种选修课，这些选修课一般可分为文学艺术语言类、经济生活类、思想道德类、政治法律类、历史类、哲学思想类这些类别。学生在核心课程中要通过有效的班级授课组织，在相应的教学计划的约束下，按时并高质量地完成学习任务。除此之外，学生还应该在除核心课程以外的其他课程中，选择一两门自己感兴趣的体验性课程，在进行选修学习的过程中，不断开拓学习视野，拓展相关的知识面。

也正因如此，一般来讲在高校的课程设计中都有必修课和选修课的存在，前者依托于核心课程，并通过教师课堂传授的形式来学习。后者则侧重于学生的自主选择，进行选择性学习，学生在确定一门必修课的基础之上，选择的其他五门课均可当作选修课来学习，这样的课程实施模式，既发挥了核心课程的“核心”作用，也强调了选修课程的“选择”特点，主次分明且互相作用。其中，选修课的学习服务于核心课程的巩固和拓展，这样慢慢地就形成了“核心课”和“卫星课”的形态。华中科技大学的通识教育课程亦参照此种课程实施特点，以理工科的学科门类开设核心课程，除此之外又开设众多的选修课程来依托核心课程得到发展，使每一知识门类都有一个庞大且完善的学习系统。这样既为学生核心知识的学习提供了一个良好的环境，又为学生学习自己感兴趣的知识提供了更多的选择。

（四）总结与思考

华中科技大学自实施通识教育以来，一直注重不断改进通识教育课程的设计与实施，致力于不断解决实施过程中出现的各种问题。华中科技大学根据自身学校的特点，直面理工类大学在学生培养方面的不足，并抓住机遇勇于开拓课程领域，在人文素质教育实施的契机下不断调整其通识教育课程，使其更能适应新时期的发展，为学校培养全面人才创造了更好的环境，提供了更好的机遇。这是我国理工类大学实施通识教育较为成功的先例，对以后我国其他大学通识教育的发展具有可贵的参考意义。

第三节　中美大学通识教育实施机制的比较

在知识经济时代，一个国家的教育水平对其社会经济的发展具有至关重要的作用。中国自古以来就有重视教育的传统，尊师重教成为中华民族的传统美德，而且我国在长期的教育实践中，积累了丰富多样的教育理念和教育方法。但是，国内大学的负载能力有限，而我国高等教育规模已是位列全球第一，在此情况下均分到每个学生的教育资源相对有限，并且在与国外进行交流合作的过程中，我国大学的短板不断被暴露出来。在这种背景下，国内教育管理者和研究者积极借鉴美国高等教育的经验和做法，积极探索中国大学的通识教育之路。

通识教育源于欧洲，形成于美国，它是一种培养创新人才的教育理念。20世纪90年代以来，许多高校开始重视并践行通识教育以应对中国高等教育的改革与发展。中国实质性、系统性地实施通识教育的大学相对于美国比较少，开展具有特色的通识教育改革则更是罕见。在这种背景下，如比较中美大学通识教育的实施机制差异，便要从大学通识教育的课程设置、课程目标、师资力量、教学评价四个方面进行分析，尝试从中获得中国的大学通识教育发展启示。

一、中美大学通识教育课程设置比较

（一）美国大学通识教育课程设置

美国大学通识教育课程的设置有两种代表性的模式：核心课程模式和分布必修课程模式。采取核心课程模式的大学如哈佛大学、芝加哥大学、哥伦比亚大学等，将大学本科生所修课程分为核心课程、主修课程和选修课程三个模块。核心课程要求全校所有本科生都必须学习，它超越于专业系所之上，占其总共修读课程的1/4—1/2不等。以芝加哥大学为例，核心课程共21门，主修课程9—13门，选修课程8—13门。核心课程主要为学生提供一种共通性的知识，以哈佛大学为例，通识教育主要培养学生以下8个方面的共通性知识和能力：审美与诠释、文化与信仰、经验推理、伦理推理、生命系统科学、物理宇宙科学、世界诸社会、世界中的美国。

哥伦比亚大学巴纳德学院希望学生通过通识课程的学习具备以下9种认识世界的能力：推理与价值、社会分析、历史分析、文化比较、实验科学、定量与演绎推理、语言、文献、视觉与表演艺术。上述知识对于任何一个人格健全、全面发展的大学生来说都是至关重要的，对于任何一个专业的学习来说也都有直接或间接的促进作用，在这种意义上说，核心课程所教授的知识是“知识中的知识”。除了核心课程设置模式之外，美国有的大学采取分布必修课程模式，该模式对学生必须修习的学科领域以及各领域应该修习的最低课程门数或学分做出要求，学生结合自己的专业兴趣在此范围之内自由选择。分布必修课程模式也将本科阶段的所修课程分为分布必修课程、专业主修课程和自由选修课程三大类。分布必修课程是为实现通识教育而设置的课程，一般占总共修读课程数量的1/4—1/3，其比重明显低于核心课程模式下的通识课程比重。如麻省理工学院规定，每一个大学生在本科毕业之前必须修满6门科学类课程（包括物理、化学、微积分、生物四个大类）和8门人文社会科学艺术类课程。

两种课程设置模式的通识教育目标存在差异。在核心课程设置模式下，通识教育的目标重在培养学生学习知识的素养和能力，专业教育的色彩较为浅淡，侧重点放在为未来的专业教育打基础。而分布必修课程模式的通识教育仍然注重专业知识的教育，通识教育的目标只是为了扩大学生在专业教育之外的“视野”。因此，其课程大多只是某些领域的入门课程，其深度远不如核心课程设置模式下的通识教育课程。无论是核心课程模式还是分布必修课程模式，美国大学通识教育的课程设置都表现出一些共同的特点：第一，注重人文艺术、社会科学与自然科学三类课程之间的平衡；第二，通识教育课程在总共修读的课程中所占比重较大，最低的也达到了 1/4，高的已经占到了 1/2；第三，课程设置具有国际视野和现实针对性，通识课程包含了很多文化多元性以及与当今时代密切相关的课程。

（二）中国大学通识教育课程设置

在通识教育理念被越来越多的人接受之后，中国高校也在不断调整原来的课程设置结构，不断扩大通识教育课程的比重。一般而言，按照教育部的规定，中国（不含港澳台数据）绝大多数高校都将大学英语、政治课、计算机基础、体育课列为全校本科生的公共必修课，这也可以称之为具有中国特色的通识教育课程。除了上述这些通识教育课程之外，很多高校通过提高选修课程的学分比重，来间接地实施通识教育。例如，武汉大学于 2003 年启动通识教育课程建设工程，将通识教育课程体系分为必修课、指导选修课和任选课三个层次。通识教育必修课即教育部规定的政治课、体育课和外语课；通识教育指导选修课分为人文学科、社会科学、数学与自然科学、中华文明、外国文化五大类，约 309 门课程。除此之外的为通识教育任选课，约有 200 门。从 2004 年起，该校的本科生不分文理科，均须修满通识教育课程共 12 个学分才能够获得学士学位。武汉大学的通识教育课程设置模式得到了国内很多高校的效仿，如北京大学、清华大学、华中科技大学、中国人民大学、北京师范大学、上海交通大学等都以增加全校性通识教育公选课的数量实施通识教育，让学生在海量的通识教育课程中自由选择自己喜欢的课程，以开阔视野，扩大知识面。

（三）中美大学通识教育课程设置的差异

美国大学普遍有学校办学理念和办学精神的指导，各个学校的办学理念不同，导致通识课程设计存在着差异，但通识教育课程说到底是一种工具，主要用来彰显和实践其办学理念和办学宗旨。另外，根据上述对美国大学通识教育课程设置的分析，可以发现美国大学通识教育在本科教育所占的比重较大，如麻省理工学院的比重甚至超过了 50%。根据卡内基教学促进基金会的建议，美国高校课程可分为主修、通识和自由选修三大部分，主修的比重最好不要超过50%，建议通识教育课程的比重占 30%。此外，美国大学通识教育课程的设置更加强调课程之间的内在联系，使之真正成为一个为本科生后续的专业学习打好基础的支撑体系。相比之下，中国的大学通识教育课程的设置，大部分在办学理念和精神上难以做到有特色。对于通识教育应当开设什么课程，往往表现出缺乏独立自主的思考和坚持，显得仓促被动。中国（不含港澳台数据）大学通识教育课程仍然是作为专业教育补充和辅助性的角色而出现，将原来的政治课、外语课、体育课、计算机课及后来新开设的通识课程夹在一起，无论就其学分还是课程门数或学时而言，都远远低于美国大学的标准。此外，中国大陆很多大学在通识教育课程的设置上，一般都是有意无意地遵循“有什么样的老师就开什么样的通识课”的原则，各类课程之间的联系性和层次性没有体现出来，不能形成一个完善、合理的知识体系。

二、中美大学通识教育课程目标比较

（一）美国大学通识教育课程目标

美国大学通识教育课程旨在践行“全人”教育理念，这里的“全人”具有不同于我国大学的历史渊源、语境和现实意义，并且具有鲜明的个人主义特点。还可以这样来理解这里所讲的个人主义。自由和民主一直是美国社会所推崇的价值观，而人们往往将这种价值观和个人主义等同起来。实际上，这里的个人主义蕴含了自由和民主，但是又绝不是狭义所理解的个人主义，更不是自私、自利，而这种个人主义是与国家发展的基本理念相统一的，强调分权与制衡，强调有前提的自由。具体到课程目标上，美国的大学通识课程，既会重视发展学生的基本素养，同时又会在目标中强调对国家的关怀和理解，还会加入很多具有鲜明美国特色的世界主义内容，强调对全球问题的关注。

美国大学通识教育中的“全人”理念是个人与国家相互博弈之后的产物，具有特殊性，但是在这两者之间，通识教育中的“全人”是偏向于个人的。笔者认为，这是美国国家发展理念和生存哲学的基本体现，即在“联邦”文化的形塑之下，先要充分尊重个人的权利，然后才能够在此基础上建立起稳定的州和联邦政府。在通识课程体系的构建与实践中，这一特色也是鲜明的，展现出个人与国家之间的角力。

（二）中国大学通识教育的课程目标

作为社会主义事业的一部分，中国的大学要培养的是社会主义事业的接班人和建设者。从具体实践来看，我国大学的通识教育也强调个人批判性思维的培养，也注重个人能力的塑造，但是任何一种教育都有它追寻的目的，而我国教育的一大目的就是要培养社会主义事业的建设者和接班人，这是不可否认和必须坚持的。除此之外，中华传统文化的影响也是十分突出的。我们过去讲“国家兴亡，匹夫有责”，讲“先大家，后小家”，等等，都是在突出国家的重要地位。这些理念投射到通识教育上就形成了中国高校特有的“全人”理念。而实践证明，尤其是改革开放 40 年的成就证明，这样的理念是可以取得人类社会历史上的伟大成就的。改革开放以来，无数为“大家”舍弃“小家”的爱国志士，放弃了国外优越的生活，投身祖国的建设，带来翻天覆地的变化。当然，我们还要注意到近年来国内高校在通识教育理念上的新动向，例如，随着社会发展主要矛盾的变化，国家政府所作出的新判断对通识教育课程目标的影响。

（三）中美大学通识教育理念目标的差异比较

总体看来，中美大学通识教育的理念目标具有明显的差异。这种差异主要体现在理念目标的内容和发展逻辑上。从内容上讲，中国大学的通识教育强调的是个人服务于国家的发展，服务于社会主义的建设，同时注重个人的发展，是一种先后逻辑。但美国高校更多时候是一种并行的逻辑，注重个人和国家发展的有机结合。然而，从实际情况看来，这种结合不一定都是有机的，也可能引发问题。因为个人与国家的利益往往容易出现冲突，而美国大学的通识教育课程目标对个人的强调有意无意地弱化了国家的地位。但同时也要认识到，美国这种表面上的“弱化”，实际上是在强调其全球主义的霸权思想。相比之下，我国大学更强调国家和个人有顺序地结合，在必要时候应当将个人利益和得失置于次要位置。中美大学通识教育课程的目标是两个国家历史、文化，尤其是当前的政治体制的反映，各具特点，值得我们在相互探讨中取长补短。

三、中美大学通识教育师资力量比较

（一）美国大学通识教育的师资力量

虽然美国绝大多数高校都有专门负责通识教育的管理部门，但是绝大多数大学并没有专事通识教育的教师。通识教育的教师主要由来自各专业系所的专业师资兼任；在师资力量不能保证的时候，管理部门会遴选部分优秀的博士生担任通识教育的某些课程。美国的一个大学教师要在学校立足和发展，主要凭借的是科研成果。一篇高质量的学术论文或者一部专著，就足以使一个名不见经传的教师成名于专业学术圈之内。但是相比较而言，在课堂教学中即使授课非常精彩，其影响也极其有限。在美国大学里，教授们流行的信条是“不出版即死亡”（publish or perish），教授们面临着巨大的科研压力。所以，美国的大学教师也没有足够的时间和动力去教授通识教育课程。为了改变这种状况，美国很多高校设置了各种激励措施，鼓励专业教师担任全校的通识教育课程。首先，专业系所的发展离不开充足的优秀生源，特别是研究生生源。由于美国大学本科阶段的教育不分专业地实施通识教育，所以在研究生阶段，这些本科生会选择什么专业，主要取决于本科阶段的通识教育。因此，很多基础性人文社会科学专业的系所，为了保证生源，也会比较积极地安排教师为本科生教授通识教育课程。因为这是一个很好的为本专业宣传的机会，也许一个学生就是因为听了某个教授的一节通识教育课而喜欢上该专业，进而在研究生阶段报考该系所。所以，大多数教授在没有额外酬劳的条件下仍然坚持担任通识教育课程，这就保证了通识教育的师资力量。其次，为了进一步强化专业教师担任通识课程的积极性和主动性，美国一些大学也会为担任通识课程的教授提供一定的经费补贴，或者提供助理协助分担授课前的准备工作，以减少教授在专业领域与通识教育之间的冲突。另外，为了提高通识教育部门的权力地位，一些美国大学还专门赋予通识教育部门推荐引进教师的权力，如果一个教师是由通识教育部门推荐引进的，那么，该教师入职以后，就有通识教育课程的“回报”义务了。

（二）中国大学通识教育的师资力量

中国（不含港澳台数据）大学通识教育的师资力量配置，主要有专职和兼职两种配置模式。专职模式指的是专门配备一定数量的教师承担全校性的公共必修课程的讲授，这些专事通识教育的教师在工作量和科研要求方面都与专业教师不同。一般而言，负责通识教育的教师每年都有较为繁重的课时量要求，而发表论文、申请科研项目的任务对这些教师来说较为轻松。这种激励制度设计的目的就是要让这些通识教育的专职教师做好通识教育课程的讲授。对于以实验班或通识教育学院模式运作的高校，在通识教育师资的配置方面越来越多地采取兼职模式，即从专业教师中遴选一部分优秀教师充实到通识教育师资队伍中来，让他们承担一至两门通识教育课程。这些被挑选出来的资深教授平时仍然以自己的专业教学和专业研究为主业，通识教育是他们的兼职工作。近年来各大学新成立的通识教育学院，如北京大学的元培学院、复旦大学的复旦学院、南京大学的匡亚明学院、中山大学的博雅学院等都采用兼职的模式。

（三）中美大学通识教育师资力量差异

美国大学通识教育的师资主要以兼职教师为主，而中国（不含港澳台数据）大学通识教育师资主要以专职教师为主。兼职教师在知识的专业深度上具有优势，但在广博性方面相对缺乏，而且对通识教育的重视程度相对要低于专职教师；而专职教师制度则有助于通识教育教师明确职责、恪尽职守，充分发挥积极性。但专职教师和专门性通识教育教学机构的设立，一定程度上违背了通识教育的本质精神，很难达到通识教育应有的目的。毕竟，通识教育强调的不仅是知识上的广博性，还要求具有专业方面的深度，这就需要一批大学教师拥有较高的综合素质，这相对比较难。

目前，中国（不含港澳台数据）大学在开展通识教育过程中，很多通识教育的专职教师面临着一些问题：为了应付教学，必须涉猎各个学科的知识，以使课堂变得生动活泼、受学生欢迎；缺乏专业方向，专业深度不够，找不到自己的学术共同体，获得承认程度低。另外，通识教育在中国高校中的地位相对较低，导致很多高校负责通识教育的教师缺乏积极性，通识教育的教学缺乏广度和深度的现象比较普遍。

四、中美大学通识教育的教学评价机制比较

（一）美国大学通识教育的教学评价机制

由于通识教育的实施跨越了各个专业系所，教师队伍又来自不同的专业系所，所以有关通识教育教学效果的评价就难以实施。自 20 世纪 90 年代以来，美国很多大学开始重视通识教育教学效果的评价工作，不少大学成立了通识教育评价委员会或在全校评价委员会下面设立专门的机构来评价通识教育。目前，通识教育评价已经成为与学术评价并立的美国大学教学评价的重要组成部分之一。

美国大学通识教育效果的评价一般包括两个部分：具体课程的效果评价和全校通识教育成效的评价。具体课程的效果评价主要包括授课教师对学生的评价和学校管理部门对授课教师的评价两个层次。授课教师对学生的评价主要有授课教师根据课程的性质和特点采取灵活多样的方法评估学生在学完该门课程之后到底有多大的进步。学校管理部门对授课教师的评价主要包括以下几个环节：第一，严格准入。通识教育课程的设置要经过通识教育课程资格认定委员

会的严格审核，担任通识教育课程的教师也有一定的资格标准。第二，年度例行审核。开设的通识课程每年要开展例行评价，包括班级数量、每班上课学生数及学生成绩等相关材料。除此之外，授课教师还要递交一份有关如何实现通识教育教学目标的说明报告。

在全校通识教育效果的评价方面，主要是对照既定的通识教育目标，运用各种评价工具（校内的和校外的、直接的和间接的、定量的和定性的等）对学生在能力素质方面的进步情况进行测评，以此评价全校通识教育工作在促进学生全面发展方面起到的预期作用。为了使评价结果更加具体和细致，一些专门的通识教育综合测试工具被设计出来，如美国大学考试综合测试（American College Testing Composite，ACT-COMP）、美国大学学术水平测试（ACT's Collegiate Assessment of Academic Proficiency，ACT-CAAP）等。此外还有针对通识教育中专项能力的测试工具，如专门测试批判性思维的“加州批判思维测试”（California Critical Thinking Test）、“沃森-格拉泽批判思维评估”（Watson-Glaser Critical Thinking Appraisal）等。美国有的大学采取更加综合性的方法来评价全校通识教育的成效，如威斯康星大学白水分校（University of Wisconsin-Whitewater）的学生必须接受对核心课程——“意义的世界”的前测验与后测验，以此来评估该课程的教学效果。维真学院（Regent College）从以下三方面收集评价信息：第一，从全体学生中抽取一个样本进行 ACP-COMP 测试，以此评估通识教育的整体效果；第二，有关用人单位、研究生导师的问卷调查；第三，在校生和毕业生的自评报告。

（二）中国大学通识教育教学评价机制

中国（不含港澳台数据）大学对传统的政治课、大学英语、计算机基础等通识教育类课程的教学评价包括对学生学习效果的评价和对授课教师教学质量的评价两个方面：一方面，对授课学生学习效果的评价，主要采取单一闭卷考试的方式，方法比较单一，授课效果难以通过考试成绩给予客观评价；另一方面，对授课教师教学质量的评价，主要采取讲课大赛、学生评教、学生自主选择授课教师等方式。整体来看，由于这些教师长期、专职担任公共必修课的教学工作，科研任务较轻，其讲课水平一般都高于专业任课教师，唯一不足的可能就是其授课的深度不如专业课教师。

由于很多高校的管理者对通识教育课程的重要性认识不到位，他们认为这些通识教育类课程就是让“外行”长点见识，没必要也不可能精通，所以对这些课程的督导和管理乃至评价仍然存在着很大的不足。目前，国内并没有建立起一套完善可行的通识教育教学评估体系，也没有一所高校对其通识教育的整体效果作过科学、客观的评估。

（三）中美大学通识教育教学评价差异

美国大学的通识教育实践，无论是对授课学生学习效果的评价还是对授课教师的评价，或者是对整个学校通识教育成效的评价，都做得较为客观规范、真实可信。特别是一些量化的评价方法和评价工具，经过长期的实践检验，其信度和效度都经得起检验。有了这些较为客观的评价工具之后，就可以为大学通识教育提供决策参考，有利于通识教育工作的改进与教育质量的进一步提高。

相比较而言，中国（不含港澳台数据）大学的通识教育实践，对授课学生的学习效果的评价主要以闭卷考试为主，方法比较单一。而且，试卷的信度和效度都没有经过科学的、严格的量化评估。在对授课教师的评价方面，除了针对公共必修课教师有一套较为规范的评价办法之外并没有建立起一套完善的机制，尤其是缺少了对近年来新增的一些公共选修课的授课教师的评价和约束机制。同时，对整个学校通识教育实施成效的评估，由于缺乏独立的第三方专业教育评价机构，高校的通识教育“试验”是否成功仍有待考察。

五、基本结论

综上所述，由于历史和现实等各种原因，在实施机制上中美大学通识教育存在明显差异。在课程目标方面，美国大学通识教育秉承全人教育发展理念，旨在培养完整自由的“人”；中国大学通识教育注重学生的基础知识、人文素养和个性的全面发展，旨在培养具有良好品行的创新型“人才”。

在课程设置方面，美国高校都是在学校办学理念和办学精神的指引下进行的，通识课程的比重较大，各课程之间的联系性强，构成一个完善的知识结构体系。而中国高校通识教育课程的设置，一方面受到较为明显的行政干预，另一方面，很多高校只是一味地追求通识课程数量上的多，而较少考虑各门课程之间的内在联系。同时，通识课程的比重仍然比美国低。

在师资队伍方面，美国高校通过兼职教师的方式，将全校各个院系的专业智慧通过专业教师之口汇集到通识教育课堂之上，使得通识教育真正体现了知识的广博性。中国高校采取专职教师的方式，导致专业教师在知识的广度和深度上陷入两难境地，不利于教师的职业发展，也不利于各种专业知识在学生头脑中的碰撞和融通。

在教学评价方面，美国高校对通识教育的各个环节都有规范、科学的评价体系和方法。在对授课学生学习成绩的评价方面，采取了除闭卷考试之外的更加多元化的方法，在对授课教师的教学评价方面，从授课资格的审查到教学效果的评价，都开发出了多样化的具有较高信度和效度的测量工具，在对整个学校的通识教育成效的评价方面，采取了多机构、多对象的综合评价方法。而中国高校在对通识教育的评价方面则仍然处于缺失或者探索阶段。

总而言之，中国高校在实施通识教育的实践中，应该积极借鉴美国高校在实施通识教育实践中的经验和做法，做到“取人之长，为我所用”，同时也要因地制宜、因时制宜。

第五章　文化与目标

第一节　文化政策与文化人口

到2020年，中国的“80后”“90后”将逐渐成长为社会的主体。伴随着信息社会与消费社会成长起来的一代，以及完全在信息社会背景和消费社会环境中出生的一代，将成为中国人口的主体。根据2010年第六次全国人口普查数据，20世纪80年代出生的人口比例占17.14%，20世纪90年代及以后出生的人口比例占24.1%，20世纪80年代及以后出生的人口占41.24%（表5-1）[①]。

表5-1　第六次全国人口普查中人口的世代结构

出生年代	年龄段	2010年第六次全国人口普查数据	
		总人数/人	百分比/%
20世纪40年代以前	70岁及以上	77 813 876	5.84
20世纪40年代	60—69岁	99 780 564	7.48
20世纪50年代	50—59岁	160 065 645	12.01
20世纪60年代	40—49岁	230 348 517	17.28
20世纪70年代	30—39岁	215 164 162	16.15
20世纪80年代	20—29岁	228 426 370	17.14
20世纪90年代及以后	20岁及以下	321 211 735	24.10
合计		1 332 810 869	100

这种伴随经济繁荣期人口代际更替而来的价值观代际更替，对文化发展具有深远的影响。世界价值观调查表明，向后物质主义价值观的转变仅仅是一场更为广泛的文化转型中的一个组成部分。这场文化转型涉及从宗教信仰到性观念等的各种取向，它们都显示出重大的代际差异性，且与后物质主义价值观紧密关联[②]。以价值观为基础而建立起来的文化转型，对文化经济社会而言具有多重意义。

其一，文化消费的经济拉动效应会随着其潜在空间的极大拓展而更加凸显。

---

① 国务院人口普查办公室，国家统计局人口和就业统计司. 中国2010年人口普查资料[M]. 北京：中国统计出版社，2012.

② 罗纳德·英格尔哈特. 现代化与后现代化：43个国家的文化、经济与政治变迁[M]. 严挺，译. 北京：社会科学文献出版社，2013：ii.

通过分析当前文化消费不足的问题，可以得出消费主体比较倾向于物质消费。这种现象是由于上一代人对于生存环境的忧虑而遗留的关于消费方面的路径依赖。随着代际更替的完成，具备文化消费偏好的青年群体将成为消费主体，文化消费的总量将会有一个非常明显的提高。

其二，制度塑造社会加快转变为消费塑造社会，文化消费的社会塑造功能更加凸显。“50 后”“60 后”其社会化过程是在计划经济时代完成的，特点是学校、单位等制度性的规范和动员行为，塑造了他们的基本认知和行为倾向。但对于“80 后”“90 后”来说，他们的社会化过程是在市场经济时代完成的，经历的是消费社会的崛起，消费对社会规范的影响越来越大，不仅商品本身因为蕴含其中的符号意义而被“文化”了①，就文化本身而言，它也被“商品”了。因此，进入高收入阶段，通识教育影响人们的价值观、文化认同、社会认同的力度会越来越大。

一、信息化视野下新生代人口的文化消费

（一）文化消费日益成为新生代人口的重要消费基点，转变增长方式更需要发挥文化的增长拉动作用

让动力方面的增长更多地转移到消费驱动方面上来，这无疑是当前我国各省份，尤其是像广东和上海这样的高消费地区转变增长方式的一个非常重要的手段。在高收入阶段中存在一个重要的特点，那就是文化消费在社会消费结构中所占的比重越大，经济社会发展就越需要以文化来拉动。这是因为在这个时期，除了后物质主义价值观的变化，挤压文化消费的社会保障、制约文化消费的居民收入等必需品开支也会出现一个较明显的改观，居民的文化消费能力大大增加。以美国和西欧一些进入高收入阶段的国家为参照，这一时期文化消费可以占到家庭消费的 30%左右，而我国只有 7%左右②。

从当前情况看，各类物质刚性需求结构逐渐满足，投资性消费受国际经济环境和经济周期性发展波动较大，而文化消费虽然距离预期的目标还有差距（要指

---

① 法国社会学家波德里亚认为消费社会兴起的标志，就是消费社会的“物”已经不是传统意义上自然状态下的物，而是具有符号意义的物，其价值体现在物品所蕴含的社会意义上，或者说，一切商品被“文化”了，对物进行消费，也就是对物的符号意义进行消费，因而，对物的消费成为社会结构与秩序的主要基础，消费统治一切。波德里亚. 消费社会[M]. 刘成富，全志钢，译. 南京：南京大学出版社，2000.

② 1991 年以来，我国城乡人均文化消费占人均总消费的比重最高为 2002 年的 8.30%，“十一五”以来这一比重逐步下降，2011 年为 7.35%。参见王亚南和高书生《中国文化消费需求景气评价报告（2013）》（社会科学文献出版社 2013 年版，第 41 页）。要说明的是，在《中国统计年鉴》中，城镇“教育”和“文化”两项的统计是分开的，但是在农村却一直没有分开，因而，本书所引用的中国广东文化消费数据，城镇文化消费为《中国统计年鉴》之“教育文化娱乐服务”统计项中除“教育”之外的“文化娱乐用品”和“文化娱乐服务”两个小项之和；乡村“文化教育消费”没有区分，农村若排除“教育”，则“文化消费”所剩无几。

出的是，如果不改变制约因素，这一应用目标不会必然实现），但相对于物质性消费增幅较大，其作为新的消费基点的地位逐渐上升。

一方面，物质性消费态势逐渐减弱。汽车是消费社会的重要指针。2006 年国家统计局广东省调查总队发布数据指出，2005 年广东汽车类商品零售额为 486.7 亿元，是 2000 年的 4.3 倍，年均增长 34.0%，位居各类商品前列。私家车拥有量达 253.53 万辆，比“九五”期末增加了 165.52 万辆。[①]2010 年底，国家统计局广东省调查总队抽样调查数据显示，广东省城镇居民家庭每百户家庭家用汽车拥有量已达 26.58 辆，深圳、珠海、佛山、东莞四个城市均已超过 30 辆，而其中的佛山、东莞两个城市更是超过了 50 辆。[②]随着汽车保有量的不断增加及公共交通体系的不断完善，加之环境污染严重、汽车限购政策的实施，汽车类商品数量高速增长的局面难以重现。此外，随着住房投资的市场收紧和国际环境价格不确定性因素增多，对住房和黄金的投资性消费也出现了波动，消费者的住房和黄金投资消费逐渐减弱。

另一方面，文化消费的增长趋势也相对显著。2011 年，广东各类商品零售额增速最快的是文化办公用品类。根据广东省统计局数据，2011 年，文化办公用品类实现零售额 142.45 亿元，增长 44.4%; 金银珠宝类商品实现零售额 124.94 亿元，累计增长 35.6%；通信器材类商品实现零售额 121.48 亿元，增长 33.9%；石油类商品实现零售额 1751.55 亿元、累计增长 31.6%；服装、鞋帽、针纺织品类实现零售额 632.28 亿元，增长 23.9%；日用品类实现零售额 291.48 亿元，增长 21.1%；食品、饮料、烟酒类商品实现零售额 741.40 亿元，增长 20.2%。[③]可见，强化消费驱动，越来越需要以网络通信、旅游、休闲、文化、健康等服务性消费来带动相关商品的消费。

（二）“互联网+文化”引发业态大变革，文化的经济战略功能得到革命性释放

文化成为包括文化产业在内的产业转型升级的战略因子，其路径因互联网革命而变得越来越清晰。2013 年，互联网对服务业、制造业等传统产业的渗透、改造乃至颠覆表现得淋漓尽致，如电子商务对传统零售业所形成的颠覆，余额宝、微信支付对传统金融所造成的冲击，小米手机、乐视电视对传统制造所产生的冲击。正在发生的这场跨界融合变革潮流，其本质是以互联网为载体，以文化为牵

---

① 汪令来，王蜜，田志峰. 广东汽车七成“私家车”[EB/OL]. http://news.sina.com.cn/c/2006-06-18/14379235082s.shtml（2006-06-18）[2018-10-11].

② 张凤鸣. 我国耐用品消费与利率的研究：以汽车为例[D]. 北京：北京大学，2011：2.

③ 广东统计信息网. 2011 年广东消费品市场运行情况分析[EB/OL]. http://www.gdstats.gov.cn/tjfx/201203/t20120305_89873. html [2019-01-05].

引；基本逻辑是以智能终端设备尤其是移动平板和智能手机为载体，把人与网络的连接从定时定地转变为理论上的全天候全时域，实现数字世界与物理世界的统一，缩小甚至消除中间环节，并围绕改善消费者体验，使价值创造环节被互联网逐渐渗透，特别是渗入产品研发和制造等领域。

1. 以改善体验为牵引的混合业态成为产业演变的大趋势

互联网革命推动的跨界融合，催生出了文化产业与非文化产业的混合业态，如互联网手机、互联网电视。这一业态变革从物质层面看是依托于技术尤其是网络技术的创新，从社会层面看依托的是具有“后物质主义价值观”的年轻群体，这一群体更强调精神生活，对收入弹性高的产品需求大，更期望产品的体验性满足。小米公司就是一个典型案例。小米公司的本质不是“制造商”，没有工厂，没有传统的渠道，而是一个依托自有品牌，以电子商务为商业模式的服务企业，其4000名员工中有2500人从事联系客户的工作。小米公司以“梦想与体验”为销售理念，这种“梦想与体验”用手机、电视等硬件产品加上MIUI等软件和未来更多互联网服务共同“封装”，为最有消费潜力的年轻人提供了一个价格可以接受、值得自己热爱的品牌。小米公司的利润主要来自内容与服务，而不是硬件。其中，“饥饿营销”对点燃这种“梦想与体验”起到了关键作用，它让消费者把购买产品的过程变为探寻意义、实现价值的过程。得益于这一模式，小米公司用零工厂、零专卖店实现销售额300亿元，更是在2013年“双十一”购物狂欢节（每年11月11日为网络促销日）创下了三分钟突破一亿元销售额的神话。

2. 文化产业商业模式发生变革

以往制约文化产业发展的一些基础性因素得到突破性改变，技术革命赋予创意以更丰富的实现形式和市场化机会，有的甚至对以往的逻辑造成颠覆。

其一，“免费+流量+粉丝”的新商业模式，使得文化产业对版权的依赖程度降低，对版权经济造成重创。不管是哪一类互联网产品，只要是用户活跃数量达到一定程度，质变便随之产生，从而带来价值或商机，进而产生一种“目光聚集之处，金钱必将追随”的“流量经济”。为达到争取更大份额的流量的目的，大多数互联网产品尝试免费策略来争取用户并锁定用户。如360安全卫士用免费杀毒策略占领互联网杀毒市场，在此基础上从浏览器和游戏中获取收入，而需要版权费用的卡巴斯基、瑞星杀毒软件逐渐被淘汰出主流市场。而且，在这种情况下，强制性的版权专属在相比较之下就显得没那么重要了，更重要的是信息分享。以往文化产业依赖版权获取收益的传统模式，以及依靠版权保护、内容为王、待价而沽的传统文化产业特别是出版产业的思维在互联网时代趋于边缘化。对于传统内容的供给方特别是出版商来说，适应这一变革，需要探索免费版权下的获利模式，如为了创造更多的流量，将内容免费提供给用户，然后售卖给渠道商。

其二，大数据时代加快到来，对文化有效供给能力的提高提供了更大可能性，而制约文化有效供给的中心问题将逐渐转变为“数据挖掘与利用能力”，不再是原本的“不确定性难题”。大数据创造了亘古未有的可量化的维度，它依据的不是因果性而是相关性，在海量数据中洞察消费者的需求，从统计分析结构“按需定制”可看出，它在更大程度上解决了以往文化需求出现的“不确定性”问题。如美国电视剧《纸牌屋》，它依据“电视剧消费习惯数据库”，分析了3000万用户的收视选择、400万条评论、300万次主题搜索，最后决定投拍。文化创意产业在我国也已出现初步依据大数据的迹象，如数据库就是万达院线重要的核心资产方向。另外，在线互动同样在很大程度上减少了文化产品的“不确定性”。它的重要实现方法是在数字平台展示作品部分内容，通过网络先行“试错”、淘汰成功概率不高的方案，以此减少正式出版时的不确定性，这样的做法大大增强了出版物的风险控制，使它成为目前畅销书制作的重要机制。

其三，依托微信等新平台的自媒体、自出版商业模式日趋成熟，传统媒体的平台、渠道优势继网络视频、数字出版浪潮被进一步压缩。一个微信公众号就是一个媒体平台和出版渠道，借助这一平台和渠道，每个人都可以把自己的作品在微信朋友圈或者微信公众号进行连载，用内容吸引用户，继而采用“流量经济”和“粉丝经济”模式，或通过微信支付购买，或免费供用户体验内容，以流量吸引广告主付费。比如，产生才一年多的自出版产品罗振宇的“罗辑思维”，依托50万粉丝，实行会员制，通过微信公众号就集得了160万会员付费。这一商业模式使个人创意在实现其市场价值的过程中摆脱了对机构的依赖。

3. 催生文化供给革命

由于新的技术平台提供了新的可能，传统的需求—供给模式开始发生革命性的变化。最终满足“个体用户”的需求成为这一轮“互联网化”的终极目标，它使得任何产品都可以成为精神情感的载体，从而焕发出个性化的文化需求意义，其目的可以通过改变思维模式、商业模式、管理模式等来达成。

其一，围绕用户需求产生的精确化规模定制其发展的可能性。商业的本质是“为用户创造价值”，其实现过程因技术而演变：第一阶段，从“假想用户”的需求出发。如果生产者无法达到大规模地、直接地接触到真正用户的目的时，一般便要通过揣测用户的需求，或是借接触分析周围少数用户，来假想大多数用户的需求。第二阶段，从“泛指用户”的需求出发。电话、电视、广播、短信等手段的普及，让准确的用户需求调查成为可能，调查公司用一套数学方法，推断泛指的用户需求是什么，作为生产的依据。但是，调查的用户未必就是将来的购买用户。第三阶段，从“个体用户”的需求出发。互联网时代帮助生产者和服务者有机会接触到每一个直接的最终消费者，生产者和服务者如想了解将来购买者的真实需求，就可通过分析个体用户的需求来达到目的，而不需要通过对某一用户的需求判断来推及别人。满足“个体用户”需求是大方向。

其二，参与性供给成为现实。网络化供给具有即时互动性，兜售参与感，从用户的参与中了解用户对产品的使用感，进而使产品得到优化升级。如服装品牌“七格格”每一次发布新产品，并不是由公司去决定发布哪一个款式，而是将新品发布到公司管理的粉丝群，让群里成员通过投票共同决定。粉丝经济就是让用户参与品牌传播。一个品牌不仅需要用户，还需要对该品牌有情感的粉丝。粉丝便是最优质的目标消费者，因为粉丝很忠诚，对于忠实的粉丝而言，一旦注入感情因素，即使有的产品存在小缺陷，也可能会容忍。

根据“学术中国”网站 2016 年的统计，2016 年国内外有近 10 亿个微信注册用户，超过 800 万个的公众账号、85 000 个移动应用对接量，全国手机上网比例高达 92.5%。[①]这样的数据说明社会发展中的参与性供给已经发生了巨大的变革，不同地域的人群在文化发展中都产生了连锁效应。若能够利用好这样的机会，通识教育的发展将能够迎来“春天”，但是一旦失误，则很可能立即转入“冬天”。

（三）文化因素越来越可能成为社会矛盾冲突的导引，乃至成为新的社会运动的动力

基于价值观的代际更替，在迈向高收入阶段的过程中，由文化问题引发的社会矛盾冲突可能趋于增多。西方高收入国家的情况表明，后物质主义价值观给新的社会运动带来很多动力，人们原本关注的重心从现实生存的情况慢慢变成了与生存距离比较远的问题，如核风险、生态危机、性别角色、性观念、宗教取向等，斗争对象从财产、收入和工作等转向核风险、环境破坏等。这种由后物质主义价值观带来的公共行动，在中国广东也已经体现出来，如越来越多的像“举牌哥”这样的青少年走到了社会公共问题的舞台中心。当然，西方社会关注的文化议题暂时还不会成为中国社会的关注重心，中国和广东有自己的问题逻辑，其主要围绕文化多样性，在两个层面展开。

其一，在本土文化层面展开。保护本地多样文化的文化行动乃至抗争趋于增多，甚至成为年轻一代公民运动的一个形式，尤其是城镇化和文化过度产业化带

① 葛牧天. 基于微信公众平台的移动学习资源研究[J]. 江苏科技信息，2017，(32)：67-69.

来的文化破坏，催生了本土文化意识的崛起。近年兴起的文化保育运动就是典型，恩宁路学术关注组、广州旧城关注组、荔枝会馆、佛山口述史小组（佛山）、广州湾青年会馆（湛江）等文化保育群体，均以“80后”“90后”为主。值得注意的是，地方的一些“文化发展”举措尤其是对文化的产业化“打造”，反而可能成为文化保育者的抗争对象。我国学者李臣之和吴秋连对将地方文化融入国家课程中的研究显示，学术界自从2000年开始对课程的调适和创生开展相关的研究，而研究的成果主要集中在内涵发展、理论与原则和课程与教师的关系等方面。①类似的研究对于本土文化发挥影响力，以及在将来的发展和建设中为通识教育作出贡献，都付出了积极的尝试。

其二，在差异化文化层面展开。随着社会流动的不断强化，不同区域、种族、阶层群体的聚合杂居态势日益突出，价值多元化与利益结构复杂化态势的重叠交加，加剧社会的文化隔阂与冲突，影响了对社会的有效治理。在高收入阶段，文化需求的差异性不仅体现为不同民族、区域群体间的文化需求差异，还体现为不同阶层需求层次间的差异。广东自改革开放以来一直是人口流入的大省。据2010年全国人口普查统计，广东户籍人口达8500万人，距10年前人口普查多出近3000万人，其中绝大多数新增人口为外省迁移人口。广东也一直是多民族的省份，民族结构完善多样。根据2016年公布的结果，在广东省内便可以找到56个民族的身影，广东是全国输入少数民族最多的省份。②当前，随着城市户籍管理的进一步放开，不同文化、不同层次居民在城市中融合杂居的态势将更加明显。

从国际经验看，文化隔阂远比利益或阶层隔阂更难弥合，也更难处理。因为利益冲突一旦深化到文化层面，并通过媒体加以扩散、放大，不仅易成为现实群体性冲突事件的重要引线，还会使得各类处理因价值理念隔阂变得棘手。因此，如何通过文化政策创新，有效化解城市治理面临的文化风险与挑战，是当前公共文化政策改革急需关注且加以解决的重大问题。哈钦斯等提倡的“经典主义”之所以能够在美国大学的通识教育领域产生重大而持久的影响，就是因为其重视人类文化发展中永恒的东西。在考虑以文化推动通识教育发展的时候，我们不妨采用逆向思维，思考如何以大学通识教育来解决文化隔阂中所面临的困境。

二、文化创造活力需要大学通识教育

以往的文化政策未能契合文化需求—供给的特殊性，难以激发文化创造活力，

① 李臣之，吴秋连. 课程调适与创生研究进展[J]. 当代教育与文化，2016，(4)：18-24.

② 广东省民族宗教事务委员会. 广东少数民族人口及分布格局怎么样？[EB/OL]. http://www.mzzjw.gd.gov.cn/news/info/off2437f-bea3-4525-9792-24a050fd5679 [2019-01-05].

需要加强大学通识教育，活化和创新文化。从类型上看，文化生产存在 5 种供给模式，即强制性供给（国家意识形态的供给）、计划供给（传统的公共文化服务）、非营利的市场供给（非营利性组织提供的文化服务和产品）、营利式的市场供给（文化产业的产品和服务）、参与式供给（消费者或公民参与供给决策），只有供给和需求匹配才能产生效率和效益。根据上述阐述，解决文化消费不足的问题，关键是要有更加匹配的文化供给体制，从而突破文化需求的临界点，才能够激发文化产品大规模出现。并且，一个国家或地区的文化供给体制不仅仅是偶然产生这种产品，而是能够持续供给，使群体的文化需求被持续地激发。

（一）文化产业供给能力与激发文化需求的内在要求还不充分匹配

我国文化管理体制是建立在强制性供给与计划供给的基础上，特点是行政分割与行业分业。行政分割是从文化仅仅是事业的角度出发，为意识形态管理需要而产生的，特点是按行政单位、以行政方式分配资源。行业分业则是按技术特征分为文化艺术、新闻出版、广播电视三大块进行分业管理。这种分割管理模式不仅带来资源分割、行业壁垒、区域垄断、运行封闭，还造成多头管理与监管模糊并存，在互联网兴起及迅速发展以后，这种传统管理模式愈加成为发展文化产业的一种限制。

核心问题是，这种管理模式与文化产业的特殊盈利模式不符，背离了市场要求。文化产业的特殊盈利模式是文化产业政策的制定基础。由于文化需求具有不可预测性，激发特定文化需求的产品往往可遇不可求，这就使得具有市场需求的文化产品建立在“低概率成功”的基础上。这样一种市场生态能够循环并扩展的基础条件是：其一，一次失败不会对生产者产生致命打击，具有高固定成本的投入更加如此。这就需要一种风险分担机制和容错机制，在机制和制度上确保可以稳定地发掘畅销作品，把微观的不确定性变为宏观概率上的确定性。其二，一旦生产出畅销产品，能够利用知识经济和创意经济的属性（规模收益递增）把利润做到极致，用以对冲大量的失败产品而产生的容错成本，并且使这个市场的总收益大于总投入。这两个方面的联系是紧密的，否则这样的市场就不会形成与发展。其制度和政策要求是放松对内容创造者的管制（以及制度环境能够激发大规模创意社区的形成）、版权保护和交易机制（确保知识产权的专属和闭环传递，打破市场、行业、地域的壁垒）、风险投资和金融创新的制度环境（形成产业化的低成本的容错机制，捕捉低概率的具有暴利潜力的文化产品）。

从现有的事实上来看，近年来国家文化体制改革的大体趋向是根据这样的一种政策的要求来推进的。以往文化体制改革的中心环节就是 2003 年开始、2009

年全面铺开的企业转型与改制、培育合格市场主体。尤其是十八届三中全会提出的国有传媒企业的特殊管理股的制度安排，表明要着力推进意识形态管理的特殊性要求与市场要求的兼容。《文化产业发展第十个五年计划纲要》提出“打破地区、部门分割，通过兼并、联合、重组等形式，形成一批跨地区、跨部门、跨所有制乃至跨国经营的大型文化企业集团”，更是极大促进了文化要素的流动。与此同时，出台了一系列针对文化产业的金融、财政和税收政策，着力推进投融资平台、产权交易平台等现代文化市场体系建设。

尽管文化体制的改革趋向与文化产业的特殊盈利模式要求越来越契合，但其中的障碍仍然存在，与以宏观稳定对冲微观不确定的要求还有距离。主要体现在以下几方面。

其一，文化产业发展的体制壁垒仍较为森严，不利于文化要素流动的行政约束仍较为繁杂，与媒介融合、产业融合相适应的管理和服务方式还没有形成，政策预期中表现出稳定性不足，而政策干预的多变性则较为明显。政策壁垒带来文化产品价值创造不足，价值链无法充分延伸，文化产业的商业模式难以充分实现，文化消费空间规模拓展的难度大。更不好的是有的政策催生出了一种劣币驱逐良币的现象。如互联网电视领域实行集成播控平台牌照制度，正规机顶盒既不能集成电视直播功能又不能连接所有视频网站，从而使得以盗版方式解决这个问题的山寨盒子广泛流行。广东作为全国最早确定的文化体制改革试点省份之一，主要是按照中央确定的路线图完成各项既定任务，重点是推进经营性文化事业单位的转型和制度改革，而在文化管理方式、打破行政壁垒等方面，创新力度并不大。

一个值得关注的现象是，虽然近年来国家在打破行业壁垒上有了重大转变，从市场倒逼的被动型松绑变为更为积极的行政改革（如 2005 年颁布的《国务院关于非公有资本进入文化产业的若干决定》），但国家政策与产业发展趋势的冲突仍不时发生。如 2009 年国家广播电视总局对电视盒子的整顿，迫使乐视、迅雷、PPTV 网络电视等视频网站终止与康佳、海信、TCL 等彩电厂商的合作。尤其是对民营资本进入互联网视听服务领域的限制性政策，与网络化的业态变革和商业模式革新浪潮产生矛盾，因为根据国家对新设立的网络视听网站必须是国有独资或控股的规定，民营机构无法成为开办主体，加上注册资本至少 1000 万元的规定，更是对中小机构和创业者在这一领域的创新造成极高门槛。实际上，技术发展往往又使得国家政策部分被突破，如移动终端的发展，使得像快播这样的企业得以突破互联网电视的牌照限制。因此，政策和技术似乎在赛跑。此外，由行政约束带来的政策风险是影响社会资本进入文化产业的重要因素，尤其相对于行业壁垒，内容管制的政策风险更具有不确定性。

其二，支持创新的金融市场机制、文化市场体系、知识产权机制等基础性制度仍不健全。比如，国家相关部门虽于2010年出台了《关于金融支持文化产业振兴和发展繁荣的指导意见》，推动文化企业融资、上市，鼓励金融机构针对文化产业进行金融创新，但目前的金融机制与文化产业的特性还存在较大冲突（突出体现在重有形资产、轻无形资产），而目前金融市场的层次还有明显的不足，金融市场秩序目前并不完善，有待进一步改善并发展。还是存在一些少数的案例，比如，一些金融创新如北京银行于2009年推出的“创意贷”文化创意金融产品系列，以及无专业担保公司担保的“版权质押”贷款等。解决创新创意型企业融资难问题的主要渠道债券市场、收购市场还不发达，保险、咨询、管理等金融中介机构欠缺，无形资产证券化暂未推行。另外，文化金融市场的生态环境还不理想，如近年文化艺术品资本市场出现过度投机的乱象。值得注意的是广东在金融市场机制方面，相对来说还是落后的、有待发展的。虽然广东是金融大省，但没有相应体现在文化产业领域，在创新文化产业领域的投融资模式上力度不如北京、江苏、浙江等地。比如，创新创意的主体是中小微企业，而这些企业同时又处于市场的相对不利位置，它们在竞争力等很多方面都是比较弱的，很容易受到大企业的侵犯，这就需要有向中小微企业倾斜的知识产权保护机制，这方面中国一直缺乏探索，这就造成了很多大公司很喜欢用一种侵权的途径而不是收购的途径来获得中小微公司的创新性的创意。

其三，政策干预的边界还存在不清晰的现象。这种现象正是中国的很多文化产品存在无效供给、过剩严重的重要原因。创意产品的“不确定性”和“低成功概率”，对政府的文化产业政策干预能力提出了挑战，对竞争性产业政策的需求也更迫切。但近年来，在国家经济结构调整和发展方式转型的整体计划下，伴随着创新创业政策的颁布和具体工作的开展，新的政策环境在逐步构建和完善，旧有的政策也在发生变化。总体来看，政府政策趋向于开放和宽松。如动漫领域，大部分地区对动漫产业采取按分钟数和按播放次数进行补贴的粗放管理方式，导致不少企业将生产的动力寄托在政府补贴上，无效供给大量产生。有的政策还被扭曲，如不少地方为吸引企业入驻文化产业园区，出台了优惠政策，但入驻园区的企业安排较为混乱，使得园区空有聚集之名，集群的优势难以被发挥，乃至产生文化创意产业地产化的现象。

但是，对地方来说，要想彻底改变政策干预过度的局面，除政策空间有限外，还会面临两难。一方面，过度的政策竞争从长远看会导致整体竞争环境恶化，损害所有地区的利益；另一方面，地方政府明知不可为而又不得不为，且难以摆脱。这是因为，大多数情况下，资本、资源更注重眼前利益，而不管这种利益是来自合理还是不合理的政策。这时如果一个地区率先放弃过度的政策竞争，其结果可能更难以吸引资本和资源流入，从而处于竞争的弱势。

其四，规模导向的政策偏好与文化产业的产业组织演变趋势契合度不够。基于文化产品的“低成功概率”特性和消费者“无限多样性”的需求，文化产业组织形式越来越由大型企业的纵向一体化向更加网络化的组织形式转变，即大型组织与小型组织形成网络协作关系，尤其是在数字化时代，文化产业逐渐从“大规模复制与传播”进入“大规模定制与互动”阶段，跨地区、跨媒体的超大公司数量越来越少，同时中小微企业和个人工作室越来越多，大组织以项目为基础，转包业务，推动小型组织与大型组织相互依赖，形成一个复制网络，产生创意集聚。这就要求政府的政策扶持趋向着力抓好“两头”，对小规模经营者尤其是创业者和向战略型大集团迈进的组织给予政策引导和扶持，并促进大型组织与小型组织的对接。基于创意发达的基础是多样性，对中小微文化企业和组织的扶持特别不可忽视，如2011年欧盟推出的“创意欧洲”计划，着力支持小规模经营者。但在我国，虽然国家政策上强调要“抓大不放小”，但实践中“大”与“小”的均衡性还不够，促进两者对接的力度也不够，有的地方和部门有较强的“扶大扶强”偏好。世界银行集团和中华人民共和国国务院发展研究中心的报告指出，中国的产业政策通常以规模为导向，把重点放在大型企业的发展上，因此这些政策往往不利于中小企业的发展。比如，在文化领域，不少地方的文化产业专项资金，更多地被投向大型国有企业，中小微民营企业获得资金的难度较大。

（二）传统公共文化服务政策难以应对当前文化的自主性和个性化需求，资源配置失衡甚至错配

传统公共文化服务供给方式与计划经济及城乡二元化结构背景息息相关，主要有两个特点：一是在程序上讲求自上而下、整齐划一的规划管理；二是在内容上强调对不同群体的均等普惠性，以满足大多数群体的底线需求为根本目标。这种情况下，民众自身没有很好地成为文化供给主体，参与感无法充分实现，需求的个性化也难以满足。当前很多公共文化产品和服务出现供需不合、效益低下、资源荒废的现象，就是因此而起。非产业化的文化供给领域主要提供公共文化服务和意识形态的制度供给，文化需求也具有自身的特殊规律，突出地表现为需求的参与性和自主选择性。这是因为精神性满足与物质性满足不同，它的参与过程便是满足的过程，对满足的评价是以自己的需求为参照，而不以他人的标准来衡量（而物质性满足通常喜欢以他人为参照，这也是相对剥夺心理的产生机制）。适应文化需求的这些特点，公共文化供给需要让公民参

与到供给体系中来，不仅成为公共服务的执行者、决策者、提供者和管理者，同时还成为服务的对象。

在意识形态和国家认同构建的核心价值体系塑造方面，文化需求的参与性和自主选择性表现得尤为突出。价值观塑造要遵循人文化成的基本规律，即“可知”“可欲”“可信”“可行”四个原则。“可知”指的是文化价值观的概括清晰明了，通过宣传达到人知的目的。“可欲”可从两个方面来看，就价值客体来说，指的是所倡导的价值观具有吸引力与感召力；就价值主体来说，就是主体性受到尊重，价值塑造过程转变成人们主动的价值追求过程。具有人文品质的精神和价值观才能“化人”，越是能够体现人性要求的文化越具生命力、影响力和渗透力；此外，文化价值塑造还必须充分发挥公众的主体地位和文化自觉，逐渐将文化化人的过程从“要我做”转变为“我要做”。“可信”指的是所倡导的价值观和文化精神体现在日常生活中，民众在自身生活世界中可真真切切体验到它的存在与光辉；特别是如果价值倡导者言行一致，自身也就是特定价值观的践行者。如果价值倡导者想增强文化价值的说服力和感召力，就要将自己主张的价值观全面付诸实践，并切实做到言行一致、身体力行。“可行”指的是此价值观的践履应是一个普通人通过努力便可做到的，不是高不可攀的成圣成贤的要求和标准，而是做人的基本准则。总之，价值观的塑造是一个文化的自主选择和认同的过程，单纯的灌输论违背了文化濡化的内在规律，过分依赖文化领域的强制力量只会适得其反。这种价值观的塑造是通识教育的一部分，需要通过大学通识教育改革与实践给予保证。

三、文化人口为通识教育发展提供了新契机

作为一个统计概念，“文化人口”首先在《广东省建设文化强省规划纲要（2011—2020 年）》中被正式提出来。该规划纲要指出，“大力开展丰富多彩的群众文化活动，实行文化人口评估统计制度，使全民文化活动参与率逐年提高”。此外，十七届六中全会通过的《中共中央关于深化文化体制改革、推动社会主义文化发展大繁荣若干重大问题的决定》强调，要构建公共文化服务体系，“制定公共文化服务指标体系和绩效考核办法”，“要以公共财政为支撑，以公益性文化单位为骨干，以全体人民为服务对象，以保障人民群众看电视、听广播、读书看报、进行公共文化鉴赏、参与公共文化活动等基本文化权益为主要内容，完善覆盖城乡、结构合理、功能健全、实用高效的公共文化服务体系。把主要公共文化产品和服务项目、公益性文化活动纳入公共财政经常性支出预算”。“加强文化馆、博物馆、

图书馆、美术馆、科技馆、纪念馆、工人文化宫、青少年宫等公共文化服务设施和爱国主义教育示范基地建设并完善向社会免费开放服务，鼓励其他国有文化单位、教育机构等开展公益性文化活动，各类公共场所要为群众性文化活动提供便利。”由此可见，实施文化人口评估统计制度，是落实《广东省建设文化强省规划纲要（2011—2020 年）》具体要求，完善和深化公共文化服务指标体系和绩效考核办法的基础性工作，对于科学准确评价公共文化活动的现状与趋势，全面客观反映广东公共文化活动人口的参与广度与参与深度均具有重要意义。

（一）公共文化建设理念的重大转变

贯彻以人为本的科学发展理念，满足人民群众日益增长的精神文化需求，提供人民群众所需的文化产品和服务，为保障人民的基本文化权益付出更多努力，促使文化发展成果惠及全体人民，是政府提供公共文化产品和服务的出发点和落脚点。传统的文化统计和文化服务评估标准比较偏重于文化设施建设、场馆面积、资金投入等硬指标，而对服务则有所忽略，较少考虑人的需求，对设施的便捷性、服务的可得性、场馆的使用率、文化活动的参与率等指标关注甚少，留下一种“见物不见人”和“重钱不重人”的印象。政府绩效考核统计标准对很多方案都存在一种非常强的导向作用。传统文化统计“重物不重人”的偏向，必然促使各级政府在文化建设上偏重财政投入、硬件建设，并不是说基础设施建设不重要，而是在政策导向上更应注意投入与产出、建设与服务的均衡。广东省建立文化人口评估统计制度，不仅是文化统计方法的创新，还是公共文化建设理念的重大转变。文化人口评估统计，改变了传统文化统计中以实物或货币为统计对象的思路，改用以人为统计对象，更加突出了公众对文化的参与和消费，不仅能反映文化产品供给状况，还能较好地反映文化产品被实际消费的结果，反映社会公众文化参与度和活跃度，充分体现了以人为本的服务理念。

（二）政府公共文化决策的量化依据

政府在公共管理方面的一项重要任务就是提供公众所需的公共文化产品和服务。文化人口评估统计制度的建立，为政府公共文化决策提供量化的依据，有利于各级党委、政府依据准确及时的统计资料、统计分析和统计咨询意见，作出正确的公共文化发展决策，对于提高政府公共文化决策的科学性是十分重要的，主要体现在以下几个方面：一是有利于更加整体地、全面地把握公共文化服务的基本现状与特征。以文化消费人口为评价对象的文化人口评估统计，是全面系统、科学合理评估当前文化活动现状的一项基础性工作，有利于全面把握当前文化活动的现状、存在的问题及文化活动的基本特征，对于了解实情、深化认识、科学推进工作有重要的参考价值。二是有利于准确把握当前文化活动工作的重点与难点。通过评估统计，可以较为全面系统地了解到当前广东省推进文化活动存在的核心障碍，突出优势及各地市、各区域在文化活动工作中的特色与不足，从而便于工作更有针对性，能够重点突破制约当前文化工作的瓶颈问题，促进各项文化工作的顺利推进。三是有利于更加正确地、科学地规划公共文化服务体系建设。以文化人口评估统计数据作为量化依据，可以更科学、更准确地规划广东省公共文化服务体系建设，保障和实现广大人民群众能够更充分地享受文化成果的权利，满足人民基本文化需求。

（三）评价政府公共文化服务绩效的客观量度

政府绩效评估对评价政府能力、监督政府行为、提高政府绩效、改进政府公共部门与社会公众之间的关系等方面的作用，越来越受到人们的重视。建立并实施文化人口评估统计制度，是对现有公共文化服务指标体系与绩效考核办法的完善和深化，对于促进广东省基本公共服务均等化绩效考评，以及全面落实《珠江三角洲地区改革发展规划纲要（2008—2020 年）》均有重要参考价值。由于传统统计方法的局限，以往对公共文化服务绩效评价往往缺乏一些客观数据。文化人口评估统计指数是量化的数据，具有更加清晰、明了、准确的特点，以这个作为一个标准来衡量一个地区公共文化服务现有的状况，以及这个地区在文化方面的发展水平，要更加令人信服。第一，从纵向来说，比较一个地区不同年份的文化人口状况，能够判断当地文化发展的趋势、规律、特点及存在问题；第二，从横向来说，依据文化人口评估统计指标，对不同地区间文化人口状况进行比较，评价文化人口状况，也能发现不同地区人口在公共文化消费方面的差异。通过这种评估统计方法，能够进一步地监督、评价各级党委和政府公共文化服务的绩效，能够进一步推进并且提高各地政府在公共文化方面的服务水平。此外，建立和实施文化人口评估统计制度，也是落实文化强省战略在考核评估层面的重要体现，科学合理的评估工作可以全面客观地反映文化活动人口的参与广度和参与深度，对深化认识文化系统的评估工作有重要意义。大学通识教育则为这种公共文化服务提供基本的知识、技能和能力结构，助力人们深化对文化系统的认识。

第二节　心态与通识教育

当前，社会发展的多元化和社会阶层的分化，使得民众的利益和心态出现了很多新变化。其中，负面的社会心态既影响了大众看待教育的立场，同时又给大学通识教育的发展和普及带来了一定的干扰。

一、影响大学通识教育的主要消极文化心态

（一）剥夺心态

剥夺心态也称剥夺感，包括绝对剥夺感和相对剥夺感。绝对剥夺指赤裸裸的肉体剥夺、经济剥夺、政治剥夺、社会剥夺、精神剥夺等。与绝对剥夺不同，相对剥夺是相对于某种参照系而形成的剥夺状况或剥夺感。随着人权意识普遍增强，经济进步、政治昌明，绝对剥夺的情况越来越少，相对剥夺成为主流。

相对剥夺感是社会转型的衍生物。从平均主义社会向去平均主义社会转型的过程，必然导致人们之间利益的分化、收入差距的拉大和社会阶层的分化重组，也就必然导致一部分人产生相对剥夺感。相对剥夺感是改革开放以来的一种普遍现象，它是人们在将自己的利益得失与其他群体进行比较以后而产生的，表现为人们通过与其他群体比较而感知到自己所得的回报与所作的贡献不成比例，因而产生了不公平感。由改革开放进程导致各社会群体利益格局发生调整，各社会群体的利益增长速率是不一致的，相对剥夺感随之产生了。

1. 基本表现

当前，剥夺感几乎无处不在，买不起住房的民众感觉居住权被剥夺了；上不起学的民众感觉受教育权被剥夺了；看不起病的民众感觉医疗权被剥夺了。广东民众中存在比较严重剥夺感的是进城务工农民群体。农民在农村的时候，并没有亲身体验到城乡差距，但是一旦进入城市就会立即感受到差距。农村与城市生活的差距及他们微薄的收入，使得他们极易产生相对剥夺感。2011 年初，广东省省情调查研究中心《广东省居民个人生活状况与主观幸福感调查报告》数据显示，进城务工农民在社会环境方面的满意度仅为 64.27 分，44.13%的受访者认为社会不公平，20.94%的受访者认为自己受到了城市人的歧视，14.47%的受访者对政策法律表示不满意，22.25%的受访者对社会环境表示不满意。[①]

2. 对大学通识教育的影响

剥夺感很大程度上是失真的认知结果，它必然导致失真的社会行为，从而影响幸福社会的建设。剥夺感的失真认知在于畸形追求社会公平。现阶段的剥夺感

① 潘芝珍，史功汇. 近半农民工感觉社会不公平[EB/OL]. http://news. ifeng.com/gundong/detail_2011_04/30/6094021_0.shtml（2010-04-30）[2018-10-15].

主要源于传统计划体制下强调社会的绝对公平观念在当今现实中得不到回应。不排除社会存在真实的剥夺，且当个体或群体缺少某种权利，需要得到社会的援助是应该的，但如果完全将权利缺失归咎于社会，特别是在社会发展转型过程中，期待社会完全公平，忽视社会差别下的动态不平衡，则体会不到社会发展转型的意义，导致未能处理好人与人、人与社会的关系。在行为层次上，人们剥夺感的表现形式主要有发泄和消极工作。如果说群众以抱怨的方式发泄内心的不愉快在某种程度上具有“缓解阀”积极作用的话，那么人们在社会生活中行为的疏懒、消沉以致工作中的怠工、推诿，便会严重阻碍社会改革的进行，给自己和社会带来负面影响，同时影响了大学通识教育工作的开展。

（二）功利心态

功利心态是指人们在实践中注重物质利益与实际效果的某种文化心理定式。它作为市场经济的规律性产物，无可规避地存在于当下社会中。在引进市场经济，而文化、信仰没有及时梳理的情况下，社会功利心态必然跨过合理界限，给社会带来不和谐因素。当前，存在的功利心态主要有以下成因：一是国家层面的引导。以经济建设为中心必然带来普遍的功利心态。二是特有的经济规则使然。市场在完善规则过程中，追求物质利益最大化是其主要指向。三是面对不完善的市场规则，社会规则和文化去功利化不足。换言之，社会规则和文化没有很好地引导功利心态。在收入分配、就业、社会保障、教育、医疗、住房、安全生产、社会治安等许多民众最关心、最直接、最现实的利益问题上，没有很好地去功利化制度安排，市场将逼迫民众趋向功利。四是贫富差距势能的结果。贫富差距过大，引发财富的功能泛化，从而导致社会追求财富效应。世界银行的报告显示，近年来，广东收入不平等程度有上升趋势，城乡收入差距持续扩大①。五是广东特有的市场环境吸引全国各地有强烈成功意识的人聚集，加剧了广东的功利心态。“东西南北中，发财到广东”是人们功利心态的真实写照。

特有的地理及市场环境，导致中国社会面临着心态过度功利的现实。这方面表现明显的是白领群体。一方面，成功者追求物质享受。另一方面，一旦工作遭遇挫折，将产生忧郁、焦虑等一系列消极情绪。

功利心态不仅对个人自身幸福感带来影响，还会导致人际关系功利化，最终对通识教育发展形成强大冲击。人际关系功利化导致人际关系的建立和维系不再依靠相互间的情感，而是考虑到个人具体的物质性目标的实现等因素。人际关系

① 世界银行. 缩小差距，促进平等：实现广东经济的共享式增长[M]. 广州：广东人民出版社，2011：57.

功利化使得人际关系中的亲情、爱情、友情淡薄。人际关系功利化抹杀了人的责任与义务，每个人都对社会、对亲属、对他人具有一定的义务与责任，如果个人的行为以经济回报为目的，那么个人对社会应尽的责任与义务实际就不存在了，人际交往也就成了人们实现物质性目标的主要工具。人际关系功利化增加了人际矛盾。人际交往功利化必然造成社会关系的扭曲。人与人之间的关系变成了权钱交易、钱钱交易、权权交易，造成人性的扭曲和变化，人与人之间隔阂加深，人际矛盾增多并加剧。

功利心态对大学通识教育的影响主要体现在以下几个方面。首先从目标上来说，人们展露出对通识教育目标的怀疑或否定，认为通识教育所学所教的都是无用的，这里的“用”主要体现为一种现实的用，例如为创造良好就业岗位、为带来丰厚金钱利益回报的用。其次从实践上来说，功利心态还让人们对通识教育的推行具有一种反抗或抵触心理。对通识教育实践做法的怀疑不仅是因为对其用处的怀疑，这样的怀疑还影响了人们对通识教育实践过程中所设定的人才培养目标、计划以及课程等不同层面的实践操作表示怀疑。这就影响了人们接受通识教育和推动其发展的效率。最后从可持续发展来说，通识教育的长远发展与政府、社会和个人层面的心态是密切相关的，若不同层面的主体不能很好地意识到通识教育存在的必要，则自然不能支持其长远发展，更不可能在需要耗费大量资源的过程中保持持续高水平的投入。

（三）民粹心态

强调平民的价值是民粹心态的核心元素，把平民化和大众化作为所有政治运动和政治制度合法性的最终来源；社会进行激进改革要依靠平民大众，并把普通群众作为政治改革的唯一决定性力量。民粹心态以牺牲社会其他阶层利益为代价，已经成为一种普遍的社会心态，这是非常有害的。

民粹心态出现于特定的社会转型时期，是现代化进程中的产物，有人说，它是传统与现代的桥梁。第一，现代化过程伴随着政府权力的急剧扩张，传统政治体制改革的滞后性带来政府与普通民众认识和行为的鸿沟，促使民粹心态的产生。第二，传统控制方式在面对新的经济社会结构时表现不适应，民粹心态作为一种补偿性心态，弥补在旧体制中形成的政府与群众之间的裂痕。第三，由初级产品出口模式向进口替代工业化模式的经济转型带来的群众民族自主心态增强的极端表现。第四，财富向富人、权贵集中，普通民众面临生存困境，带来民粹心态勃发。第五，集权在企业运行中的效率提高带来精英与群众之间的某种裂痕。市场经济追求公平、公开原则，但时常集权能提高企业运行效率，这就产生了矛盾。

对普通群众来说，追求企业效率是他们收入提高的关键，更多时候，他们要争取自己的日常权利，争取不到时容易滋生民粹心态。第六，互联网信息传播的随意性加剧了民粹心态的扩散。一方面，它利于信息传播；另一方面，它偏向于传播并夸大弱者的不幸遭遇。

1. 基本表现

民粹心态主要有两种表现方式，一是舆论暴力，主要体现在网络舆论上；二是群体性事件。网络本来是个公共舆论的平台，网络舆论是民情上传的重要通道，但如果引导不好，整个社会存在结构性心态调整，它将成为消极心态传播的最佳平台。近年来，网络舆论频繁影响着国家政策，网民动辄对当事人进行“人肉搜索”，不管有没有正当性和合法性，体现出民粹主义的一些特征。民粹心态还表现为群体破坏性和非理性特征，这主要体现在群体性事件上。民粹主义的批判性在心理学上源于群体的破坏性倾向。破坏有两种，一种是合理的所谓“回击性”破坏，一种是潜伏于人们心中伺机而动的破坏倾向，一有机会便发泄出来，这是一种无端发泄的破坏性心理。民粹心态的破坏性以后一种为主要表现方式。在具体事件上表现为“无直接利益冲突”和群体泄愤，小的矛盾就可能引起大规模冲突，个案可演变成群体性事件。事件发生、演化和蔓延，一定程度上隐含着利益诉求的民粹化趋向。

2. 对大学通识教育的影响

作为一种意见表达，民粹心态有其合法性，但它时常在现实中造成破坏，对幸福社会建设直接带来冲击。民粹心态一旦表现为一种运动，它的危害性在于没有维护的底线，它只将下层利益作为诉求的唯一目标，除此之外，都在它的破坏之列。具体来看，它将人群划为多数和少数，凡事都由多数决定。“多数裁定”是民主的重要内涵之一，但它是在尊重少数的基本权利基础上做出的。而民粹则只管多数，将少数视为异类。并且，多数人中赖以维系的是一种激烈情绪，这必将导致社会的分裂和冲突。无论是从不合法的“人肉搜索”，还是群体性事件中的打人、砸东西、抢物品等混乱行为，以及仇官、仇富现象等，都可看出这些倾向。一个幸福社会中的任何人，包括少部分人，都有表达意见的机会，都有被尊重的权利。民粹主义往往不允许有除他们自己之外的意见表达。因为在民粹心态盛行的社会中，少数人生活在多数人的压迫之下。暴力显性或隐性地成为民粹主义社会中解决利益纷争的唯一手段。这从根本上腐蚀了幸福社会的基础——人与人之间的宽容。

（四）焦虑心态

所谓焦虑心态是指由于社会中的不确定因素而在民众中产生的压抑、烦躁、不满、非理性冲动等紧张心理。焦虑心态来自潜在或显现的生存危机。当前社会焦虑心态主要成因在于以下几点。第一，市场转型带来的影响。计划经济时代固定的角色地位所建立起来的稳定的职业心理被打破了。尽管市场提供的机会与选择一直存在，但生存的危机感弥漫在社会民众心理中。不只弱势群体，如没有城市户口的农民、下岗工人、城乡贫困家庭等也感受到生存的艰难，即使工薪阶层也因住房改革、教育体制改革、医疗制度改革、社会保障制度的改革，被带进为自己或子女的未来生存进行投资的焦虑中。第二，人们心态因社会分配不公，同工不同酬、城乡差距大、身份歧视等受到严重影响，也加重了人们对未来生活的不确定感、不稳定感和不安定感。第三，现代化过程及社会转型引发文化的冲突与融合，带来文化焦虑感。有人对过往美好文化的丢失而焦虑，有人为未来没有文化归依而焦虑。当然，焦虑心态与个体因素有关，不同的个体面对同样的社会现象和社会事件会产生不同程度的社会焦虑。

1. 基本表现

现在，所有人群几乎都被社会焦虑覆盖。焦虑现象既存在于人数最多的工人群体、农民群体，也存在于处境相对较好的干部群体、企业家群体，他们都有焦虑不安、浮躁不定的现象。各个群体都有着各自的焦虑内容。年轻人为工作和房子焦虑。近年来，“就业难”从下岗职工向大学生群体迅速蔓延，就业焦虑感从“40 后”“50 后”人群向“80 后”“90 后”人群迅速扩散。房价水涨船高，买房的人要为房贷焦虑，没买房的人更为没有房子焦虑。进城务工农民为生活焦虑，户口的区域性造成用工壁垒、社保差异、待遇悬殊，而由此带来的“人群排斥”，让他们深感焦虑。有稳定工作的人则为物价膨胀而焦虑。目前的社会焦虑广泛存在于失业者、进城务工农民和残疾人等弱势群体中，并且也普遍存在于社会的中间群体和“精英群体”中。政治精英忧虑怎样晋升，经济精英忧虑怎样获利，知识精英则忧虑学术压力。总之，社会各个阶层都有不同程度的焦虑压力。

2. 对大学通识教育的影响

一个社会如果总是弥漫着焦虑气息，就会增加社会成员对社会的非认同感，造成社会成员之间关系的紧张，降低社会的合作程度；社会焦虑心态的存在，容易导致人们急功近利的短期行为，做事只看眼前，不看长远发展，凡事希望一蹴而就、立竿见影，从而加剧整个社会的浮躁。在急功近利的驱使下，人们逐利的欲望不断膨胀，社会责任逐渐淡化，“事不关己，高高挂起”，诸如见死不救、损公肥私，乃至假药、假酒、假烟、假币、假文凭泛滥成灾，严重扰乱公共秩序；社会焦虑作为一种社会现象，作为某一群体的普遍心态，是社会群体中蕴藏着的巨大的社会风险隐患。因社会生活的焦虑与内心期望的失落，受社会的突出矛盾影响，少数人很容易聚众制造事端，从而形成社会聚合行为，进而诱发社会政治、经济、生活不稳定。这些都对幸福社会建设造成严重的副作用。

此外，大学通识教育本身就要求个人在浮躁的社会中能够达到内心整体的宁静和谐状态，而现在社会是一个求快的社会，事事都讲求实效，这样的风气对于一直以来求“慢”的通识教育来说，是很危险的事情。国外一名学者就在《哈钦斯的大学：芝加哥大学回忆录（1929—1950）》中提到，“它的通识教育新模式，没有像 20 世纪 30 年代的新计划那样，推广到其他院校；它的毕业生都涌入了研究生院和专业学院，而不是作为已完成正规教育的普通公民走上社会”①。可以说作者就是对通识教育在当时所受到的冲击提出了直接的控诉，学生都在向往被贴上了标签的研究生院和专业学院，企图通过该途径而通向美好的高薪职业，但是却不能首先作为一个完成了正规教育的普通和合格的公民。

（五）迷茫心态

迷茫心态是指个体对未来产生恐惧，不能从过去的经验中得到确定的未来预期，即不知自己所想，也不知未来何去何从。迷茫从深层次讲源于个体在时空中没有连续的自我确认。迷茫主要有身份迷茫、制度迷茫和文化迷茫。首先，在流动的全球化时代，生活在地球村里的居民成为真正的漂移者，他们在永远的流动中，永远在奔向未来的路途上。对广东而言，大量进城务工农民及流动人口是流动的全球化的真实写照。在频繁的流动中，他们的身份确认不断更改。其次，现代化过程是制度变迁、试错、完善的过程，在具体过程中，必然有大量不适应者时常产生制度迷茫。再次，对后发国家或地区来说，现代性意味着不断摆脱传统、从文化“原乡”②中剥离的过程。在新的文化认同没有建立起来时，群体会产生深度的文化迷茫。现代化不断使人加深对自然界认识，人的力量不断向外延展，如果没有足够的文化支撑，个人就会产生迷茫感。

网络及信息技术往往加剧身份、制度及文化的迷茫感。当个体在虚拟世界发现另一个自我时，他就会混淆现实与虚拟的界限，而现实与虚拟的不同会给他带

---

① 威廉·H. 麦克尼尔. 哈钦斯的大学：芝加哥大学回忆录（1929—1950）[M]. 肖明波，杨光松，译. 杭州：浙江大学出版社，2013：247.

② 陈志锐. 从三篇作品窥见新华文学双文化原乡的构建[J]. 华文文学，2012，(2)：106-111.

来更多的身份、制度及文化困惑；现代性某种程度上造成了差异性的消失，这是加剧身份、制度及文化迷茫的另一重要原因。差异性是自我确认的重要条件。城市与城市之间越来越缺少差异，群体与群体之间缺少差异，差异性消失不断摧毁着自我确认感，催生着社会迷茫。

1. 基本表现

个体或群体一旦陷入迷茫，就会失去前进的方向，以致无法始终如一和有目的地奋斗。由此，必然导致焦虑感加剧。当前，表现特别明显的是大学生和进城务工农民职业选择的迷茫与困顿。对大学生而言，就业迷茫感来自多方面，到底是暂时就业，还是力争具有长远发展前途的就业；到底是遵从自己内心的召唤，还是顺从家庭、朋友及周边人的压力；到底是追求稳固的职位好，还是走向真正的市场好；到底是追求高薪好，还是做自己感兴趣的事好；到底是到大城市好，还是到二线城市好；到底是大型企业好，还是先在小企业干着、等能力提升再去大企业好。至于是不是真正能适应未来的工作，他们也心存迷茫。

对进城务工农民而言，出去找工作是一种荣耀，既赚钱又认识了外面的世界。然而，当他们真正走出去时，却发现了事情的另一面。一方面，赚的钱不多，另一方面，城市文化加剧了他们的心理不平衡。因择业取向的偏差、目标预期和自身条件的差距等因素，广大农民在选择职业时会深陷迷茫与困顿之中。《广东省居民个人生活状况与主观幸福感调查报告》显示，有 67.1%的进城务工青年感到业余生活很是枯燥。①大多数进城务工青年的收入在维持基本生活需要的基础上，大部分需节衣缩食接济家里。这是他们的生活质量处在一个较低水平上的主要因素。调查同时显示，新生代进城务工农民表现出对归属感和安全感（社保）的渴望，对孤独感（主要是婚恋方面）、迷茫感（未来发展）及物价（特别是房价）上涨的无奈。

2. 对大学通识教育的影响

迷茫不但带来行为混乱，而且意味着道德框架的分裂。这对通识教育的发展、普及构成了严重冲击。毋庸置疑，在多样性得到大力推崇的世界中，人被允许有选择不同道德的权利，但道德的多样性并不意味着道德的混乱及由此带来的行为迷茫。相对个人而言，社会多种多样的道德观念、标准和价值取向理应当被纳入一个整体性的、综合性的框架之中。完整的、合理的道德框架是帮助个人能够从容地应对这个世界的重要因素。由此来讲，构建个人幸福生活的重要前提是道德

① 潘芝珍，史功汇. 近半农民工感觉社会不公平[EB/OL]. http://news. ifeng.com/gundong/detail_2011_04/30/6094021_0.shtml（2010-04-30）[2018-10-15].

的完整性和清晰性。另外，道德的完整性和清晰性也是维系群体关系和谐、社会幸福的前提。这将帮助群体从中决定什么是好的、有价值的或值得赞赏的，即根据价值观表明采取的立场。如不是如此，他们便会不知所措。如果个体或群体陷入迷茫状态，则意味着正面意义、价值和信念的丧失。大学通识教育对人们所塑造的价值和信念也会受到较大影响。

二、社会心态的良性发展助力大学通识教育

（一）以民生投入和心态治理共同推动社会心态的良性发展

民生投入政策施行过程中引进心态分析，这是将民生投入与心态治理相结合的最佳途径。通过心态分析，可以更好地把握好民生投入的方向和重点，借助相关辅助政策，从而避免消极文化心态的滋生和蔓延。在公共政策中引进心态分析是近些年发达国家努力的方向。早在 20 世纪 70 年代，美国心理学会就强调向公共政策制定领域输入心理分析的理论和方法的观点，后因心理分析对公共政策制定的影响逐步加大，政府部门的政策制定者也开始参考心理分析的结果，以达到政策的制定更具有针对性和更加人性化的目的。

在民生投入过程中引进心态分析，首先要认清社会各阶层的心理特点，分析各阶层消极文化心态产生的根源及演化趋势。在此基础上，利用民生投入和相关公共政策引导认同阶层利益差异，培育成熟阶层群体；形成合理的阶层结构；引导各阶层自我实现。其次要评估民生投入对相关群体的心理影响，将消极文化心态囿于合理范围。民生投入所带来的心理满足大体上有三种情况，一种是观念性满足，一种是现实性满足，一种是期望性满足。观念性满足实际上是在对一政策的理解基础上产生的。现实性满足是基于实际利益的获得而产生的。期望性满足产生于对政策过去效果的预期。针对不同的阶层、群体的消极文化心态，要采取不同的民生投入节奏加以满足，对强势阶层和群体的消极文化心态，多采取观念性满足政策，对于弱势阶层和群体的消极文化心态，多采取现实性满足和期望性满足政策。现实的满足和期望的满足要注重对未来更大期望的引导，避免对未来的预期过高，否则将产生消极文化心态。

（二）以文化建设为主线，通过文化建设，抚慰和引导心灵，消除消极文化心态产生的主要因素

首先，提升文化自觉。文化自觉是指生活在特定文化历史圈子的人对其文化有自知之明，并能够充分认识其发展历程和未来。换言之，是文化的自我觉醒、

自我反省、自我创建。提升文化自觉，有助于抵制消极文化心态。如要提升文化自觉，就要根据不同群体的文化需求，营造不同的文化归属感。例如，对于进城务工农民群体，需要“再造乡里”的智慧和勇气，帮助其在乡里文化中找到认同和归属。另外，现代化过程不可逆转，还要提升对现代化文化的理解和认同。现代化文化是一种新的外来文化，它的重要特征表现为科学性和社会分工。这一方面要求提升各群体的科学文化水平，另一方面，要使群体更深刻地理解社会角色转换的作用及意义，从而不致在过于频繁的“社会角色漂移”过程中失去文化自觉。提升文化自觉，也要满足各自群体的文化需求，特别是要转变文化满足方式，避免因“精英式”的文化心态而远离不同群体的真实文化需求。文化需求的满足，可加强对文化的理解和反思，从而实现文化的自我觉醒、自我创建与自我反省。反之，文化需求得不到满足，文化自觉也就难以提高。

其次，营造积极文化氛围，培养积极文化心态。针对不同群体所面临的问题，塑造积极文化心态。树立积极的人生目标。心理学研究表明，人的心态由目标和价值取向所决定。人是否感到生活有意义取决于生活是否有目标，是否能产生自我效能感。同时，努力实现目标的过程可帮助人们应对各种日常生活问题，促使人在社会生活和困境中能够保持最佳状态；培养积极进取心。人实现开拓创新的基础便是积极进取，它是弘扬和培育民族精神的重要内容，也是健全人格的起点，它也可称为积极人格特征；引导人生境界不断完善。注重完善自我，才会形成高尚的品德、健全的心理、刚强的信念、百折不挠的意志和快乐向上的行为。

最后，培育社会主义核心价值体系，着眼于从深层次上有效引导消极文化心态。人们评价事物和现象的基本准则与个性倾向性的内核是价值观，价值观是人们行为举止的最高调节器，它对人的心理意识具有质的规定性，一旦形成，将制约、影响整个心理活动。社会的核心价值观就是为大多数人所认同的、共同的价值取向，为每一个社会成员的发展路向与思想行为提供根本的价值导向。如果一个社会没有共同的理想和共同的价值追求，价值观念体系的激烈冲突就会导致社会失去和谐发展的精神根基。社会核心价值观一方面引导积极文化心态，另一方面克服消极文化心态。文化心态的良性发展，给大学通识教育带来文化沃土。

（三）以社区建设为依托，通过社区建设，提升个体自主，消除消极文化心态产生的关键性因素

随着社会转型，社区结构的功能日益显现。具体指“单位人”变为“社会人”后，生活的社区从单纯的生活居住区逐步演变为多功能的社会共同体。在城市的转型时期，市民的意识正在觉醒，他们开始关注社区，并对社区施加前所未有的影响。

但与此同时，转型时期的城市社会问题也逐渐增多，社会管理难度增加，社会上“无单位归属人员”的数量大幅上涨，外来人口数量增多、流动性增强；在城市化与现代化过程中，熟人社会成为陌生人社会，传统的邻里关系性质也发生了彻底改变。社区结构的功能显现与提升个体自主是紧密相连的。现代社区的基本特征就是它相对独立于政府系统之外，并且在社区生活中实行价值整合式的民众自治，这种立足于“自治精神培育”的组织的形成是建立在个体自主的基础上的。

加强转型时期的社区建设，对于提升个体自主，消除社会消极文化心态具有关键性作用。而具体的做法有以下两点。

首先，通过社区建设，完善民生法治，拓宽群众保障自身权益的渠道。安抚、改善、调整消极文化心态的必要方法是有效疏通民意诉求渠道。要以社区为基础，不断完善传统的利益诉求渠道。在社区中设立民意直通车；通过社区不断开展将新阶层人士纳入体制内的各种代表会议，以达到提升其诉求表达的畅通程度和影响公共政策的程度的目的；在社区实施信访接待任务，革新信访接待方式方法；在完善传统利益诉求渠道的基础上，通过利益诉求在政策设计、执行链条过程中的位置前移，建立社区组织的利益诉求渠道。例如，在社区管理中，建立居民议事委员会制度，用制度来维护居民的表达权；借鉴先进经验，拓展社会资本，以各类社会组织满足利益诉求和代表弱势群体发出声音。

其次，通过社区建设，建立有效的心理疏导机制，营造和谐幸福的社区氛围。第一，在社区中设立常规性的民众心态调查机构和活动。通过调查研究，切实解决人们普遍关心的难点、热点问题。要特别注意对民众满意度、信心指数、价值观变化、行为取向的监测和研究，然后针对民众的情绪指向解决具体问题，尤其是群众普遍关心的问题。第二，在社区中设立有效的心理疏导机构。政府必须在社区中设立专业心理治疗师组织，及时对公众进行心理治疗和疏导。在心理治疗和疏导过程中，心理治疗师要引导个体正确认知自身在社会中的位置。第三，在社区建设中，应注重亲缘关系培育和发展，建立消极文化心态的逆向导引机制。个体通过对兴趣爱好的培养和发展，反向调节消极文化心态；通过泛群体亲缘关系的培育和发展，增加不同群体间的理解和宽容，缓和社会关系，营造和谐幸福氛围，助力大学通识教育发展。

第三节　大学通识教育目标设定

受冷战思维的影响，国际政治斗争主要集中于政治军事和意识形态层面，在此状态下，文化作为一种潜在的隐性状态对国际政治产生影响。自冷战以后，国际形势也发生了天翻地覆的变化，国际格局多极化，教育成为国际政治中无形的“软权力”，对教育的争夺也成为现如今国际政治中一个明显的特点。随着文化消费发展、文化政策改革和文化人口概念的提出，中国大学通识教育迎来了新的发展契机，也为新时代大学通识教育的目标设定提出了新挑战。

一、大学通识教育的目标论

（一）教育国力论

教育国力是综合国力的一部分。综合国力，又称为国家力量或“国家权力”（西方现实主义国际政治理论称其为国家权力）。人们一般认为，国家力量由物质和精神两个层面构成，作为人类精神财富累积的文化，是国家精神力量的重要组成部分。综合国力是主权国家赖以生存和发展的全部实力及国际影响力的总和，它包括物质和精神两种力量，而教育实力是国家综合国力的重要构成。

教育国力有多种表现形式，渗透力为其中一种。教育具有渗透力指的是教育在政治、经济、军事各个领域中的渗透。当今世界，教育与经济和政治关系密切、难以分离，其在新时代的综合国力竞争中扮演着越发重要的角色。当今经济政治文化一体化趋势的显著特征是教育经济化、政治化。大学通识教育的发展有助于提升人们的综合素质，为增强国家综合国力奠定了基础。

凝聚力为教育国力的又一种表现形式。江泽民同志把凝聚力与经济实力、国防实力并列为综合国力的三个组成部分。“一个民族、一个国家，如果没有自己的精神支柱，就等于没有灵魂，就会失去凝聚力和生命力。有没有高昂的民族精神，是衡量一个国家综合国力强弱的一个重要尺度。综合国力，主要是经济实力、技术实力，这种物质力量是基础，但也离不开民族精神、民族凝聚力，精神力量也是综合国力的重要组成部分。”[①]民族文化是民族精神赖以存在的深厚土壤，而民族精神是民族文化的核心与灵魂，它决定着本民族大多数成员的思维方式、行为选择和价值判断。凝聚力体现为各民族是否拥有共同的理想、信念，保持一个高昂的精神状态；表现在各民族共同体是否具有高度的内部整合力和向心力。

教育国力的表现还可以是教育吸引力和感召力。教育实际上就是一种软实力，因为教育能够体现出这样的吸引力与感召力，所以我们才称之为软实力。教育的感召力往往是一个国家制度的优越性、意识形态的号召力的表现。美国前任助理国防部长约瑟夫·奈（Joseph Nye）则认为追根究底，在政治制度上的民主化、经济体制上的市场化是美国文化存在吸引力的原因，隐藏其背后的是在整个世界

① 中共中央文献研究室. 十五大以来重要文献选编（上）[M]. 北京：人民出版社，2000：549.

范围内美国模式存在的吸引力与感召力。江泽民提出“努力建设我国的先进文化，使它在全国人民乃至世界人民中间具有强大的吸引力和感召力，与努力发展我国的先进生产力，使我国加快进入世界先进生产力发达国家的行列，都是我们实现社会主义现代化的战略任务”①。

（二）教育利益论

大学通识教育的目标在于平衡和处理好各种教育利益关系。如果要分析国家行动，那么就先要分析国家利益的基本概念。教育是国家利益不可分割的一部分。马克思曾在谈“关系”时说到，凡是有某种利益关系存在的地方，这种关系都是为“我”而存在的。此处的国家利益是相对于国家主体来而言的，而一个国家共同体存在的前提是对民族教育身份的认同，这样的一种认同也是国家共同体意义的来源、利益的依据。因为教育主权是国家主权的一部分，也是国家教育利益的核心之一。而且当今时代的基本特征之一为全球化，在这个宏观背景下的国家利益矛盾基本上也表现为国家文化利益的矛盾，经济利益的矛盾常常蕴含着各种教育价值观念的对立。全球化在突显了国家教育利益的战略地位的同时，也使其间的矛盾变得更为严重。美国的“教育主权”意识也在不断加强，把教育上升到国家利益的高度并纳入国家的战略视野之中。在当代无论哪一个国家，没有不把民族精神的涣散和民族认同的瓦解视为国家安全的重大威胁。如法国对保护民族语言这项工作是格外重视的，有些伊斯兰国家对西方世俗教育是格外抗拒的，无不显示了对国家利益和国家安全的教育体察。在我国，占据主导地位的马克思主义意识形态和民族教育的健康发展正面临着西方教育扩张和教育霸权的严峻挑战，为此，维护我国教育安全的课题势必提上日程。习近平总书记曾在2016年首个全民国家安全教育日（4月15日）到来之际提出，实现中华民族伟大复兴的中国梦，保证人民安居乐业，国家安全是头等大事。要以设立全民国家安全教育日为契机，以总体国家安全观为指导，全面实施国家安全法，深入开展国家安全宣传教育，切实增强全民国家安全意识。②这表明了随着全球化深入发展、对外开放不断扩大，急需不断地提升教育安全在国家战略中的地位。

（三）和谐世界论

大学通识教育提供文化和人文素养，培养人们和谐的思想。正因为教育作为

① 人民网. 第七次全国文代会、第六次全国作代会开幕 江泽民发表重要讲话[EB/OL]. http://culture.people.com.cn/GB/22226/234018/16420473.html（2011-11-28）[2018-09-14].

② 新华网.“平语”近人——习近平谈国家安全[EB/OL]. http://www.xinhuanet.com/politics/2016-04/15/c_128892192.htm（2016-04-15）[2018-09-14].

综合国力在竞争中的地位日益凸显，正因为教育利益不断成为国家利益的核心之一，教育被视为一种“软实力”和国家利益在西方国家愈加受重视，加大对全球的教育输出及教育影响越来越被作为一种西方自觉的战略。这导致了各种文明之间的冲突和国际文化秩序的不平等。如何建立一个教育新秩序是一个发展中国家急需面对的一个重要课题。江泽民同志认为中国应该积极参与构建国际文明秩序，他在不同的场合指出，世界是丰富多彩的。各个国家历史发展道路是不尽相同的，各个国家的文化背景、社会制度与价值观念同样存在很大差异，以各种各样的方式生活着。这种多样性让这个世界充满竞赛、活力和创新。各个国家要增强彼此之间的沟通、交流与了解，让各国的共同发展建立在相互尊重和平等相待的基础上。胡锦涛同志在联合国成立 60 周年首脑会议上的演讲中首次系统地提出了建设“和谐世界”的目标，和谐世界进一步反映了中国对世界秩序建构的总体看法，同时包括了我国对建构世界文明秩序的总体看法和基本原则。“文明多样性是人类社会的基本特征，也是人类文明进步的重要动力。在人类历史上，各种文明都以自己的方式为人类文明进步作出了积极贡献。存在差异，各种文明才能相互借鉴、共同提高；强求一律，只会导致人类文明失去动力、僵化衰落。各种文明有历史长短之分，无高低优劣之别。历史文化、社会制度和发展模式的差异不应成为各国交流的障碍，更不应成为相互对抗的理由。”“我们应该尊重各国自主选择社会制度和发展道路的权利，相互借鉴而不是刻意排斥，取长补短而不是定于一尊，推动各国根据本国国情实现振兴和发展；应该加强不同文明的对话和交流，在竞争比较中取长补短，在求同存异中共同发展，努力消除相互的疑虑和隔阂，使人类更加和睦，让世界更加丰富多彩；应该以平等开放的精神，维护文明的多样性，促进国际关系民主化，协力构建各种文明兼容并蓄的和谐世界。”[①]和谐世界理念一提出，就在国际上引起强烈的反响，反映了世界各国人民共同的心声。

习近平总书记关于世界的和谐发展有过诸多重要的论述，其核心思想是世界的和平与发展，提出了“命运共同体”的重要概念。从习近平总书记的系列讲话中，我们能够学习和领悟到其中的深层意义，并寻找到为通识教育发展提供借鉴的相关论述或思想。2013 年 1 月 28 日，在中共十八届中央政治局就坚定不移走和平发展道路进行第三次集体学习时，习近平总书记提到，我们应坚定不移走和平发展道路。我们要“以邓小平理论、‘三个代表’重要思想、科学发展观为指导，加强战略思维，增强战略定力，更好统筹国内国际两个大局，坚持开放的发展、合作的发展、共赢的发展，通过争取和平国际环境发展自己，又以自身发展

① 人民网. 胡锦涛在联合国成立 60 周年首脑会议上的讲话[EB/OL]. http://politics.people.com.cn/GB/1024/3699888.html（2005-09-16）[2018-09-14].

维护和促进世界和平，不断提高我国综合国力，不断让广大人民群众享受到和平发展带来的利益，不断夯实走和平发展道路的物质基础和社会基础。”“中国人民怕的就是动荡，求的就是稳定，盼的就是天下太平。”“我们要坚持走和平发展道路，但决不能放弃我们的正当权益，决不能牺牲国家核心利益。”[①]2013 年 3 月 23 日，习近平主席在俄罗斯莫斯科国际关系学院做了题为《顺应时代前进潮流，促进世界和平发展》的演讲，演讲中提到，“这个世界，和平、发展、合作、共赢成为时代潮流，旧的殖民体系土崩瓦解，冷战时期的集团对抗不复存在，任何国家或国家集团都再也无法单独主宰世界事务。”“这个世界，各国相互联系、相互依存的程度空前加深，人类生活在同一个地球村里，生活在历史和现实交汇的同一个时空里，越来越成为你中有我、我中有你的命运共同体。”“要跟上时代前进步伐，就不能身体已进入 21 世纪，而脑袋还停留在过去，停留在殖民扩张的旧时代里，停留在冷战思维、零和博弈老框框内。”“面对国际形势的深刻变化和世界各国同舟共济的客观要求，各国应该共同推动建立以合作共赢为核心的新型国际关系，各国人民应该一起来维护世界和平、促进共同发展。”[②]此次主题演讲的意义十分重大，释放出我国参与、践行和推动世界和平发展的核心理念与信心。随后，习近平主席在访问哈萨克斯坦和印度尼西亚等国时均发表了有关世界和平发展的演讲。

2014 年 3 月 27 日，习近平主席在联合国教科文组织总部发表演讲，再次强调了我国推动世界和平发展的信念和目标。文明交流互鉴，是推动人类文明进步和世界和平发展的重要动力。应该推动不同文明相互尊重、和谐共处，让文明交流互鉴成为增进各国人民友谊的桥梁、推动人类社会进步的动力、维护世界和平的纽带。中国人民将按照时代的新进步，推动中华文明创造性转化和创新性发展，让中华文明同世界各国丰富多彩的文明一道，为人类提供正确的精神指引和强大的精神动力。值得注意的是，其中提到对中华文明进行创造性转化和创新性发展的部分，对于今后我国大学通识教育的发展是极具指导意义的。此后，习主席在中法建交 50 周年纪念大会（2014 年 3 月）、德国科尔伯基金会（2014 年 3 月）、中国国际友好大会暨中国人民对外友好协会成立 60 周年纪念活动(2014 年 5 月)、和平共处五项原则发表 60 周年纪念大会（2014 年 6 月）、中国－拉美和加勒比国家领导人会晤（2014 年 7 月）、美国白宫南草坪欢迎仪式（2015 年 9 月）、美国纽约联合国总部举行的第 70 届联合国大会（2015 年 9 月）、二十国集团工商峰

① 中国共产党新闻网. 更好统筹国内国际两个大局，夯实走和平发展道路的基础[EB/OL]. http://cpc.people.com.cn/xuexi/n/2015/0721/c397563-27337509.html（2015-07-21）[2018-10-28].

② 中华人民共和国中央人民政府. 国家主席习近平在莫斯科国际关系学院的演讲（全文）[EB/OL]. http://www.gov.cn/ldhd/2013-03/24/content_2360829.htm（2013-03-24）[2018-10-28].

会开幕式（2016 年 9 月）、世界经济论坛 2017 年年会开幕式（2017 年 1 月）、联合国日内瓦总部共同构建人类命运共同体的演讲（2017 年 1 月）、中国共产党第十九次全国代表大会（2017 年 10 月）、上海合作组织成员国元首理事会第十八次会议（2018 年 6 月）等多个国内国际场合表达了我国在和平发展上的立场。世界的和平发展离不开每个国家的贡献，但是中国作为发展中国家的典型代表，自然承担着不同于其他的责任和义务，如何将上述和谐世界论的思想注入中国大学的通识教育中，是接下来高等教育内涵式发展中必须解决的问题。

（四）教育创新论

创新是一个民族的灵魂，而创新的发展需要依靠教育。教育创新又需要通识教育作为基础。江泽民同志曾说："世界多极化和经济全球化的趋势深入发展，引起世界各种思想文化，历史和现实的、外来的和本土的、进步的和落后的、积极的和颓废的，展开了相互激荡，有吸纳又有排斥，有融合又有斗争，有渗透又有抵御。总体上处于弱势地位的广大发展中国家，不仅在经济发展上面临严峻挑战，在文化发展上也面临严峻挑战。"①保持和发展本民族教育的优良传统，大力弘扬民族精神，积极吸取世界其他民族的优秀教育成果，实现教育的与时俱进，是关系广大发展中国家前途和命运的重大问题。要实现教育的与时俱进，关键是教育创新。创新乃是一个民族进步的灵魂，是一个国家兴旺发达的不竭动力，同时也是一个政党永葆生机的源泉。在建设中国特色社会主义的事业中要坚持不断地创新。创新包括理论创新、制度创新、科技创新、教育创新及其他各方面的创新。创新是教育的本质和灵魂。无论是哪一个民族，教育的生命力、延续力依赖于其自身与时俱进的不断创新。我党以代表中国先进文化的前进方向来对建设具有中国特色社会主义的文化提出新的要求。

中国文化的先进性体现在创造精神之中。首先，要"继承优良传统而又体现时代要求"②，正如江泽民同志在庆祝中国共产党成立七十周年大会上的讲话中所说："中华民族是有悠久历史和优秀文化的伟大民族。我们的文化建设不能割断历史。对民族传统文化要取其精华、去其糟粕，并结合时代的特点加以发展，推陈出新，使它不断发扬光大。"③胡锦涛同志也指出，"我们要发扬与时俱进的时代精神，坚持古为今用、推陈出新，大力发扬中华文化的优秀传统，大力弘扬中

① 中国共产党新闻网. 江泽民论科学发展[EB/OL]. http://theory.people.com.cn/GB/68294/137721/8281147.html（2008-11-04）[2018-09-14].

② 人民网. 江泽民同志在邓小平同志追悼大会上致悼词（1997 年 2 月 26 日）[EB/OL]. http://www. people.com.cn/GB/shizheng/252/7443/7446/20020209/667248.html[2019-01-15].

③ 江泽民. 在庆祝中国共产党成立七十周年大会上的讲话[EB/OL]. http://www.china.com.cn/guoqing/2012-09/13/content_26747927.htm（2012-09-13）[2018-09-15].

华民族的伟大精神，使中华民族的优秀文化成为新的历史条件下鼓舞我国各族人民不断前进的精神力量”。[①]其次，教育的创新需要集思广益，在多样性的世界文化的相互激荡、相互碰撞中砥砺前进，从而相互理解、相互借鉴。

中华民族是具有悠久历史和独创精神的伟大民族，是善于借鉴人类社会进步中一切优秀文明成果的伟大民族，更是经得起任何风浪考验的伟大民族。改革开放以来，党和国家领导人都非常重视学习和汲取世界文明的一切优秀成果，强调中国先进的文化是博采众长的和面向世界、面向未来的创新文化。我们还必须积极吸收人类所创造的一切优秀文化成果，把它熔铸于有中国特色社会主义的文化之中。中国文化只有深深植根于中国大地和依靠人民的力量，才能面向现代化，面向世界，面向未来，教育改革与发展更是要体现这样的精神。[②]胡锦涛同志指出：“要坚持从我国国情出发，坚持以我为主、为我所用，辩证取舍、择善而从，积极吸收借鉴国外文化发展的有益成果，更好地推动我国文化的发展繁荣。一切有利于加强我国社会主义文化建设的有益经验，一切有利于提高我国人民精神境界的文化成果，一切有利于发展我国社会主义文化事业和文化产业的管理方式，都要积极研究借鉴。”[③]

习近平总书记在谈及有关建设中国特色哲学社会科学的体系时曾强调：要善于融通中华优秀传统文化的资源。文化是一个民族的血脉，是一个民族立世之本，也是推动民族发展的内在动力。不忘历史才能开辟未来，善于继承才能善于创新。[④]中国特色哲学社会科学体系的建设，对于今后我国的文化强国、教育强国建设，都具有不可取代的地位和作用。

二、中美两国的文化政策选择及差异

（一）美国的文化战略及目标

美国没有文化部或文化局，也并无一套公开、完整、系统的文化政策，从政府法律文化和官员的讲话中，更是找不到“文化政策”这个词。实际上，美国无疑是一个具有全球及全方位战略意识的大国。美国整个国家战略及其政治、外交、军事、经济和贸易政策均反映着美国的文化政策，其在文化方面的政策也是为国家利益服务的。

① 胡锦涛. 卷首——胡锦涛总书记在中共中央政治局第七次集体学习时的讲话[J]. 民主，2003，(8)：1-1.

② 人民网·中国共产党新闻网. 教育要面向现代化，面向世界，面向未来[EB/OL]. http://cpc.people.com.cn/n1/2017/0208/c69113-29066863.html（2017-02-08）[2018-09-14].

③ 胡锦涛. 在十六届中共中央政治局第7次集体学习时的讲话[N]. 人民日报，2003-08-13.

④ 央广网. 习近平：构建中国特色哲学社会科学[EB/OL]. http://news.cnr.cn/native/gd/20160522/t20160522_522207042.shtml（2016-05-22）[2018-09-14].

美国文化战略的重要特点是文化战略与国家利益紧密结合在一起。美国所有外交政策都是基于整个美国的国家利益；文化战略的基础同样是国家利益，而文化是国家利益的一个组成部分。美国国家利益研究委员会（The Commission on America's National Interests）在其《美国国家利益》（*America's National Interests*）报告中，把美国的国家利益区分为四个等级：致命利益、极端重要利益、重要利益、次要利益。在后三种级别的利益中都有文化利益的内容，如“促进西半球的民主和繁荣”（极端重要利益）；“在具有战略重要性的国家里，促进多元化、自由和民主的发展”，“在国际信息传播中保持领先地位，确保美国价值观继续积极地影响其他国家的文化”（重要利益）；“促进民主制度在全世界的发展”（次要利益）。而以“文明冲突论”著名的美国学者亨廷顿更是认为：“国家利益来源于国家民族身份，在知道我们的利益之前，必须先弄清楚我们是谁”[①]，它体现出对美国民族身份（认同）中文化的高度关注和焦虑。

美国文化战略的核心目标，对内而言就是维护主流价值观念，塑造民族文化身份，保护文化产业竞争力；其实施手段和政策是增加对文化事业的投入；鼓励各种非政府组织（如基金会）投资文化事业；促进文化产业竞争，防止垄断；保护文化遗产。[②]

输出美国式的价值观念便是美国对外进行的文化外交。在对外关系方面，美国输出的意识形态最主要谋求资本主义和自由民主，前者体现为自由竞争的市场经济及市场力量，后者体现为竞选政治及政治多元化。其他的也会对美国的生活方式进行输出。主要的方法为：①新闻宣传。在美国人看来，无线电广播和电影的宣传是一种“快媒介”，能够对其受众产生显著的影响，改变民众对于一些问题的见解和他们的政治态度。②文化产品输出。通过某种文化产品的形式出现并进入流通市场，最后成为社会贸易活动的一部分，这就是冷战时期和现在美国对外文化战略的强有力手段。③文化教育交流。美国把以人员、图书、教育、艺术等方式进行的文化交流称为“慢媒介”，它所产生的最主要的作用是影响精英人物，着眼于长期的文化调整。④其他手段。如外援项目、投资项目、对外文化援助等，如“和平志愿者项目”，把本国教师、传教士、医生派遣到海外从事志愿工作，这里面既包含了美国真诚友好的部分，当然也有美国对本国利益的考虑，这也产生了一个有利的作用，就是美国的价值观和其意识形态在全球得到了更好的传播。

美国很看重文化外交，强调对外施加文化影响与从事文化渗透活动。从历史上

① 亨廷顿. 美国国家利益的侵蚀[M]//张玉国. 国家利益与文化政策. 广州：广东人民出版社，2005：117.

② 关于美国、加拿大文化战略与政策的资料参见张玉国. 国家利益与文化政策[M]. 广州：广东人民出版社，2005；李怀亮. 当代国际文化贸易与文化竞争[M]. 广州：广东人民出版社，2005.

来看，美国在实现国家利益方面，往往是有目的、有计划地把文化权力作为实现这个目标的一种特别的方式，而且国家的对外政策是通过制定、实施文化战略去实现的。美国在正式参加第二次世界大战之前，就已经预感到自己会在世界这个大舞台上承担一个秩序制定者的重要角色，并且国家决策层方面就已经着手讨论在战后的世界政治中，美国在对外文化关系方面应该扮演的角色、承担的责任、发挥的作用和实施的政策，美国国务院为此制定了对外文化战略，提出了一份关于战后美国对外文化工作的政策纲要备忘录。[①]它不仅从美国对外文化关系的历史经验中提出了“文化外交”这一崭新概念，第二次世界大战以后，新经济自由主义和个人主义的保守主义结合在一起的新自由主义从思想理论转变为一系列的政策实践，并逐步成为美国的国家政策取向。[②]无论是在冷战时期还是在后冷战时期，美国一直存在并实施着它的对外文化战略。后冷战时期，美国更为注重文化影响，特别是其产生的作用，也更加自觉地将文化看作一种软权力，并且以更加全面的文化输出，不断地对其他国家施以影响，企图将世界的多元化转化为一个以美国价值标准为标准的世界，“实现冷战后美国统治下的和平”[③]。

这种战略的哲学基础来自美国历史文化中的“例外论”和“天定命运”。早前美国人的天赋使命思想源于基督教的救世思想，并随着早期移民不断传入新大陆，并在开发新大陆的过程中逐渐被赋予新的含义，最终变成美国文化价值观的主要内容，并在美国对外政策中逐步彰显。美国领导人经常谈对世界的责任、义务和使命便是这种心态的反映。

为了有效地实施其文化战略和文化政策，美国建立了一个大文化的发展组织机构体制。它基本上由国家政府部门、第三部门和私人部门构成一个三维体制。国家政府部门可分为国会系统（众议院预算委员会、众议院财政委员会、众议院国际关系委员会、参议院财政委员会、参议院外交委员会）和联邦政府系统（国务院教育和文化事务局、联邦贸易委员会、商务部、贸易代表办公室、联邦通信委员会、总统文化资产顾问委员会、国土文化安全局、国际广播局、全球传播办公室、贸易信息中心、美国之音），它们都参与文化政策的制定。第三部门则由各种行业协会（如美国学术联盟协会、美国国际教育协会、国际教育和文化联盟、美国博物馆学会、美国文化交流协会、美国国家网络化文化遗产倡导组织、美国电影协会）、基金会（如国家艺术基金会、国家人文基金会，以及私人基金会如福特基金会、洛克菲勒基金会）、文化政策研究机构（包

① 刘永涛. 文化与外交：战后美国对外文化战略透析[J]. 复旦学报（社会科学版），2001，(3)：62-67.
② 常云昆. 新自由主义的兴起与华盛顿共识的终结[J]. 人文杂志，2004，(5)：74-78.
③ 王晓德. 试论冷战后美国对外“输出民主”战略[J]. 世界经济与政治，1995，(12)：48-53.

括各种智囊团和高等学校研究机构）组成。私人部门则由各种媒体产业集团构成。这些私人部门虽然号称新闻自由，但是也有配合国家文化战略的义务，如1961年2月，美国总统国外宣传活动委员会在一份报告中指出“思想战”必须调动国内甚至国际上一切可被利用的“兵种”，诸如新闻广播、图书出版、电影、电视、音乐、舞蹈、戏剧、文学、美术、教育、体育、卫生与科学技术等各个方面。同年10月，肯尼迪政府送给好莱坞一份备忘录，明确要求美国电影进一步配合政府的全球战略[①]。总之，政府部门、公共组织、私人部门构成美国文化政策的多维谱系。这三种角色有利于美国文化政策产生一定的活力。美国政府部门是文化政策的制定和执行机构，是文化政策谱系的核心成员；公共组织利用投资和游说、民间文化活动的发展等方式对政府决策过程产生影响；美国文化政策知识和人才储备由智囊团和大学学术研究中心提供，进行政策分析、研究和评估，从而保证政策制定与执行达到最佳效果；文化产业部门则负责把各种文化产品输向世界各地。

（二）中国文化战略的选择及目标

中国共产党作为中国工人阶级、中国人民和中华民族的先锋队，从诞生之日起，就表现出强烈的文化自觉意识。90多年来，“从中国共产党对文化问题的认识历程来看，我党完成了从革命文化到建设文化再到先进文化范式的转型；对文化功能的认识也经历了从工具理性到价值理性再到二者内在统一的转变；对文化的战略地位的认识也是一个不断提升的过程，这充分体现了中国共产党人高度的文化自觉意识”[②]。虽然现时我党对文化的战略地位有了深刻的认识，在实施层面上也有一些有力的措施，但是跟中国正在成为世界经济大国的实力相比，跟中国在世界政治的大舞台上正处于一个大国地位相比，跟中国在源远流长的历史长河中所创造的博大精深的优秀文化曾经给世界带来的深远影响相比，跟中华民族的伟大复兴的要求相比，我们国家的文化国力目前还是比较落后的，中华文化的现时影响力还相对有限，而且在国际文化秩序中，中国在国际话语体系中的话语权还处于比较弱势的地位，中华民族的文化身份和正当文化诉求在世界上没有得到应有的关注、尊重和理解，这也是限制中国经济社会发展，以及在国际社会中发挥更大作用的一个相当重要的原因。

在传统上有着源远流长的历史和广泛世界影响的中国文化在现在的国际社会中处于弱势地位的原因主要有以下几点：一是长期以来经济社会发展水平与西方

① 刘永涛. 文化与外交：战后美国对外文化战略透视[J]. 复旦学报（社会科学版），2001，(3)：62-67.
② 孔德永. 中国共产党文化战略的流变[J]. 山东科技大学学报（社会科学版），2004，(2)：30-33，37.

发达国家相比存在不小差距，客观上影响了中国文化的吸引力和关注度；二是长期的闭关锁国政策和新中国成立初期的封闭自守状态使世界了解中国、了解中国文化的机会受到制约；三是近代以来形成的积贫积弱的局面和激进的反传统思潮造成了传统文化的认同危机和文化自卑情结，影响了中国文化的推广；四是在国际文化传播格局中，在媒介权力关系、文化产业实力等方面受制于人，中国在世界上的形象包括文化形象，基本上是由他者来描述的，中国自己的声音被埋没在西方强势话语的巨大洪流里。

文化战略研究是我们当前应该着手去加强的，而且还要给 21 世纪的中国文化发展理清思路、制定正确的策略。21 世纪中国文化战略的制定和实施，不但直接关系到国家文化实力的提高，而且与国际文化力量对比的调整有着密切的联系，与新的国际文化关系的重构和国际文化新秩序的建立紧密联系，与 21 世纪中国文化在世界上所处的地位和实现中华民族的伟大复兴更是紧密相连。当前，文化战略构建的基础不断获得中国的国际地位和国家力量的支持，博大精深的文化传统为文化的发展提供了强有力的潜在保证，当代中国先进文化的发展则为中国文化战略的持续发展提供了保障，尤其是我党在全球化的背景下对文化发展作出的战略判断，为文化战略的制定提供了思想兼理论基础。

因此，制定国家战略的基本原则就是要从国家的利益出发。而从制定文化战略的角度上来说，它以分析国家文化利益为基础。分析我国的现状、国家核心文化利益应该包括中华民族文化共同体的维系、文化创造力的培育、文化软实力的辐射等方面。

1. 文化共同体的维系

政治共同体和民族共同体的有机结合是现代民族国家建设中的重要目标和任务。民族国家共同体的维系一直是国家利益的核心。构建公民身份意识与民族身份意识，强调民族国家共同体的纽带，始终是民族国家文化建设的主要任务，也是国家文化利益的核心。在全球化时代，民族国家的地位虽然有所削弱，但是世界体系构建的基本单位仍旧是民族国家，全球化不仅为民族国家的发展带来机遇，也引来了严峻的挑战，每个国家都无可避免地要尽自己最大的力量去进一步强化这种认同。从现代意义上来说，文化、民族与国家之间的关系是相互联系的、密不可分的，任何人、任何事都不能将其分割开来。文化是民族和国家认同的基础和联系的桥梁，没有统一的文化就没有统一的民族和国家。反之，没有独立的国家又何谈完整的文化呢？因为文化危机会产生民族文化的迷茫和消沉，会使民族和国家失去文化认同，这不但是一个民族开始走向衰落的前兆，而且蕴含和潜伏着国家危机。通过世界各国不同立场的理论家的一系列研究结果，我们可以知道，文化共同体的建构对民族国家的生存发展有着深远的影响。

就公民身份意识而言，文化共同体的构建并不是无足轻重的，对政治共同体的建构和维系，是有重要作用的，公民共同体和现代意义上的政治共同体是不可分割的。作为一个政治实体的国家，需要民族信仰、物质资源和经济体系等作为凝聚其生存和发展的力量，民族信仰的作用尤其重要。而作为文化载体的价值观念、政治理念、哲学思想、法律制度、伦理规范、宗教信仰都是进行政治整合与形成民族和国家凝聚力的重要因素。从政治合法性的角度看，一个政权往往为了维护并保持其利益或达到其政治目的，通常需要维持并保护一种认同，从而来让它的政权变得合法。而文化便以它的价值整合、导向和认同作用被当作一种有利用价值的政治资源，成为政治合法性的一个依据。

一个民族的文化身份对于认同和维系一个民族共同体而言，更是息息相关的。如果没有民族共同体这样一种文化身份意识，便不能形成民族的自我意识，也不能确定自身的利益，就更不用谈培养自己的归属感了。民族文化身份是民族意义的来源和民族利益的根据，民族精神、共同理想、精神支柱、价值追求乃至道德伦理都是建立在这种意义基础之上的。政治认同感对国家的合法性的重要性有时比具有文化认同感的民族认同要弱很多。

世界各国通过实践证明，文化共同体建构是极为重要的，国家是公民身份意识和民族文化身份意识塑造的重要推动者。国家通过铺设各种机构和制定各种制度来整理、开发、储备这种文化，同时依靠大规模动员各种资源来为这种文化在整个人口传播中提供保障。国家文化利益的核心就是文化共同体。

2. 文化创造力的培育

全球化时代是一个竞争的时代，这样的竞争是全面的。一方面，竞争遍及经济、政治、军事和文化各个领域；另一方面，文化、经济、政治、军事的竞争并不是相互独立的，它们紧密地交织在一起。一个国家的文化竞争力依托并渗透在它的经济、政治和军事实力之中。文化竞争力究其根源是它的文化创造力。文化创造力“渗透于文化的生产、消费和传播的各个方面，是文化生产、消费和传播的灵魂和动力”①。现如今，存在一种认识的倾向便是认为文化霸权是以一个国家的政治、经济、军事为基础，通过自己国家的文化产业的实力，尤其是媒介控制权和话语权而形成的。的确，在一定程度上，媒体话语权与文化霸权是一致的，但是这种看法容易导致人们错将对话语权的掌握看成是文化霸权的最主要因素，而忽视了

① 周薇，田丰. 广东建设文化大省的理论与战略[M]. 广州：广东人民出版社，2006：29.

其主要原因在于霸权文化自身所具有的创造力。从长远观点来看，媒介话语权并不构成文化本身的竞争力，也不构成一种真正的软实力。真正的文化实力在于其文化创造力，“文化创造力渗透在人的文化活动的一切方面，集中体现为知识的创造和价值的创造”[①]。技术水平和产业运作，作为一种手段固然十分重要，但是文化的吸引力和认同感要通过人们自愿接受来实现，如果文化内容没有创造力和吸引力，文化的“消费”认同就不能实现。因此，一个国家的文化实力往往都是源自本国的文化创造力，保护和开发本国文化的创造力也越来越成为各个国家的普遍选择。

3. 文化软实力的辐射

文化软实力实际上就是美国学者约瑟夫·奈所称的“软权力”或“软力量”。软实力是“使他人想你之所想，欲你之所欲”（getting others to want the outcomes that you want），是一种同化式（co-optive）的实力。“这种左右他人意愿的能力与文化、意识形态以及社会制度等无形力量紧密相关。”“一个国家文化的全球普及性和它主宰国际行为规范而建立有利于自己的准则与制度的能力，都是它重要的力量来源。”[②]在全球化时代，文化软实力在国际关系中的重要性不言而喻，它有着重大的战略意义。20 世纪 80 年代在世界范围内全球化越来越凸显的背景下，国家间的经济、政治、文化交往也越来越频繁，各国间的关系不是对立的，各国的相互依存也空前增强，国与国的利益也伴随着全球化的发展密切相联，一些与各个国家的生存和发展密切联系的全球性问题，也非常需要世界各国共同来解决。同时，和平与发展是世界发展的主流思想，也是大部分国家的共同愿望，这一切都决定了国与国之间以协调与合作的方式来解决问题，传统的以经济制裁、政治高压、军事威胁为主要手段的权力运用将受到极大的局限。而文化软实力的辐射对于增强国与国之间的认同，加强各个国家之间的合作与协调的功能是无法被替代的。从具体上来看，文化软实力的主要作用表现为下面几点：国家领导人、领导阶层、国家决策会受到文化的影响。领导人分析问题、作决策都是通过不同文化观念来进行的。提高文化软实力，便可增强影响，进而潜移默化地影响他国的决策。不同文化间的相互认同可提升各国与国民之间的亲和力和信任水平，为合作奠定基础。除此之外，各个国家自己的利益也会受其影响，尤其是文化利益，文化认同可以缓解文化利益的冲突。如身处一个文化圈的不同国家间的文化利益存在的冲突相比较于不同文化圈之间存在的矛盾就少得多。正因为如此，文化既被当作给予国家的合法性资源被加以利用，又被用以作为一个国家外交战略的重

① 周薇，田丰. 广东建设文化大省的理论与战略[M]. 广州：广东人民出版社，2006：35.
② 约瑟夫·奈. 美国定能领导世界吗？[M]. 何小东，盖玉云，译. 北京：军事译文出版社，1992.

要渠道和特殊领域，用以达到“不战而屈人之兵”的战略目的。中国的传统文化一直以来都是以“和”为主要价值目标，这样的理念在当今的国际竞争的形势下，能够发挥其特有的协调、平衡和包容的功能，给处理新形势下各国之间的关系提供了全新的思路和方法。由此可见，提升我国的文化软实力不但能够切合我们的自身利益，增强民族的自信心，而且对于世界其他国家的利益也是没有损害的。

第四节 启示与对策

立足于自己国家的文化利益，各国采取了许多政策和措施，形成了比较有效的体制和机制，这些对于我国文化政策的制定是有借鉴和启发意义的。所以在这里，本书将会在这些经验的基础上提出一些关于我国文化发展战略与相关政策的思考和建议，并为大学通识教育实践提供文化与政策参考。

一、增强文化创造的活力

对内实施文化民主，增强文化创造的活力，为大学通识教育工作的开展提供源源不断的文化资源。无论国家对外是进行文化输出还是实施文化保护政策，在对内的文化战略和政策基本取向上，都具有高度的一致性：为文化的自由创造和竞争提供宽松公平的政策环境和市场环境，激发文化的创造力。美国国内的“文化政策”就是没有文化政策。其反对制定文化政策的观点可以归结为以下三点，首先，完整协调的文化政策会对个人的创造力造成极大的伤害。其次，政府的文化政策决策会很自然地导致政府在文化发展中的过度干预。最后，因为政府的文化使命是顺应私营部门的引导，政府在文化领域没有其他目的，所以不必制定文化政策。①这些观点的理论基础是意见市场理论和多样性原则。但是我们要看到，美国这一政策的根本前提在于美国文化在当今世界处于决定性的强势地位。因此，它对内顺应私有化和自由创造，对外没有必要制定文化保护政策。事实上，在美国还比较弱小的时候，美国也会保护自己的文化，例如，在 1950 年制定的旨在促进文化商品和信息的自由流动与共享的《佛罗伦萨协定》中，美国坚持附加修正性的议定书，规定如果一种文化进口商品与国内商品直接构成竞争而会对后者产生严重危害时，美国可以单方面终止与任何成员方的协定。这样的政策就是为了保护和鼓励当时国内文化的自由发展。相对于同样实施文化保护政策的加拿大，言论自由、选择自由、接触权利、

① Adams D，Goldbard A. Cultural Policy in U.S.History，Cultural Democracy，1986[M]//李怀亮，刘悦笛. 文化巨无霸：当代美国文化产业研究. 广州：广东人民出版社，2005.

文化多样性、合作伙伴 5 个方面被归纳为国内文化政策总的指导原则，也是以激活本土文化的创造力为宗旨。显而易见的是，文化保护的目的是限制其他国家的文化对自己国家文化产生冲击，促进自己国家文化向更加自由的方向发展，只有这样才能够在最后的防线上抵御外国文化产品对自己国家文化市场的冲击。

如前所述，提升我国在文化领域中的创造力，这绝对是我们国家主要的国家文化利益，也是增强中国文化在国际竞争中的竞争力的最根本环节。在如何激活文化创造力方面，我们应善于借鉴他人的成功经验，因此我们可以从发达国家的经验中吸取有益的成果。加强党对文化的领导是十分重要的，但与此同时，逐步完善党对文化的领导方式，在实施必要的行政强力措施的同时，要更加主动地去开拓并建立一个在市场经济条件下文化领导的现代机制和现代操作模式；应该依旧坚持并实施好百家争鸣、百花齐放的基本方针，努力地完善当代中国先进文化；思想和理论是文化创造的灵魂，思想和理论创造力是文化最深厚的底蕴，我们应该加强理论创新，提倡建立一套更加完美且系统、科学的反霸权理论和文化体系，利用思想理论与政府政策之间合理的张力和不同声音，从而发挥理论界独特的功能。

习近平总书记在 2016 年的哲学社会科学工作座谈会上的讲话中指出，“现在，我国哲学社会科学学科体系不断健全，研究队伍不断壮大，研究水平和能力不断提高，马克思主义理论研究和建设工程取得丰硕成果”。但“面对新形势新要求，我国哲学社会科学领域还存在一些亟待解决的问题。比如，哲学社会科学发展战略还不十分明确，学科体系、学术体系、话语体系建设水平总体不高，学术原创能力还不强；哲学社会科学训练培养教育体系不健全，学术评价体系不够科学，管理体制和运行机制还不完善；人才队伍总体素质亟待提高，学风方面问题还比较突出，等等。”①类似的问题阻碍了我国哲学社会科学作为社会和国家整体发展中的“文化”力量发挥其应有的作用。

根据习近平的讲话，我们应该从以下几个方面去解决问题：第一，要加强马克思主义学科的建设。马克思主义为中国的发展带来了巨大的贡献，2016 年 12 月 7—8 日，全国高校思想政治工作会议在北京召开，习近平总书记在会议中强调，“要坚持把立德树人作为中心环节，把思想政治工作贯穿教育教学全过程，实现全程育人、全方位育人。”②。这也充分证明了马克思主义学科在国家可持续发展中的重大作用。第二，要加快完善对哲学社会科学具有支撑作用的学科，如哲学、

---

① 新华网.（授权发布）习近平：在哲学社会科学工作座谈会上的讲话[EB/OL]. http://www.xinhuanet.com//politics/2016-05/18/c_1118891128.htm（2016-05-18）

② 新华网. 立德树人，为民族复兴提供人才支撑——学习贯彻习近平总书记在全国高校思想政治工作会议重要讲话[EB/OL]. http://www.xinhuanet.com/politics/2016-12/08/c_1120083340.htm（2016-12-08）[2018-09-14].

历史学和教育学，打造具有中国特色和普遍意义的学科体系。第三，注重发展优势重点学科。如果想要出拔尖人才，想要建设成世界一流的大学和学科，没有优势重点学科的突出贡献和作用是不行的。第四，加快发展具有重要现实意义的新兴学科和交叉学科，使这些学科研究成为我国哲学社会科学工作重要的突破口。比较教育学作为一个交叉学科特点鲜明的学科，自改革开放以来，为引荐国外优秀的教育理念与实践作出了杰出的贡献，应当继续重视和支持其发展。

二、高度重视公民教育

公民教育是大学通识教育的组成部分。西方近代民族国家在形成过程中逐步产生的重要问题之一就是公民教育，同时这也是资本主义国家确立其政治经济体制过程中提出的文化建设问题。现代的民族国家是一个共同体，了解什么是共同体的公共认同和联系纽带，怎样增强国民的认同感，是发展公民教育的主要任务。公民教育回应的是两种不同的认同。一种是政治共同体的认同，是政治国家的普遍的公民资格身份的确认和自我意识，另一种是民族共同体认同，强化个人对所处的特殊族群和文化的归属意识。历史和现实中的人是有情感的，不是只有理性，人的情感一般与特定的族群和历史文化背景有联系，每个人必须要有文化和族群的归属感，必须要生存在某种文化的共同体之中，否则将没办法形成完整的自我观念。在现代社会，这两种共同体的建构和认同都具有同等的正当性与必要性，也是世界各国普遍实行的国家教育的重要内容，甚至可以说是唯一能够成为国家行为（强制性、公共财政支持）的“政治思想道德教育”。

道德与公民教育制度属于国家行为，是西方国家教育制度的重要构成部分和显著特点。大多数人认为，作为现代教育体制的国家教育制度的形成，和现代国家尤其是民族国家的建构是不可分割的，两者息息相关。现代国家形成的过程是指塑造现代国家的历史过程，它既包括政府的政治和行政机器，以及公共领域政府机构的建立，又包括国家权力合法化和巩固国家独立，以及民族性意识形态和集体信念的形成。欧美国家这一过程发生在18、19世纪，而国家教育制度正是在这个历史时期确立起来的。作为当今国家教育制度重要构成部分的道德与公民教育，在经历了公民教育权从教会控制到国家控制的转变过程后，也逐步纳入国家教育体制，成为正规教育体制中不可或缺的一部分。

民族国家的形成和可持续发展需要国家的凝聚力和公民对国家的向心力，为此国家需要通过教育来形成和加强这种凝聚力和向心力。同时现代国家在法律上承认公民具有平等、自由和民主权利，即以民主主义为基本原理。民主作为现代国家的基本特征和管理方式要求全体公民对国家的组成、职能、各部门的权力及其责任、国家的运行机制有清楚的了解，需要有一种公民美德和公共参与精神，并且这种民族意识、民主意识和公民意识作为一种意识形态是一种公共物品和公共服务，这就要求由国家的公民教育制度来供给。总之，在西方国家，正是基于对民族国家的认同需要、对西方自由民主政治制度的认同需要和对社会秩序的认同需要，无论是自由主义公民教育思想、共和主义公民教育思想，还是社群主义公民教育理论及多元主义公民教育理论，都充分肯定了道德和公民教育的作用。从国家和个人发展的角度来说，都需要发挥道德和公民教育的作用和影响力，以此强化社会的凝聚力和公民对社会的拥护。

我国的精神文明建设是以培养“四有公民”为根本目的，与西方的公民教育在目标上具有公约数，正如市场经济没有姓社姓资的区别一样，公民教育制度也可以成为社会主义精神文明建设的体制模式。从精神文明建设的正当性、合法性重建和有效性构建的角度出发，从意识形态话语权争夺的考虑出发，都有必要推进精神文明体制的改革。

三、充分发挥第三部门的作用

第三部门可为大学通识教育提供组织保障。在美国、加拿大、法国等西方发达国家，第三部门作为结构的一极，都发挥了重要的作用。所谓第三部门又称为第三域，指的是在政府机构和营利机构之外的非政府组织或非营利组织。从 20 世纪 80 年代开始，在“全球性社团革命”这个大背景下，第三部门在世界范围内得到空前发展，在社会事务中扮演的角色也日益重要，社会也愈来愈凸现三大部门分工协调发展的特征，三大部门的相互协调依存构成了现代社会基本的结构模式和特征。有学者认为，“这是一个多元的三层结构。高层：以政府为中枢的公共权力结构；底层：各类工商企业、产权主体；中层：介于政府与企业及公众间的各种社会团体、社会中介组织。三层结构反映了现代社会的三种力量和三个原则，即国家力量和原则（公共权力、公义与秩序原则）；社会力量和原则（社会权力、自主参与原则）；市场力量和原则（资本权力、利润与效率原则）”[①]。还有专家认为，这三层结构或三种组织是社会的三大资源配置机制，即由政府运作的国家机制或称为计划体制、由营利性企业运作的市场机制、由非营利组织或者非政府组织运作的社会机制。[②]在弥补市场失灵和政府失灵方面，第三部门具有重

① 于海. 行业协会与社会中间结构[M]//范丽珠. 全球化下的社会变迁与非政府组织（NGO）. 上海：上海人民出版社，2003：305-306.

② 佚名. 充分评估非政府组织的作用[N]. 经济参考报，2004-05-19.

要的作用，甚至在一些过去一直由政府提供公共物品的领域，第三部门往往具有比政府部门更高的效率。从国外的情况来看，第三部门正在成为解决集体行动困境和社会问题所不可缺少的社会途径和组织机构。萨拉蒙十分重视第三部门兴起的意义，他认为，如果代议制政府是 18 世纪的伟大社会发明，而官僚政治是 19 世纪的伟大发明，那么第三部门则代表了 20 世纪最伟大的社会创新，第三部门在世界的兴起对于 20 世纪的重要性绝不亚于民族国家的兴起对于 19 世纪的重要性。①相对于市场和政府的文化功能来说，第三部门在文化方面的作用主要表现在：提高文化公共物品的供给效率；满足多元化的文化需求；促进文化的自主发展；承担文化市场的微观管理职能；培育社会资本；影响和制约政府的文化经济政策；为公共文化发展提供多渠道的资金来源；保护和发展精英文化。②

我们认为，当代文化发展战略绝对不能少了第三部门的作用。实际上，第三部门的存在形态也是多样的，我们可以建立一种以政府—第三部门合作模式为主要特征的第三部门。这方面，加拿大和法国的经验值得我们学习。如加拿大公共机构的负责人一般由文化遗产部部长任命，由国会通过，并通过文化遗产部部长向国会报告工作。此类第三部门由于接受政府的资助，可以使政府的意志贯彻到理事会的行动中，虽然它们有时会公开批评政府，但这只是增加了独立的表象，反而更有利于扮演许多政府部门不便扮演的角色，发出政府不便发出的声音，实际上却在代表政府的利益行动。比如，加拿大的这类组织在 2003 年 3 月的联合国教育、科学及文化组织大会上，对美国的文化霸权和世界贸易组织（World Trade Organization，WTO）的自由贸易对本国文化领域的侵蚀进行了淋漓尽致的批评，而加拿大政府作为一个国家政府在意见表达和行动方面受到一定的限制，不便于进行这方面的表达。

依据当代社会组织结构模式和中国社会结构变迁的趋势，在中国，一个良好的文化建设生态应该是政府、文化第三部门与市场三者之间共同作用、相互牵制、相互弥补、良性互动的发展格局。不同的组织主体应具有各自明确的定位、分工和适当的角色。从中国的现实来看，第三部门作为结构性的一极，其力量处于弱势地位，必须积极培育和大力发展。基于第三部门的视野和我国事业单位的性质，我国的事业单位改革除少部分仍然保留为国有部门外（同时要进行内部改革），其基本的趋势应该是第三部门化，将文化部门按营利性标准，分为非营利部门和营利部门；不仅要把一些公益性与准公益性文化事业单位转变成第三部门，而且要让行政化的社团恢复它们原来的样子，让它们逐渐成为一个可以依托社会而存

① 何增科. 公民社会与第三部门[M]. 北京：社会科学文献出版社，2000：243，257.
② 夏辉. 非政府组织与文化发展：兼论文化事业社会化改革[J]. 广东社会科学，2004，(5)：89-93.

在的机构；与此同时，不断地改善并加强党对第三部门的领导，研究新形势下党和国家对第三部门的新的领导方式和机制。

四、大力发展文化产业

文化产业的繁荣为大学通识教育课程开发与多样教学活动提供了良好的素材。文化权力或文化实力与经济权力、军事权力一样，都需要占有资源。“文化权力则是通过文化产业的规模和竞争力来衡量的。”[①]现当代各国在文化政策上没有不重视文化产业的竞争的，在全球化条件下，美国和加拿大、法国的文化冲突和较量主要是围绕文化产业政策而展开的，各方都清醒地意识到，哪个国家拥有实力雄厚、竞争力强、出口额高的文化产业，哪个国家就能凭借文化产品往全世界输出自己的价值观，传达对自己有利的信息，享有并控制国际文化话语权。通过文化产品的输出，并通过消费者选择达到文化权力的实现，是全球化条件下文化扩张的新的形式，也是当代文化帝国主义的主要表现形态。发展文化产业是一种有效的发展手段，对于我国实现文化战略有关键作用。我国早先就敏锐地察觉到文化产业的关键性，然而在文化产业的实施上近年来却没有什么大的进步，与我国不同的是，韩国在短短十年时间内文化产业迅速兴盛起来，其中的思路和措施值得我们好好学习。

当前我国文化产业发展形势严峻，文化市场已形成寡头垄断，文化行业标准和竞争规则按照有利于强者的利益需要而制定，在现有的格局下，单独依靠自由竞争已经很难将文化产业做大做强。我们要尽最大的努力参与国际竞争规则的制定，为国内文化产业发展争取机会，与此同时，我们也需要增强对国内文化市场的保护力度，提出一些文化产业方面的政策，进一步促进国内文化市场竞争和本土文化产业的良好发展。

五、善于利用国际组织推行文化战略

利用国际组织推行文化战略，有助于传播大学通识教育思想和实践策略，争取大学通识教育的国际话语权，赢得国际同行对通识教育的认可，从而实现大学通识教育的文化战略意义。全球化的一大特征是国际组织地位和作用的上升，在文化领域也是如此。美国从克林顿总统开始，就试图通过国际组织特别是 WTO“根据自己的形象”来影响世界，输出美国的价值观念。因为这样可以让美国在很大范围内干涉其他国家的内部事务，迫使别的国家改变相关的法律和措施。美国就有一个成

---

① 张玉国. 国家利益与文化政策[M]. 广州：广东人民出版社，2005：42.

功的案例，它曾利用 WTO 这个工具消除了加拿大的文化市场壁垒。

加拿大政府一直通过积极的语言和文化外交政策来宣传其本国的文化，构建对其文化的认同。在 20 世纪 90 年代，加拿大政府通过了《加拿大多元文化主义法案》（Canadian Multiculturabism Act）成立加拿大遗产部（Department of Canadian Heritage），其目标即是积极构建自身多元化的国际认同。

法国则利用国际法语国家组织（International Francophone Organization，IFO）这一国际组织实施自己的文化战略。IFO 从法语国家文化技术合作机构（Agency for Cultural and Technical Cooperation）的基础上发展而来，一直被认为是以共同的法语文化为基础的文化合作组织，“文化多样性”是 IFO 关注的传统主题之一。“9·11 事件”后，这个国际文化合作组织正在努力转变成一支重要的国际政治力量，而法国就是这场转变的设计者和驱动者。IFO 侧重关注文化生态，向国际政治领域发展，并将两者结合，这种发展策略实际上反映了法国国家文化战略和政治诉求。

广大发展中国家为摆脱他们在全球经济、政治、文化及传播的等方面的边缘化地位，充分利用联合国教育、科学及文化组织，提出多项议案，以争取文化发展话语权，使第三世界所代表的声音持续增强，影响力不断扩大。如 20 世纪 70 年代提出的“新世界信息与传播秩序”议案，使得反对文化与传播霸权的声音不断地出现，是联合国“最抢眼、最具优势的话语主题”。

我国文化外交战略也需要充分认识国际组织的作用。一方面要积极参与各种类型的国际文化组织，介入和塑造各种议题，不能无所作为；另一方面，也要加强与国际非政府组织的沟通，使他们加深对中国和中国文化的了解。此外，中国也要主动发起和倡议新的有较强行动能力的国际文化组织，如汉语推广组织、儒家文化国际组织、区域文化组织等，争取国家的文化利益。

六、树立全方位立体的大文化战略观念

大文化战略观念与通识教育的宏观思想具有相似之处，强调大而宽的文化思想体系。作为一个全球大国，美国的全球战略和相关的意识是有目共睹的。美国的文化政策渗入国家战略和政治、外交、军事、经济和贸易政策中，所以，可以说其文化政策覆盖了整个国家。美国在政治、经济、外交、教育、文化等方面的国家机构没有不加入文化政策制定和实施中来的，不仅仅是政府组织，各种非政府组织、企业组织也无不是美国文化战略和政策网络中不可或缺的组成部分。从整个国际社会看来，美国文化强势众所周知，而这种强势来源于这种全方位的立体的大文化战略。

我国近年来在文化交往上有很大的发展，逐步形成了全方位、多层次、宽领域的对外文化交流格局。中华文化在世界上的影响进一步推广，必然需要坚实基础，而这样的对外文化交流格局就为此建立了良好而又坚实的基础，同时也提供了一条重要的途径让世界了解中华文化。当前国际文化交流呈现不对等性和单向度渗透，面对这样的情况，我们非常需要更深入地强化这种全方位、多层次、宽领域的文化外交格局，在战略、政策、机构各层面各方面强化协调和整合，比如，设立国家文化战略委员会，统筹文化外交战略，明确各机构的文化职责，开拓外交工作的大文化战略格局，构建以和谐世界为目标的国际文化新秩序。

同时我们也要着眼于民族本身就拥有的独特的文化资源，并最大限度地发挥这一优势，进一步加强中国在文化外交上的竞争能力。有着五千年文化传统的中国，其历史文化源远流长，这一笔文化财富十分丰富且宝贵；同时通过长时间的文化辐射，我国已经对世界各国尤其是周边国家产生了非常大的影响力和吸引力，这为今天的文化外交奠定了深厚的基础，我们现在应该做的就是潜心研究，把还未挖掘的文化影响力在最大程度上、最快时间内转化为现实的文化软实力的战略措施。此外，中国还有规模庞大的海外华人群体。根据全球化智库（Center for China and Globalization）发布的《中国国际移民报告》（2015）显示，我国至2015年时海外华人已超过600万人。[①]这些华人虽然长期身居海外，但在感情上依然心系故土，在文化上很难割舍传统的纽带，对中国文化的感情深厚。这是中国文化外交的独特资源和优势，应该充分利用和开拓，制定切实可行的海外华人文化战略。

① 王辉耀. 中国国际移民报告（2015）[M]. 北京：社会科学文献出版社，2015.

第六章　价值与关怀

人的需求是各种各样的，人文关怀也同样具备多个层次。通识教育也同样需要人文关怀，并且呼唤多个层次的人文关怀。大学通识教育的人文关怀由低而高，至少可分为以下六个层次。

一是生命关怀。生命是人类发展之基础和可能，只有先具备对生命的关怀，其他高层次的关怀才成为可能。生命是一切活动的基础，设想如果没有生命，又何谈其他活动，所以珍惜生命、热爱生命、敬畏生命是最起码的人文关怀。

二是生存关怀。人类生存的首要前提，就是为了生活而去生产满足人类吃喝住行等所需要的物质资料。只有具备了生存所需，我们才能实现更高层次的发展。生存的需要取决于人对物质利益的追求。生存关怀应重视人的物质生活需要，通过发展社会生产力以创造日益丰富的生活资料来满足人的生存需要。

三是权利关怀。人的主体地位和个人独立价值表明，人不仅具有人之为人的以自由、平等为核心的基本权利，还具有与其他物种所共有的生存需要。只要人的基本权利得到保障，人便可以施展作为创造主体的各种本质力量，并明确自己的尊严。因而，赋予确证人的本质、人的尊严的权利关怀是至关重要的。

四是道德关怀。人之为人的重要依据就是道德，也是人本质发展的关键环节。人与其他物种的一大差别就在于对道德问题的关注。随着物质生活的丰富、精神生活的发展，人们越来越强烈地需要通过追求和完善道德，获得精神上的满足和享受，达到自我提升和自我实现。而道德不是孤立的个人自我修养，道德始终是社会文化系统作用的结果。道德关怀就是要不断地提高人们对于道德的认识，激发人们对于道德的需要，促进道德对个体享用和发展功能的充分实现，最终使人具有真善美相统一的完美人性。

五是终极关怀。终极说的是人生最高的意义和人生最重要的价值。人不是随意地、懵懂地生活，是要解答生活困惑，探寻生活的意义，创造生命的价值，超越自我的有限性，实现“诗意地栖居”。因而人们需要对自己生命存在的价值和意义具有终极性、超越性的思考和“终极关怀”，以此作为精神性的追求和依托。这不仅是人的精神家园的宿主和安身立命的支柱，也是人文关怀的根本。终极关怀不仅来自个体的自觉体悟，还有赖于社会、他人的影响和教化。帮助和引导人们确立理想和信念，是人文关怀的神圣使命；构筑和彰显人文终极关怀，促进人的自由全面发展，是现代社会发展的最高目标。

六是自然环境关怀。生命源于自然，自然是人之母本。事实证明，人们注定是自然的一部分，永不可分离，也摆脱不了对自然的依赖性。人的存在与发展和自然环境密不可分，破坏自然与生态环境就是自我毁灭。因而，人在关怀自然、维护自然中的必然性和能动性不言自明。人类要更好地发展，就必须坚持对自然的敬畏与爱护，加强对自然的人文关怀，努力回赠自然、保护自然，与自然界和谐共存。

第一节　人文关怀与社会主义

在马克思主义发展史上，人文关怀、人的发展与社会主义的关系始终是一个令人关注的问题，更是关系社会主义前途与命运的重要课题。马克思主义自创立之时就渗透和体现了人文关怀精神，并明确以人的全面发展和自由个性的丰富来作为建构新世界的价值支撑，以及社会主义、共产主义的最高原则和目标。在世界社会主义运动的实践中，人文关怀的落实虽遭遇了诸多磨难，但中国共产党对人文关怀的坚定诉求，促进了党的执政理念的重大革新，从而推动马克思主义的人文关怀思想及实践迈进全新的一步。

一、人文关怀是马克思主义的一个根本性维度

在过去，绝大多数人都是从“科学论”的这个层面来了解马克思主义：马克思主义是揭示人类社会发展规律的科学理论，这绝对是正确的。但在很多情况下从这个角度进行分析反而将马克思主义的价值观给掩盖了。人们通常都是从“科学论”的视角去认识马克思主义，它的人文关怀的维度也随之被蒙蔽起来了，因而这也引起人们在对马克思主义基本精神的认识上出现了偏颇和社会主义实践中出现了失误。但无论马克思主义在创立时期还是在发展时期，它始终没有离开人文关怀，人文关怀是马克思主义的一个根本性维度。如要正确理解马克思主义的“科学性”与“人文性”、合规律性与合目的性有机结合的基本精神，就要重新解读马克思主义的人文关怀维度，这对于目前我国的社会主义现代化事业也有重要的影响。

马克思主义的人文关怀维度，在其新历史观创立和发展过程中表现为始终关注人的根本价值取向。早在青年时代，马克思、恩格斯就受到欧洲人文主义思潮和法国启蒙思想的深刻影响，具有一种对人类命运充满真挚关切的伟大情怀，曾

立下誓言要将“为同时代人谋幸福”作为毕生的事业。马克思在任《莱茵政治、商业和工业日报》主编期间不惜与莱茵省议会打笔墨官司，在有关“林木盗窃法”的争论中为贫苦群众作权利辩护。其早期的一系列著作，通过对“异化劳动”的批判，揭示了劳动者的真实处境和人性复归的可能性，并张扬了“自由”这一人类追求的最高价值。恩格斯也在对英国工人阶级状况的考察中表达了对工人阶级生存境遇的深切关注。可以说，马克思、恩格斯批判地继承了西方传统人文主义的核心思想，即尊重人的权利、自由和个性解放等，但他们并没有驻足于传统人文主义的思想水平，而是沿着这一传统进行创新性的探索，通过批判性的反思远远地超越了传统，实现了人学上的革命性转变。他们批判了西方传统人文主义最具代表性的费尔巴哈的“人本学”，指出了该人本学的致命缺陷在于没有看到现实存在着的、活动的人，而是停留于抽象的“人”，把人的本质理解为“单个人所固有的抽象物”，理解为“类”，最终没有找到由抽象王国通向活生生的现实世界的道路。马克思在《关于费尔巴哈的提纲》中指出，“人的本质并不是单个人所固有的抽象物。在其现实性上，它是一切社会关系的总和”①。马克思、恩格斯在其代表作《德意志意识形态》中进一步阐述了从“现实的人”出发的原则立场：“这种观察方法不是没有前提的……它的前提是人，但不是处在某种虚幻的离群索居和固定不变状态中的人，而是处在现实的、可以通过经验观察到的、在一定条件下进行的发展过程中的人”②。正是基于对“现实的人”或“实际活动的人”的理解，促使马克思、恩格斯由此出发去研究人处于其中的现实联系，研究现实人类社会的存在与发展，从而阐述社会发展的一般规律：人类社会是在生产力与生产关系、经济基础与上层建筑的矛盾运动推动下，从低级形态向高级形态不断演进的历史过程。从此，新的哲学——唯物史观诞生了。从一定意义上说，关注现实的人的人文关怀，是马克思主义创立新历史观的缘起。

马克思、恩格斯不仅在创立唯物史观时把人的问题作为前提来确认，而且在该历史观的以后发展中，人的问题和人文关怀仍然是贯彻始终的。在马克思主义的纲领性文献《共产党宣言》里，马克思、恩格斯运用阶级分析法，揭示了阶级社会中人与人之间的关系，特别是资本主义社会中人的处境和从属于两大阶级的人们之间的关系，阐明了资本主义社会对人的个性发展的压制性，指出了彻底实现人权的根本出路——消灭资本主义剥削制度，并提出了著名的论断：“代替那存在着阶级和阶级对立的资产阶级旧社会的，将是这样一个联合体，在那里，每

① 马克思，恩格斯. 马克思恩格斯全集（第二十三卷）[M]. 中共中央马克思恩格斯列宁斯大林著作编译局，编译. 北京：人民出版社，1995：60.

② 马克思，恩格斯. 马克思恩格斯全集（第二十三卷）[M]. 中共中央马克思恩格斯列宁斯大林著作编译局，编译. 北京：人民出版社，1995：73.

个人的自由发展是一切人发展的条件。”[①]在《资本论》和《1857—1858 年经济学手稿》等著述中，马克思系统提出“剩余价值理论”，揭示了资本主义社会人与人之间的关系，鼓励工人阶级在实践中改变这种关系，探索走向“自由劳动”，并最终走向“自由人联合体”的现实途径。这充分体现了马克思对工人阶级和劳动群众的真挚情感和对关注人的自由的人文关怀的执着追求。

由上述可以看出，对现实人的关注和人文关怀是马克思、恩格斯创立新哲学的一个重要思想前提，这也是历史唯物主义的基本立场。贯穿于唯物史观总体理论和发展过程的中心线是人的问题和人文关怀。同时，人的问题又一直被放在历史发展历程中来研究，人文关怀基于唯物史观，因为这样实现了历史观与价值观的科学统一，进而可从本质上区别开马克思主义的人文关怀与西方传统人文主义，创立了人学新领域。

马克思主义的人文关怀维度，还表现在马克思、恩格斯从人的发展的历史要求和历史进程上去阐述科学社会主义理论，把人的自由全面发展作为其理论归结点。对现实人的关注，必然会关注人的发展要求和前途。马克思主义历史观不仅揭示了社会不断从较低阶段走向较高阶段发展的客观规律性，同时还体现了人对于历史的价值导向，即人从片面、畸形的发展走向自由而全面的发展。这个价值导向也是马克思主义的最高价值目标。在马克思主义看来，人的全面发展意味着人的智力和体力、自然能力和社会能力、潜在能力和现实能力等各方面获得全方位的、充分的和自由的发展，从而使人的主体性得到最大的发挥，人的类本质和社会关系得以充分地彰显，个人发展与社会发展达到高度的和谐，每个人在此过程中都能切实地感受到自我的本质和价值的实现。也就是说，“人以一种全面的方式……作为一个完整的人占有自己的本质”[②]。但马克思主义对人的发展要求的理解与关怀没有仅仅停滞在理论建构上，还包含了对现实人全面发展的历史进程的科学思考，为人的自由与发展创设出切实可行的道路——以社会主义代替资本主义，实现作为“自由人的联合体”的共产主义。

马克思以自由而全面发展的人之本质的应然状况，作为评判现实社会制度是否合乎人性的标准，分析批判了资本主义制度的非人道性。马克思、恩格斯认为，虽然资本主义社会创造的巨大社会生产力推动了社会发展，但资本主义社会的发展是以牺牲人的自由全面发展为代价的，物的世界的增值与人的世界的贬值成正比，资本主义私有制及其异化劳动创造了一个物的统治世界，人成为物的奴隶，

① 马克思，恩格斯. 马克思恩格斯全集（第二十三卷）[M]. 中共中央马克思恩格斯列宁斯大林著作编译局，编译. 北京：人民出版社，1995：294.

② 马克思，恩格斯. 马克思恩格斯全集（第四十二卷）[M]. 中共中央马克思恩格斯列宁斯大林著作编译局，译. 北京：人民出版社，1972：123.

工人于劳动中"不是肯定自己，而是否定自己，不是感到幸福，而是感到不幸，不是自由地发挥自己的体力和智力，而是使自己的肉体受折磨，精神遭摧残"①。马克思、恩格斯强烈地批判了资本主义这一严重扭曲人性的社会现象，指出要通过无产阶级革命，推翻资产阶级的非人道统治，建立使每个人都能够实现平等、自由和全面发展的"为人"化、"属人"化社会。这一理想社会就是社会主义和共产主义社会。而资本主义被社会主义、共产主义所取代，是由马克思、恩格斯创立的唯物史观揭示的生产力与生产关系矛盾运动规律所决定的。资本主义生产不断从工人身上榨取剩余价值，致使在为少数资本家生产大量财富的同时，广大工人阶级日益贫困。这种产品的极大丰富和购买力严重不足的矛盾，导致经济危机不断爆发和阶级矛盾日趋尖锐，表明资本主义生产关系由于越来越不适应生产力的发展而必然要被新的生产关系所取代。在社会主义、共产主义社会里，公有制取代私有制，人的价值和尊严获得了政治和经济制度的保障；异化劳动被扬弃，人们可以获得劳动的自由；科技进步使劳动效率大大提高，劳动时间大为缩短，人们有充分时间从事发展个人素质的活动。共产主义就是这种"以每个人的全面而自由的发展为基本原则的社会形式"②，人的自由全面发展是社会主义、共产主义的本质规定的。据此而言，社会主义是实现人文关怀的必由之路，共产主义是人文关怀的最高体现。

总之，正是因为一直关注现实人的发展，使得马克思、恩格斯分析人的发展的历史要求、历史条件和历史阶段的理论更进一层，最终形成了科学社会主义理论。关注并和广大劳动者产生共情的人文关怀，是推动他们转变为共产主义者并创立科学社会主义的重要动力。科学社会主义的实质就是要从现实的人出发、以现实的人的发展为目的。所以，马克思主义人文关怀是科学社会主义的核心价值理念和基本维度；科学社会主义理论又使马克思主义人文关怀由一种美好的愿望，变成一种科学的思想。马克思主义的人文关怀思想在唯物史观和科学社会主义理论的支持下，把人类思想史上的人文关怀和人文精神推向了一个历史新高度。

二、通识教育与人文关怀价值追求

在世界社会主义运动受到挫折时，中国的社会主义改革和建设的发展形势一片大好。中国共产党和苏联共产党不同，走的是有别于苏联的社会主义道路。因在社会主义本质的认识上存有差异，对自己民族和人民愿望的理解也存有差异，对人文关怀的把握自然也有所不同。中国共产党积极贯彻马克思主义人文关怀的基本

① 马克思. 1844年经济学-哲学手稿[M]. 刘丕坤，译. 北京：人民出版社，1979：50.

② 马克思，恩格斯. 马克思恩格斯全集（第二十三卷）[M]. 中共中央马克思恩格斯列宁斯大林著作编译局，译. 北京：人民出版社，1972：649.

精神，认真总结世界社会主义运动的经验教训，勇敢地吸收优秀人类文明成果，坚持在实践中发展社会主义，始终关注人、为了人，对人的发展问题做出了深刻而完整的解读和回答。从毛泽东倡导的“全心全意为人民服务”，到邓小平提出的以“人民满意不满意、人民答应不答应”作为衡量执政党一切工作的根本标准；从江泽民关于“三个代表”的重要思想，到胡锦涛的以人为本的科学发展观，再到习近平的新时代中国特色社会主义思想，全都是对此的真实的表现和对马克思主义人文关怀思想中国化的深刻展示。中国共产党的人文关怀的价值追求在各方面都很好地表现出来，并从根本上保证了共产党的执政优势和社会主义制度的优越性。

中国共产党自诞生之日始，就将推翻帝国主义、封建主义、官僚资本主义三座大山的统治，帮助广大人民翻身得解放，真正成为国家和社会的主人写入了纲领，表达了党对人民的重视，对历史使命的正确认识。毛泽东在论述新民主主义革命的发展目标时，明确指出：“民族压迫和封建压迫残酷地束缚着中国人民的个性发展，束缚着私人资本主义的发展和破坏着广大人民的财产。我们主张的新民主主义制度的任务，则正是解除这些束缚和停止这种破坏，保障广大人民能够自由发展其在共同生活中的个性。”[①]这无疑是马克思主义人文关怀的基本原则在中国革命具体实践中的运用。为纪念一位为人民勤恳工作而牺牲的名为张思德的战士，毛泽东发表了《为人民服务》的著名演讲，提出了全心全意为人民服务的思想，后来逐渐发展成为中国共产党的宗旨。他还将群众路线明确规定为党的三大优良作风之一。毛泽东思想中所蕴含的以人为本的思想真谛，充分显示了中国共产党所富有的人文关怀情怀。

作为马克思主义中国化第二次飞跃的邓小平理论，更是具有鲜明的人文关怀品格，这充分表现于他的以人民为本的价值理念。第一，重视人的主体地位——维护人民根本利益。在邓小平看来，人民群众是历史的真正主人，是社会主义革命和建设的主体。因此，他强调人民利益高于一切，只有对人民有利有益的事情，才是最有价值的，才是我们在社会主义革命和建设中所追求并应当为之奋斗的。为此，邓小平提出了著名的“三个有利于”价值评判标准：“是否有利于发展社会主义社会的生产力，是否有利于增强社会主义国家的综合国力，是否有利于提高人民的生活水平。”[②]“三个有利于”标准的核心就是人民利益标准。他还提出要把“人民拥护不拥护”“赞成不赞成”“高兴不高兴”“答应不答应”作为制定各项方针政策的出发点和归宿，[③]反映了邓小平总是心系人民、关注人民，时刻

① 毛泽东. 毛泽东选集（第三卷）[M]. 北京：人民出版社，1991：1058.
② 邓小平. 邓小平文选（第三卷）[M]. 北京：人民出版社，1993：372.
③ 人民网. 群众是我们力量的源泉，群众路线和群众观点是我们的传家宝[EB/OL]. http://cpc.people.com.cn/n1/2017/0927/c69113-29562032.html[2019-01-05].

为人民的根本利益着想。第二，提高群众生活水平——实现人民共同富裕。邓小平总结了社会主义发展过程中的失误，指出，“社会主义的优越性归根到底要体现在它的生产力比资本主义发展得更快一些、更高一些，并且在发展生产力的基础上不断改善人民的物质文化生活”[①]。富裕不一定是社会主义，但社会主义一定要以人民富裕为目标。据此，他把人民的共同富裕引入了社会主义的本质。“社会主义的本质，是解放生产力，发展生产力，消灭剥削，消除两极分化，最终达到共同富裕。”[②]这就是社会主义要体现的最大的人文关怀。第三，加强精神文明建设——促进人的全面发展。邓小平在高度强调人民现实物质利益和物质要求的同时，也高度重视人的精神发展和人格的完善。他要求“我们要在建设高度物质文明的同时，提高全民族的科学文化水平，发展高尚的丰富多彩的文化生活，建设高度的社会主义精神文明”[③]。这也是社会主义的本质和优越性的突出表现。因此，他强调要精神文明建设与物质文明建设并重，而不能“一手硬、一手软”；要用共产主义、社会主义的道德和理想教育人民，培养有理想、有道德、有文化、有纪律的“四有新人”[④]。这其实就是马克思关于人的全面发展思想的再现。邓小平始终把为人民群众谋利益视为自己的最高使命，他的一系列理论创新无不体现了人文关怀这一灵魂。

在邓小平回答了如何建设充满马克思主义人文关怀精神的社会主义社会之后，江泽民同志提出了作为中国共产党在 21 世纪的战略指导思想“三个代表”重要思想，进一步回答了如何建设富有马克思主义人文关怀精神的执政为民的党的问题。“三个代表”重要思想彰显了人文关怀，也把这种关怀具体化在各个层面，表现出鲜明的现实性和时代性。其一，我们党要始终代表中国先进生产力的发展要求，体现了我们党对人的生存发展之本的切实关怀。人的全面发展的实现，“不管你搞什么，一定要有利于发展生产力”[⑤]，有了先进的生产力，才有真实的个人赖以生存和发展的坚实的物质基础，才有提高人的自由度和创造性。所以，发展先进生产力是重中之重，提高人民群众的生活水平，并缩短人的劳动时间，延长人的自由时间，是一种最贴近现实生活，最切实、最能得到人民的认同与欢迎，关涉到最广大人民利益的现实关怀。其二，我们党要始终代表中国先进文化的前进方向，体现了我们党对丰富人的精神世界重要性的正确认识和高度重视。这里

① 邓小平. 邓小平文选（第三卷）[M]. 北京：人民出版社，1993：63.

② 邓小平. 邓小平文选（第三卷）[M]. 北京：人民出版社，1993：373.

③ 人民网. 建设社会主义的物质文明和精神文明[EB/OL]. http://cpc.people.com.cn/GB/69112/69113/69684/69696/4949915.html[2019-01-05].

④ 人民网. “做‘四有’新人”——邓小平为全国青少年题词[EB/OL]. http://www.people.com.cn/GB/shizheng/252/7955/7958/20020422/714335.html[2019-01-05].

⑤ 人民网. 社会主义首先要发展生产力[EB/OL]. http://cpc.people.com.cn/GB/69112/69113/69684/69695/4949707.html[2019-01-05].

把精神文化的关怀放到了与发展生产力的现实物质关怀并列的地位，是因为文化在具有为经济发展社会进步提供服务的功用性价值的同时，更有着满足人自身精神需求并使人得到全面提升和发展的精神价值。新的历史条件下，文化的精神价值日显重要。大力发展先进文化，适应人民群众日益增长的精神文化需求，使人们的精神世界更加充实，综合素质不断提高，是实施人文关怀的重要内容和基本要求。其三，我们党要始终代表中国最广大人民的根本利益，体现了我们党对使人成为社会发展真正主体的终极关切。代表最广大人民的根本利益，这是“三个代表”重要思想的人文关怀精神的集中反映与核心灵魂。“三个代表”重要思想归结到一点，就是要立党为公、执政为民，为人民群众谋取经济、政治、文化利益，以人民利益为现代经济社会发展的根本。正如江泽民所指出的，“我们共产党人全部工作的出发点和归宿，都是为人民谋利益。这是我们的立党之本、执政之本”[①]。因此，“三个代表”重要思想是在新的历史条件下，对毛泽东、邓小平所倡导的我们党“全心全意为人民服务”的根本宗旨的新的诠释，是中国共产党人对马克思主义人文关怀基本思想的进一步发挥和发展。“三个代表”重要思想以其鲜明的人文关怀理念，昭示了中国共产党的稳固的执政之基、不竭的力量之源。

党的十六大以后，以胡锦涛同志为总书记的中央领导集体提出了科学发展观，明确要求坚持以人为本，树立全面、协调、可持续的发展观。科学发展观的本质与核心是强调以人为本。科学发展观认为，发展除了经济发展、社会发展外，还包括人的发展，发展的核心内容是人的发展；发展归根结底是为了满足人民的物质文化需要，保证人的全面发展，人是发展的根本目的；发展的决定因素是人而不是物，人是发展的根本动力。科学发展观在发展什么、怎样发展和为什么发展中都始终坚持以人为本，解决了中国经济社会发展到底是“为了谁”和“依靠谁”的根本宗旨和基本动力问题，足见以人为本的科学发展观包含了非常显著和丰厚的人文关怀内涵，它是马克思主义的人文关怀基本精神在现阶段的最新体现和发展。

首先，科学发展观在中国共产党关于社会发展问题认识史上第一次明确提出了“坚持以人为本”的理念，使人文关怀显示出了其潜在的更为重要的意义。人民群众是历史发展的主体，社会治理和社会发展必须以造福广大人民为基本原则，是马克思主义唯物史观的基本观点；把创造中国社会历史的主体力量的最广大人民群众的根本利益作为一切工作的出发点和归宿，是中国共产党人早已公之于世的根本宗旨。但由于长期受“左”倾思想的束缚，“以人为本”的提法往往被认作非马克思主义的而遭到排斥。中央领导集体提出科学发展观，恢复了马克

① 央视网. 江泽民在纪念中国共产党成立七十八周年座谈会上的讲话[EB/OL]. http://news.cntv.cn/china/20111222/116359.shtml[2019-01-05].

思主义的基本观点，将“以人为本”赫然写在旗帜上，强调“坚持以人为本”是科学发展观的本质与核心，从而实现了在人的认识问题上的重大理论突破，以及对传统发展观的历史超越，进一步突出和彰显了我们党的根本宗旨中本已有的马克思主义人文关怀的深刻内涵。

其次，科学发展观明确了“坚持以人为本”思想在贯彻落实中的基本要求和思路，使人文关怀更具现实意义。科学发展观的基本前提是发展，经济社会的全面发展是人的全面发展的重要前提。因此，科学发展观在回答了“什么是发展”“为什么发展”的基础上，进一步回答了“怎样发展”的问题，那就是，坚持以人为本，树立全面、协调、可持续的发展观。全面发展，就是要全面推进经济、政治、文化和社会建设，实现经济与社会同步发展。协调发展，就是要统筹城乡发展、区域发展、经济社会发展、人与自然和谐发展、国内发展与对外开放，促进经济、政治、文化等各个方面相协调。可持续发展，就是要促进经济发展与人口、资源、环境相协调，保证一代接一代地永续发展。只有实现各方面又好又快的发展，才能使更多发展中的优惠惠及人民。而这一过程，实际就是人文关怀的实现过程。

再次，科学发展观强调让发展的成果惠及全体人民，使人文关怀更具普遍意义。科学发展观所讲的以人为本，不是抽象的人，不是部分的人，而是最广大的人民群众，以人为本，首先是以最广大的人民利益为本。因而，在现实中国社会中，在鼓励一部分人、一部分地区通过诚实劳动与合法经营先富起来时，要注重社会公平，紧密关注普通群众、贫困群体、弱势群体和农村地区、欠发达地区利益实现的状况，要妥善处理各方面的利益关系，建设社会主义新农村，支持欠发达地区加快发展，构建社会主义和谐社会，使所有的人民一起享受改革发展所带来的成果，一起向着共同富裕的目标不断前进。同时，还要尊重、维护人民群众每一个人的尊严、价值与权利，实现广泛的自由、民主和人权，从而使“促进人的全面发展”的人文关怀之光，真正普照全中国的所有地区、所有人民。

最后，科学发展观坚持执政为民的价值理念，使人文关怀成为党执政的基本原则。发展观对于国家的经济社会发展起着全局性和根本性的指导作用，是执政党的价值理念和执政方略的重要体现。坚持以人为本的科学发展观，从执政角度来讲，就是一种坚持权为民所用、情为民所系、利为民所谋的执政理念和思路，是坚持立党为公、执政为民的必然要求，无疑也是合乎人文关怀的基本原则的。党落实科学发展观，践行执政为民的过程，就是发展先进生产力、建设先进文化，不断满足最广大人民日益增长的物质文化需要的过程，这也是人文关怀的实施过程。因此，我们党执政必须遵循的基本原则是马克思主义人文关怀。总之，科学发展观倡导的发展为了人，发展属于人，发展的最高目标是实现人的全面发展的核心价值理念，不但秉承了马克思主义的“人的自由全面发展”的人文关怀思想，还注入了新的实践成果和理论创新，在新的历史条件下丰富了这一思想的时代内涵。

习近平总书记曾在多个场合发表与人文关怀有关的重要论述。例如，2015 年 7 月，习近平总书记在致全国青联十二届全委会和全国学联二十六大的贺信中曾这样写道，“当代中国青年要在感悟时代、紧跟时代中珍惜韶华，自觉按照党和人民的要求锤炼自己、提高自己，做到志存高远、德才并重、情理兼修、勇于开拓，在火热的青春中放飞人生梦想，在拼搏的青春中成就事业华章”①。这样的寄语，展现出习总书记对于人文关怀中青年“走好路”的思考和寄托。习总书记曾在十三届全国人大一次会议的闭幕式上说，中国人民是具有“伟大创造精神”、“伟大奋斗精神”、“伟大团结精神”和“伟大梦想精神”的人民。我们“始终要把人民放在心中最高的位置，始终全心全意为人民服务，始终为人民利益和幸福而努力工作”。②

而在我国这样由多元民族构成的国家，对少数民族的关怀是人文关怀中必不可少的组成部分。习总书记在考察少数民族代表团的工作会议时，不仅关注到他们的经济发展和生活状况，还强调要树立牢固的环保意识和共同体意识，要延续绿色健康的发展和共同繁荣。③对于承担祖国未来希望的青少年，习总书记同样怀有深厚的人文关怀，青年最富有朝气、最富有梦想。近代以来，我国青年不懈追求的美好梦想，始终与振兴中华的历史进程紧密相连。在革命战争年代，广大青年满怀革命理想，为争取民族独立、人民解放冲锋陷阵、抛洒热血。在社会主义革命和建设时期，广大青年响应党的号召，向困难进军，向荒原进军，保卫祖国，建设祖国，在新中国的广阔天地忘我劳动、艰苦创业。在改革开放历史新时期，广大青年发出团结起来、振兴中华的时代强音，为祖国繁荣富强开拓奋进、锐意创新。④习总书记也曾在北京大学建校 120 周年的讲话中强调，“大学是立德树人、培养人才的地方，是青年人学习知识、增长才干、放飞梦想的地方”⑤。

最后，让我们回到习总书记在哲学社会科学工作座谈会上的讲话，其内容既

---

① 中国共产党新闻网. 关于人生道路的选择，习近平这样勉励青年[EB/OL]. http://cpc.people.com.cn/xuexi/n1/2018/0613/c385476-30053912.html（2018-06-13）[2018-11-06].

② 中国共产党新闻网. 习主席点赞四种“伟大民族精神”[EB/OL]. http://cpc.people.com.cn/xuexi/n1/2018/0320/c385474-29878808.html（2018-03-20）[2018-11-06].

③ 中国共产党新闻网. 习近平牵挂少数民族的那些事儿[EB/OL]. http://cpc.people.com.cn/xuexi/n1/2018/0306/c385474-29850164-6.html（2018-03-06）[2018-11-06].

④ 中国共产党新闻网. 习近平：让每个青少年都为实现中国梦增添强大青春能量[EB/OL]. http://cpc.people.com.cn/xuexi/n1/2018/0511/c385474-29979061.html（2018-05-11）[2018-11-06].

⑤ 习近平. 在北京大学师生座谈会上的讲话[EB/OL]. http://www.xinhuanet.com/politics/2018-05/03/c_1122774230. htm，2018-11-06.

是习总书记对于人文社会关怀的高度凝练，同时直接指明了哲学社会科学在我国未来发展中的重要地位。哲学社会科学是人们认识世界、改造世界的重要工具，是推动历史发展和社会进步的重要力量，其发展水平反映了一个民族的思维能力、精神品格、文明素质，体现了一个国家的综合国力和国际竞争力。一个国家的发展水平，既取决于自然科学发展水平，也取决于哲学社会科学发展水平。一个没有发达的自然科学的国家不可能走在世界前列，一个没有繁荣的哲学社会科学的国家也不可能走在世界前列。坚持和发展中国特色社会主义，需要不断在理论和实践中进行探索，用发展着的理论指导发展着的实践。在这个过程中，哲学社会科学具有不可替代的重要地位，哲学社会科学工作者具有不可替代的重要作用。

综上所述，在我国治国理政的指导思想中，始终贯穿着马克思主义人文关怀基本思想的红线，也是大学通识教育思想的组成部分。正是由于中国共产党人 90 多年来对人文关怀精神的执着追求，以人民的利益为价值的核心和社会的本位，便可得到人民群众的拥护和支持，进而应战各种艰难困苦，避免东欧剧变的多米诺骨牌效应，使我们党始终保持执政的合法性，使社会主义显示出强大的生命力。随着马克思主义中国化后人文关怀理论的逐渐深化和完善，中国特色社会主义事业将逐渐增强凝聚力与感召力而得以健康顺利地发展。

第二节　人文关怀与现代化

人文关怀重视人的地位和作用，随着社会现代化的发展，尤其注重对个人特别是对弱势群体的关怀。无论在西方还是在东方，人文关怀都是社会发展中必须强调的问题。从自古希腊的智者学派提出“人是万物的尺度”这一观点开始，人们的自我意识就开始觉醒。伴随着资本主义萌芽的出现、社会经济的发展及人类自我意识的觉醒，文艺复兴运动乘风破浪，几乎席卷整个欧洲大陆，人的社会地位得到一次空前的提高。随着资本主义的进一步发展，欧洲国家的文化界又抓住时机，发起了文化启蒙运动，这一浪潮把人本主义提到了新高度，在欧洲大陆上人文主义的思想得到了泛化和深化。科技的发展和社会的改革不断强调并强化人在社会中所起的不可替代的作用，人文关怀越来越被统治者和社会学家重视。国家相关社会政策的制定在一定程度上开始由单方面的注重经济发展和社会进步到兼顾社会稳定和人文关怀。人文关怀从强调人的作用开始到逐步深化，不断被人们提出并最终成为任何社会发展不可避免的话题，毫无疑问，这一思想精髓的出现和备受重视是伴随着人类自我意识觉醒而产生的一种社会必然。

中国在世界人的眼中，一直被认为是充满仁义精神的。自春秋战国时期，以孔子为代表的儒家文化就占有统治地位，儒家文化倡导的“仁”“己所不欲勿施于人”等思想无一不体现着对人的关注和人文关怀。虽然儒家文化在特定的短时期内也被其他文化所排挤，但作为中国的血脉文化，虽出现过间断性中断，但一息尚存，不断汲取天地精华，兼容并包，再加上它的本质及核心始终不忘对人的发展的注重，强调人的发展的社会本质，从本质上决定并引导着人们在关注社会发展的同时，不忘关注人自身的发展。这也是儒家文化得以源远流长、生生不息的关键所在。从封建社会到短期的半殖民地半封建社会最终到社会主义社会，儒家文化始终立足于人文精神，倡导人文关怀，因此在社会主义的新阶段不断焕发出新活力。以儒家思想为指导的人文关怀同国民心连心，具有亲和力。

一个倡导人文关怀的国家是一个社会稳定、人民幸福的国家。为了国家和社会的永续发展，任何国家都必须重视人文关怀，重视人的幸福指数。中国要更好更快地实现现代化更加离不开人文关怀。

我国社会主义的发展也不例外，不可能一成不变，毫无疑问，它是不断发展着的社会主义。现如今，我们国家正处于一个社会主义现代化建设的全新时期，它是一个充满活力、充满蓬勃生命力的阶段。现代化的根本动力来源于人的努力与伟大创造，因而实现人的全面发展也在社会的逐步发展中被人们视为实现现代化的根本目的，而这一观点也已经被大多数专家学者及国家领导者所认可和接受，并且在治理国家和社会的过程中制定出一系列相关措施去践行“实现人的全面发展”这一核心理论。另外，现代化的发展也包含了对人文关怀的价值追求这一价值理念。由于现代化并不总是朝着人们所规定的理想化的方向发展，所以它在带来科技繁荣、物质充裕等正面效应的同时，也会不可避免地引发对人的主体性的否定，以及人自身价值和社会价值的丧失等一系列负面问题。中国是一个后发现代化国家，在向现代化进军的路上，应借鉴先发现代化国家的有益经验并且积极主动地吸取其发展的教训，在坚持社会主义价值原则不动摇的核心基础上，高举人文关怀精神的旗帜，大力弘扬人文关怀、人文精神，逐步实现并达到人的发展与现代化发展的和谐统一，才能使我们国家的现代化之路走得更加快捷、更加稳健。

一、现代化发展的人文关怀蕴意

现代化可以说是人类历史发展史上一个全新的时期，当代各国各民族都在追求现代化，现代化已经是人类社会发展中的一种世界历史性的进步潮流。现代化是一个涵盖比较广泛的概念。我国知名学者罗荣渠曾经归纳出现代化的四种含义：一是指经济上落后的国家在大力兴起技术革命以后，在经济和技术上达到世界较为先进水平的这一个历史发展的过程。二是把现代化视为工业化，是经济落后国家实现工业化的进程。三是自科学技术革命以来人类社会已经发生和正在发生的急剧变动过程的统称，这种变化不仅限于工业领域或经济领域，同时也发生在知识增长、政治发展、社会动员、心理适应等各个方面。四是一种心理态度、价值观念和生活方式改变的过程，现代化可以被认为是文明形式的现代化。①现代化发展需要大学通识教育赋予更多的人文关怀。

现代化有广义和狭义的区分。广义的现代化概念包括英国、法国等西方发达国家早期的从农村社会向工业社会的转变过程，并把它上升为全人类普遍适用的发展模式。而狭义的现代化概念则是指 20 世纪 50 年代以后，落后国家通过工业化来摆脱传统的农业社会、走向工业社会的社会变革过程。现代化社会的现代性特征主要有：生产的机械化、经济的商品化和市场化、政治的民主化和法制化加上文化和教育的一系列变革，以及城市化、信息化和现代精神等。但通过比较可以发现，现代化是国家和民族从传统农业社会向工业、服务业和新兴的科技产业引领发展的社会转变的历史过程。也就是说，其中含有过程发展和状态更迭的变化内涵，这对于通识教育内容的理念的更新具有宏观的指导作用。

现代化是一切国家和民族发展的必由之路。马克思根据生产方式的变化，揭示了传统社会向现代社会转变，及其成为席卷全球的历史潮流的客观必然性。马克思指出："英国工人阶级的历史是从十八世纪后半期，从蒸汽机和棉花加工机的发明开始的。正如人们所熟知的那样这些科技发明推动了产业革命，而产业革命同时又引起了市民社会的全面变革，而它的世界历史意义只是在现在才开始被认识清楚。"②工业革命带来了一种新的社会生产方式——现代资本主义生产方式。而生产力与生产关系的矛盾运动，导致整个社会结构和社会生活的整体革新，引起了传统社会的嬗变和现代社会的生成。与此同时，现代化也是世界性的社会变迁过程。资本主义工业在不断发展的过程中逐渐建立起世界市场，并且使社会生产日益分工化、社会化和商品化，并在此基础上结束了各民族的原始封闭状态，促进了各个国家之间的相互交往，加深了不同国家的相互依赖，使世界成为有机的整体，单一的、封闭的国家历史开始向开放的、多元的世界历史转化。最终打开了每个国家素未开启的国门，使每个国家和地区自觉或不自觉地被共同卷入世界性的现代化潮流之中，无形中使现代化成为一种全球性的历史必然。

现代化是必然的，同时也是有价值的。现代化是由人能动地创造的，是人的

① 罗荣渠. 现代化新论：世界与中国的现代化进程[M]. 北京：北京大学出版社，1993：9-17.

② 马克思，恩格斯. 马克思恩格斯全集（第二卷）[M]. 中共中央马克思恩格斯列宁斯大林著作编译局，编译. 北京：人民出版社，2006：281.

本质力量发展的体现，是人活动的结果。马克思、恩格斯在批判所谓无主体的人类“历史”时指出：“历史什么事情也没有做，它‘并不拥有任何无穷无尽的丰富性’，它并‘没有在任何战斗中作战！’创造这一切、拥有这一切并为这一切而斗争的不是‘历史’，而正是人，现实的、活生生的人。”[①]历史活动的主体是人。“‘历史’并不是把人当作达到自己目的的工具来利用的某种特殊的人格。历史不过是追求着自己目的的人的活动而已。”[②]人的自主活动是决定社会历史发展的根本性因素。因此，由人的自主活动构成的社会历史的发展包含着客观世界的内在本质与运动规律，同时也包含了主体属性与属人的应然本质，展示了与人内在具有关联的价值的规范性。而价值的实质就是客体的存在、属性及变化与主体的意志、需求相契合，而价值本质上是一种人类活动中的合目的性原则。因为人是整个价值关系的中心环节，那关怀人的发展、实现人的发展，对于社会进步来说就有着深层次的根本作用。人类社会的发展，就是通过人自主活动方式朝着更适合人的生存、人不断获得解放和自由这一目标前进的。可见，社会现代化与人追求价值理想的特征的关系十分紧密。现代化的核心和最终目标就是作为现代化文明主体的人实现解放和自由，其实质是通过变革与人的自由全面发展不相适应的社会制度和社会结构，使人在与其发展相适应的社会制度和结构中拥有和享用现代文明成果，从而获得自由而全面的发展。因此，只有指向人的、充满人文关怀的发展，才能构成社会进步的现实要素。实现人文关怀、促进人的发展，是社会现代化的题中应有之义。现代化进程中一切经济的、政治的、社会的和文化的变革，实际的意义都是为了达到此目标。正如马克思所说，“整个历史也无非是人类本性的不断改变而已”[③]。

根据以上观点，我们一定以人的需要和利益作为出发点，也就是说，从人文关怀的立场出发去探讨现代化，关切现代物质文明条件下人的生存质量、权利状况和精神健康问题。我国高校作为教育人、培养人的场所，倡导通识教育，注重人文关怀，就更应该思考如何从人文关怀的角度去提高人的生存质量、完善人的权利状况和保障人们的精神健康等一系列问题。在现代化社会中，尤其是高校的通识教育体制下，我们要尊重人的主体地位，制定出与现代化相适应的人文性标准，同时从人文关怀的角度全方面、多维度地考虑教育法规的维护，尽可能维护并保障人们的权利不受侵犯。此外，健康教育作为教会我们基本健康知识和能力

① 马克思，恩格斯. 马克思恩格斯全集（第四卷）[M]. 中共中央马克思恩格斯列宁斯大林著作编译局，编译. 北京：人民出版社，2006：174.

② 马克思，恩格斯. 马克思恩格斯全集（第四卷）[M]. 中共中央马克思恩格斯列宁斯大林著作编译局，编译. 北京：人民出版社，2006：118-119.

③ 马克思，恩格斯. 马克思恩格斯全集（第三卷）[M]. 中共中央马克思恩格斯列宁斯大林著作编译局，编译. 北京：人民出版社，2006：174.

的一类教育，应当在学科专业知识的传播、专业人才的培养以及相关专业团体的建设等方面进行强化；另一方面，在大学的通识教育实践中，校园环境的孕育作用是不可小觑的，现代化校园环境的建设应注重体现新时达的通识教育精神。

对于人来说，现代化不仅表现了人类征服自然的能力，而且也表征着人类物质文化需要得以满足的程度；社会制度的变革不仅表现了人改造社会活动的发展水平，而且也标志着人从盲目的社会力量统治下获得越来越多的自由的程度；精神文化的变革体现了人创造的新观念、新知识和新方法，也不断更新人和社会的认识工具，同时还反映了人们内心世界丰富、完善和深刻的程度。总而言之，我们说的现代化不仅只是一个客观事实与现实过程，还是一个价值世界和意义事件，即现代化不是时髦的新产品的简单堆积，也不是一些数字组成的评价指标的集合，而是实现人的现代文明素质的提高，促进人在实现其本质和人性的过程中自由发展从而更好地走向更有意义的人生的现代化。这就是现代化所具有的人文关怀蕴意。社会发展的价值的一种体现就是人文关怀，人文关怀也可以被视作现代化社会发展成熟程度的一个衡量标准。

我国的现代化进程越来越深入，社会主义制度越来越完善，通识教育也日益为社会所重视。而人文关怀作为社会发展成熟程度的一个衡量标准，一个国家或社会的发展程度在某种程度上可以通过一个国家或地区对人文关怀的重视度体现出来。人文关怀作为我们国家通识教育的一部分，它的发展因涉及人性等复杂的因素，很难进行评估。我们不但要站在关注人的命运的价值视角去理解和控制社会的现代化，而且还要用现代化的视野来控制和实践人文关怀。社会现代化对人文关怀有很大的推动作用，同样，实践人文关怀、完成人的发展的现实条件和基础也离不开社会现代化。人类都希望能拥有更丰富多样的生活资料、持有更多的可自由支配的时间，而经济的现代化为他们提供了客观可能性。为了实现更多自主活动和自觉创造力，社会制度的现代化提供了更加适合的社会结合形式，为人与人之间多层面的交往创造了有利条件。而一个社会的现代化程度与个人生活的价值观也有关系。现代化程度越高，个人在求生存上花费的时间就会越少，这样他就会在其他方面利用更多的时间与精力来发展自己的才干，让自己得到全面提升，从而更好地追求并实现更有意义的人生价值。现代精神文明的发展也为人的精神追求和精神满足创造了日趋丰富的文化氛围、智力支持和价值基础。实际上，这些方面的发展本身就是人文关怀的内容，是人文关怀的基本规定。现代化不仅是人文关怀的导向和也是人的发展的制约因素。在现代化的发展进程中，人们被要求从封闭、保守的观念，转向开放、竞争，要求现代人格具有不断成长、成熟的姿态，并使潜能被发掘，这一切都不自觉地在一定程度上引导着人文关怀和人的发展的取向及特征。正如马克思、恩格斯所说，时代的特征决定了人的性格。“对于再生产的行为本身来说，不但有客观条件的改变，例如乡村变为城市、荒野变为清除了林木的耕地等，而且有生产者的改变，他们不断展现出新的品质，通过生产发展和改造自身，产生新的力量和新的观念，产生新的交往方式、新的需要和新的语言。”[①]足见让人文关怀在更好地实现和更大程度地促进人的解放和自由全面发展这一方面，社会现代化为其提供了强有力的基础和广阔的平台。如果没有现代化的发展，便没办法触及人文关怀；如果将现代化否决了，人文关怀就不复存在。

当然，现代化发展的前提和动力源泉便是关注人、实现人的发展。人是社会大系统的主体和主要组成部分，无论是人的受关怀程度，还是因此而获得发展的程度，给社会和经济的发展带来的影响是任何事物都无法超越的。纵观一些发展中国家，它们向现代化方向前进的道路是很坎坷的，人民还像以往那样生活着。一些国家依赖得天独厚的自然条件（如丰富的石油资源等），虽然经济收入大幅提高，但整个社会却很难受现代化气息的感染。人文关怀的缺失、人的发展滞缓，使现代化的主体缺位、目标迷失，因而使现代化发展失去了动力。正是在此意义上，我们说要让现代化建设取得更好的成果，关键就是要关怀人、发展人。由此可见，现代化发展与人文关怀应是互动交织的。如何使现代化发展能够和人文关怀价值相切合，持续地培养祖国的下一代，实现人的现代化与物的现代化的互动发展，一直都是现代化建设必须要面对的问题。大学通识教育的根本点也在于促进“人”的全面发展。

二、先发现代化国家“人文关怀失却”的教训

就如前面所说的一样，从根本上来说，实现人的发展离不开现代化，它是一个基础，也是一个条件，现代化建设对于人的全面发展来说是绝对有利的。然而这并不意味着，现代化一定要人为操控才能带动人的全面发展，它是自然而然的。但总是自觉地朝着有利于人的全面发展的方向发展也不是绝对的，甚至有可能适得其反。现代化只是适应了促进人的全面发展的本质，想要由应然变成实然就必须突出价值问题，突出人文关怀问题。

第二次世界大战以后，现代化浪潮席卷全球，并以工业化和新科学技术革命为特点。一方面，科学技术方面的发展日新月异，极大地提升了劳动生产率，这也促进了经济和物质的繁荣，让人类的生活方式和思想有了一个质的改变。另一

① 马克思，恩格斯. 马克思恩格斯全集（第四十六卷）[M]. 中共中央马克思恩格斯列宁斯大林著作编译局，编译. 北京：人民出版社，2006：494.

方面，任何事物的发展都有两面性，科技革命和现代化的发展也不例外，它们所产生的负面效应也日益严重。比如对整个社会来说，收入分配的不平等、贫富差距增大、两极分化严重、过分重视物质、道德问题严峻、腐败贪污、政治出现不稳定；对个人来说，也有可能导致压力巨大、精神压抑、心灵暗淡；对环境来说，导致环境污染日益严重、资源的枯竭日益加快……这一切都会成为人类社会的困扰，而伴随着这些困扰存在的一系列社会问题将长期存在。虽然随着科技的发展，人类从某种程度上减少了自然界对其的束缚，但是在另一方面人类又逐渐感觉被隔离、被遗失、被威胁。也可以说，人类追求自由、全面的个性，遇到了前所未有的障碍和危机，并没有随着现代化的进展获得进一步的发展，这导致人们对现代化的未来不可避免地产生消极情绪，现代化也因此被浸染了悲观主义的色彩。自 20 世纪 50 年代以来，西方诸多思想家对工业文明及现代化进行了批判。如丹尼尔·贝尔在他的《资本主义文化矛盾》中曾指出“资产阶级精打细算、严谨敬业的自我约束逐渐同他们对名望和激动的孜孜追求发生了冲突。当工作和生产组织日益官僚化，个人被贬低到角色位置时，这种敌对性冲突更加深化了，工作场所的严格规范和自我发展、自我满足原则风马牛不相及，难以和平共处”[①]。在机器生产的时代，工人成为被机器和资本家奴役的奴隶，他们失去了自主权，失去了社会对他们的关怀。丹尼尔·贝尔犀利地指出了社会矛盾存在的核心问题。还有弗洛姆在他的《健全的社会》、马尔库塞的《单向度的人》等著作中都一针见血地指出了工业社会发展所产生的流水线及自动化控制会让人渐渐丧失动手的能力，机器时代的来临甚至会造成人类动手能力的退化。人的完整性被破坏，人愈来愈成为“单向度”的人，现代性从某种意义上来讲，已经不能再称之为一种解放的力量，而成为奴役和压抑的根源。这些观点在某种意义上反映了西方现代化与人的发展所存在的矛盾。上述矛盾出现的缘由很多，人文关怀的缺失可谓是重要的原因之一。先发现代化国家现在所出现的种种社会问题，究其根源，正是因为他们片面地追求经济的高速发展，忽略了社会发展的人文性和协同性，使社会逐渐呈现出畸形发展的状况，而曾经具有的那种对人文关怀的精神追求与价值观念已经随着社会经济的发展流失殆尽。社会的经济发展以人文关怀的损失为代价，这种做法是不可取的。而这种情形的出现给了我们深刻的教训，作为经济快速发展、走在现代化道路上的中国来说，我们是需要进行探讨，并进行深刻反思的。而作为社会通识教育下的高等人才，我们更有责任与义务去深入思考、理性地分析这一社会现象的社会原因。由于人文关怀体现在各个方面，所以我们可以根据具体情况从以下几方面进行探讨分析。

① 丹尼尔·贝尔. 资本主义文化矛盾[M]. 严蓓雯，译. 北京：人民出版社，2010：34.

其一，造成贫富差距拉大的一个重要缘由是生存关怀的失却。部分国家的现代化发展虽然创造出了前所未有的财富，然而这样的巨大财富并不是每个人都能够拥有的，美好的物质生活只是掌握于部分人手中，另一部分人却享受不到现代化带来的美好成果，依旧在与贫穷的生活做斗争，而且更为严重的是这一态势还在继续扩大。例如，巴西经过几十年努力，现在也已经逐渐从一个农业国转变成一个现代工业化国家，2017 年人均 GDP 达 9821.4 美元①，但是伴随着现代化、城市化的发展，巴西社会阶层也在不断分化，贫富差距日益加大，大量的贫民窟开始出现在城市周边，那么贫民窟里的居民能享受到作为公民所应享有的经济社会发展成果吗？答案不言自明。他们的居住、出行、卫生等条件极差，这也将引发一系列社会问题，成为社会动荡不安的一个根源。这正是现代化发展没有关注大量被征地农民、失业居民及低收入人群的生存要求而造成的。学术界有一些学者把一些拉丁美洲国家在经济增长过程中因为贫困化和两极分化而造成社会动荡的这种情况称为“拉美陷阱”。

其二，权利关怀的缺乏成为部分人被歧视、抛弃和边缘化的主要因素。处于弱势地位的贫困群体，他们享受不了充裕的物质生活，相反他们要肩负现代化发展成本的主要部分，然而他们同样是缺乏权利关怀的弱势群体。就像当代政治哲学家罗尔斯在《正义论》一书中提出的，“不幸阶层”、弱势群体的“弱”，在经济上表现为弱，在政治和文化即在权利和精神生活上也同样如此，总是处于一种贫困和匮乏的状态。他们真的很难像强势群体一样，获得以自由、平等为核心的基本权利的社会关照。这种利用一部分人的牺牲，帮助另一部分人进步的不平等发展，如果寻求不到更有效的解决办法，那么弱势群体的权利关怀就无法从根本上得到改善，所以，他们与富人群体、精英群体和强势群体之间的差距无法得到缩短，他们与其他阶层的冲突与对抗永不会停歇。

其三，因道德关怀的缺失，而致使美善价值衰落和伦理生活的失序。现代化犹如一把钥匙，它打开了一个新的物质世界，这个世界的物质应有尽有，令人眼花缭乱，谁都想更好地享受这个如宝盒般的世界。市场经济的自发作用有正面的，当然也有负面的，尤其是对社会价值层面。比如，追求利益、金钱的功利主义膨胀，商品交换原则的泛化等。如果社会文化系统难以起到道德关怀的作用，人们的道德与理想迷失、道德准则失范、道德行为失序，个人主义、拜金主义、享乐主义占据上风，人际冷酷、腐败等各种社会丑恶现象就会泛滥成灾。因此，布热津斯基在《大失控与大混乱》一书中抱怨道：“在美国，由于物质第一主义的自

---

① World Bank. GDP per capita (current US$) [EB/OL]. https://data.worldbank.org/indicator/NY.GDP.PCAP.CD [2018-09-14].

我放纵，道德上的腐败大规模蔓延，精神上的空虚已削弱了美国的内聚力，西方面临着价值观念的危机。”①

其四，终极关怀的缺乏，将会导致人的精神没有依靠与归宿，形成空虚感，从而成为精神的流浪者。而在人文关怀的失却中，最核心的是终极关怀的失落。一方面，随着技术专制的发展，人们在整个被机械化了的社会中找不到目标和希望，觉得自己只是大机器里的一个小螺丝钉。在认可科学技术的进步给我们带来了很大益处的同时，我们也必须承认科学技术发展也给我们人自身带来了很多负面的影响。高度的机械化使就业压力与日俱增，从而因失业率的逐渐增高，造成人心不稳，甚至引起社会暴动。单纯的机械的生产方式忽略了人的能动性，忽略了人的精神需求，更进一步加剧了社会的不稳定性。另一方面，工具理性的盛行，使人们整日沉迷于对物质金银和感官享乐的狂热追求之中，而越来越缺少圣洁与自由的精神内涵、崇高与理想的指路明灯、价值与意义的关怀抚慰，就像一个背着满筐的金银财宝却找不到家的精神流浪汉。虽然尼采早就发出“上帝死了”的终极关怀预警，但在以后的日子里，这种价值危机愈演愈烈，表明虽然西方的“文明已经征服了世界，但是却在征途中的某个地方失去了灵魂”②。

其五，对自然关怀的丧失，使人与自然的关系达到空前紧张状态。科学技术革命所取得的辉煌成就，引发了人类对自身驾驭、征服自然能力的盲目自信，从初始的对自然神的崇拜，希望与自然和平相处，敬畏自然、尊重自然到把自己置于与自然相对立的位置上，他们的行为也发生了翻天覆地的变化。从顺应自然、尊重自然，不随意破坏自然渐渐转变为肆意破坏自然，企图征服自然。极度膨胀的物欲使得具有急功近利劣根性的人类肆意妄为，不计后果地捕杀动物、砍伐森林、围湖造田、采矿挖煤、排放污水……对自然的过度“征服”和“剥削”，已对生态环境造成极大破坏，给人类自身生存和文明的可持续发展带来严重威胁，山体滑坡、洪涝灾害、台风肆虐、冰山融化等一系列问题的出现都是自然对人类发出的无声的报复。人类一开始将征服自然作为适应社会和在地球上生存的关键一步，然而在这之后，人类开始意识到自身已演变成为对自身最危险的敌人，这可以称之为异化的最高形式了。总之，“物的世界的增值同人的世界的贬值成正比”。人文关怀的失却给现代化进程造成了极大的摩擦和障碍，进而造成了发展的扭曲。

在现代化的过程中，出现的人文关怀失却问题并不是没有人意识到，在西方社会，这已经引起普遍关注。20 世纪 60 年代以来，新社会发展思潮如雨后春笋，一波接着一波在世界舞台上翻涌，如“罗马俱乐部”、后现代主义、环保主义等，

① 兹比格涅夫·布热津斯基. 大失控与大混乱[M]. 潘嘉玢，刘瑞祥，译. 北京：中国社会科学出版社，1995：4.
② 冯·贝塔朗菲，A. 拉威奥莱特. 人的系统观[M]. 张志伟，等译. 北京：华夏出版社，1989：19.

无不对现代化“有增长而无发展”的“非人”的发展观进行批判性的反思。在他们看来，不同于“增长”的“发展”已经不仅是一种经济现象，更多的是包括广泛且复杂内容的社会现象；在发展现代化的过程中，要时刻注意并且借鉴人文关怀、人文价值，在科技、经济发展的同时，要对人的生存状况的改善和人文价值的确立有所关注。所以，应该根据现有的现代化道路对发展主张做出矫正，为现代化加入人文关怀的含量，达到物化发展向人文发展转轨的目标。到现在为止，已经有很多有识之士对用 GDP 指标来衡量社会发展提出了质疑，转而呼吁人们更多地要以人文指标来全面衡量社会发展。不少发达国家纷纷对现代化发展的衡量指标做出修订——在英国，政府 2002 年公布的“生活的满意度”文件认为，国家有理由进行干预，以提高国民对生活的满意度；在美国，诺贝尔奖得主卡尼曼等于 2006 年编制“国民幸福指数”，使它与 GDP 一样成为一个国家发展水平的衡量标准；越来越多的国家及组织，包括联合国，开始采用 GNH（国民幸福总值）来统计和测评经济价值。这些都反映了国际社会核心价值观的嬗变，以及对现代化之路进行人文关怀校正和补救的历史大趋势。

三、社会主义现代化与中国通识教育的人文关怀

在国内，一些学者称中国的“通识教育”为“博雅教育”，“博雅”一词的词义是渊博的学识、广博的知识、端正的行为品格、优雅的举止。这一内涵鲜明地表现出了教育在一定层面上是一种体现人文关怀的社会实践。在我国社会主义现代化的突出阶段，义务教育实现了全面普及，但教育中存在一些如学科单一、学生实践能力过弱、高分低能、人文关怀过少、人文缺失等现象，无法克服的矛盾长期并且一直存在。到了大学，即到了高等教育阶段，高校为了缓解这种义务教育阶段带来的人文缺失问题，他们开始有意识地对大学生进行通识教育以弥补义务教育阶段在教育方面人文关怀缺失的不足。这是我国现代化阶段必需的选择，也是最正确的选择。弗洛姆曾在《健全的社会》一书中列出了欧美等国对自杀、杀人及酒精中毒等方面的社会人数进行统计，得出以下结论：最民主、最和平、最繁荣的欧洲国家，以及世界上最昌盛的美国，显示出了最严重的精神障碍症的症状。西方世界的整个社会经济发展的目标是舒适的物质生活、相对平均的财富分配、稳定的民主和持久的和平。但是，正是最接近这个目标的国家表现出了最严重的心理不平衡的症状。这一结论进一步表明了一些欧美国家在社会经济发展的同时，单纯地注重经济发展的速度，忽略了人文关怀，忽略了对人的关注，从而使社会出现了一系列问题，也使得整个社会潜在的社会矛盾日益显露。

我国的现代化发展与世界上所有民族、所有国家的现代化发展一样，都必须经历且要求我们必须认真谨慎地面对。中国的现代化从本质上来说，是以社会主义市场经济为基本起点，以社会的经济生活、政治生活、文化生活和人的素质的全面现代化为总体价值目标的一场社会变革运动。这一社会转型既是人类社会在历史发展过程中必然发生的，又是我们自觉的、坚定的价值选择。作为现代化的后发型国家，经过多年持续高速的发展，目前中国的现代化已由迅速起飞阶段逐渐步入平稳成长阶段。但是，诚如马克思所说的，“工业较发达的国家向工业较不发达的国家所显示的，只是后者未来的景象”[①]。社会财富与社会矛盾的同时积累是社会发展过程中不可避免地经常出现的一种现象，在发展迅速的中国也无法避免地显现出来，就像贫富悬殊、地区发展差距拉大、道德滑坡、人文精神萎缩、社会矛盾加剧、生态环境恶化等已不可避免地出现。对于后发现代化国家而言，一时的不可避免并不可怕，可怕的是那些失衡发展被不断地扩大和延伸，最终断送现代化的成果。如何能够尽量地避开、防止以前的发展模式的弊病，尽快地缩短走向新发展模式的时间，实现跨越式发展，最重要的一点就在于在后发现代化建设中，能够坚持科学的发展观导向，或者说，能够坚持正确的人文关怀导向。

事实上，后发现代化国家的通识教育有一个重要优势，就是先发现代化国家实施的通识教育为我们提供了前车之鉴，他们的通识教育经历时时刻刻在为我们敲响警钟，让我们努力，为我们树立了榜样，给我们提供了借鉴，让我们的现代化的通识教育目标和政策的制定更具科学性和合理性。毫无疑问，美国和英国作为先发型国家的代表为我国在现代化社会进程中进行通识教育提供了良好的范例。美国作为一个先发型国家，是最早提出通识教育模式的国家之一，它形成了自己别具一格的特色。为了更好地进行通识教育，美国开始实行小班教学，关注每一个学生的发展，注重培养每一个学生的个性，激发每一个学生的兴趣，扩大每一个学生的视野和知识面，鼓励学生进行个性发展和社会实践。但在通识教育中，一些学生并未意识到课程设置的必要性和重要性，所以并未对其抱有足够的重视，故而在一定程度上产生厌烦甚至排斥心理，人文关怀并未得以发挥应有的作用，所以美国的通识教育在人文关怀方面虽然获得了很大的成效，但也存在师资力量有限、教学任务繁杂和泛化，以及满足不了大学生的需求等弊病。同样英国作为一个先发现代化国家，在通识教育中既注重培养学生的专业知识，又时时刻刻注重给予学生人文关怀。无论是在编定教材方面，还是在课程设定方面，时时不忘贯穿人文关怀。在教材编订时他们不仅注重学生的行为规范，还注重对学

① 马克思，恩格斯. 马克思恩格斯全集（第二十三卷）[M]. 中共中央马克思恩格斯列宁斯大林著作编译局，编译. 北京：人民出版社，2006：8.

生创新精神的培养，以及学生美育、德育方面的发展。引导学生在生活中形成积极主动的精神面貌，同时让他们学会关怀他人、理解他人、包容他人。这些理念均秉承了社会倡导的人文关怀这一科学理念。在课程设定方面，无论是学校的显性课程还是隐性课程，都在引导学生进行社会实践，注重学生自身的发展，培养他们与社会、与他人的关系，有意识地引导学生适应社会。同时不忘注重他们的健康教育、就业指导教育。另外，在教育方式上面，把指导性方法和描述性方法相结合，把人文关怀中体现的物质利益和精神利益合理有效地结合起来，培养学生独立思考的能力、换位思考能力和价值判断力，并有意将人文关怀渗透其中，时刻对其进行精神方面的关怀，促进学生的健康成长。英国在现代化过程中的通识教育成功地贯彻了人文关怀的理念，但在初始意义上它是为贵族阶层服务的，并未普及整个社会，这是其局限性。英美先发现代化国家的通识教育对人文关怀的重视，满足了社会和学生发展的需要，为一些在教育方面缺乏人文关怀的国家做出了榜样，为正处于摸索阶段的国家实现通识教育提供了范本。我们应该从中取其精华，借鉴、修改、完善并探寻出适合自己发展的体现人文关怀的通识教育模式。

现如今，中国作为后发现代化国家，更多的应是自觉建设现代化，虽然在此过程中，我们会面临许多复杂的历史和现实问题，但是有先发现代化国家的经验教训可供借鉴，也有多样化的理论模型可供参考。所以，我们在现代化过程中对人文关怀的建设应该趋利避害，自觉探索并制定科学的通识教育政策，贯彻实施人文关怀的教育理念。应该把从成熟的现代化文明中孕育出来的关注人自身命运与价值的新的现代性理念和人文关怀精神，作为中国现代化价值选择的重要资源。

要吸取率先发展的现代化国家“人文关怀失却”所带来的经验教训，顺应彰显人文关怀精神的时代潮流，中国现代化的价值选择需要理清并处理好以下这些关系问题。

第一，人文关怀与经济发展的关系。现如今，有许多发展中国家已经深切意识到自身发展的落后现状，故而产生了想要加速经济增长的强烈欲求，因此不约而同地把经济增长作为国家经济发展最重要的一个目标，相对而言他们对发展的价值问题关注得比较少，总是认为只要等经济增长达到相对较高的水平，把经济馅饼竭尽全力做得更大，其他问题就会水到渠成、自然而然地得到解决。但是，那只是他们预想的理想状态。从社会现实的角度考虑，如果一个国家发展的过程不能始终贯彻人文关怀，往往经济高速增长，馅饼做大的局面尚未出现，各种社会问题就会接二连三地袭来，并且越来越尖锐，被迫走进“有增长而无发展”的窘境，甚至会破坏一个国家正常的社会秩序，最终短时期出现的经济增长也无法实现可持续。发达国家在经济高速增长的同时忽视人文关怀而引发了严峻的社会问题，给了我们深刻的启示，即经济的高速增长离不开人文关怀的重要作用，它们是紧密相连的。只有使经济增长与人文关怀互动协调，才能实现真正的发展。因此，作为后发型的中国现代化，有先发现代化国家的先例和经验教训，我们更应处理好人文关怀与经济发展的关系，避免走上先发现代化国家的道路，在大力发展经济时，同样也要加强人文价值和人文关怀这两个方面的发展，以人文关怀观照、引领科学技术和经济发展的方向，从而找到实现又好又快的发展之路。

第二，人文关怀与市场经济的关系。我国的现代化进程伴随着市场经济的发展，由市场经济一步步推动。而现代化的发展离不开人文关怀，那么为了实现现代化协调、稳定发展，我们就要实现人文关怀和市场经济的结合。然而，很多国家在现代化过程中却出现了人文关怀危机。在现代化过程中，人文关怀危机出现的原因显然是多方面的，但源于市场经济发展的原因无疑是重要的方面。市场经济是一种经济体制，其借助竞争机制追求利润最大化，与人文关怀相关的主要有两个方面的关系：一是“效率”与“公平”的关系；二是“人文精神”与“功利”的关系。追求效率是市场经济的天然属性，如果不讲效率，任何社会、企业、个人都很难立足于市场。所以在改革开放之初，为了从“大锅饭”的怪圈中摆脱出来，解决温饱问题，党中央做出了“让一部分人、一部分地区通过诚实劳动和合法经营先富起来”的决策，并制定了一些鼓励“能人”大胆致富的倾斜政策，这对促进社会经济发展有很大的影响。然而，市场经济追求效率也产生了很多负面效应。市场经济有一个普遍规律就是竞争越激烈资本越集中，贫富之间的差距也越来越大。如果不将市场调节所具有的缺点即排斥收益平等的自发行为通过人文关怀进行调节和控制，一定会造成更加严重的社会两极分化问题，从而造成人心不稳，进而引发社会动荡，最后又反过来制约和破坏市场经济的发展，迫使市场最终走入发展的死胡同。社会主义最大的优越性就是社会公平和共同富裕。社会主义市场经济在追求效率的同时必须兼顾对社会公平的关照，重视对广大群众的人文关怀。特别是当社会差距拉大，群众对社会不公平现象严重不满时，更加应该将关照公平、人本、人道的人文关怀置于重要的位置，建立效率与公平、市场经济与人文关怀之间良性互动的动态平衡机制。与此同时，市场经济是追求现实利益、讲求功利的，市场经济促使人们对功利价值加以追求，这是市场经济的经济动力所在。但是，这种功利性又需外在的法律制度制约和内在的道德原则、崇高精神引导，否则就极易放纵、蜕变为纯利欲的冲动而导致人性的泯灭和文明的丧失。“风气如果坏下去，经济搞成功又有什么意义？”[①]人作为完整的生

① 邓小平. 邓小平文选（第三卷）[M]. 北京：人民出版社，1993：154.

命存在不仅仅要追求眼前的功利，同时还要追逐超功利的目标，才能实现完满的人生价值。因此，必须在追求功利的基础上讲求人文精神，构筑人生的道德关怀和终极关怀，使人们自觉趋向于追求真诚、友善、崇高的境界，具有远大的目标和豁达的胸怀，实现从功利物欲到高尚精神境界的升华。总之，市场经济的发展要有人文关怀精神作为引导，并提供支撑和动力，而人文关怀的引领又不能脱离市场经济的条件和背景，二者应当而且必须有机结合在一起，才能确保现代化的顺利发展。而通识教育作为社会主义现代化发展的一部分，不可避免地也会受到市场经济的影响。市场经济的理念在不断深入人们生活的同时，逐渐渗透到学生的精神领域，他们开始趋向功利化，所以我国的高校建设必须重视市场经济的发展动态，密切关注学生的思想动态，将物质上的关怀和精神方面的人文关怀有机结合起来，不可偏废其一。只有这样，市场经济才能更好地为现代化建设和通识教育服务。

第三，人文关怀与传统文化的关系。一个民族的现代化，同其自身固有的人文传统有着密切联系。如要培养有中国特色的现代人文关怀精神，就要最大限度地实现人文关怀价值，就一定要建立在中华民族文化传统的基础上，这一点是毋庸置疑的。如前所述，中国传统文化本身就具备了雄厚精深的人文关怀精神，如重视人而淡漠神的传统、强调“崇德重义”的传统、追求人格完善的传统、主张“民为贵”的传统及向往“天人合一”的传统等，这些都是构建现代人文关怀的宝贵的思想资源。现代人文关怀是否能够拥有足够的生命力和感染力，最重要的就在于是否能够完全地、真正地挖掘、吸收和弘扬中国传统文化中具备的那种人文关怀精神。

然而，当代所倡导的人文关怀精神不能完全等同于传统，不能照搬传统，这一点也是不容否认的，因为不同的时代拥有其特有的时代内涵。不少学者认为，中国传统的“人文”思想，实际就是“人伦”思想，其基本要义就是通过修身养性，超越现实社会，达到一种完美的精神境界，为此要摆脱物欲、断绝红尘、安贫乐道，即“存理灭欲”。这显然与现代社会所要求的高扬人的主体性，在改造现实世界与改造精神世界的双向互动中追求自由自觉的实现，以达到全面发展的旨归是相悖的。也就是说，真正的人文关怀就在人与现实世界的关系之中，而不是脱离于现实世界之外，“‘人文’与‘功利’应当保持必要的张力，并使‘人文’在其张力中得以提升。”[①]因此，在吸收、弘扬传统文化的人文关怀精神时，还需对其进行创造性转化，即根据现代人文关怀价值标准对传统文化进行认真的辨析、清理和选择，将其宝贵的因子融入时代精神之中，从而构建一种迎合现代

① 丰子义. 现代化进程的矛盾与探求[M]. 北京：北京出版社，1999：336.

化要求的新型人文关怀价值体系。“总之，人文精神的建设要有发展的眼光，要有广阔的视野，要有现实的批判精神。”①作为一个拥有富足的传统文化和厚重历史的东方大国，我们拥有得天独厚的教育资源。

春秋战国时期，我国就注重通识教育的发展，我国的通识教育“形成以中华‘元典’为载体，以诸子讲学为媒介的通识教育传统”②。在西汉和东汉时期，我国形成了以经学为主、进行讲学的教育体系，太学成为主要的教育机构，唐宋时期，注重经学和科举制度的有机结合，注重其统一性，忽略了人的个性发展，特别到明清时期趋于僵化，最终成为束缚人个性发展的牢笼，教育应体现的人文关怀也随着教育模式的僵化逐渐消失；一直到中国的国门打开，马克思主义开始被引入中国，我国的教育才开始有了变化，摆脱了故步自封、荼毒精神的枷锁，重新走向新生，一些有识之士开始重新重视人的价值，重新呼唤教育要有人文关怀。我国传统的教育体系为了更好地适应不同时期的不同需求，教育的方法和内容也在随着社会的发展不断做出相应的调整，不断进行完善。在实现社会主义现代化的新阶段，我国的传统教育扮演着重要的角色，发挥着重要的作用。为了把传统文化更好地引入现代化社会，努力挖掘传统文化的精华，逐步实现传统文化与现代化的接轨，我们必须对传统文化给予足够的重视，从传统文化中汲取人文关怀的教育精髓，积极利用传统文化中的有益的教育资源，并对其进行科学的转换，从而创造出适合当下发展、适合现代化发展、体现人文关怀的时代特征的通识教育方式，从而实现传统与现代化的衔接，进一步实现人文关怀与现代化的衔接。

现代化需要什么？现代化需要“人文关怀”，现代化必须吟唱出“人文关怀”的核心旋律，并且时时刻刻去宣扬这一核心旋律。防止走上资本主义现代化过程中出现的把人物欲化、工具化、役使化的道路，建设充满人文关怀的“人文”现代化，是中国社会主义现代化进程中必然的价值选择。科学发展观的出现，为“人文现代化”提供了进一步发展的理论依据和方向指导。通过科学发展观在实践中的逐步贯彻与落实，中国社会主义现代化将步入一个崭新的阶段，并显示出新的具有时代精神的、长效而持久的、迷人的魅力。现代化不仅是机器的现代化、物质的现代化，也是人的现代化。现代化的发展离不开人，也离不开人文关怀。而通识教育作为现代化进程中不可或缺的一部分，作为培养人、促进人的发展的一种社会活动，体现人文关怀理念是必要的，关注人的发展也是必要的。这是教育现代化的必然选择。

① 丰子义. 现代化进程的矛盾与探求[M]. 北京：北京出版社，1999：340.

② 张亚群. 中国大学通识教育传统的现代价值[J]. 华中师范大学学报（人文社会科学版），2014，53(1)：146-154.

第七章　趋势与判断

当前，中国发展进入新常态。改革也面临着巨大挑战，未能成功建构出适应现代社会的底层秩序是导致这一切的根本原因，缺乏一个调控各种应用系统的基础型操作系统。与中国不同，大部分成熟的市场经济国家在从传统国家向现代国家转变的过程中，同时实现了经济社会的转型升级，建立了调控现代经济社会运行的基础秩序框架。通过研究与分析可看出，社会信用体系的有效调控与社会成员的普遍信任成了西方成熟市场经济国家的基础秩序框架。社会成员的普遍信任解决了现代社会陌生人之间有效连接的社会整合问题，社会信用体系实现了对现代流动社会中个体生命周期全过程的追踪和考核问题，最终建立了社会信用体系全过程调控、社会成员普遍信任的外生型社会化监督约束机制。因此，如要解决中国市场转型过程中所面临的停滞，建立合理引导社会成员普遍守信担责和有效调控陌生人社会行为规范的基础秩序框架就变得非常紧迫，而通识教育在新的发展阶段和发展形势下就必须承担相应的责任，推动建立基础秩序框架和社会化的社会信任体系，从而更好地适应经济社会发展新常态。

第一节　发 展 趋 势

改革开放以来，中国的社会治理始终面临着国家、社会和公民之间的角力和博弈，国家权力深入基层或权力上移的治理变迁，始终无法找到统治成本和治理效果之间的平衡临界点，也没有建成内生的基础社会秩序。自清朝晚期到新中国成立，中国社会始终面临着政治解体和社会解组相结合的“总体性危机”。新中国成立以后，总体性危机的问题得到解决，但在社会治理过程中始终面临着国家、社会和公民三者之间的角力和博弈，不管是权力深入基层，还是政府放权让责，还是基层自治，成本投入和秩序稳定之间的不平衡关系始终未能很好解决。

计划经济时代，以单位制、街道办事处居委会制、革命委员会和集体公社为代表的政府权力深入基层的扩权管理，建立全面管理和总体支配的社会秩序，但终因成本过高和负担过重而放弃。市场转型以后，国家对基层社区采用放权让责，大多数城市社区采用物业管理的方式。物业管理表面上看是一种市场化和公司化的服务管理新模式，通过市场化的物业收费和为社区居民提供服务而存在。但在实际运行过程中，物业管理公司肩负着维持社区秩序的管理功能，负责将社区动向及时向基层政府汇报和备案，政府通过隐藏权力间接利用物业管理公司进行社会管理。由于物业管理公司是社区的外生力量，再加上背后有政府“无形的手”支持，与社区业务委员会、居民代表大会等内生力量长期处于紧张和对立的状态，从而各种纠纷、冲突事件不断上演。此外，根据中国人民大学国家社会科学基金项目“社区管理”课题组对北京70个居民小区的调查，结论中显示：曾有业主与物业管理公司发生严重纠纷的小区占 80%。因此，外生的小区物业管理模式，虽然降低了政府进行社区管理的成本，但却恶化了社会秩序，冲击了政府的合法性和公信力。

在后单位制社会里，单位制管理的理念通过引入市场化因素被重新利用，一种典型做法就是以2008年北京奥运会和2010年广州亚运会为代表的运动式社会管理，开创了全员参与、动静结合和上下联动的社会秩序维持模式，将小区物业管理人员、社区无业常住居民、马路上环卫工人、各类交通工作人员等纳入社会管理和监控体系，实行全方位和全天候、动态巡逻和静态预防相结合的立体式社会管理体系，但这种通过购买服务的方式赋予购买对象以社区管理权限的资源整合模式，面临着海量的资金投入和战时动员高压态势，而无法长期持续。当然，基层社会管理最常用的方式是借助现代先进信息技术，依托基层社区综合治理委员会进行网格式管理。这种网格式管理机制，将人际监管和信息技术监控的长处发挥到极致，做到了人机一体快速行动。以广州为例，到2016年底全市已投资24.22亿元建设高清视频图像采集系统，届时可以构建城市管理和社会治安两大视频云服务平台，通过整合各种资源形成电子化的新型城市管理和社会治安防控体系。通过借助信息化的天眼系统，可以极大地加强巡逻力量和提升基础社区管理力量的工作效率。这种网格式的信息监控机制，做到了高效率和低成本，但作为一种外生的秩序建构方式，依然没有解决内生秩序建构问题。

可见，计划经济时代的单位制管理确保了秩序但成本太高，小区物业管理成本低但秩序问题没有解决，沿用后单位制的运动式社会管理面临着海量资源投入而不可持续，网格式管理虽然充分利用了人机联动但内生秩序始终没有形成。因此，在新一轮改革开放中，要使我国的改革开放和建设、发展迈入更加成熟的阶段，就不能满足于仅仅再一次集约利用土地、劳动力和资源等改革开放前40年充分实践过的成功经验，而是要以更大的勇气立足长远，着力发展以金融、证券、资本为主的要素市场，作为改革开放后40年的发展新动力。发展以金融、资本为代表的新型要素市场，就必然涉及基础秩序框架的重构问题，其中一个重要主题就是建设市场信用体系。新型要素市场既是法治市场经济，又是信用经济，其前提就是社会责任主体普遍存在和权责对应的行动价值规范被广为接受。

一、建成现代市场国家迫切需要通识教育

中国的市场转型远没有完成建立现代化市场国家的使命，缺乏与民主政治、市场经济和公民社会相兼容的基础秩序框架，迫切需要通识教育发挥作用。美国作为老牌的资本主义强国，也是成熟市场经济国家的主要代表，保持了相当长时期的繁荣和稳定。某种程度上，美国繁荣稳定的秘诀在于建立了与其民主政治、市场经济和公民社会相适应的、以社会普遍信任和社会信用体系为调节的基础秩序框架，不仅从根本上解决了底层失序和制度失序的问题，还化解了都市化匿名社会中围绕陌生人进行监督和制约的社会整合难题，即便是某些具体制度或政策出现了偏差或失误，也能够在基础秩序框架的调控下及时矫正或改进。

作为先发型现代化国家，美国的市场转型和基础秩序框架的建立是同步实现的。美国从传统农业社会向现代工业社会转变的同时，逐渐建立了适应都市陌生人社会的连接方式，稳步形成了以普遍信任和社会责任主体为框架的基础秩序。人人都有信用身份，所有社会成员都会自觉遵守信用规则体系。建立在普遍信任基础上的社会交往方式搭建起了可以预期的基础社会秩序，长期实行的公民教育所塑造的理念和价值已经内化成为社会成员的人格的主要组成部分，宗教信仰活动的普及和广泛参与使得不同种族、不同国家和不同地区的移民找到共同的身份认同和相近的价值共识。

反观中国，中国市场化和现代化的进程时间较短，并且中国的现代化建设是在原有的政治体制和社会框架基础上进行的自我完善和技术更新，先发现代化国家的各种做法、经验和观念并没有被现代化的信任理念、规则意识和公民行为完全替代，而是得到了不同程度的继承和延续，尤其是广泛存在的特殊主义文化传统和官本位的价值体系，严重阻碍了中国在成功实现市场转型的同时建立起与现代社会相兼容的基础秩序框架。此外，中国的城市化和现代化发展迅速，城市空间迅速聚集的大量人口触发了一种复杂、多元和动态的社会生活形态，既不能适应计划经济时代单位社会中有边界的管理，又不能采用传统乡土社会中的熟人互动与约束机制，更没有达到西方发达国家的公民治理阶段，造成了城市化中国底层秩序的缺位和失范。

现代社会本质上是一种陌生人互动和交往的社会，其基本特点是要做到人际

的普遍信任和横向的平等主义关系网路连接，其形成离不开内生的公民自治发育和政府的外生培育。市场转型以来，中国城市的现代管理方式和治理模式显然忽视了承担培育陌生人交往秩序的责任。中国的城市管理长期徘徊在“收—放”之间，采用权变式管理城市社会的做法，没有建立起培育陌生人互动和制衡的长效机制，同时市民自主管理能力和参与式管理水平很差，自发社交性不发达，没有建立起普遍信任机制。此外，城市管理侧重“人治”，造成制度监督的主观成分太高，监督者的自由裁量权太大，制度腐败和权力寻租现象普遍，而为了进一步遏制权力寻租和制度腐败，又需要制定更加严格的政策规定和投入更多的人力进行督察，这又进一步强化了制度监督的主观因素、恶化了外在监督制约的效果、提高了城市管理的成本和降低了社会管理的效率。

总之，一方面，要推动社会顺利转型和成功建设现代国家，必然要有基于普遍信任和信用规范体系的基础秩序框架作为支撑，很多前现代化国家提供了成功的样板；另一方面，中国现代化建设走的是渐进式发展和局部改革推动全局改进的道路，从一开始就忽略了对基础秩序框架的设计，同时既有的路径依赖、发展惯性和体制机制无法酝酿出兼具普遍信任和社会信用的内生底层秩序。这种供需之间的错位和不兼容，迫使我们需要思考现代国家的基础秩序框架重建之路何以可能。

二、活化经济与文化的正能力需要通识教育

中国经历了计划经济的权力整合、市场经济的利益整合和激活传统文化资源的道德整合，从实现中华民族伟大复兴建设社会主义现代化强国的角度来看，需要通识教育的及时介入。改革开放以来，我国经济社会发展取得了翻天覆地的成就，近年来，随着“一带一路”倡议及习近平新时代中国特色社会主义思想的提出，国家社会的发展迎来了新的时代。然而，在这种情况之下，社会发展中的环境问题、社会文明问题和教育问题等仍然突出，此时便需要通识教育的介入。

从推动“一带一路”倡议发展的角度来看，我国与沿线国家的互联互通既需要专业技术人才，也需要精通文理、了解文化的综合人才，而这正是通识教育的作用乃至职责所在。从建设“人类命运共同体”的角度来看，人类文明的交流互鉴，首先需要我们培养精通中华文化的人才，但在人才培养中又不能忽视国际需求和特点。因此，需要通过通识教育来为人才培养注入更多的国际和本土特性。

三、重建基础秩序和社会信任需要通识教育

推动通识教育介入基础秩序重建和社会信任体系建设面临着较好的契机。社

会信任是变动的，而非一成不变的，因此需要不断完善和重建。但是，重建社会信任和重塑社会责任主体需要有契机和事件，而善于利用当下的重大社会事件开展社会责任主体建设则可以最大限度地凝聚共识、减少阻力和降低成本。通常重建社会信任和重塑社会责任主体有三类事件：一是自然灾害，如汶川地震就提供了一次重建社会秩序的良好契机；一是经济危机，如1998年亚洲金融危机期间，韩国人卖金支援国家建设就是良好例证；一是政治事件，如美国的“9・11事件”，对于凝聚全民共识就是一次千载难逢的机会。反观当下中国，正面临着重建社会信任和重塑社会责任主体的重要机遇。

负责任的行动者作为社会行动的基本主体和社会秩序的基本单元，在不同社会发展阶段和不同社会形态中都有特定的表现形式和运行状态。中国传统乡土社会中，社会流动性低，社会成员是靠亲密和长期的共同生活来配合其他人的，村民互相之间建立了一种日常化的熟人约束机制，这就使每一个个体成为对自身行为负责的责任主体。在计划经济时代，中国城市建立了一种类熟人社会的、全能型单位制管理模式。通过实行单位人事档案和居住工作邻近化，建立了全方位覆盖单位成员的科层制管理网络。作为单位人，个体不诚信和违规乱纪行为会被人事档案记录在册，并且会在职位晋升、工资晋级和福利待遇等方面受到影响，通过将人事档案和个人工作晋升和社会流动有效衔接，客观上塑造了恪守承诺和坚守责任的单位公民，维护了社会的稳定和秩序。随着市场经济、社会转型和现代化工业化城市化发展，中国社会日益发展成为一个具有高流动性、异质性和匿名性的现代社会。在市场信用监管不发达、传统乡土社会逐渐瓦解和单位制社会逐步解体的今天，我们培育负责任的社会主体、建立社会化的监督约束机制和创建基础秩序框架的诉求，比任何时期都更为强烈和迫切。

第二节　基本策略

社会良性运行和协调发展，有赖于秩序作为基础，但秩序只有由负责任的行动者构成才能实现忙中有序和整而不散。负责任的行动者作为社会行动的基本主体和社会秩序的基本单元，在不同社会发展阶段和不同社会形态中都有特定的表现形式和运行状态。因此，以通识教育为杠杆，建立社会化的信用约束机制，全力打造社会信用基本责任主体，不断满足城乡居民的信用需求，实现社会建设和经济发展共进步，推进社会管理和信用管理共同发展，最终建立和谐、稳定和有序的现代文明社会。为此，要大力发展通识教育，就必须构架现代人文精神，必须发展科学，培植科学精神，开展人文教育，改造生活世界，提高人们的人文素质，树立良好的社会风尚。

一、实现价值理性与科学理性相统一

发展通识教育，实现价值理性与科学理性相统一。“价值理性”的概念是由马克斯·韦伯提出来的，它与“工具理性”相对应。韦伯认为，西欧现代化的历史进展是一个不断去除迷魅、不断理性化的过程。他将西欧现代化过程中所表现的“理性”分为价值理性和工具理性。价值理性所指的是：人的“非自我利益的理性”，是人们为追求终极价值目标而不计其结果的坚定态度，它与宗教的、道德的、审美的价值观有关。工具理性所指的是：人的“自我利益的理性”，它与物质的、眼前的、可见的利益相关联，指引人们用可计算与可衡量的标准来对待现实的利益。

不过，我们讨论的话题是价值理性与科学理性的关系。科学理性与工具理性之间存在着内在的联系，但两者的侧重点是截然不同的。科学理性的目的在于探索世界，具有非功利性；工具理性的目的在于控制世界，具有功利性。不过科学理性可以转化为工具理性，由探索世界转化为控制世界。对于价值理性与科学理性的关系，目前绝大部分学者认为，价值理性是以求善求美为目的的，与人文精神具有同一性；科学理性是以求知求真为目的的，具有两重性。我们认为，对价值理性与科学理性作如是解，既有利于学术界探讨此话题时开展对话与沟通，又可为人们分析和解决现代化的困境提供比较清晰的思路。

科学理性是人类通过漫长的社会实践而产生和发育起来的，是人类长期探索世界、改造世界的实践结晶，也是人类生存与发展的重要智慧体现。关于科学理性的基本内容，有的学者将它分为本体理性、认识理性、方法理性和伦理理性四个方面。[①]科学理性以其求知、求真、求证的精神，不仅促进了自然科学的长足发展和各种技术的不断进步，还为社会科学和人文科学的创建和发展提供了方法论上的支持。正是在科学理性的指导下，人类才从农业文明迅速走向了工业文明，迈向了现代化的坦途。正是在科学理性的规范和指引下，社会生活的诸多方面和社会文化的诸多领域才变得更为合理、更为有序，更便于监控、管理和改良。[②]因此，就总体而言，科学理性对于促进社会与人的发展和进步具有不可忽视的巨大作用。

不过，科学理性的恶性膨胀，确实给现代世界带来了严重的精神危机、生存危机和生态危机，说明科学理性具有两重性。为了克服科学理性的负面性，我们必须将它升华为科学精神。所谓科学精神，就是人类在科学的认识与实践活动中，

---

① 张洪齐. 论科学理性[J]. 求索，1995，(6)：74-78.

② 任雪萍. 科学理性及其双重效应[J]. 安徽大学学报（哲学社会科学版），1998，(6)：24-27，37.

逐渐形成的一套具有普遍意义的价值观念和思维方式。根据肖峰的介绍，目前人们对科学精神的理解大致有三种：一种观点指“正确精神”，包括人类一切美好、崇高、值得肯定的精神价值，它与非科学的、错误的精神相对立；一种观点指科学家的职业精神，包括献身事业、不计功利、虚怀若谷、不盲从、专心致志、人文情怀等精神，它与非科学家的精神相区别；一种指科学学科的精神，包括以物为尺度、追求客观真实、探索客观规律、推崇理性、重在获取真知、注重实证判据、实现最大功效，它与人文学科的精神相区别。①我们认为，与科学理性可能包含侵蚀人文精神的负面效应不同，科学精神不仅求真，其内在也包含了求善、求美的人文精神，或者说科学精神客观上要求达到尽善尽美的人文境界。如果一种“精神”的运用会引发人文危机甚至人道灾难，那它又怎么能称为“科学精神”呢？我们之所以要提倡科学精神，就在于它能给我们带来好的结果，而不是灾难性的后果。我国目前正处在迈向现代化的征途中，现代化事业需要科学理性与科学精神作指导，以求把握其中的规律性，减少甚至避免实际工作中的主观性和片面性，确保现代化建设顺利进行。对于要率先实现现代化的广东来说，弘扬和培育科学理性与科学精神是一项非常艰巨的任务。习近平总书记在全国两会期间参加广东代表团审议时曾强调，广东要当好新时代改革开放的排头兵，要牢记“发展是第一要务，人才是第一资源，创新是第一动力”，更要做到“四个走在全国前列”：在构建推动经济高质量发展体制机制上走在全国前列；在建设现代化经济体系上走在全国前列；在形成全面开放新格局上走在全国前列；在营造共建共治共享社会治理格局上走在全国前列。习总书记的殷切希望，表明了广东在现代化和改革开放中的可以并应当大有作为。最新提出的“粤港澳大湾区”战略，2018 年 10 月 23 日开通的“港珠澳大桥”，都为广东未来的发展指出了方向和奠定了基础。

价值理性是西方学者针对科学理性存在的弊端而提出来的，它不是要否定科学理性，而是要对科学理性进行限制，使之朝着有利于人类的方向发展。目前，我国正在实行社会主义市场经济，而市场经济本身主要是由工具理性所支配的，它以追求利益的最大化为原则。市场经济的趋利取向，一方面容易使人迷信实用主义，导致理想失落、精神空虚；另一方面容易使人走向拜金主义，导致社会道德沦丧、犯罪猖獗。广东人因受率先改革开放之赐，物质文明的发展也较全国领先。不过，一些人尽管物质条件应有尽有，但他们并没有成为现代化的人，因为他们的精神显得极度空虚、贫乏。他们的人生坐标完全定位在自我价值上，缺乏对人生社会价值的兴趣，缺乏远大崇高的理想。他们不是把钱财用在对社会有用的事情上，而是用在追求象征“高贵”身份的别墅、轿车等一切华贵之物上，甚至用在赌博等对社会有

① 肖峰. 论科学与人文的当代融通[M]. 南京：江苏人民出版社，2001：108-115.

害无益的追求上，从而使自己沦为财富的奴隶。提倡和弘扬价值理性，就是要使人从动物式的生活方式中解放出来，用理想的芬芳去点缀人生、美化人生，追求人生的社会价值，使人生变得崇高伟大。同时，提倡和弘扬价值理性，就是要使人们树立科学的义利观，在谋取个人利益时，遵循“君子爱财，取之有道”的原则，正确处理道德与经济的关系、个人利益与社会整体利益的关系、眼前利益与长远利益的关系、经济发展与生态发展的关系，实现经济和社会的可持续发展。

在对待价值理性与科学理性的关系问题时，我们切不可将两者对立起来，强调一个方面而忽视另一个方面。离开科学理性和科学精神的支持，我们就无法实现现代化，这是我们从祖宗那里所得到的教训。他们特别重视价值理性与人文精神，要人向圣贤看齐，一心向善，然而却不重视科学理性与科学精神的培养，以致长期在生产力低下的农业社会中徘徊不前，难逃在近代因落后而遭挨打的厄运。因此，我们无论如何都不能失去对科学理性和科学精神的追求。离开价值理性的引导，我们的现代化就会误入歧途，这是从西方现代化的困境中所得到的启示。西方人价值理性的迷失，既与其唯科学主义的一度盛行有关，又与资产阶级唯利是图的本性密切相关，因而无法通过自身的精神资源来解决。我们提倡价值理性的指导，就是为了避免重蹈西方现代化的覆辙。不过，我们所提倡的价值理性，应该富含科学的、先进的人文精神。对于科学、先进的人文精神，习总书记在哲学社会科学工作座谈会上曾有过寓意深远的论述。第一，坚持和发展中国特色社会主义必须高度重视哲学社会科学。观察当代中国哲学社会科学，需要有一个宽广的视角，需要放到世界和我国发展大历史中去看。人类社会每一次重大跃进，人类文明每一次重大发展，都离不开哲学社会科学的知识变革和思想先导。第二，要坚持马克思主义在我国哲学社会科学领域的指导地位。坚持以马克思主义为指导，是当代中国哲学社会科学区别于其他哲学社会科学的根本标志，必须旗帜鲜明加以坚持。第三，要加快构建中国特色哲学社会科学。我国是哲学社会科学大国，研究队伍、论文数量、政府投入等在世界上都是排在前面的，但目前在学术命题、学术思想、学术观点、学术标准、学术话语上的能力和水平同我国综合国力和国际地位还不太相称。哲学社会科学应体现继承性和民族性、原创性和时代性、系统性和专业性。第四，要加强和改善党对哲学社会科学工作的领导。哲学社会科学事业是党和人民的重要事业，哲学社会科学战线是党和人民的重要战线。加强和改善党对哲学社会科学工作的领导，是繁荣发展我国哲学社会科学事业的根本保证。[①]坚决拒绝各类腐朽思想的侵蚀，使全体人民始终保持积极健

① 习近平. 在哲学社会科学工作座谈会上的讲话[EB/OL]. http://www.xinhuanet.com//politics/2016-05/18/c_1118891128.htm（2016-05-18）[2018-11-06].

康、昂扬向上的精神状态。

总之，在社会主义现代化建设的过程中，我们必须坚持科学理性与价值理性、科学精神与人文精神的统一，用价值理性去引导和规范科学理性，使科学理性和科学精神真正成为造福人类的工具；用科学理性去规范和验证价值理性，使价值理性和人文精神建立在科学的基础上。价值理性与科学理性必须相互制约、相互促进，共同演奏出人类美好的乐章。

二、实现理想层面与现实层面良性互动

推广通识教育，实现理想层面与现实层面的良性互动。人之所以区别于动物，就在于人有精神追求。不过，有精神追求的人并不一定就符合人之为人之道，因为人的精神追求有层次等级之分。低级趣味的精神追求，只能使人自甘堕落，沦为禽兽之归。只有高级的精神追求，才能确证人之为人的身份，也才能使人生富有意义。而高级的精神追求乃是一种合乎人的发展与社会进步的追求，亦即合乎人文精神的追求。人文精神作为一种张扬人性、追求进步的人类精神，既有时代特色，又有层次之别。

有学者将“人道”总原则分为“将人当人看”与“使人成为人”两个层次。所谓“将人当人看”，就是视人本身为最高价值，从而把任何人都首先当作人来善待，这是“人道”总原则的浅层或下限。所谓“使人成为人”，就是视人本身的自我实现为最高价值，从而使人通过自我实现成为最有价值的人，这是“人道”总原则的深层或上限。[①]这种分析对于我们把握人文精神的层次性有所启迪。我们可以根据人文精神的层次性，将现代人文精神的具体要求分为现实层面和理想层面两个方面。人文精神的现实层面（简称“人文现实”）是人文精神的下限，它是关于人的基础生存的理念。人文精神的理想层面（简称“人文理想”）是人文精神的上限，它是关于人的自我实现和终极关怀的理念。

在以往的人文精神的建构中，其理想层面与现实层面总是相脱节的。在中国，先秦时期的学者多致力于构建人文理想。儒家追求成圣成贤的人格境界和“天下为公”的大同社会，道家追求返璞归真的人格境界和“小国寡民”的至德之世。不过，他们的人文理想脱离了社会现实，因而在当时是无法实现的。封建时期的学者表现出对人文现实的重视，他们致力于道德规范和社会制度的建设，但他们没有先秦儒家追求“天下为公”的理想，也没有先秦道家追求自由超脱的理念。在他们的人文建构中，理想层面萎缩了，而其现实层面又与维护等级秩序相联系，

① 王海明. 伦理学原理[M]. 北京：北京大学出版社，2001：220-221.

因而出现了人文精神的异化。在西方，文艺复兴以来的人文主义者更多地表现出对人文现实的重视，而对人文理想表现出漠然的态度。他们摆脱了宗教的禁欲主义和来世主义的束缚，把追求现世的享受和凡人的幸福作为人生的唯一目的。近代以来的空想社会主义者构建了美妙的人文理想，但又找不到实现理想的根本途径。由于理想层面与现实层面相脱节，传统的人文理想变成了不切实际的空想，传统的人文现实异化为束缚人的发展的精神枷锁。今天，我们重构人文精神，就是要打通人文理想与人文现实之间的联系，用人文理想去引导人文现实，为人的发展绘制美好的未来；用人文现实去为人文理想作铺垫，使人文理想真正得以实现。

从人文现实的建设来说，就是要关注人们的基础生存状况，使人民的物质生活走向富裕，人身安全有保障，相互尊重，平等相待，互相关爱，相互帮助，实现物质文明与精神文明的协调发展。目前广东经济发展水平处于全国的前列，人民生活水平比较高，但各地发展还很不平衡。珠江三角洲一带由于得天独厚的地理优势并率先实行改革开放，成为广东省经济最为活跃、人民生活最为富裕的地区；两翼由于比较闭塞，经济发展相对滞后，目前仍尚未解决部分人的温饱问题。因此，必须采取有效措施，推动两翼经济的发展，使广东省率先实现全面小康的目标。广东省是全国流动人口最多的地区之一，外来人员非常复杂，治安问题比较突出。因此，必须加强社会治安管理，切实保护好人民生命财产的安全，为改革开放创造稳定的社会环境。广东部分企业由于利益的驱动，违法现象时有发生，如对员工人格不尊重、外来工权益得不到保障等。因此必须加强管理，使企业能够依法经营，尊重人格，维护人权，为企业的发展创造健康的人文环境。改革开放是一项前所未有的事业，其间难免会遇到一些困难与挫折，人们便要树立不畏艰险、勇往直前、同甘共苦的精神。

从人文精神的理想层面来说，就是要发挥人的潜能，保护人的尊严，实现人的理想，体现对人的终极关怀，推动人的全面发展。当一个人的基础生存需要得到满足以后，他可能选择两种不同的生活方式：一种是消极的生活方式，即胸无大志，碌碌无为；一种是积极的生活方式，即通过不断奋斗，以获得功名和自我实现。广东经过多年的改革开放，人民生活已开始由基本小康向全面小康和共同富裕迈进。对于先富起来的广东人来说，他们不再为一日三餐发愁。然而如何摆脱“物质富裕，精神贫乏”的“现代症”，如何发挥自己的潜能，使人生过得更有意义，则是他们所面临的新问题。对于有为者来说，不能以基础生存的需要为满足，更不能在灯红酒绿中耗费时光，而应该“富而思进”，利用自己的才智，为社会创造财富，作出自己的贡献，以赢得社会的尊敬，达到自我实现的目的。有无理想是衡量一个人平庸还是杰出的重要标志，也是体现人文境界高低的重要标志。人的理想可分为个人理想与社会理想两个方面，个人理想是否崇高，就看它与社会理想关系的密切程度，个人理想越具有社会价值就越崇高。当前的市场大潮既可以使人雄心勃勃，也可以使人迷失理想。新时期的人们，应弘扬艰苦创业、开拓创新的精神，去更新前人的伟绩，实现个人理想；同时又要“致富思源”，先富带动后富，先富帮助后富，最终实现共同富裕的社会理想。终极关怀是站在超越功利、超越个体、超越民族、超越意识形态、超越历史、超越现实的高度关注人生，从真、善、美相统一的高度塑造人生，体现人文精神发展的最高境界。

当然，人文现实与人文理想的区分也只是相对的，因为不同处境的人的理想是不一样的，对一部分人来说是人文理想，而对另一部分人来说早已成为人文现实。相对说来，基础生存问题尚未解决的人，其理想层次较低，社会必须从人文精神的现实层面着手，解决他们的物质需要、安全需要和归属需要；基础生存问题已经解决的人，其理想层次理应较高，社会又必须从人文精神的理想层面着手，满足他们受尊重和自我实现的需要。同时，人文现实与人文理想之间又是在矛盾中不断走向统一的。人文现实是人文精神的下限，连下限都达不到，更高层次的人文精神也就无从谈起。因此，人文精神的建设首先要从人文现实出发。既然人文现实是人文精神的下限，也就意味着它的不完善性，因此需要不断改进、不断提升，一步一步地向人文理想迈进。人文理想作为人文精神的最高层次，对人文现实具有引导和批判作用，引导的价值在于提升人的境界，批判的价值在于克服人文现实的缺陷。人文理想既然是一种理想，必然包含有某些预测的成分。既然包含预测，也就难以保证它绝对科学。不科学的人文理想的破灭，意味着人们的人文理想的成熟，从而为建立科学的人文理想带来不可多得的机遇。因此，我们也不能把人文理想当作一成不变的教条，而应该不断解放思想、与时俱进，使之能够真正将人们带向美好的未来，促进人的全面发展。

三、构建传统性与时代性统合的内容体系

提升通识教育，构建传统性与时代性统合的内容体系，是 21 世纪大学通识教育发展的基本时代诉求，助力大学通识教育厚积时代发展底蕴。

（一）挖掘传统性内容

大学通识教育内容，包括源远流长的中华民族传统和产生于现当代的革命传统。从人、社会和自然三处着眼，学校的通识教育内容可概括为以下三方面。

1）修身立品——学会做人。修身立品，简单地讲，就是提高个人的思想道德水平，培养良好的道德品质。良好的道德品质既是人之为人的根本，是成就人生事业的基础，更是国家治乱兴衰的前提。因而，尽管朝代更替，中华民族从古至今都十分重视人的修身立品。但无论是儒家推崇的道德圣人，还是当今标榜的道德楷模，若从人的道德养成的层次和过程而言，都必须从最基本的道德修炼做起。最基本的道德品行修养应该包括以下内容。第一，关爱。关爱是一种源自内心的真诚无私的给予——给对方以关怀、尊重和帮助；有了关爱之心，就会推己及人、推人及物，不仅能善待他人，还能善待自然，因而，关爱之心是人的良好品行的开端，是社会和谐的精神基础。第二，正直。正直就是有是非观念，勇于坚持真理。有了正直的品格，才会在是非曲直面前不怕威逼、不畏强权、不受利诱，才会洁身自好、刚直不阿、坚守真理。正直是人世间最宝贵的品格，是社会正气的源泉。第三，勤俭。勤劳节俭是人类社会得以延续的基本手段。劳动创造了财富，而且人类也在劳动中不断地增长智慧、完善和超越自我。劳动创造了世界，因而劳动最光荣。在辛勤劳动的同时，也应大力提倡节俭，做到合理消费、节约资源、保护环境，以期达到社会的可持续发展。只要拥有勤俭的品德，便会尊重劳动、热爱劳动、珍惜财富、脚踏实地、勤劳致富。第四，诚实。诚实就是忠诚、老实、守信用。诚实是自爱自尊的表现，也是获得他人信任和尊重并得以立足于社会的前提。第五，礼貌。礼貌就是言谈举止得体有度，以礼待人，平等待人。以上五项是最基本的为人处世的道德要求，我们对青少年的道德教育应从此入手。只要把青少年教育成为懂礼貌、有爱心、爱劳动、勤俭节约、诚实正直的人，我们的道德教育就可以说是迈出了成功的第一步。

2）培养爱国情怀——报效祖国。爱国情怀是一种民族情结，是民族之魂，是国家用以凝聚民心和振奋国民斗志的巨大的精神力量。只要世界上有民族国家的存在，国家利益之争就会随之存在。因此，每个国家都注重对公民的爱国主义精神的培养。中华民族自古就有优秀的爱国传统，在实现中华民族伟大复兴的今天，就更应该高扬爱国主义传统的旗帜，在继承优良的爱国传统的同时，培养青少年的爱国情怀，激发其爱国情感并使之转化成勤奋好学乃至长大后报效祖国、服务社会的强大动力。培养学生的爱国情怀，就是要使学生做到以下三点：第一，树立民族自信心和自豪感；第二，增强民族责任感和使命感；第三，激发学习热情立志报效祖国。

3）树立“天人合一”理念——善待自然。今人对我国古代 “天人合一”的概念有多种解释，这是基于对“天”的不同理解。季羡林先生对此的解释是：“天”就是自然；“人”就是人类；“合”就是相互理解，结成友谊。“天人合一”就是人与自然和谐相处。当今，科学技术日益发达，为人类探索自然的奥秘、合理地开发和利用自然提供了方便，但如果人类认为自己可以凌驾于自然之上，肆意掠夺自然，便会破坏人与自然之间的和谐关系，毁坏人类赖以生存的家园，最终难逃灾难。现实生活中，人类也正在不断地遭受着大自然的报复。为了我们的今天和人类更美好的明天，就必须教育好下一代，使他们从小就树立起“天人合一”的正确理念，学会尊重自然、善待自然，做大自然的好朋友。为此，就要教育青少年从我做起，从日常生活的点滴做起，做到生活节俭，合理消费；爱护财物，保护环境，从小建立起低碳环保、健康文明的生活方式。

（二）吸收时代性内容

中国的现代化在全球化这股时代潮流的推动下，正以更快的速度向更广的范围、更深的层次发展。人的现代化是国家现代化的关键所在。全面提高人的素质，谋求人的发展与经济、政治、文化、生态和社会的全面协调发展、共同进步，是社会主义现代化的价值目标。人的现代化最重要的是思想观念的现代化，因此，在精神文明建设的内容上，在人的思想教育方面就应不断注入新的时代性内容。

伴随着一系列国家顶层设计和远大蓝图的提出，我国高校的通识教育在不断注入新思想和新内容。例如，在“一带一路”倡议提出之后，不断有高校开设了面向沿线国家的语言、政治、经济和文化等方面的课程，而在“人类命运共同体”思想提出之后，从高校的课程内容到有关研究人员的关注点，都在不断重视对学生全球视野、国际竞争力的培养。

教育改革绝非一日之功，见效更需要时间，这既是教育发展本身的客观规律所决定的，同时又受到多种外部因素的影响和左右。通识教育在高校本就带有一些传统特色，尤其是在推崇经典的中美高校内。然而近年来可以发现，在现代教育技术等的变革及影响之下，高校通识教育发展也变得“快”起来了，时代特色鲜明的东西开始频繁出现在通识课程内。

第三节　当前形势

一、中国大学通识教育的现状

通识教育在中国已经被广泛认可，并成为当前改革的一个主题。为实现中国崛起的伟大复兴梦，中国高等教育必须培养能在竞争日益激烈、联系日益紧密的世界中工作和生活的学生。同时，随着中国的世界影响力和承担的国际责任日益增长，新一代必须能够创造新的知识和价值观，贡献给不断变化的世界，以解决新时代的新问题。由此，形成了在战略高度实施通识教育的意识，要求改革高等教育制度，培养能应对全人类面临的新挑战和新问题的具有创新意识的、负责任的年轻人。培养学生的社会责任感、创新精神和实践能力成为大学的首要任务。一些著名的大学开始参与各种教育改革和教学创新，通识教育被用来调整大学教育的重新定位和改革，从 2000 年北京大学探索实施通识教育以来，形成了以北京大学元培学院、复旦大学复旦学院、中山大学博雅学院和清华大学新雅学院为代表的所谓中国通识教育的“四辆马车”，至此，通识教育已经在中国顶尖大学得到实现。

（一）大学通识教育的培养目标

对于实现通识教育的大学而言，通识教育的目标是为所有学生提供多学科的广泛学习平台，以及特定学科的专深研究环境。具体目标包括：①培养学生以有利于社会和个人发展的方式工作和生活；②教授学生人文科学知识和培养其能力，使学生在人文科学领域打下广泛的基础；③在保持中国文化的传统价值观和社会主义核心价值观的基础上，在变革型社会中建立共同价值观；④在竞争日益激烈、联系日益紧密的全球化世界中发展文化意识，形成跨学科和跨文化的观点；⑤培养学生联系、综合、传播知识的能力；⑥培养学生对社会和全人类的责任感。

但是，在整个中国普通高等教育中，通识教育目标大多表现为传统专业教育培养目标的一种补充。比如：①掌握马克思列宁主义、毛泽东思想和邓小平理论的基本原理，树立正确的人生观和价值观，具备良好职业道德，为人民服务，为社会主义现代化建设服务。②掌握基本的专业知识、专业理论和专业技能，具有一定的人文社会科学和自然科学知识。③具有获取知识、信息的能力，具有分析问题、解决问题的能力，具有创新思维。④具有健全的心理和健康的体魄，达到大学生体育合格标准。

（二）大学通识教育的教育内容

尽管一些大学已经形成了各具特点和风格的通识教育体系，对于大多数中国大学来说，通识教育主要由公共必修课和文化素质教育选修课构成。公共必修课主要包括政治理论课程、外语课程、计算机课程、体育和军事课程，有的学校还有数学课程和法律课程，有统一要求并进行统一考核。文化素质教育选修课则面向全校学生，采用任选或限制性的选修方式，覆盖面较广，主要包括基础技能类、文学艺术类、人文与社会科学类、自然科学类，涉及语言、计算机、文学、艺术、哲学、历史、文化、生物、环境等课程。与此同时，通识教育在课程设置上还考虑了学科之间的联系，设置了一些跨学科课程，如“科学与文化”“地球环境与人类社会”“系统科学概论”“跨文化交际”等。

通识教育课程有三种方式可以修习，必修、限制选修和自由选修。必修课程具有强制性的特征，每一个学生必须修习指定的课程。学校针对必修课程的要求与安排是统一的，其考核标准与方法也是非常严格的。所谓选修就是根据自己的爱好或所学专业需要自由地选择修习的科目，要求学生至少需选够 6 个学分，也不得超过 12 个学分。很多高校，每学期均会提供部分公共选修课供学生根据所需自由选课，但有一部分是限制选修课程，就是学校或各院系根据学生所学专业的特点会限制学生在某种范围内进行选课，部分高校有着相关规定：学生在选课时不得选修本专业开设的通识教育课程。另外，有些高校为了让学生文理科相互均衡便制定了一个规定，那就是理科学生必须选一些文科课程并达到一定的学分，同样的，文科学生也必须选一些理科课程并达到一定的学分。另外，有些高校更是要求每个学生要选修一定学分的自然艺术类课程。

目前，我国大学通识教育课程的比例基本占总学分的 1/4。可见，文化素质教育选修课中比例构成不均的问题大量存在于国内高校中。例如，基本技能类课程在北京大学几乎没有开设，而清华大学语言类的课程就占 1/3 的比重，而中国人民大学的人文素质教育课程中社会科学类便占一半以上的比例，由此得出在通识教育课程设置问题上，我国高校存在很强的随意性，缺乏合理全面的课程设计，知识课程的安排更是混乱。实际上，通识教育中课程涵盖领域宽，涉及的各领域的知识也应该是最基本、最重要的部分，这也是通识教育课程设置的目的。因此课程的分布要呈现一定的比例，而不是散乱、零碎知识的堆砌。

此外，还有一些非正式的通识教育培养方式，主要有以下几种。

1）社团通识课。通过学生社团开展丰富多彩的理论技能课程和实践课程，搭建一个以学生学习和实践为主的平台是高校社团通识课程的目的。此平台依托学生的共同爱好而建立，并且使社团通识课成为大学生素质教育的深化、延伸和拓展。社团一般有合唱队、舞蹈队、演讲社、辩论队、棋艺社等，他们也会开设部分相关课程。有些高校采用检测学生理论知识和具体实践的方式进行考核，并对考核合格者给予相应的学分。

2）系列讲座。在高校中，各个学院会自主或与几个学院联合举办讲座。相关职能部门也会根据实际情况开展相应领域的讲座，他们也会邀请部分名人、专家担任主讲，如北京大学组织的“名著名篇导读”讲座。部分讲座则是重点放在某个专业领域来开展的，如心理学院有心理学系列讲座，教育学院有教育学系列讲座等。学校相应的行政机关和学生社团组织均有可能是举办讲座的主体，这些讲座并没有一致的标准或规定。通过这样的形式开展通识教育既可以营造很好的通识教育氛围，又可以激发学生的学习兴趣，同时也提升了学生的人文素养。但讲座自身具有随机性，在形成完整的知识体系问题上很难对学生有帮助，让学生达到融会贯通的目的更是难上加难。

3）校园文化活动。让更多的学生积极主动地学习人文社会科学知识是大部分校园文化活动开展的目的。校园文化活动各式各样，如文化艺术节、科技节、运动会、辩论比赛等。华南理工大学多个文科学院把高等数学作为文科类学生的必修课，虽然开始时，对高等数学兴趣不大的文科学生对传统的教学模式感到乏味，但是学院积极地开展了丰富多彩的学科竞赛、科技活动，并且给予学生通过这些活动获得创新学分的机会，极大地激发了文科学生的参与热情。这使得高校在完成了教学任务的同时，又培养了学生的学习兴趣。

4）利用网络方式达到资源共享。跨校选修课充分体现了这一特色。学生与教师直接通过电脑进行互动、答疑，教师直接通过电脑批改作业，组织学生在网上进行课堂讨论，教学效率和质量大大提高，也有利于拓宽学生的视野和知识面。

二、中国大学通识教育的特征

1. 基础性

随着科学技术的发展，学科的分支越来越细化，想要成为一个无所不精的通才可能性微乎其微。学习最基本的科学知识对人的未来发展具有稳固的支撑作用。当前我国在通识教育的内容选择上，具有基础性的特征，这也成为我国高校通识教育改革的共同趋势。

2. 多样性

我国高校在实施通识教育时不仅采取了最传统的课堂教育模式，还邀请知名教授、专家举办讲座，具有多样性特征。而且各个高校会定期举行歌咏比赛和辩论赛等课余活动。一些高校还会组织义务劳动和参观工厂等活动。还有高校会鼓励学生自主组织一些社团活动，包括动漫大赛、棋艺比赛、乐器演奏比赛、征文比赛等活动，这些活动在满足大学生素质教育的需求上起着一定作用。通识教育形式的多样性提高了学生的学习兴趣，更好地促进了通识教育目的的达成。

3. 特色性

我国大学的通识教育也具有自己的特色，这是由我国的国情所决定的。当前在国内大学的通识教育教学内容里，均体现出重视政治理论的统一性。几乎所有国内的大学均开设了“马克思主义基本原理概论”“毛泽东思想和中国特色社会主义理论体系概论”“中国近代史纲要”等课程，教材也基本统一。这些思想政治课可以在一定程度上提高学生的思想素质。

4. 综合性

我国通识教育内容的建设，主要表现在学科的结合与统一上，主要有自然科学和人文社会科学的结合、本土化与国际化的结合、理论性与实践性的结合等。这些学科之间的结合与统一适应了社会发展，在此基础上便可培养出符合社会需求的高素质人才。

三、中国大学通识教育存在的问题

（一）大学通识教育培养目标存在的问题

我国高校传统通识教育设置的培养目标仅仅是作为原有专业教育培养目标的补充。因为培养目标主要强调的是培养学生的政治素质，对通识教育培养“全人”的目的并没有过多的考虑。此外传授学生实用知识是通识教育主要的培养目标，这在很大程度上忽略了对全面知识结构构建的深度考虑。

全球化进程不断推进，创新意识和创新精神、实践能力越来越成为人们重视的核心。通识教育发展的根本目标是要培养出能够适应未来社会国际化生活的“国际人才”。相应地，“以学生为本”的通识理念在我国高校内也初见萌芽，全球化发展也更是强调培养学生获取知识的能力。

此外，我国通识教育中以儒家优秀传统文化为代表的本土文化，正处于全球主流文化和价值观的冲击中，在其不断流失的现实环境下，大学生培养目标的实现出现了一定的阻碍。

（二）大学通识教育课程内容存在的问题

全球化发展的大背景下，飞速发展的社会生产力不断细化了社会分工。因此，专才教育逐渐成为社会主要的需求，这无疑使实现通识教育目标的难度相应增大。

市场经济是我国当前的主导经济，实用主义在这样的经济背景下也日益彰显，每个人的就业压力不断增大。作为人才培养的大本营，高校也肩负着繁重的发展压力。为了适应社会的需求、促进自身发展，很多大学生选择适应社会。在学习上更关注的是专业知识，努力掌握与其专业相关的职业技能。我国通识教育课程专业设置也适应社会需求做了局部调整，如增加专业性、职业性的教学内容的比重，压缩基本能力培训的课时量等。

显然，目前高校学生及高校的做法与通识教育发展初衷背道而驰。通识教育作为高等教育的一个组成部分，尽管它不排斥实用的职业教育，但它以“非专业性”为特征就决定了其必须更加注重道德和文化等方面的培养。

以下具体分析我国通识教育课程内容存在的一些问题。

1. 缺乏明确的通识课程标准

如何建立清晰且明确的课程标准？就是让学生知道要理解什么、掌握什么，让学生知道要通过什么样的途径来理解和掌握，到达什么样的程度才算理解和掌握等。在国内许多高校中通识教育目标、内容的选择和组织、课程的实施与评价等方面是找不到的，只能从部分高校的概括说明里我们才能了解得到。在这样的情况下通识课程很容易杂乱无章。课程领域的划分需要非常明确的、统一的标准，而我国目前的通识教育恰恰缺乏这样一个统一的标准，如果想让学生更好地学到更全面的知识，使能力得到训练，对通识教育课程领域进行划分便势在必行。

目前我国高校有很多不同的文化素质类课程划分方法，即使内容是同一类课程也有很多差异存在。对于外语类课程，有的学校将其归为人文，而有的学校则认为其属于工具技术类，甚至有的就单独归为一大类。一些大学的社会类课程包括经济、管理、法律、心理等，但有一些大学社会类课程则包括美学、逻辑学、哲学等，并将经济、管理等放在财经类。从长远发展角度考虑，各大院校对通识课程的划分应该根据通识教育的目标领域进行科学的划分。

2. 过多的专业课程削弱了基础课程

缺乏综合文化、实践活动、核心课程和隐性课程等必要元素的单一学科课程抵消了大学教育的正向功能。在这样的情况下专业口径过于狭小、过于僵化，这很不利于学生应对社会的各种需求，就会出现理科生人文主义教育薄弱的现象，学生人文素质的质量也就大打折扣。专业课过多，学生便无法广泛地学习其他学科知识，导致学社会科学的学生不了解自然科学的内容，学自然科学的学生也不懂社会科学的知识，至于培养全面发展的素质人才更是天方夜谭。在开设跨学科的综合性课程上很多高校也是很欠缺的，对于学科交叉传授及培养复合型人才也并无益处。必修课过多，学生大部分的精力和时间都被占用了，学生选修感兴趣的课也就受到了阻碍。国内大部分高校中，校方要求学生所修专业课学分要占 85%以上，相对而言，国外的一些大学对学生这方面的要求远低于此标准。必修课太多就会出现课程体系缺乏灵活性的问题，对培养学生自主学习能力是没有帮助的。

20 世纪以来，自然科学、社会科学的新成果很少进入基础课程。培养复合型人才是通识教育课程追求的主要目标之一。综合课程，特别是那些涵盖学科较丰富的大型跨学科课程，诸如美国国家基金会支持印第安纳大学和普林斯顿大学教师联合开发的以环境学科为中心的课程——“从臭氧到石油泄露：化学、环境和我”，这门学科涉及环境科学、化学、人文、社会科学等方面内容，是跨学科综合课程的一个典范。[①]必修课多、选修课少是国内高校普遍存在的问题，只重视显性课程、学科课程，而忽视隐性课程、活动课程，对于通识课程亦是如此。

3. 通识课程缺乏综合性和广域性

目前围绕专业课来设置通识教育课程是国内大部分高校的出发点，很少考虑综合性与广域性的课程设计方面，公共必修课和公共选修课为其主要内容。我国很多高校都开设公共必修课，也是每个大学生都必须修习的。从这一点来看并没有什么特别之处，其主要目的是进行政治思想指导教育。国内大学通识教育课程中的公共必修课具有很大的强制性，如英语与计算机这两门课程，达到一定的等级是获得学位的前提。不管有没有外在因素，学生自己都会努力修习。一些公共选修课出现的形式也只是一种外在形式，课程比例也很小，只要修习 6 个学分三门课便可过关。并且，在我国的部分高校里，有些通识课程没有根据具体改革方案和合理知识结构而设计，而是因为师资等方面资源的限制而表现出一种被迫调整的特点，导致课程的系统性和完整性也受损，相应的通识课程实施效果也不理想。

4. 通识教育课程的内容偏向于专业性和应用性

我国高校的通识课程存在偏向专业性和应用性的现象。一些课程在培养学生构建合理知识结构方面很是欠缺，更侧重的是提高工作适应性方面，加强学生的专业知识，对于培养学生获取知识的能力方面缺乏重视。很多高校更是降低文化素质教育课中文化课的标准，这样的课程虽然具有很强的专业性，在训练学生的思维和能力上却没有很大的益处。教给学生一些应用性的知识无疑可以帮助他们更好地适应社会，但毕竟这种适应是短期的、暂时的。

从以上分析中，笔者总结出几点通识课程的特点：一是要具有基础性和普适性，学生学习基础知识越多的同时，解决问题的能力也就越强。二是对通识教育课程的设置不能一味杂、乱、散。如果这样，通识教育课程的整体效果就会跟着杂、乱、散。如果学生所受的通识教育不“通”，便达不到通识教育专业化和专

① 刘少雪，洪作奎. 综合课程：现代大学通识教育之路[J]. 高等教育研究，2002，23(3)：78-81.

业教育通识化完美结合的目的。

（三）大学通识教育功能方面存在的问题

全球化附带的思想冲击使通识教育功能产生“异化”，全球化使得各国人之间的距离逐渐拉近，各种文化思潮在大学校园里也更加方便、快捷、直接地碰撞、交流、传递。其中，有部分先进经验与优秀文化成果供我们使用，以及供国内大学借鉴，是我国社会和谐发展的中坚力量。

但是，我国当前社会正处于转型的关键时期，部分良莠不齐的外来文化和一些与我国经济社会发展现实不相适应的文化思潮大量涌入，这些会使部分大学生的理想和信念发生动摇，不仅会为他们的思想带来混乱，更会诱导他们走向歧途，导致通识教育的功能无法有效发挥，更不要说实现教学目标和价值标准，这也是通识教育在我国的发展举步维艰的重要因素。

此外，在全球化过程中，科学迅速发展使知识的商品化程度迅猛提高，通识教育功能的缺失也影响着大学生的世界观、价值观和学术观，甚至使其“异化”，并不断沾染功利主义色彩，这样的色彩日益浓重，进而促使通识教育在启迪学生心灵、促进社会全面进步发展等方面的作用被忽略，并形成恶性循环。

第四节　未来判断

通过对大学通识教育现状的反思，提升对未来高等教育发展的研判，分析高等教育管理的基本转变，揭示其转变特点：主体性、需求性、治理性和社区性。

一、未来高等教育管理的基本转变

第一，基于物质匮乏性到非匮乏性的社会结构代际更替即将完成，高等教育管理的受众和对象的基本价值结构已发生深刻的变化，高等教育管理满足多样化文化需求，面临从内容到方法的挑战。

当前，从物质匮乏性到非匮乏性的代际更替即将完成，与此相伴随的是，人们的文化需求和文化满足发生根本改变。国外实证研究表明，当一个国家或社会达到较高的经济发展水平和教育水平时，价值观将实现代际更替，人们将逐步从强调经济财富和人身基本安全的物质主义的价值观向强调自主、自我表现和生活质量的后物质主义的价值观转变。在物质主义时代，人们的文化需求及文化满足是与物质满足相关的。高等教育管理满足的是与物质满足相关的文化需求。在后物质主义时代，人们的文化需求发生了两个明显的改变，一是文化需求更丰富了。基本物质需求满足之后，人们更多追求精神和归属上的满足。二是文化需求更自主、多样、快速变迁。物质主义时代，人们的文化需求与物质满足相关，更多地表现为与物质满足相关的统一性和稳定性，其指向是外在的。后物质主义时代，文化需求与个体生活需求联系更加紧密，其指向是内在的。不同的个体存在不同的文化需求。并且，个体文化需求与基于物质满足的文化需求相比，具有更多的可变性。

高等教育管理工作面临挑战，即从内容和方法上，如何满足后物质主义的文化需求。广东的人口代际变换在迈向高收入阶段基本完成。

在物质主义时代，高等教育管理从内容上，倾向于满足与物质增长相关联的文化需求，首先，要强调文化的知识性，以知识推动物质增长。其次，强调文化的外部统一性，以文化外部统一性统一人们的行为，共同推动物质增长。物质增长往往借助统一行为来达到。最后，强调文化的刚性和谐。当文化引起冲突时，以强制性的手段维护文化和谐，避免因文化冲突削弱物质增长的力度。这些内容的满足在后物质主义时代面临挑战。后物质主义时代，人们更强调文化的趣味性。死板的知识文化已不能满足人们的文化需求，即使是知识性的文化传达，也需要以趣味性的形式进行，才能达到该有的效果。与此同时，与个体生活相关的文化需求需要更多样的满足，这种多样的满足表现为多主体、多渠道满足不同的文化需求。这种满足也是相对多变的，生活文化满足意味着人们有更多、更随性的选择。

从方法上，物质主义时代倾向于自上而下的外部灌输式的高等教育管理。后物质主义时代，则需要发挥社会自主的文化满足能力。只有通过社会提供多样化的文化产品，才能满足后物质主义时代多样化的、多变的、个性化的文化需求。

第二，从工业文明向信息文明转换的新阶段，社会网络化加速推进，社会信息传播格局出现颠覆性变化（社会化媒体崛起），服务于科层或层级社会纵向信息传播的高等教育管理机制面临挑战。

近十几年来，伴随网络技术与其产业的迅猛发展，信息网络化已成为人类历史不可逆转的趋势，人们早已步入了网络生活新时代。与传统传播相比，网络独特的传播加剧了对高等教育管理的挑战。最新调查显示，人们越来越多地利用网络接受信息。网络传播的独特特征表现为五个方面：一是多中心传播。传统传播是单一中心的，无论是广播，还是纸媒，或者电话，都是单一中心的。网络传播以分布式节点方式进行，可依靠多中心同时进行，每个传播主体都可成为中心。二是快速互动传播。相比传统的印刷媒介与电子媒介，实时更新新闻信息是网络媒介的优势，摆脱以版面印刷和定点播出为局限的传统模式。三是跨时空传播。

传统传播是在特定时空下进行的，网络传播则摆脱了时空限制，通过现代化的通信和影像设备，任何一个人在任何时间、任何地点，都可进行信息传播。四是方式丰富，增强了传播效力。数字技术通过各种文本、图片、音频、视频、动画的不同组合让信息的发布方式更加多种多样，传播者可以根据自己的需求自由组合，让事件呈现的方式更加形象具体、易于接受。五是受众明显分化，呈现出“小众化”趋势。与传统媒体相比，通过网络途径大众传播逐渐走向小众化、个性化。利用网络世界，传播逐渐摆脱了过去被动、消极的角色，转变成拥有自主性的独立个体。

网络传播对高等教育管理构成挑战主要体现在：首先，传统的舆论控制面临挑战。报刊、广播和电视等媒体长期以来受到比较好的管理，但是随着网络媒体的兴盛，传统的舆论控制面临着挑战。这种状况与传统传播特点有关，传统传播的单一中心容易被控制引导。然而，网络的飞速发展却打破了原有的政府主导和控制的局面，使导向的控制出现困难。相比传统媒介，网络大幅度增强了个人与组织进行发布、交流和吸收信息的能力。任何的个人或组织均可自由地在网上匿名发表意见，并且可利用网络迅速与他人交换并共享信息。其次，传统高等教育管理让受众接受的方式也面临挑战。传统传播条件下，受众接受信息的渠道单一，对高等教育管理过程中的信息给予要求不高。网络条件下，受众不但信息来源丰富，而且对信息传播形式也提出了更高要求。只有按受众要求，只有受众多样化的信息需求得到满足，高等教育管理的传播效率才会提高。

第三，社会精神生产方式发生深刻变化，参与性、互动性、社区性更加突出、对高等教育模式提出了新的要求。

精神生产是高等教育的一个基础性环节。马克思认为：人类的物质生产、精神（知识、思想、理论、观念等）生产、个人生命的生产和再生产，是人类生存和发展的基本形式、普遍形式，“从历史的最初时期起，从第一批人出现时，这三个方面就同时存在着，而且现在也还在历史上起着作用”①。同时，高等教育管理的重要任务是把控精神生产，以精神生产真正服务于广大人民群众。

精神生产主要在方法、传播载体和实现目标下进行，网络不仅改变了传统传播方式，而且改变了传统精神生产的方法和实现目标。传统的精神生产只能在特定时空下进行，依靠特定的人实现单向或单一目标。传统精神生产，或者为特定的经济增长目标服务，或者为实现高等教育管理的总体目标服务。受生产、传播载体及特设的门槛影响，传统精神生产属于少数人。传统传播方法可以把控。单

① 马克思，恩格斯．德意志意识形态[M]．中共中央马克思恩格斯列宁斯大林著作编译局，译．北京：人民出版社，1961：127.

一传播式的精神生产，可以通过审稿及在传播源头上实行把关人的制度，从而把控精神生产，使精神生产按一定的规律及目标进行。

网络改变了传统精神生产的写作方法、传播体系和实现目标。网络写作的低门槛使得每个人都可进行精神生产，通过网络传播影响社会。并且，网络写作改变了传统的写作方式，传统写作往往是单个人，或者少数几个人合作。网络写作则突出了参与性、互动性和社区性。在同一主题下，不同地域、不同时间状态下，人们都可以参与写作，写作可以依靠网络技术实行即时互动，从而提高相互协作程度。网络写作往往根据兴趣，在不同的网络社区下进行，一方面，网络写作的参与性、互动性按兴趣社区划分，另一方面，网络写作更多地满足社区内的精神需求。这改变了传统社会统一性写作、统一性精神满足的方式。

新的精神生产方式，对高等教育提出了新的要求。首先，依靠少数人满足多数人精神需求的机制需要改变。一方面，多数人的精神需求已发生改变，不再是统一的精神需求，社会精神需求朝多样化、小众化方向发展。另一方面，社会内部形成新的精神生产方式，每个人都可以进行精神生产。高等教育管理适应这种生产方式，更多地应发挥社会内部的精神生产动力。其次，服务于特定目标的精神生产方式需要改变。传统少数人的精神生产是服务于外在目标的，新条件下的精神生产更多地服务于内在目标，即服务于生产主体的内在精神需求。最后，统一的高等教育管理方式需要改变。传统精神生产的把关制度，可以实现统一的精神生产。新环境下则要求高等教育符合参与性、互动性、社区性的精神生产要求。

第四，社会创新与追求卓越的需求、全球经济的挑战、劳动力市场的更高技术要求，迫使高等教育改革创新以培养应对不断变化的复杂环境的人才为目标，通识教育是高等教育改革的主要力量之一。

未来的高等教育面对社会创新和追求卓越的需求和全球经济发展的挑战，要适应不断变化的以及更高的技能需求。因为高度创新的专业人员对于任何一种单一技能都比非创新型工作者有更高的工作要求，他们的工作要求更高的创造力、演示能力、分析思维、获得新知识的能力、协调活动的能力及对机会的敏感性。与此同时，受常规知识和技能训练的非创新型人员很容易被快速发展的尖端自动化技术取代。未来的劳动力市场需要的关键“技能”是创造性与批判性思维、问题解决能力、建立联系的能力、复杂性沟通能力、团队合作精神、灵活性及全球能力等素质，以应对不确定和不稳定环境中的更加复杂的挑战。新的形势迫使高等教育机构重塑教学环境，通识教育作为对高等教育课程改革压力的回应，是高等教育改革与创新的主要力量之一。未来通识教育应当是各校因地制宜、各具风格特点的，尽管实施多样化，但核心的要素，如全面发展、注重创新和批判性、跨文化、跨学科、追求卓越等特点是统一的。

二、未来高等教育管理的基本特点

（一）主体性

高等教育管理的主体性，是由高等教育管理的对象是现实的人决定的。提高高等教育管理的主体性有多种指向，一是针对物质文明的主体性。要创造丰富的物质文明，必须以提高人的主体性为出发点。这种主体性主要指对科学文化的掌握，在此基础上，提升思想道德素质。二是针对高等教育管理总体要求的主体性。与这种主体性对应的是人的自觉能动性。三是高等教育管理弘扬人的主体性，让人不唯上、不唯书，让人有独立意识、自主意识、创造意识，有敢说、敢想、敢干、敢闯的精神。这是从高等教育管理的内容上讲的。四是高等教育管理依靠独立、自主、有创造意识的个人，以人的主体性为出发点和归宿。

不同时期，高等教育管理主体性有不同的指向。在以经济建设为中心的时期，高等教育管理的主体性指提高人的科学文化素质和思想道德水平。在物质文明与精神文明两手抓、两手都要硬的时代，高等教育管理的主体性主要指提高人面对高等教育管理总体目标时的自觉能动性。在坚持以人为本，服务和促进人的全面发展时，高等教育管理的主体性主要指从高等教育管理内容上弘扬人的主体性。

新时期，面对网络技术的发展和普及，后物质主义时代及消费社会的来临，高等教育管理的主体性主要指依靠人民群众和服务人民群众。新时期，广大民众对高等教育管理的要求发生根本改变，精神文化需求更加丰富了，精神文明需求指向个体化、与生活紧密相关的方面，社会层面的文化需求朝小众化、多样化、随意性方向发展。与此同时，精神生产的方式也发生了根本改变，与传统精神生产模式相比，新条件下，民众更能自主地生产精神产品，民众内部精神产品的自我满足性增强。在此情境下，依靠少数人满足多数人的精神文化需求的传统局面必须改变。高等教育管理的主体性主要指发挥人民群众精神生产和精神文化需求满足的自主能动性，提高高等教育管理的水平。

（二）需求性

高等教育管理必须始终坚持以人为本，把满足人的需要、促进人的全面发展作为根本目标。新时期，人民群众的精神文化需求变得丰富。相比于传统的相对单一的文化消费，新时期的文化消费得到了极大的拓展。从内容和渠道来源上，广大人民群众的精神文化需求也发生了根本改变。人民群众更多依靠网络等最新通信工具满足精神文明需求。内容上，精神文化需求已发生分化，朝小众化、多样性、多变性、生活性方向发展。

满足新时期人民群众的精神文化需求，精神生产的供给侧必须改变。一是精神生产的主体性要发生改变。传统精神文化生产更多依靠少数精英，新时期，精神文化生产要更多地依靠人民群众，发挥人民群众内在力量。二是精神生产的工具要发生改变。传统的生产工具已不能满足网络所带来的人民群众快速多变的文化需求。三是精神产品的传播方式要发生改变。精神产品的传播必须跟上新时代网络传播的步伐。在此基础上，不断进行精神生产方式的创新。四是精神产品的主题也要发生改变。传统精神生产的主题相对单一，满足全社会的统一文化需求及社会发展需求。新时期，精神生产来源于人民群众，满足人民群众多样化的文化需求及个体发展需求。

（三）治理性

党的十八大以来，从党和国家发展全局的高度，习近平总书记围绕创新社会治理，提出了一系列新论断、新观点、新要求。这既与“完善和发展中国特色社会主义制度，推进国家治理体系和治理能力现代化”全面深化改革的总目标相呼应，又适应着我国经济转轨、社会转型的新形势和人民群众的新期待，是我们党社会建设理论和实践的新发展。

治理与统治是相对的，“统治”作为一种方式或模式，向来是国家公共事务有关管理活动和政治活动的唯一代名词。“治理”意味着有序统治的条件已经不同于以前，出现了全新的统治过程或方法。鲍勃·杰索普将治理分为广义和狭义两种形式：广义的治理，是指诸多方式中任何一种独立活动的协调方式；狭义的治理，是指自组织（self-organizing）的协调方式。罗伯特·罗茨总结出了治理的六种不同用法，即作为最小国家、作为公司治理、作为新公共管理、作为善治、作为社会控制系统、作为自组织网络。①

由统治到治理的转变，需要高等教育管理层面的回应和融入。首先，西方的治理理论和实践的引入是高等教育管理介入社会治理的诱因，高校发展需要本土化的适应，而本土化的适应则需要文化的内在支撑或适应。从这个意义上，可以提出“文化治理”的概念，治理的本土化提供观察框架可以说是其目的，探索利用文化资源激活地方的治理能力的方法或途径。需要强调的是，从文化切入治理与文化本位主义是不一样的，更不可以说成泛文化主义，是因为“治理”这一理念本来就有文化的条件暗含在其中。第一，治理的基本精神是自治。作为自我管

① 夏辉，张冰. 社会治理的文化介入机制及路径[J]. 河海大学学报（哲学社会科学版），2014，(4)：53-57.

理的自治，遵从自治的传统是必要的，再获得某种主体性和文化自觉意识的支持更是必不可少的。第二，从达成目标手段和机制来看，相比行政的、纵向的科层管理模式，治理更多倾向的是一种横向的协调机制，权威的实现方式更多依靠的不是强制力量而是软实力（文化是一种软实力），需要信任和合作精神（信任和合作精神从根本来说是文化的产物），以及丰富的社会联系纽带（文化是一种社会联系的纽带和资源）。第三，从治理与社会基础秩序两方面来看，需要充分发挥文化价值的引导和规范功能。

其次，高等教育管理本身要回应社会对治理的要求。高等教育管理的治理性，一是强调文化自下而上的自主协调。面对日益多样的文化冲突，依靠政府自上而下的力量，已很难协调和处理文化间的冲突，或者满足多样化的文化需求。只有发挥自下而上的文化力量，才能消除文化冲突，满足文化需求。自下而上的文化力量发挥，可以从文化的内在性质着手，着眼于文化的本土性，也可以从文化的传统性着手。二是强调以社会治理介入文化治理。社会治理的方法可以介入文化治理，成为文化治理的抓手，使文化治理摆脱凌空蹈虚的境地。

（四）社区性

新时期推动高等教育管理，要发挥社区的自治功能。社区包括空间社区和网络社区，前者依靠生活联系在一起，后者依靠相似的兴趣联系在一起。与社区相对应的，是传统的单位制。传统单位制下的高等教育管理，更多依靠行政力量灌输高等教育管理内容。新时期，这种方式无论是形式，还是内容上都遇到了困难。随着单位制的解体，人们更多依托空间社区生活在一起。社区的精神需求呈现生活化的多样性。解决高等教育管理问题，同样要依托社区，从社区生活入手，文化治理着眼于文化的本土性，与此有相似的含义，前者强调社区生活性，后者强调文化的社区性。

网络技术的发展，形成一种新的社区生活，即网络社区。网络社区精神生活呈现更复杂的多样性，首先，根据单一兴趣，就可形成网络社区。现实中各种兴趣复杂而多样地存在，网络社区也复杂而多样地存在。其次，个体可以同时参与多个网络社区。个体与个体之间，既有重叠性，又有差异性。个体与个体之间的相互影响，社区与社区之间的相互影响更加复杂。网络社区还要以跨地域、跨国别的形式存在。新时期高等教育管理要适应网络社区存在的特点进行，既要适应网络社区信息交流快速的特点，又要适应网络社区兴趣爱好多样并快速变化的特点。

后　记

本书是本人主持的国家社会科学基金“十二五”规划（教育类）国家一般课题“中美研究型大学通识教育模式比较研究”（BDA120026）的结项成果。本书的出版获得了华南师范大学哲学社会科学优秀学术著作出版资助，本人对此表示由衷的感谢。在本书即将付梓之时，本人深感研究之艰难与珍贵。本书得以顺利完成和出版，要特别感谢此次通识教育课题组成员和本人指导的研究生们，从课题申报，到成功立项，再到调查研究和后期研究成果的整合，都离不开他们的精诚合作。他们分别是华南师范大学张砚清副教授、彭虹斌教授、王葆华教授、詹春燕教授、商艳涛教授、秦洪雷副教授、施雨丹副教授、戴相斌主任等，以及杨婧、高皇伟、余平、李洁、刘翠、胡英芹、王夏、高雅茹、陈炎炎、杨体荣、邹瑶、邓雪英、贾焱焱、徐琼、乔艳洁、李丽、符嘉宣、朱玥等博、硕士研究生。

在开展课题研究的过程中，本人对于大学的通识教育模式有了更为具体深入的认识，这也成为参与此次课题研究的师生们了解通识教育的牢固抓手，因此，将研究中形成的经验凝结为一本著作，成为研究升华的需要。在写作本书的过程中，本人也始终抱定信念，相信最后的研究成果能为学界同仁和其他对通识教育感兴趣的读者提供一个工具，帮助他们了解中美两国的大学在开展通识教育上的异同点。在新的时代背景下，在实现“两个一百年”目标的愿景引领下，我国高等教育如何更好地完成“立德树人”“培养全人”的使命，如何更好地发挥通识教育的作用与价值，这些都将是大学通识教育研究中值得大力挖掘的富矿。

在本书即将出版之际，特别要感谢潘懋元先生为本书写了序。

本书已交付出版，但研究是永不止步的。由于本人水平所限，书中难免存在不足之处，敬请读者批评指正。

吴　坚

2018 年 1 月 8 日于广州